001　1972年4月13日，郑彦良的北航入学通知书	002　1973年5月4日，北航五系颁发的奖状书

003　1978年10月，郑彦良出席共青团十大的代表出席证

004　1981年7月，郑彦良全家福

005　1983年6月，五系班主任会议

一颗铺路石的北航印记
——郑彦良文集

北京航空航天大学
70周年校庆
1952-2022
70th ANNIVERSARY of BUAA

006　1984年校篮球联赛冠军队合影

007　1986年10月，全系辅导员在我家聚餐——方复之副校长、系主任丘成昊、书记蔡德麟陪同

008　1987年3月，广东考察三人行（左起：项金红、刘祚屏、郑彦良）

009　1987年5月2日北航代表团在汉中182厂

010　1987年6月30日五系教工新党员宣誓（二排左2为高镇同）

011　1988年7月五系领导班子合影

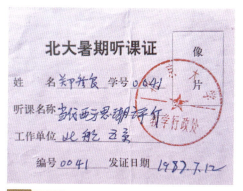

012 1987年7月12日，北京大学颁发的暑期听课证

013 1987年8月9日北航代表团参观湖南大学岳麓书院（前排右2为曹传钧院长、右3为胡孝宣书记）

014 1987年8月1日航空工业部院校领导干部会合影（湖南大庸航校）

一颗铺路石的北航印记
——郑彦良文集

北京航空航天大学
70 周年 校庆
1952-2022
70th ANNIVERSARY of BUAA

015 2019年7月13日，30年后为五系1989届毕业生补拨穗正冠（左2为蔡德麟书记）

016 明月映北航

017 2006年7月8日，五系1982级毕业20年照（中为金壮龙）

018 2004年7月31日，我和毕业20年的袁家军

019 梦幻厅色之三

020 1991年6月6日北京高校体育工作先进表彰大会
为先进体育部颁发锦旗（右3为北航代表）

021 1992年4月，校运会上我陪同袁伟民百米发令

022 1992年9月国家体育教学优秀高
校表彰会北航发言材料

023 1992年9月，武汉—表彰会后与国家教委邹时炎副主任合
影（左2为邹时炎，左4为郑彦良）

024 1992年冬，国家女排与北航女排友谊赛后在逸夫馆大厅合影

一颗铺路石的北航印记
——郑彦良文集

北京航空航天大学
70 周年校庆
70ᵗʰ ANNIVERSARY of BUAA
1952-2022

025 1993年4月体育部教职工合影

026 1993年4月国家教委、北京市有关领导参加TD线启用仪式

027 1993年4月校运会期间启用TD线时运动员的展示

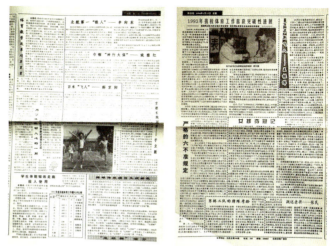

028 1993年5月15日和1994年1月15日的北航校报体育专版

029 1994年5月，世界中学生越野赛组委会合影（前排右2为郑彦良）

一颗铺路石的北航印记
——郑彦良文集

北京航空航天大学
70 周年校庆
70ᵗʰ ANNIVERSARY of BUAA
1952-2022

030 1992年10月，40周年校庆大会在南操场举行（我主持体育表演）

031 2012年10月16日沙河校区学生蜂拥TD线

032 2005年10月23日，永恒的搏击雕塑剪彩

033 20世纪90年代欢迎美国伊利诺伊大学排球队时合影

一颗铺路石的北航印记
——郑彦良文集

北京航空航天大学
70 周年校庆
70th ANNIVERSARY of BUAA
1952-2022

034 1996年10月10日，热烈欢迎世界各国宇航员和航天专家来北航——沈士团、梁思礼与外国宇航员交谈

035 1996年10月10日，热烈欢迎世界各国宇航员和航天专家来北航

036 1996年10月10日，世界各国宇航员和航天专家与北航学生合影

037 1996年10月纪念长征胜利60周年北航版长征组歌

038 2001年在五院神州号飞船返回舱前与戚发轫院士合影

039 1997年7月2日钓鱼台二号楼，龚如心女士捐赠教育基金仪式合影

一颗铺路石的北航印记
——郑彦良文集

北京航空航天大学
70周年校庆
70th ANNIVERSARY of BUAA
1952-2022

040　1997年10月25日在俱乐部请武光、曹传钧在校长封上签名

041　1998年10月24日校庆聚会合影现场

042　1998年9月22日"北京一号"纪念碑吊装照

043　1998年10月24日，和武光及北沙夫妇在"北京一号"纪念碑前合影

044　1998年9月22日吊装"北京二号"纪念碑

045 1998年10月24日主楼前两碑落成剪彩仪式现场

046 1998年6月3日刊登北京市优秀报告一等奖名单的《北京日报》

047 1998年5月北京市"灵山杯"优秀报告一等奖证书

一颗铺路石的北航印记
——郑彦良文集

北京航空航天大学
70周年校庆
70ᵗʰ ANNIVERSARY of BUAA
1952-2022

048 1998年9月18日 无人机人——"嫁女儿"般留恋

049 2005年10月2541班毕业30年在15宿舍前合影

050 1998年6月—2000年4月，北航教育思想大讨论文集封面

051 1998年10月获颁中航总思政实践成果一等奖

052 2005年中国交响乐团女子合唱团在北航举办新年音乐会后合影

053 1998年10月，与空军林虎副司令员看《谁是中国第一箭》报道

054　1998年10月24日在俱乐部与武光握手

055　1998年10月24日请"北京一号"的正副驾驶潘国定、王来泉签名

056　1998年11月6日讨论三个型号上天40周年活动（右为王敬明，中为文传源）

057　1998年11月28日，明星篮球队在北航体育馆友谊赛休息时交谈（左为濮存昕，中为方子哥）

058　20世纪90年代接待美国空军访问团

059　1999年5月15日，郎平应邀在北航宣讲女排精神时合影

一颗铺路石的北航印记
——郑彦良文集

北京航空航天大学
70周年校庆
70th ANNIVERSARY of BUAA
1952-2022

060　1999年5月15日与乒乓球世界冠军庄则栋在北航体育馆合影

061　1999年10月1日晚在天安门广场接受央视采访

062　1999年10月19日 拍大师风采——吴建民

063　1999年10月23日新中国五十周年的校庆聚会（从左至右为郑彦良、曹传钧、陈忠、武光、蔡德麟）

064　1999年10月在职工俱乐部前热烈欢迎校友返校

065　2000年4月3日 柏彦庄涌寿寺遗址

066　2000年4月3日柏彦庄涌
　　　寿寺的明碑、清碑

067　2000年4月15日北航校报第三版

068　2000年4月10日拆除的小
　　　庙壁碑

069　2000年10月北京高校宣传部长代表团在美国
　　　旧金山

070　2000年10月初在美国斯坦福大学门外的草坪上

一颗铺路石的北航印记
——郑彦良文集

北京航空航天大学
70周年校庆
70ᵗʰ ANNIVERSARY of BUAA
1952-2022

071 2001年10月北航首次长江学者特聘教授聘任仪式

072 2002年10月25日发行的北航50周年校庆藏书票的首页

073 雕塑——岁月·星空

074 2002年10月50周年校庆的校领导班子合影

075 掠过

076 2003年3月新主楼奠基之前的地块儿

077 2005年5月18日，建设中的新主楼

078 2006年3月30日，即将竣工的新主楼

079 2006年9月26日，落成之日的新主楼

080 2005年5月15日，就连宋大陆行接受《焦点访谈》栏目的采访

一颗铺路石的北航印记
——郑彦良文集

北京航空航天大学
70周年校庆
70th ANNIVERSARY of BUAA
1952-2022

081　1996年8月第7、8期《中国高等教育》杂志封面

082　1996年10月10日，北京市八位先进典型展览全签名

083　1996年10月10日，在"群星璀璨　北京市先进人物事迹展览"开幕式上的北航人合影

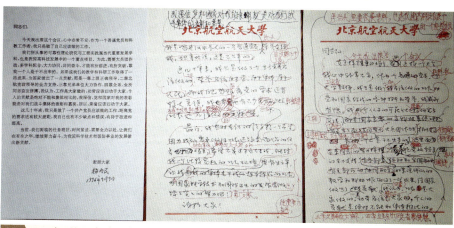

1996年9月9日杨为民事迹报告会杨为民的发言修改稿原件

1999年第8期《前线》杂志刊登郑彦良撰写的评论文章传真件

2001年添建的连廊

曲径秋韵

一颗铺路石的北航印记
——郑彦良文集

北京航空航天大学
70周年校庆
70ᵗʰ ANNIVERSARY of BUAA
1952-2022

088 2002年2月1日起草的向杨为民学习决定的初稿

089 2002年6月在体育馆举办杨为民先进事迹报告会

090 2002年6月，杨为民事迹报告录像带的封面

091 2003年4月，《从教授杨为民到话剧杨为民》手稿

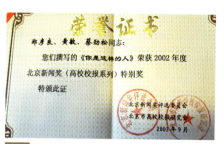

092 2003年9月，获评北京新闻奖特别奖

093 2002年3月27日和4月1日，校领导对公共管理学院成立的批示

导

人文社会科学学院在校领导的关怀下，在学校总体发展方向的指导下，近几到了较大的发展，已经有了教育经济与管理、行政管理、科技政策与管理等方向的五个硕士点，教育经济与管理博士研究方向，也是国家首批20所公共管理硕士（MPA）试办院系之一。目前还有行政管理、经济学等本科专业，社

三、讨论审议人文社会科学学院名称的有关问题

郑彦良同志汇报了关于人文社会科学学院启用"公共管理学院"第二名称的有关问题。鉴于我校已经被教育部批准为全国首批 24 所设立公共管理硕士（MPA）试办单位之一，首批学生已经开始正常教学工作，为便于对外开展工作，经研究决定：

1. 同意人文社会科学学院启用"公共管理学院"的名称和公章，启用"公共管理学院"名称后，人文社会科学学院为一个实体，两块牌子，人员编制，内设机构不变，人文社会科学学院的领导兼任公共管理学院相应领导工作。

2. 人文社会科学学院在做好原有人文社会科学学科相关工作的同时，现阶段着重力推动公共学科的发展，争取在若干专业上取得重点突破，并就有关公共管理学科的长远学科规划、发展方向等问题组织有关专家进一步论证。

主题词：常委会 纪要

报：党委常委

抄送：唐晓青副校长、党政办、组织部、无人机所、人文学院

北航党政办公室   2002 年 5 月 20 日印发

共印 16 份

094 2002年5月20日关于启用公共管理学院第二院名的校党委常委会纪要和北航党政办字2002年第43号文件

北京航空航天大学文件

北航党政办字〔2002〕43号

关于人文社会科学学院启用公共管理学院
第二名称的通知

全校各单位：

鉴于我校已经被教育部批准为全国首批24所设立公共管理硕士（MPA）试办单位之一，首批学生已经开始正常教学工作，为便于对外开展工作，经学校研究决定，同意人文社会科学学院启用公共管理学院第二名称和公章，人文社会科学学院与公共管理学院为一个实体，两块牌子，人员编制，内设机构不变，人文社会科学学院的领导兼任公共管理学院相应领导工作。

- 1 -

095 2003年9月25日《中国教育报》的报道

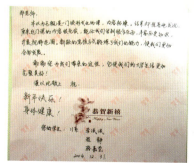

096 2004年12月31日，最高奖赏——学生新年贺卡

一颗铺路石的北航印记
——郑彦良文集

北京航空航天大学
70周年校庆
70ᵗʰ ANNIVERSARY of BUAA
1952-2022

097 2005年4月2日在首届MPA毕业典礼上讲话

098 2005年4月2日，与自己指导的北航首届MPA研究生合影

099 2005年5月第15届"冯如杯"与人文学院参赛项目组成员合影

100 2005年6月30日，我校社科部获评北京市德育先进集体

101 2005年10月初，北航公共管理学院代表团访问台湾中山大学

102 2005年12月29日迎新年学院师生联欢会

104 1998年6月在北航参加中学生航空夏令营的孩子们

103 2006年4月10日学校对学院本科教学进行检查评估

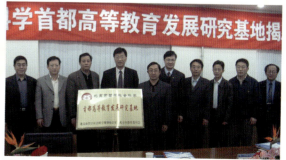

105 2006年4月28日学院哲学社会科学基地的突破

一颗铺路石的北航印记
——郑彦良文集

北京航空航天大学
70 周年校庆
70th ANNIVERSARY of BUAA
1952-2022

106 | 2006年6月30日，笑别人文学院毕业生

107 | 2006年7月3日在思政课全国研讨会主席台上

108 | 2006年9月8日，郑彦良牵头的思政课课程9人团队获北航首届优秀教学育人课程团队奖

109 | 2006年9月8日教师节前夕，校领导颁发优秀教学育人课程团队奖杯（右2为郑彦良）

110　2006年12月21日人文学院教学迎评成果展

111　2017年10月28日公共管理学院成立15周年合影

112　2017年10月28日，陪伴人文–公共管理学院成长

113　2007年3月，牵头完成的课题之一

114　1988年第4期《教育管理研究》杂志封面

115　2000年11月参编的德育两本书

116　2001年6月出版的思政论文集

一颗铺路石的北航印记
——郑彦良文集

北京航空航天大学
70 周年校庆
70th ANNIVERSARY of BUAA
1952-2022

117 2002年4月，创优迎评资料汇编——院长论坛封面

118 2002年10月，参与主编《走进北航》丛书

119 2000年暑期为香港中学生作讲座后进行师生对话交流

120 1995年4月底、在北航"冯如杯"评审现场

121 2002年10月出版校庆50周年藏书票

122 2022年4月，第五届研究生教学督导评估组文集

123 2021年11月公布的北航老教授报告团讲座目录册第二版（2021版）封面

124 2021年5月27日在北航第二届嘉年华上公开发行《空天报国志》一书

125 2021年5月27日出版发行的《空天报国志》的封面

126 2021年6月，参编出版的图书

127 2006年3月30日，李未校长签发的本科督导组综合组组长聘书

128 2006年12月27日，北航校报——本科教学评估快报剪辑

129 2007年11月12日，北航首届青年教师教学业务基础培训手册和开学典礼议程

130 2012年3月，怀进鹏校长签发的第四届研究生督导组副组长聘书

131 2010年9月，首都高校党建研究基地学术委员聘书

132 2015年10，北航第五届研究生督导组副组长聘书

一颗铺路石的北航印记
——郑彦良 文集

北京航空航天大学
70周年校庆
70th ANNIVERSARY of BUAA
1952-2022

133 2016年12月7日，青年教师教学业务培训第九届提高班合影留念

134 2018年5月郑彦良获评北航教学成果一等奖

135 2021年12月29日，北航第三届教学指导委员会总结会后合影

136 2021年6月听课后的督导交流

137 2021年6月向青年教师反馈听课体会

138 2021年12月29日第三届本科督导组任满合影

139 2022年1月10日第五届研究生督导组任满合影

一颗铺路石的北航印记
——郑彦良文集

北京航空航天大学
70 周年校庆
70th ANNIVERSARY of BUAA
1952—2022

140 2005年12月29日，高等教育成果展览一角的精彩

141 2006年4月，校园里的武光老校长墨宝

142 2006年5月15日，北航艺术馆首展开幕式

143 2012年10月17日，导弹局长讲导弹

144 学生设计的校园雕塑——支点

145 2016年4月8日所拍——遥相呼应

146 1998年9月22日，为"北京二号"上天40周年设计的纪念封（领导签名封）

中国著名高等院校－北京航空航天大学

147 2002年10月校庆50周年的首日封封面

中国著名高等院校——北京航空航天大学

新中国第一所航空航天大学——北京航空航天大学（简称北航），创建于1952年10月25日，1959年，北航成为全国第一批16所重点高校之一，1988年更名为北京航空航天大学，是"七五"至"九五"期间国家重点建设的十余所高校之一。新世纪初，北航正式列入国家面向二十一世纪教育振兴行动计划。北航现有17个学院，6个系，有正副教授1400余名，两院院士10人，博士生导师290名，具有博士学位的教师占教师总数的32.6%。50年来，学校已为国家培养了近8万名高层次人才，科研成果创造了30多项中国第一，为我国的国防建设、经济建设和社会发展做出了重大贡献，北航长期形成的"艰苦朴素，勤奋好学，全面发展，勇于创新"的校风，激励着一代代师生，向"国内一流，世界知名"的高水平大学目标迈进。

Distinguished University of China — BeiHang University

Beijing Institute of Aeronautics and Astronautics—New China's first institute of higher learning in this field, was founded on October 25, 1952. It became one of China's first batch of 16 key universities in 1959, and remained among the nation's key universities for priority development in the 7th through 9th five-year-plan periods. In 1988 it assumed the present name of BeiHang University (BUAA), and it is now officially listed in China's Action Plan for the Revitalization of Education in the 21st Century. The BUAA consists of 17 schools and 6 departments and comprises over 1,400 full or associate professors, 10 academicians of either the Chinese Academy of Sciences or the Chinese Academy of Engineering Sciences, and 290 supervisors of doctorate programs. 32.6% of the faculty hold doctorate degrees. In the past 50 years, the BUAA has provided the country with almost 80,000 personnel of high caliber, and more than 30 of its scientific achievements rank first in China. The BUAA has contributed greatly to China's economic construction, national defense and social development. The university's long tradition of "hard work, simple living, diligent learning, all-round development and courageous innovation", has inspired generations of people working or studying at the BUAA to march toward the goal of making the BUAA a "top-rate university in China, well-known throughout the world".

纪念封、戳设计：王启泉 郑彦良   Designers of cover and cancellation: Wang Qiquan and Zheng Yanliang
发行量：50000   № 022016   PJTN·JY-15

148 2002年10月校庆50周年的首日封背面

149 2018年6月26日中国空间站-老教授报告团邮册主图

150 2018年6月26日北航老教授报告团十周年邮册内页

一颗铺路石的北航印记
——郑彦良文集

北京航空航天大学
70 周年校庆
70th ANNIVERSARY of BUAA
1952-2022

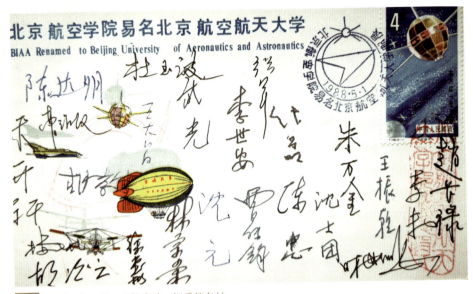

151 2022年5月10日，北航党政一把手签名封

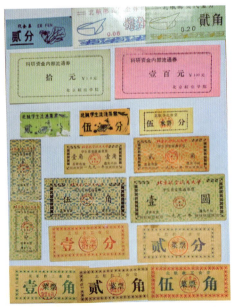

153 20世纪80年代北航邮资代金券、科研资金
内部流通券、学生食堂和教工食堂餐票

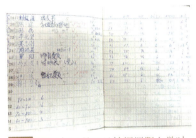

152 2012年11月28日拍摄罗阳上学时
的成绩单

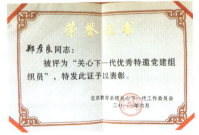

154 2011年6月获评北京教育系统优秀
特邀组织员

155 2012年12月11日北航
校报整版介绍罗阳事迹

156 2020年2月4日新华社记者在我家里拍罗阳故事视频

157 2014年5月25日北航老同志旅游团——撒丁岛归来与所乘游轮合影

158 2015年6月30日在上海一大会址

一颗铺路石的北航印记
——郑彦良文集

北京航空航天大学
70周年校庆
70ᵗʰ ANNIVERSARY of BUAA
1952-2022

159　2018年12月14日在孟买印度国父甘地家中

160　2019年4月为中阳县干部培训作讲座

161　2019年4月20日在贝尔格莱德炸馆事件20年祭的现场解说

162　2019年5月30日，在空军培训结业答辩上作点评

163　2019年7月5日在讲座中

164　2019年8月4日成功登顶俄罗斯勘察加半岛穆特活火山

165 2019年9月，北航新中国同龄人的笑脸照

166 2019年9月9日，《新闻联播》中——仍然在奋斗的同龄人

167 2019年9月，新中国同龄人为北航新生打气

168 最美楼窗

169 2019年11月6日 为解放军三航高级研修班作讲座

170 2019年11月16日 为北京建筑大学作国家安全背景分析讲座

171 2020年2月20日，媒体记者现场拍摄"逐梦星空"在线讲座

172 2020年5月23日，录制新生入学教育慕课课件首页

173 2020年5月23日北航体育文化慕课拍摄现场

174　2020年10月17日与获教育部最佳微视频的学生记者拍摄团队合影

175　2021年5月24日在天津火箭厂听李东总师讲故事

176　2021年5月24日在天津火箭厂作党旗文化讲座

177　2022年5月27日在北京市老科总主题活动中，在线主讲科学家精神主题讲座

178 2022年7月22日应邀主持中国科协青少年科技中心主办的大手拉
小手科普报告汇第五次讲座交流会

179 2022年6月28日赵长禄书记为老同志佩戴"光荣在党五十年"
纪念章

180 2022年6月28日获颁"光荣在党50年"纪念章

一颗铺路石的北航印迹

——郑彦良文集

郑彦良　著

北京航空航天大学出版社

内 容 简 介

郑彦良自1975年从北航五系导弹弹体设计专业毕业留校至2009年退休的35年间,曾在北航五系工作14年(先后任系团总支书记、系教务科长、系党总支副书记,兼任过四届学生辅导员),后又到体育部、党委宣传部、人文社会科学学院(公共管理学院)等单位担任一把手,在每个单位都工作了六七年以上。本文集按照时间顺序,收录了郑彦良在北航工作期间发表的德育、智育、体育方面的论文,文章,汇报提纲等,并收录了他写的长篇通讯、报道、评论等。文集沿着他的工作轨迹,从一个侧面客观反映了近五十年来北航发展过程中的某些历史片断,是对北航发展建设过程中某些方面工作的原汁原味的真实记录。

文集为关心了解北航发展进程的广大师生提供了真实的参考史料,也为校内外从事高校管理与服务研究工作的同仁提供了宝贵借鉴。

图书在版编目(CIP)数据

一颗铺路石的北航印迹：郑彦良文集 / 郑彦良著
. -- 北京 ：北京航空航天大学出版社,2022.10
ISBN 978 - 7 - 5124 - 3927 - 6

Ⅰ. ①一⋯ Ⅱ. ①郑⋯ Ⅲ. ①北京航空航天大学—校
史—史料 Ⅳ. ①G649.281

中国版本图书馆 CIP 数据核字(2022)第 195737 号

一颗铺路石的北航印迹
——郑彦良文集
郑彦良 著
策划编辑 蔡 喆 责任编辑 江小珍 刘桂艳
*
北京航空航天大学出版社出版发行

北京市海淀区学院路 37 号(邮编 100191) http://www.buaapress.com.cn
发行部电话:(010)82317024 传真:(010)82328026
读者信箱：goodtextbook@126.com 邮购电话:(010)82316936
天津画中画印刷有限公司印装 各地书店经销
*
开本:710×1000 1/16 印张:26.25 字数:559千字
2022 年 10 月第 1 版 2022 年 10 月第 1 次印刷
ISBN 978 - 7 - 5124 - 3927 - 6 定价:108.00 元

序　言

郑彦良同志 7 月 18 日打电话给我,说是要把他几十年来写的论文和文章攒一个文集,赶在今年校庆时出版,还要让我给这个文集写个序言。出文集可喜可贺,让我写序言可就得好好回忆一下了,因为时间跨度确实有点儿长。

今年是北航建校 70 周年,是非常值得庆贺的年份。70 年前,在柏彦庄南边一平方公里的地界,一片坟地和荒滩上,新中国第一所航空航天高等学府拔地而起,开启了新中国航空航天教育新篇章。

70 年来,一代代北航人埋头苦干,开拓创新,北航已进入中国建设世界一流大学和一流学科的行列。来路坎坷,未来可期。

1963 年,我毕业于北航无线电系,1985 年担任副校长,1988—2002 年任校长。

我认识郑彦良同志,是在他 1989 年担任学校体育部主任后。那六七年间,他下了很大功夫,团结班子成员和体育老师们,为北航的教学改革特别是体育教学改革不懈努力,使学校的体育工作取得了很大进展。我曾两次听过他对全校体育工作的汇报,尤其是对他狠抓领导班子建设和教学制度建设留有深刻的印象。

1995—2002 年他担任党委宣传部部长,由于工作关系,我和他接触也多了起来。印象中,他善于学习。干什么工作,他就钻研和学习什么内容,能快速地进入工作角色。刚任命他担任党委宣传部部长时,他向我建议把党委宣传部和行政的宣传教育处合二为一,一个实体两块牌子,这样更便于党政一致工作。党委常委会同意了这个意见。北航的宣传工作,在郑彦良同志的组织领导下取得了不错的成绩。后来,北京市教委主任袁贵仁同志要他在北京市教育系统宣传工作会上介绍北航的宣传工作思路和举措,还让他整理了发言稿刊登在《北京教育工作》刊物上。2000年人文学院领导班子调整时,考虑到郑彦良同志的综合素质,我赞同他在继续担任宣传部部长、统战部部长的同时,兼任人文学院常务副院长,主持学院工作。后来人文学院、公共管理学院的发展证明他干得很有实效,为后来的公共管理一级学科进入国家 A 类学科做了不少基础性工作。

我粗略地浏览了他30多万字的学术论文和他的文存,他是导弹专业毕业的,由于工作需要,他先后从事专业跨度很大的工作,从学生工作到体育管理,从党委宣传工作到人文学院管理,他干一行、爱一行、钻一行,很快进入角色,并干出了成绩。尤其让我佩服的是,他还能写出他所从事的每个专业和学科的学术论文。这种共产党员是一块砖,哪里需要就往哪里搬的爱岗敬业精神,值得在岗的同志学习。

给我印象特别深的,还有他的文档意识。几十年来,他留存了不少有档案收藏价值的北航文献、实物,还把北航不同时期的很多历史片断用文字、照片或其他形式记载保存下来,这就是保留了一部分北航的历史文化。记得1988年召开北京航空学院易名为北京航空航天大学的命名大会,那时他还是五系党总支副书记。看到来了这么多老领导,他立即拿出准备好的北航易名纪念封,让当过北航党政一把手的校领导在上面签名。后来,学校一有活动,他就请还没有签过名的党政一把手签名。至今,已坚持了三十余年。我看过这个签名封,很有意思,这是给学校留下的珍贵的纪念品。

这本文集是以他先后从事的工作的顺序为时间线,从几十年的不同侧面,图文并茂地真实"记录"了北航的一些历史片段,是很有意义的。

2009年郑彦良同志退休后,他好像一直没有闲下来过。我知道,他从退休开始就在本科和研究生教学第一线做督导工作,同时还任党建特邀组织员等,一直在为学校出力。他发挥自己文笔较好的特长,为这些事关学校人才培养质量的保障工作撰写调研报告、对策建议等。他还没有中断已坚持二十多年的讲座、报告,从 20 世纪末的形势报告到 21 世纪的"国家安全背景分析",从传播北航历史文化到宣传北航精神,据说已讲了 600 余场次,这是要有点儿能力和耐力的。

2018 年,他接替徐扬禾同志,主持北航"三老"协会的工作。协会活动搞得红红火火,很有活力,特别是北航老教授报告团的工作,已成为北航老同志工作的一个"口碑"品牌。这既丰富了老同志们的退休生活,又发挥了老同志们的余热,还为学校和社会人才培养、立德树人工作出了力,是一举三得的好事。

我知道他一直好玩儿,不大安分,尤其是退休这些年,他抽时间到处旅游,国内外跑了好多地方,长了不少见识,还写了不少游记。眼界一开阔,他的身体和心情也越来越好。

今年是北航建校 70 周年,时间过得飞快,今年我要到 82 岁了,看到北航的飞速发展,非常高兴。

郑彦良在这本文集的书名中把自己说成是一块铺路石、一块学校建设和发展的铺路石;采访他的同学们说他是一块有责任和担当的铺路石,这些说法都对。在学校的发展史上,一代人有一代人的责任,一代人有一代人的担当。一代代的北航人就是这样薪火相传,接续奋斗,才有了北航今天的发展成就。

北京航空航天大学校长(1988—2002):沈士团

2022 年 8 月 31 日

前　　言

今年是北航建校 70 周年,经与宣传部同志协商,出版这本文集,为 70 周年校庆助助兴。

我在北航工作了 35 年,在北航学习工作生活至今已整整 50 年。1975 年年底从五系有翼导弹设计专业毕业留校后,先在五系工作了 14 年(先后任系团总支书记、系教务科长、系党总支副书记,兼任过四届学生辅导员),1989—1995 年任校体育部主任,1995—2002 年任北航党委宣传部部长(期间有三年兼任党委统战部部长),2000 年又兼任人文社会科学学院常务副院长,2002—2004 年任人文学院/公共管理学院专职院长,2004—2007 年转任学院党总支书记,2009 年 7 月退休。50 年的北航时光,转瞬即逝。这本文集收录了我在北航工作期间和退休后写的一些东西。在几经斟酌和讨论后,确定文集以我在北航工作的时间先后为顺序,这既包括自 20 世纪 80 年代以来,我写过和发表过的学生工作论文、体育工作论文、德育工作论文和公共管理方面的学术论文,也包括我记录北航一些人和事的文章,还包括一些我主笔写的长篇通讯、调研报告、早期工作总结、汇报提纲、大事记、评论、杂谈,甚至还有一首歌词。文集内容偏杂,但都以我在北航的工作时间顺序为轨迹,从不同侧面真实地记录了北航发展进程中的一些片段。其中,20 世纪 80 年代五系学生工作论文和记事收录有五六篇(其中有 2 篇已被航空学院要去,用于写院史了),90 年代的体育工作论文和报道有 6 篇,北京三个型号上天 40 周年相关报道有 5 篇,杨为民宣传报道有六七篇,有关人文学院/公共管理学院发展的有十来篇,有关宣传与德育工作的有七八篇,退休后写的有十来篇,等等,都是当时原汁原味的真实记录,是北航发展进程中某个方面的史料或佐证。这些文章能留存下来,特别是 20 世纪刊载有我文章的期刊和报纸能收存至今,得益于我从小的集邮爱好和工作后形成的文档意识。

文集所收录的文章,共 63 篇,都是原文照登,尽量不做文字改动,保持原汁原味;文字的语言风格,也保留了当年的时代特色;个别有改动,是因为有些词句不符合现在的出版要求。

还有一些文章,没有收入本文集。这里面有几个原因,一是同类型的,在多篇中选择一两篇收录即可;二是一些实在找不着了的文章,有好几篇,特别是手写版关于如何做学生辅导员工作以及北航大政工等方面的文章,有的已发表,但就是找不着了,也来不及找了;三是不符合现在出版要求的也有几篇,比如像《北航德育工作 20 年(1978—1998)的回顾与总结》,2.6 万多字,也只能忍痛割爱拿掉了(其中一部分有明确时间的,已个别摘录进《北京航空航天大学德育工作大事记〈1978—1998〉》)。

我还选了 170 多张照片,放在前面,来作为文字补充与背景说明。还把这些照片按文集内容分了类,相对集中放在一起,大致包括五系学生工作、体育、宣传、杨为民报道、人文公管、图书期刊、教学督导、雕塑与文化、邮品、宣传罗阳和退休后等十来个部分。力图通过当年这些照片来集中丰富或解读该类别文章的内容,其中相当部分照片还都是在这几十年里我自己拍摄的。由于时间匆忙,从海量照片里找出这一百多张已是不易,可能在照片内容的选择上也不是很合适,但已没有时间去斟酌了。

文集后的附录,收录了几篇媒体和别人写我的报道,力图帮助读者通过对我更立体的描述,来理解文集中文章的内涵;其中还选录了两篇我在前些年周游世界过程中的旅游日记,算是文集的点缀花絮。

文集的后记,是“我在北航五十年”。记录了我在北航的几十年间,参与和经历的北航发展历程中的部分人与事,也是对本文集文章背景的一个解读。

文集的名称,我从来没有纠结过,就叫《一颗铺路石的北航印迹》。我始终认为,我是北航发展和建设过程中的一颗铺路石,而且是一颗普普通通的铺路石,也因此要求美编在封面设计中增加了石路小径的隐痕。

我是当年五系导弹设计专业工科出身,然后几十年服从学校工作安排,在不同的岗位上到处"捣蛋",没有在学科上做出过一丁点儿像样的成绩,在业务上和任何一位有教授、研究员职称的专家,我都没法儿比。充其量我就是一名高校的教育工作者,有幸在北航德育、智育、体育三方面岗位上历练过,写过这三方面的专业文章,仅此而已。就这样,学校还给了我正高级职称,认可和包容了我那些年的工作,我很知足了。

明朝董其昌在其书法、绘画理论专著《画禅室随笔》中,有"读万卷书,行万里路"的说法。我的这些工作经历,显示我"读万卷书"肯定不足,大概率是个"行万里路"的个案,而且是曾经用心、用情、用力地去"行万里路"。这本文集,就是我"行万里路"的一个记录。我的人生经历,在北航的学习、工作和生活经历,从深度和广度上,大概比一般人要丰富一些,接触和积累的文化信息要多一些,尤其是改革开放40多年的波澜壮阔,铸就了我的北航人生。这些丰富的经历和体悟,或许是我一生最大的财富。

我特别知足,知足常乐,也常怀感恩之心。北航培养了我,养育了我,成就了我,这也是我虽退休已13年却依然没有停下助力北航人才培养、立德树人脚步的原因。在这里,我要感谢在北航学习、工作、生活50年期间,曾经给予我无私帮助和支持的老师、领导、同学、同事、朋友们;感谢这么多年上级领导和朋友们的理解与关照,特别感谢沈士团校长为本文集作序;感谢老伴儿亚东和儿子郑东这么多年的陪伴(20世纪90年代我在《北航校报》上发表的图文用的笔名都是郑东);感谢匆忙出书过程中给予我帮助的各位朋友和学生志愿者们;尤其要感谢党委宣传部和北京航空航天大学出版社的鼎力支持!

谨以此文集,祝贺北航70岁生日!

期待各位的批评指正!

郑彦良

2022年10月

目　　录

附　录

浅析在校大学生思想状况及其特点

北京航空学院　飞行器设计与应用力学系　郑彦良
1986 年 11 月

　　大学生的思想教育工作,越来越受到各级党政领导的重视和关心。要做好学生工作特别是思想教育工作,就必须对目前的在校大学生有一个基本的认识和分析,在这个基础上才有做好工作的可能。对目前在校大学生的评价,我觉得一个重要的问题就是要摒弃一些旧的传统观念,不能简单地用五六十年代的学生和当代学生去比,更不能用过去的一些不合适的观念来评价今天的学生。中国青年报 1986 年 9 月 25 日刊登的一些企事业领导人对当代学生的"画像"和 10 月 8 日刊登的小字辈的"自画像",就突出地反映出这个尖锐的矛盾。

　　长期以来,我们习惯于用对学生进行单纯的政治评价来分析学生,在不同的时期曾做出过"大学生中出现信仰危机""坚持四项基本原则的不占多数"等政治结论,而这些结论又往往是根据不同时期的某些学校、部分学生的一些现象做出的。我觉得这个结论并不能客观、准确地描述大学生的实际状态,缺乏全面性。这里有个标准问题,即用什么做标准,如果只是简单地用五六十年代的流行标准衡量当代青年学生,是很不合适、很不准确的。时代在前进,历史条件变了,客观条件变了,那么评价的标准也得更新,抱着传统观念不放,是不能正确认识当代青年学生的。只有客观地用时代标准,建立科学的评价方法,从生理学、心理学、社会学、教育学、伦理学、行为科学、价值标准等各方面进行科学、系统地衡量评价,才能得出较接近学生实际情况的认识。对一代人的评价标准应随时代的变化而发展,离开时代背景谈对比、下结论是片面的。

　　事实上,要评价目前在校学生非常困难,因为他们本身的层次和差异就很大。从群体看,有研究生和本科生、高年级和低年级的差异;从个体看,有沿海和内地、城市和农村学生的差异;还有学生个体在经历、性格、素质、习惯等方面的差异。这些都造成了学生在政治态度、学习生活方式、行为方式、心理特征等方面的差异,体现了目前在校学生的多样化与复杂性。

　　下面我想从面上对学生群体的看法谈几点认识,并试用五六十年代学生和当代学生的对比方式,谈谈对目前在校学生特点的看法。

　　(1) 今天的学生更具有鲜明的时代精神和时代性格。

　　五六十年代的学生特点离不开当时的历史条件。五六十年代成长起来的青年(现在绝大多数已是四化建设的骨干力量)都有一个共同的体会:新旧社会的对比教育,使他们从小就懂得社会主义好,没有共产党就没有新中国,当时社会空气日益净化,使人能充分感受到"我为人人,人人为我"的温暖,雷锋精神随处可见,当时的学校教育作用很大,学生的社会化程度不太高,使得那一代学生的高度政治觉悟、艰苦朴素作风、集体主义观念、服从领导、遵守纪律、文明礼貌、学习刻苦、献身精神等特点非常突出。但受当时历史条件的限制,学生的成长也有一些不足之处,如受长期阶级斗争的影响,压抑了一些人的主观能动作用,遵守纪律、服从领导有时带有盲从的特点。学生的阶级斗争观念较强,看问题往往是带有阶级分析的成分,思想比较禁锢、僵化,学生的思想显得偏于单纯,等等。

而今天的学生,生活在以改革时代和信息社会为特点的崭新的历史时期,又是一个新旧制度交替的时期。十一届三中全会以后党中央拨乱反正,解放思想,开展了有关真理标准问题的讨论。生动活泼的政治局面给人们提供了广泛思考问题的条件。尤其是近几年,随着对外开放、对内搞活,社会政治、经济、文化的深刻变化,现代化通信事业等大众传播媒介的发达,世界范围内信息传递既多又快,等等,这一切像一个个浪潮冲击着大学生的思想和学习生活,都使得现代青少年根植于一个思想活跃、信息丰富、视野宽阔的肥沃土壤中。所以他们更少保守思想,勤于思考,追求新奇,向往现代化,不能不说这是历史对 80 年代青年学生的偏爱。这种开放式的优越社会条件,是以往任何时代的大学生所无法比拟的。这一切也使得当代大学生的社会化程度大大提高,具有以往学生所不具有的丰富性和复杂性。在学生观念和态度的形成方面,社会的作用远大于学校的作用,而且经常出现不谐调、不一致的方面,这也是和五六十年代很不一样的地方,比如市妇联副主席的一个报告就造成学生恋爱人数显著增多,《中国青年报》上的一篇文章有时就比我们多次工作的作用大,文化上的影响也是很大的,像前几年的"萨特热""琼瑶热",最近一两年的"弗洛伊德热""尼采热",都对学生有较大的影响。

今天的大学生都是在粉碎"四人帮"前后上的中小学,不可避免地带有"文革"的遗风。中学的教育是"高考"一根指挥棒的天下,"先天不足,后天失调","五爱"的教育还得拿到大学来补;对外开放的同时西方社会的种种思潮不可避免地会对学生产生影响。在学校,自由主义、个人主义、无政府主义、实用主义、存在主义、崇洋媚外等都有一些影响。商品经济的发展、一些新的道德观念对学生也都有一定的影响。所有这些,对学生的成长过程都在程度不同地起着作用。

综上所述,这些当代的历史条件也造就了学生的时代精神和时代性格,观念的现代化首先在学生身上起了作用。学生的三个意识(即指政治、改革、民族三个意识)明显增强,不少同学热衷于培养自己的四个能力(即掌握知识、开拓创造、组织管理、社会活动能力),自我意识通过成长、参与、竞争意识的体现显著增强。他们渴望成才,自我期望较高,多数都准备上研究生,将来好干一番大事业。他们更加重视自己的权益和成才,以不同的方式维护切身利益,表现出了和以往大学生明显不同的生活方式、行为方式、伦理道德观念等。这些时代精神也形成了他们在政治上的爱国、民主、成才而又有些偏颇的明显倾向,在学习上的求新、求博而又不太注重求精、求深。

(2)生理的早熟和心理的稚嫩反差强烈,与以往的同龄学生相比显得不太成熟,和时代不谐调。

随着生产的发展、社会的进步、人们生活的改善,当代青少年生理成熟得更快了,但心理成熟有快有慢很不谐调,加上中小学的教育失调,就显得这些学生的可塑性更大了。

这些学生(指学生群体)的特点是年龄小、阅历浅、修养差、三脱离,这造成了他们平均政治素质和文化素质差一些,艰苦奋斗的精神比较淡漠。

他们关心国家大事却不真正、全面了解,似是而非,小道消息传得挺多;对社会政治问题、个人学习生活问题往往缺乏主见和正确判断,选择能力差,易随大流(如选修课程,一限名额就争着选,你不选的他也不选)。

他们政治热情高,但盲目性很大。引导得好,能培养出不少优秀人才;引导不好,还常带有很大的破坏性(已报道了不少气不顺就毁坏公物的消息)。

他们自我意识、个人成才意识较强,由于长期三脱离,却不善于与社会、周围环境协调,往往掺杂着个人主义因素,想"社会为我"多一些,很少考虑"我为社会"的问题,在成才意识上有的人甚至无限膨胀自我价值。

他们自我期望高,但有不少人眼高手低、好高骛远,大事干不了,小事不愿干,尤其不愿干具体、琐碎的小事,一些毕业生的工作情况已经反映出这方面的问题;在学习上表现为不太刻苦和重理论轻实践以及高分低能现象。

他们情绪起伏大,情感强烈,容易冲动,正处于心理学上所讲的"感情风暴期"。他们向往理想化的生活,常常因一时一事的满足而欣喜若狂,也会因一点儿小事而悲观失望。不少人重感情,但感情又比较脆弱,经不得挫折,经不起批评,个别人甚至因一时挫折自杀身亡。有不少学生喜欢激动人心的场面,在处理问题时往往满足于一时的感情宣泄而不顾社会影响和后果(如看电视即是如此),对自己对社会采取不负责任的态度,这和当前的改革就显得很不谐调。

他们求知欲强,求新求异求时髦,但辨别是非的能力差些,往往看到点儿新鲜东西,就不加分析地全盘接受;反映在行为方式上有时心口不一,突出表现是自我控制能力和自我管理能力较差。有的也想学习、学好,但一玩起来就控制不住自己。他们有强烈的人格独立意识但有不少人是"抱大"的,在具体问题上表现为被动怯懦,依赖性很强,惰性较大。

他们民主意识强烈,但民主修养较差,对什么是真正的民主、民主和自由、自由和纪律、民主和集中等基本概念,不甚了了,有的还不甚了解便盲目追崇西方"民主"。

和五六十年代的大学生相比,现在不少学生个人修养差、基础文明薄弱,这在道德情操、兴趣爱好、理想抱负、法治观念、组织纪律、学习态度、社会公德、生活习惯、文明礼貌、人际关系等方面都表现得比较明显;同学中集体观念的淡漠,不团结的现象,以及早恋、哥们义气、打架斗殴、偷摸等不良行为也日趋增多了;产生各种心理疾病和有犯罪行为的也明显增多。

值得我们注意的是,自 1985 年 9 月我校实行全面加权学分制的教学改革以后,学生中两头小中间大的情况逐渐有了一些变化,两头均有增大的趋势:一部分同学由于自主时间多了,越学越主动,学习、生活也很充实;而另一头的部分同学也因自主时间多了,贪玩、求享受、生活空虚,越学越被动。有几个具体数字来看是很说明问题的,比如因学习成绩不合格不能报考研究生的五系 1982 级 192 人中有 17 人,到 1983 级 173 人中报考前就有近 40 人没有报考资格,增加了一倍多。又如近年来议论四川重庆学生较多,今年五系 1983 级免试推荐为研究生的 17 人中重庆学生就有 5 人,而同年 1983、1984 级处分和退学的重庆学生也占 5 人,其中开除学籍的 2 人,都是重庆的;1986 年是五系学生中发展党员最多的一年(先后有 56 名学生被吸收入党),也是处分学生最多的一年(先后有 8 人受到从警告到开除学籍的处分)。退学的学生也有增加的趋势,1986 年下半年全校一次就有 20 名学生被退学回家,等等。这两头增大的趋势对教改中的学生工作提出了新的课题,同时应引起有关部门的足够重视。

上述学生心理上的不成熟、可塑性大的特点给我们做好学生工作提供了基础和机会,只要我们目标明确、方法对头,引导得当,是可以取得较满意的效果的。如有两名曾偷拿别人自行车的二年级学生,一名经过我们的工作和本人的努力,一年多以后在上学期被评为校三好生,学习成绩位列全班第二,另一名拘留 15 天出来后我们没有嫌弃他,而是及时反复地做他本人和同学的工作,使他感受到学校和集体的温暖,思想转变很快,上学期还跟着积极分子一起听党课,他说"虽然自己根本不够格,但要受教育,过去就是吃了不参加政治学习和集体活动的亏",这确是一个很大的进步。即使是犯了严重错误被学校开除学籍的个别学生也不要弃之不管推向社会,如 4571 班陈某被学校开除学籍后,指导员周宁仍从思想上、生活上处处关心他,还一直把他送到家,做了家长和地方上的工作,使陈某和家长深受感动,也为社会减少了不安定的因素,陈某还多次来信痛悔自己的失足、感谢老师的帮助并希望同学们"吸取我的教训、千万别走我的老路",通过做陈某的工作,使不少同学也深受教育。

针对前面谈到的学生心理特点,我觉得我们的工作要注意几点:一是和同学建立信任基础,和他们平等地交朋友,取得更多的共同语言;二是理解、尊重他们,尽量不伤他们的自尊心,公开场合多表扬少批评,私下交谈心平气和地说理批评,对同学千万别搞制度卡、高压压的带有敌对情绪的那一套(如献血动员,过去总讲不报名不准报考研究生,学生很反感,这几年讲相信同学们的觉悟,报名非常踊跃,同一件事两种做法效果就不同),说服而不压服,用民主讨论和交心、对话的办法解决问题,用激励的办法鼓励同学进步;三是重视感情"投资",平时要多接触学生,增进互相了解,建立密切的师生关系,这样在关键时刻(如毕业分配等),由于平时较少隔阂,工

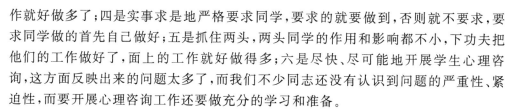

作就好做多了;四是实事求是地严格要求同学,要求的就要做到,否则就不要求,要求同学做的首先自己做好;五是抓住两头,两头同学的作用和影响都不小,下功夫把他们的工作做好了,面上的工作就好做得多;六是尽快、尽可能地开展学生心理咨询,这方面反映出来的问题太多了,而我们不少同志还没有认识到问题的严重性、紧迫性,而要开展心理咨询工作还要做充分的学习和准备。

(3) 他们正在形成一种新的价值观。

随着社会的进步,这几年政治、经济、文化的巨大变化,当代大学生的理想道德、人生目的等观念已经或正在发生显著的变化。他们强调成才,强调做人,强调个人权益。在学生中,对共产主义的理想、为四化献身的理想的态度仍然是两头小、中间大。学生中有坚信共产主义的,有只为个人名利奋斗的,更多的人是介乎于二者之间的。他们强调成才,希望获得对个人发展更为有利的环境和条件,希望在现代社会条件下施展更大的才能;他们强调做人,是要做一个正直的人、品德高尚的人、对社会有用的人、既为国家又为自己的人;他们强调个人权益,更讲究实际、注重现实,希望在为社会做贡献的同时,得到而不是牺牲自己应该得到的一切。这个看法,我觉得和我们平时的感觉似乎更吻合些、更贴切些。

有人把这种情况看成是倒退,"搞了几十年的社会主义建设、共产主义教育,怎么又出现了这样的价值观?"我的看法,这种价值观的形成是时代的产物,不是倒退,而是社会进步的表现。社会存在决定思想意识。经济体制改革的主要内容之一就是打破大锅饭,实行责任制,责任制本身就是责、权、利三者的统一体,强调兼顾国家、集体、个人三者利益,在国家、集体拿了大头后,个人也得到而不是牺牲应得的小头。因此,在学生中形成与改革形势相适应的实事求是的价值观就有其合理性和必然性。

过去,我们一直在全国人民中宣传共产主义理想、大公无私精神。这个最高理想成分的精神,至今仍有其普遍的积极意义,应该继续提倡。这种精神无论过去、现在还是将来,都是我们共产党员和先进分子的力量源泉和精神支柱。但对于多数人来说,不能都这样要求,这次党的十二届六中全会决议正是基于改革情况,提出了"共同理想"的提法,指出:"这个共同理想,集中了我国工人、农民、知识分子和其他劳动者、爱国者的利益和愿望"。

从以上分析中,我觉得我们的学生工作也要分层次,针对不同类型的学生提出不同的目标和要求,就是要把一部分(尽可能多)学生积极分子培养成青年共产主义者,按照党员标准要求和培养他们;对多数同学来说,就是要培养成有较高思想道德素质和科学文化素质的四有(有理想、有道德、有文化、守纪律)人才;对后进的同学不是嫌弃而要尽力教育、帮助他们,尽量少出"废品",达到学校培养目标的起码要求。

根据学生价值观的形成和学生层次的现状,就要采取不同的教育方法,按照不同要求去开展教育转化工作。另外,值得注意的是,学生中重视实惠、重视现实、重视权益的倾向要注意引导,搞得不好,就会演变为以个人主义为核心的功利观和实用观,确实有少数学生持有这种态度(如:只顾个人不关心集体,贪图舒适、享受不顾校纪法规,学习上不求进取,向钱看等现象)。

(4) 政治上的正统性和"生活化现象"。

多年来,在我国占主导地位的意识形态、政治态度,在当代青年学生中仍占主导地位。随着社会主义四化建设和改革的深入,学生对党和社会主义的向心力和凝聚力正在增强,很多同学有很强的责任感和进取心,多数同学有了解党、靠拢组织、要求上进的愿望,这些都为我们在学生中开展党建工作提供了良好的条件。但目前存在的问题是,有的即使是很好的学生甚至是学生党员,在接触到新奇的东西时,往往也缺乏分辨是非的能力,甚至走弯路,这在我们的学生党员和积极分子中间时有发生,有的甚至走上逆反的退步道路。这说明,不少学生的"正统"观念,往往是学校、家长、社会的教育灌输养成的习惯和风尚,有些人并不是经过自己严肃的思考做出理性选择。这就对我们在学生中的党建工作提出了加强党员教育和强化积极分子培训的任务。

随着社会政治生活的变化、经济上的开放搞活、文化事业的日益繁荣,学生的兴奋点明显比以前增多了,形成了有多个兴奋点的兴奋灶。他们不迷信、不保守,其志向、兴趣、爱好、阅读、议论已从政治问题广泛漫散转移,还经常地发生变化(如萨特—琼瑶—弗洛伊德热)。由于生活水平的提高和时间观念的增强,学生普遍要求自己不是死读书,而是更生活化、社会化了,这和五六十年代的大学生有明显的不同。他们关心成才、知识、新闻、智力竞赛、演讲、时装打扮、旅游、体育、文艺、恋爱、经商等"热门"话题,要求生活丰富多彩,充实高效,由过去的只注重政治事件、政治风云人物的讨论,逐步广泛转移到国内外大小事、改革新闻、不正之风以及社会名人(如歌星、影星、球星等)的沉浮和趣闻轶事上,等等。这些在校大学生和以往的老大学生相比更生活化了。

年轻人朝气蓬勃,好思考、好议论、热爱生活,要求学习生活丰富多彩,是社会进步的表现,也是学生的正当要求,关键是如何引导。学校要为学生开辟第二课堂,为丰富课余生活创造条件,使学生过剩的精力通过丰富多样的活动得到调解。要积极组织、认真指导学生社团的活动,为更多同学的课余活动提供方便。遗憾的是,我们往往是关心不够、限制过多,一些规定不利于学生的正常生活和要求,学校的设施很少考虑学生开展活动的场地,对培养学生大有益处的勤工助学也搞不起来,等等。现在很多同学反映感到空虚、"没意思",特别是不知道星期六、星期日怎么打发,结果是酗酒、闹事、打牌赌博、打架斗殴、流氓滋扰等问题屡有发生,这个问题,是应该引起重视了。另外,和学生民主对话的渠道仍是不太畅通,应该有多种民主的、简单易行又为师生喜闻乐见的方式来反映、交流和解决学生学习、生活等各方面的问题。

上面简述了四个方面的分析和看法。如何看待和估计目前在校的大学生,是我们能否搞好这方面工作的基础,估计得越准确、越接近他们的实际情况,对我们开展学生工作就越有利。

当代青年学生是我们国家的未来和希望。各级领导干部和有关同志都应注重对他们的研究和讨论。

——北京市高校学生思想教育研讨会论文,1986 年 1 月

1986 年北航五系学生工作十件大事

郑彦良（五系党总支副书记）整理
1987 年 1 月

（1）全系有 56 名学生光荣地加入中国共产党，是十几年来发展学生党员最多的一年。新党员中有本科生 43 名、研究生 13 名。

（2）涌现出一批先进集体和先进个人（1985—1986 学年度）：

北京市先进集体：4561 班（全校共 4 个）

北京市先进团支部：4532 班团支部

校先进班集体：4561 班　　5571 班

校研究生先进集体：SY5051A 班（全校共 3 个）

校先进团支部：4531　　4532　　4561　　5571　　5591

北京市三好学生（全校共 18 人）：韩宇（3571）　谷星（4532）　洪冠新（女，5591）

北京市 1982 级优秀毕业生：雷庆　刘民　郑世龙　孙学庆　贾志涛　尹学民
那伟　袁礼　孟庆春　杨亚琪

校优秀共产党员（七一表彰）：雷庆　刘民（全校共 3 名学生）

校优秀研究生：吴子康　阮小平

校三好学生（五系 61 人）：

徐光耀	邬贵全	王道政	张万军	元昌宏	罗小兵
刘志勇	许克峰	钟岷	陈光忠	李慧波（女）	姚斌
姚红兵（女）	林志	刘国庆	韩宇	傅东山	胡建和
董云峰	邓向东	崔玉玲（女）	尹章顺	涂小彪	李辉
林小利	邱松涛	孙海龙	谷星	朱坤	王延斌
曹永清	许峰	江明波	何春荣	欧阳红（女）	李明
廖红艳（女）	姜晓春	蒋红平	张琴（女）	封信坤	龚立新
田丽君（女）	陈伟民	徐永峰	宫红兵	常勇	郭成
杨忠	罗江	陶波	郭俊丰	路圣地	王玉平
余后满	洪冠新（女）	吴弟伦	杨超	严文斋	李为民
王睿					

校优秀学生干部（五系 31 人）：

| 李宝方 | 王建明 | 杜延平 | 邓尧 | 傅云飞 | 刘志伟 | 丁树家 |
| 胡崇辉 | 肖辉江 | 赵群力 | 向丹阳 | 刘军 | 樵少平 | 罗俊杰 |

刘霄峰	陈汉治	吴振辉	李大平	李志梅（女）	陈晓波	刘式吉
隋成城	江志强	牛小化（女）	吴群峰	刘华松	曹翠微（女）	
李屹东	王烨东	阳东升	徐 立			

（3）博士研究生傅惠民在高镇同教授的指导下，解决了国内外悬而未决的"疲劳强度概率分布问题"，博士论文达到了国际先进水平。12 月 19 日，提前半年通过了博士论文答辩。被列为北航十七件重要新闻之一。中央人民广播电台、中央电视台、《光明日报》、《中国青年报》、《中国教育报》、《航空时报》、《北京日报》、《香港大公报》等相继发了消息。

（4）1982 级学生 192 人顺利毕业。毕业生中有 32 人入了党，占毕业生总数的 17％；有 72 人考取了研究生，占毕业生总数的 37.5％，其余 120 人服从分配就业，都按时办理了离校手续。

（5）学生培养有新突破。

① 1983 级有 18 人免试推荐为 1987 级研究生，系里对这部分同学的培养做了新的尝试，使保送生超前一年进入研究生培养阶段，安排学生和导师见面，制定培养计划，多数同学都选修并通过了 1～2 门研究生的学位课。《中国教育报》1987 年 1 月 10 日对此做了报道。（《中国教育报》报道的题目是"新尝试——保送生超前一年进入研究生培养阶段"。报道指出，"北京航空学院五系最近对研究生培养工作进行了新尝试，使保送生超前一年进入研究生培养阶段。学校召开保送攻读硕士学位的 1983 级本科生和导师见面会，师生一起制定一年的培养计划。导师视每个同学学习负担的轻重，指定了提前要修的学位课程，或提出了有关专业文献的阅读内容。学生们认为，这种做法使他们攻读硕士学位的方向更明确了，学习更主动了。"——据《北京航空学院校报》报道）

② 1986 年 9 月，学校首次执行优秀生制度，五系 1985 级有 8 人、1986 级有 11 人被评为优秀生，并获校一等奖学金和优秀生证书。优秀生名单如下：

郭 成(5532)	宫红兵(5532)	罗 江(5561)	陶 波(5561)
杨 忠(女,5561)	严文斋(5571)	蒋霄虎(5571)	洪冠新(女,5591)
韩 兵(6531)	张 涛(6531)	石 文(6531)	方卫国(6531)
张建文(6531)	刘瑞祯(6541)	张展红(6551)	廖晓红(女,6551)
方 力(6561)	林 军(6571)	欧阳坤(6571)	

（6）体育比赛呈现亮点。

① 在校三大球比赛中五系代表队成绩突出：

男子篮球——冠军　　女子篮球——亚军
男子足球——亚军
男子排球——亚军　　女子排球——季军
新生男子排球——亚军

② 5551 班邹小琴同学在全国和北京市一系列比赛中成绩卓著，为学校和我系

争了光：

荣获全国大学生运动会女子 400 米亚军、女子 4×400 米接力亚军（打破两项全国大运会纪录）；北京市高校田径杯赛女子 200 米、400 米、4×100 米三项冠军。

（7）"勤奋、严谨、求实、创新"的五系学风得到发扬。

① 有 243 名本科生分别获得校 1～4 等奖学金，占全系 1983—1985 级本科生人数的 45％（名单略）。

② 5591 班 25 人中有 20 人获得奖学金，是全校获奖学金人数比例最高的班级；该班洪冠新同学是全校唯一获得三项一等奖学金（校优秀生、市三好生、学分）的学生。

③ 在北京市和学校外语比赛、物理比赛及校数学比赛中，五系同学获奖颇丰。

（8）全系学生文娱活动丰富了学习生活，受到学生欢迎。

① 12 月 27 日的全系迎新年大型游艺联欢晚会，是近几年来规模最大、项目最多的一次联欢活动，深受参加活动的系内外同学好评。在校的校领导都参加了晚会活动，校电教中心在各活动场地拍摄了长达 40 分钟的录像带。

② 11 月份举办了五系吉他大奖赛，比赛教室水泄不通，获得了同学们的极高赞誉。

③ 周末俱乐部坚持每周末的活动，为同学服务，丰富了同学们的周末生活。

④ 在校"一·二九"文艺汇演中，五系代表队获团体第三名。

（9）受处分学生比往年略有增多，系辅导员办公室、团总支向全系学生连续发出四期简报，转发了四位犯错误同学的思想认识和家长来信，很多同学思想受到震动。

全年共有 8 人因打架斗殴、流氓滋扰、盗窃等问题受到校、系行政处分，5 人被公安机关拘留，其中 4551 班邹某某因流氓罪、盗窃罪被判刑两年，成为五系有史以来第一个被判刑的学生。

（10）退学人数略有增加。同学中两头小中间大的情况，在执行全面加权学分制一年多来有向两头增大的趋势。

先后有 6 名同学退学回家，目前仍有 10 人左右处于因学习成绩被退学的边缘。

从对广东几所大学的考察探讨学生
思想政治教育方法的改革

郑彦良

1988 年 9 月

改革开放特别是商品经济的日益发展,使在校大学生的思想异常活跃。面对这个现实,不能不考虑我们的思想政治教育怎样改革才能适应这个新的形势。

带着这个问题,今年 3 月我们一行三人用了近二十天时间,先后对广东省的深圳大学、华南理工大学、中山大学、江门市五邑大学进行了考察。考察过程中,我们亲身感受到了改革给广东省带来的巨大变化,也认识到要搞好高校学生思想政治教育,不进行改革是适应不了商品经济发展形势的。改革是唯一的出路,在认识、途径和方法上必须进行根本性的改革才能形成新的格局。

一、要认识思想政治教育改革的必要性

改革是当今中国的大趋势,既然改革在经济体制、政治体制上是对社会主义的自我完善,那么在高校思想政治教育上也理应如此。改革和开放给各项工作增添了生机和活力,同时也提出了新的任务和课题,仅仅沿用过去的适用于搞阶级斗争、搞运动的那一套政治教育办法,在今天已行不通了。我们认为,在各条战线的改革方面,惰性较大的是教育界;教育改革最薄弱的是思想政治教育。在德智体这三条腿上,德育这条腿最细,也最老化,教育效果也不明显。由此而产生的问题已经引起了各级领导的高度重视。必须通过改革,迈出大步子,才能从根本上扭转局面,解决问题。

我们的广东之行,虽然时间不长,看问题也不够深入,但还是得到了不少启示。总的印象是广东的大学处在开放的环境中,思想比较解放,观念较新,方法灵活,广东正在探索高校学生工作的新路子。相比之下,我们是有差距的。因此,我们必须正视面临的现实,明确地提出思想政治教育的改革问题。以积极的态度、稳妥的做法把改革精神渗透到学生工作中去;探讨和摸索高校学生思想政治教育的新路,只有这样才能改变目前落后、被动的局面。

二、思想政治教育方法的几点改革看法

我们的思想政治教育和广东比,存在的主要差别是:在环境上,我们基本上是一

个较封闭的环境,而广东是在全面开放的环境中,商品经济发展很快;在工作方式上,我们务虚得多,精神调子高,和实际较脱节,注重学生物质利益不够,而广东几所大学既务虚又务实,基本调子和学生物质利益相结合,解决了很多实际问题;在思想方法上,我们禁锢的东西多些,基本上是教给学生结论让学生用这个结论去看问题,广东是在无法禁锢的开放情况下把问题交给学生,让他们自己思考下结论。相对来说,我们的教育较死板、被动、零散,而他们的教育较灵活、主动、系统。反映在学生身上,广东学生在群体上显得稳重、更文明、更豁达一些,心理承受能力和适应能力更强一些。在广东的几所大学我们了解到,那里的学生较少有打架、偷窃、毁坏公物、作弊、触犯法律和闹事等问题,而在我们这里却屡有发生。

透过上述这些现象,我们感觉到,广东几所大学的同志们程度不同地重视了思想政治教育这门学科的基础性、科学性和系统性,打破了过去一些旧框框的限制,使之充满活力。

根据我们的实践体会和与广东的对比,我们认为高校学生思想政治教育在方法上应从以下几方面进行改革。

(1)思想政治教育工作者必须由干部化改为教师化、专业化。

长期以来,受过去多年思想工作传统的影响,高校学生思想教育历来被认为只是党委部门的工作。近几年虽然初步解决了德育职称问题,但由于没有从根本上纳入学科范畴,工作队伍的专业化程度低。目前,这支队伍理论水平与素质不太高、威信也不高,队伍不很稳定。深圳大学在这方面搞得比较彻底,他们没有庞大的学生工作专职队伍,学生思想教育队伍主要是靠教师、行政干部,即使是党的工作也是兼职化、义务化、业余化。学生的党建工作和心理咨询全由党员教师尽义务,没有任何待遇,因而在深圳大学党员的威信较高。这样做的结果有很多好处:一是这些干部有自己的专业,都能开出一二门政治课或人文、社会学科方面的课程,做学生工作的水平自然会得到相应的提高,路子就宽了。二是学生对任课教师是很尊重的,教育效果好。三是减少了干部编制,大大精简了会议,教师有更多的时间研究问题或深入学生做工作。深圳大学学校的工作靠每天600份的16开单页工作志来交流指导(发到教研室和学生班级)。这和我们这里的忙于开会,整天忙碌,而学生中还常出问题的情况确实有很大的不同。因此必须真正从根本上而不只是从形式上把思想政治教育队伍教师化、专业化,这样才能适应今后的需要。

(2)对学生的基础性教育要由零敲碎打的突击性教育改为规范化、科学化、理论联系实际的系统教育。

目前我们的教育基本形式,并没有把思想政治教育真正从根本上纳入教育体系。学校的不少教育工作者包括一部分领导仍把德育和智育看成是两回事、"两张皮",认为德育属工作范围,智育才是教育范畴。在教育安排上,思想政治教育缺乏像其他业务课那样的科学性和规范化。受过去大轰大嗡的运动式教育的影响,现在的思想教育基本上还是头痛医头、脚痛医脚的突击性教育,被动消防式的教育,是没有形成系统性、稳定性、科学性的教育。加上领导意志和形势时有变动,对学生也形不成系统的思想基础。同时还有理论脱离实际的问题,讲空话、八股味较浓,空对空的现象比较严重。即使是比较正规的政治理论课也有严重脱离实际的问题,以致大学生对形势、对国情、对改革存在大量的模糊认识。在这方面,华南理工大学和深圳大学处理得要好一些。他们把很多基础性的教育内容凡能列入课程的都列入课程体系,开出了大量的必修课和选修课,和其他业务课一样,有大纲、有教材、有课表、有学分。深圳大学开设的礼仪课是学生必修课,由于它适应了商品经济发展和对外交流及学生就业的需要,实践性、针对性强,很受同学欢迎。

在深圳大学,我们亲身感受到了学生行为举止的文明有礼。几个部门接待我们的勤工助学的学生,其动作礼貌、规范、文雅。深圳大学社科系开设的"党的建设"一课,规定党员必修,其他同学任选,每学期有二百来人选修。上述这些系统的而不是零敲碎打的科学教育,学生易于接受,效果也是十分明显的。由此可见,基础理论的系统、规范的课堂教育应该是改革思想政治教育的一条非常重要的途径。高等院校都应该创造条件,就政治、文学、艺术、音乐、美学、西方哲学、党的知识、法律常识、社会知识、职业道德、人际关系、伦理道德、行为科学、改革理论、礼仪等方面的内容多开些必修课或选修课。让学生从课堂上直接接受系统的基础文明教育,提高道德修养和文化素质,这才是从根本上解决学生中存在的问题的办法。

(3)改变目前学校工作缺乏透明度、校规校纪忽松忽紧的现状,走民主办学、宽松环境、严格校规的路子。

在教育的渠道上,多年来民主渠道不畅通,没有体现民主办教育的精神,学校工作缺乏透明度。学校和学生双方没有或较少从感情上、理解上互相沟通,不深入学生学习、生活的实际问题,使学生很少有信任感,经常发生逆向效果甚至"顶牛"现象。学校的规定很具体、很死,限制过多,而且还常常变。出一个问题就制一个规定,情况稍稍一变或某个人一讲话,就又修改了原来的规定。实际上,统得过死的结果是该严的不严,该宽的没宽,学校管了很多不该管的,又丢掉一些该管的,因而把思想政治工作降到一个很低的水平。这样做也没有取得很好的效果。

广东有的大学对上述问题处理较得体,学校的民主气氛较浓,如深圳大学,每天的工作志当天打印六百份下发到教研室、学生班级,使全校师生对学校当天工作和发生的大事一目了然,有很强的透明感。他们的柔性教育、刚性管理的办法很有启发意义。柔性教育就是分层次、多渠道、宽松式、启发式、引导式。该宽的宽,使学校有一个民主、宽松、有较大自由度的和谐环境,政治气氛不搞得太浓,使学生学习、生活没有压抑感;刚性管理就是严格校规,规定一些最基本的要求,规定面前人人平等,该严的严,使学校办得像个学校的样子。如对考试作弊,他们规定一律开除学籍,党团员还要开除党籍、团籍,而且说到做到,两年来有三个学生党员就是这么处理的,作弊风自然就刹住了,对违法学生规定一律开除。对损坏公物者,规定的处罚也很严,甚至开除学籍。在该校图书馆的开架阅览室,我翻了上百本书刊,没有一本缺页或"开天窗"的。处理学生也不开那么多的会,均由学生自律委员会根据校规调查处理,上报院长批准,学生通过参与学校的这些管理,从中也受到了实际教育。

由此可见,要改变学校现状,就必须走民主办学、宽松环境、严格校规的路子。学校领导要从会议中解放出来,深入到学生中间,多渠道地与学生进行对话和联系,沟通感情,增进了解,互相体谅,认真听取学生对学校工作的意见,做学生的良师益友,切实解决学生反映的实际困难。对学生中的思想问题和缺点错误,不采取狠批、高压的做法。要用平等的、讨论的、朋友交心式的态度和他们交换意见,诚恳坦率地指出他们的问题。对学生的需求,只要不违反政策和规定,凡能办到的就要积极创造条件满足他们的需要,一时解决不了的也向他们解释清楚原因。在环境和校纪上,体现宽松和严格的辩证关系,宽严适度,制定出较稳定的、满足最基本要求的学校纪律。规定一旦制定就要严格执行、落在实处。同时要让学生在这些规定的范围内有较大的自由度,不搞过多的限制,使学生的学习、生活环境,更民主、和谐、宽松、舒适一些。

(4)教育方式上,要把主要靠政治教育改为通过政治、文化、体育、授课等多种方式的教育活动来达到教育目的。

多年来,我们的学生工作主要是靠通过政治教育来达到教育目的的,而对各种文化活动、体育活动、娱乐活动的思想政治教育功能缺乏足够的认识,很少研究和探讨生动活泼的教育方式。实际上学生通过参加文化、体育、娱乐、听讲座等活动,受到的教育是政治教育所替代不了的。上述方式的教育活动适应了青年学生的特点,其教育作用是不能忽视的。由于担心学生不好好学习、感受"精神污染",我们对学生组织和参加的各项活动往往限制太多,引导太少,更不敢放手。造成学生课余生活单调、乏味,使过剩精力无法宣泄,文化素养难以提高,健康体魄难以形成,以致打架、赌博等情况时有发生。学校讲座搞得较少,很多理工院校社会科学、人文学科还未列入课程供学生选修,宣传教育也只是学文件、听报告的单调形式。学生文化活动、体育活动场地没有保证,学生活动经费拨款少得可怜。现状是丰富多彩的文体活动,除少数同学外,对大多数学生还只是纸上谈兵的"奢侈品"。广东省在全面开放的大气候下,在抓物质文明建设的同时注重了精神文明建设。对人们的各种文化、体育活动,采取了开放而不禁锢、排污而不排外的方针,他们的"加强管理、提倡有益、允许无害、抵制有害"的做法取得了很好的成绩。在几所大学,我们看到很多很好的开办讲座、演讲及各种比赛活动的海报。学生根据自己的爱好自然分流,各取所好。学生活动场地也多些,经费是采取拨款、学生会勤工助学自筹资金和少量交费活动解决的。华南理工大学、深圳大学的学生会通过勤工助学筹集的经费也是很可观的,这无疑为学生开展活动提供了物质基础。

我们认为,对学生的思想教育应该是全方位、渗透型的,只靠让学生被动接受的政治教育很难达到教育目的。要本着增加吸引力的原则,把学生被动的"要我来"变为主动的"我要来"。教育要靠包括政治灌输教育在内的多种教育方式,靠在各种活动中教育的潜移默化、日积月累、循序渐进,方能奏效。因此,各级领导要重视校园文化的建设和体育活动的开展,看到这些活动本身所具有的巨大的、不可替代的思想教育性质和内容。要从活动场地、设备和经费上提供有力的支持,增加投资,创造条件。同时为学生会自筹经费放宽政策,提供方便。对学生的各种活动要少限制、多支持,少指责、多引导,使学生在丰富多彩的活动中锻炼体魄,陶冶情操。要用各种形式的活动,来丰富思想教育的内容和方法。这样做,学生喜闻乐见,易于接受,同样可以达到教育目的。

(5)变只靠说理教育为依靠说理教育与自我实践教育相结合。

思想政治教育本来是实践性很强的综合教育,只搞学文件、听报告式的说理教育是远远达不到我们期望的效果的。现在的问题是,受商品经济发展的影响和财力所限,学生下厂实习越来越难安排,有的还往往流于形式。由于人事制度、财务制度的制约,对学生成长大有益处的勤工助学、社会实践难以在大范围内常年展开,而没人管的五花八门的经商现象都以勤工助学的名义,在各高校普遍存在。对学生的服务工作和学校建设,我们采取了一切都包起来的办法。这无形中助长了学生对劳动服务的轻视。学生中对勤工助学的概念和政策界限认识模糊,缺乏相应的指导机构和政策法规,以至于出现了不管学习只顾经商、不管社会效益只顾多挣钱,甚至投机倒把、非法牟取暴利等一些值得重视的现象。正常的勤工助学搞不起来,不正常的经商、倒卖日益增多,长此下去对学生的思想道德将会产生长期的腐蚀作用。在广东几所大学,我们看到的是勤工助学在学生中普遍展开,勤工助学活动都是在服务为主、经营为辅的原则下有组织、有指导地进行的。深圳大学、华南理工大学每天都有上千人次的学生搞勤工助学。学校里很少有卖东西的广告,各部门的招工启事、信息都贴在规定的地方。招工单位对报名者面试,只要符合条件双方自愿就行了。五邑大学、华南理工大学每学期召开勤工助学总结表彰大会,奖勤奖优树正气。这样做的结果是学生对自己的劳动成果、学校的设施非常爱惜,自然也就养成了讲文明、爱劳动的好习惯。深圳大学还对学生普遍搞对口预分配式的实习——学校提供信息,由学生自己去联系,实习单位提供实习条件,有的还发工资。在实习过程中双方都了解对方,双方看中了,学生毕业后就到那儿去就业。有些做法对我们还是很有启发的。应该在我们的学校里,从培养合格人才的需要出发,打破些旧框框,积极为学生正常的勤工助学创造条件,做出一些合法合理又不限制过多的规定。在勤工助学中提倡利用智力优势,提倡服务他人、建设学校精神,学生也得到相应的合理报酬。允许学生适当地搞点合法经商活动,同时认真清理学校现在普遍存在的经商问题,使学生勤工助学走上健康的轨道。下厂实习要安排好、组织好,在当前应特别强调到中小企业去实习。最好是有偿实习,帮助企业解决一些技术问题,这样可以既出成果又出人才。对学生参加社会实践,不能只是限于一般号召,只是在假期做,而要把它也纳入全年教学要求。根据在学校就近和回家乡就近的原则,有条件的还可以和下厂实习结合起来,一方面对社会实践要有明确的教学要求,一方面要为学生社会实践提供必要的物质条件。

（6）变千篇一律要求为多样化教育，重视学生个性发展。

在任何时候任何情况下，受教育者都是活生生的、各具形态的一个个的学生实体。作为教育者必须根据这个客观现实注意因材施教，保护、引导而不是限制学生的个性发展。长期以来我们的思想教育忽视了这个原则，对所有学生的要求千篇一律，一把尺子一个模子，严丝合缝，要求也比较高。这样做，抑制了学生的个性和创造才能的发展，不利于人才的培养。广东有的大学比较重视这个问题，在政治上、业务学习上根据学生个体的不同层次，提出不同的要求，对学生个别辅导多、笼统限制少。对于培养目标，他们强调在指导思想上要共性与个性相结合，在德才共性基本要求的前提下，因材施教培养各具特色的人才。对学生的教育，要求分出层次，加强指导，限制适度。

教育工作要按照多样化原则，对不同学生提出不同要求，进行从形式到内容的不同的教育。在政治上，通过不同的要求和教育，把学生中的一部分先进分子逐步培养成青年共产主义者，多数同学培养成"四有"的合格人才，少数后进学生成为符合基本培养目标的合法公民，即使是少数被淘汰的学生也不在政治上歧视他们，能看到和肯定他们的长处，鼓励他们到社会上去锻炼提高；在业务上，通过不同的要求和教育，使其学有所成、各具特色。理工科大学不仅要培养出大批合格的科技工作者，也可能并且应该培养出一部分优秀的管理人才、文学家、哲学家、理论家和优秀的文化、体育人才。特别是那些能力较强，平时不太"安分"的学生，不要一味地批评、限制他们，要因势利导，多做个别工作，如果教育得法，这些人中很可能会出一批人才。只要我们遵循而不是违背多样化原则，因材施教，精雕细刻，加上学生个体的努力，上述目标是能够实现的。

（7）改变学校忽视学生成长心理因素的现象，注重心理辅导。

青年学生的健康成长是由多方面因素决定的。学生个体的心理状态是一个极为重要、不容忽视的因素。联合国对健康人的定义是"躯体健康、心理健康和社会功能良好"。世界卫生组织提出的人的健康状态应该是"不但没有身体缺陷和疾病，还要有完整的生理、心理状态和社会适应能力"。这就是说，一个学生若没有正常的主观世界，没有健康的精神生活，不注意精神卫生，就无法适应学校紧张的学习生活。特别是改革开放以来，学生的心理压力加大，这方面的问题愈来愈突出。据统计，目前学生中因种种原因有心理障碍的人数已占学生总数的11％～15％（天津高校统计是15％），而我们的有些教育工作者常常忽视了这方面的问题，把一些学生心理障碍引发的言论或行为都看成是思想问题甚至是道德品质问题，这就把心理障碍和思想问题搞混淆了，没有严格区别开来。如果我们从心理学的角度认真地调查分析一下，就会看到这几年高校自杀现象几乎都和自杀者的心理障碍有关，学生中精神病患者的增多，甚至破坏公物也和学生的心理行为没有调解好有关。在深圳大学和华南理工大学，我们看到学校比较重视学生的心理健康，坚持常年开展心理咨询，是很有成效的。深圳大学的心理咨询指导中心是校学生工作委员会下属的四大中心之一,聘请了14位经过培训的教师搞业余心理咨询。他们本着"听取您的意见,帮您排忧解难,做您的好朋友,竭诚为您服务"的原则开展工作。1987年9月新生一入学,他们就为每个学生建立了心理档案。档案内容保密,本人可以借阅,毕业时交还本人。他们还十分重视心理环境效应,即外部环境对调节学生心理行为的重要作用。大喇叭广播对人的心理骚扰大就取消了,校旗也设计成白色的,学校的建筑设计和内部装修也考虑了对学生心理的影响,力求宽松、谐调。相比之下,由于我们对学生心理因素重视不够,这方面出了不少问题,如由心理障碍引起的精神病患者增多和自杀现象的时有发生,大都与学生的心理因素有关。为此,在商品经济日益发展、竞争意识越来越强的今天,必须高度重视学生的心理健康,尽快在学校创造条件开展青春期教育和心理咨询。对大多数同学开设像生理心理卫生、社会学、人际关系学等有关选修课,对少数同学多搞心理咨询服务。对学生的辅导,在今天不能再只是一味地强调政治教育、政治辅导,应该建立一个大辅导的观念,学生专职干部,不应再称为政治辅导员(去掉"政治"二字),而应该是负责对学生进行政治辅导、业务辅导、心理辅导、社会辅导(包括行为辅导、人际关系辅导、职业道德和就业辅导)等多项辅导工作的学生辅导员。作为专职学生干部都应该学点心理学、社会学知识,并在这方面经常给学生提供帮助。

(8)改变目前对学生投资太少的状况,重视和加强对学生工作的投资和建设。

在精神文明建设中,物质基础的重要性是任何时候都不容忽视的,没有一定的物质基础,思想政治教育也很难奏效,在商品经济飞速发展的今天,这个问题的重要性显得更加突出。这里有两层意思,一是要认识到改善学生学习、生活条件,是思想政治教育性质很强的一项工作。这些年学校招生人数增加较快,而学生的学习条件、生活设施几乎没有多大改善(有的反因人数增加更恶化了),高校应该把增加投资、改善学生学习、生活、活动条件列为学校基本建设的重点;二是要改变过去那种认为学生工作包括学生思想政治教育不需要花多少钱的旧观念。学生活动的经费、专职思想政治教育教师的培养、进修和工作所必需的书刊资料、思想政治教育的调查研究、专题科研以及开展德育工作的基本设施和条件,等等,没有一定的经费保障是根本不行的。在这两方面,广东几所大学所做的努力有很多是我们没法比的。在国家强调要重视高等教育、逐年增加教育经费的时候,我们强烈呼吁要增加对学生德育方面的投资和建设,否则就会因此而拖了高等教育的后腿,达不到我们的培养目标。

——全国高校思想政治教育研究会年会论文,1988年9月;中央教育行政学院《国家教育行政管理》1988年第4期第71~76页;1988年9月北京市高校德育研究会年会论文

北航五系学生思想教育与
管理工作(1985—1988)

——五系自评报告之三

五系学生工作领导小组　郑彦良执笔

1988 年 10 月

一、概　况

　　近几年来,如何适应改革需要、确保本科生质量,培养符合航空航天事业和四化建设要求的合格人才,是系行政领导和党总支的主要工作,也是系里研究工作的主要议题。由于领导上比较重视,对学生工作组织落实较到位,工作队伍素质较好,制度上也较健全。

　　1. 学生工作体制

　　系里设有学生工作领导小组,组长由系教学副主任担任,副组长由系总支副书记和主管研究生工作的一名副教授(系党总支委员)担任,成员有系分团委书记、教务科科长、研究生科科长和系办公室副主任。小组的主要任务是负责协调、研究和处理全系学生的各类问题,包括学籍管理、奖惩、选拔优秀生和免试研究生、奖助学金、入学教育、毕业分配、工作检查、选配班主任和队伍建设等项工作的组织实施及审定落实。系党总支通过本科生的四个年级党支部和学生指导员负责全系学生党建工作和学生思想政治教育,系总支书记和总支办公室成员都经常做面向学生的思想工作。指导员负责本年级学生的德育教育和日常管理。系团委书记负责团委、联系学生会工作,通过各年级团总支、班委布置任务、组织活动,系教务科负责学籍管理和班主任工作,系行政还专门派一名同志在系指导员办公室负责学生的行政后勤工作。

　　2. 全系学生思想教育队伍的四个方面

　　(1) 学生政工干部队伍。自 1985 年开始,根据改革需要和精简编制、少而精的原则,三年中逐步完成了工作队伍由全部专职向专兼职结合的转变,专职人员由原来的 6 人减为 4 人,兼职半脱产 3 人。由于系里对指导员的选配、工作学习安排及出路等问题的高度重视和细致考虑,学生指导员的素质较好,工作安心,有较强的事业心和责任感,认真执行岗位职责。1985 年以来,学生政工干部的工作安排、业务学习、实绩及出路情况见表1。

表 1 学生政工干部情况表

人 数		姓 名	具体负责的学生工作	业务学习及出路情况	备 注
已离任4人		李忠华	1981 级指导员	现任系研究生科科长	所带 1981 级毕业生 59%考取硕士生
		仲聪颖	1982 级指导员	现任系教务科科长	1986 年获院党政工作二等奖
		程勃	系团总支书记	现任科海公司部门经理	
		赵竞全	83 级指导员	考取 1987 级在职硕士研究生	1986 年获校党政工作一等奖 1986 年被评为北京市高校教书育人先进工作者 获 1986 年航空部"教学育人,为人师表"优秀教师称号
现职学生政工干部7人	专职4人	郑彦良	系党总支副书记	讲师	1987 年获校党政工作一等奖
		周宁	1984 级指导员	已读完研究生课程,进入论文阶段	1987 年所带 84 级党支部被评为院先进党支部 1987 年获校党政工作二等奖 1985 年 9 月被评为校优秀青年教师
		王学军	1986 级指导员	考取高教管理专业第二学位班	一篇论文获校 1987—1988 年度教学成果二等奖
		朱颖	1988 级指导员	研究生已毕业,三分之一搞业务	1985 年北京市优秀本科毕业生 1986 年获校研究生学习优秀奖
	兼职3人	林志	系分团委书记	1987 级免试研究生	1987 年北京市优秀本科毕业生
		胡建和	1985 级指导员	1987 级免试硕士生	所带 1985 级党支部被评为 1988 年院先进党支部 1984 年北京市三好生 1987 年北京市优秀本科毕业生
		孙海龙	1987 级指导员	1988 级免试硕士生	1985 年北京市三好生 1988 年北京市优秀本科毕业生
		刘霄峰	1987 级指导员	1988 级免试硕士生	1987 年北京市三好生 1988 年北京市优秀本科毕业生

(2)班主任和教师教书育人工作。系里非常重视班主任这支学生思想政治工作与管理教育的重要队伍,现配备的 22 名班主任按年级专业选配、经教研室挑选与系领导批准的、能为人师表的中青年教师,其中具有高级职称的有 9 名。按年级还设有

年级班主任组长,系里每学期召开班主任会两次以上,内容涵盖通报情况,交流经验,布置工作,提出要求。在任职的四年里,班主任在指导学生的业务学习、学籍管理、选课指导、评选优秀生、奖学金、三好总结、毕业分配及教学环节的思想工作中都付出了很大的努力。五系还有着一支政治、业务素质都很强的教师队伍,通过课程教书育人,是学生思想政治教育的重要力量,多数任课教师在教书育人的工作中付出了很多心血。

(3)教学管理与生活后勤方面。主要由系教务科、指导员办公室、行政办公室负责,基本上做到了严格的学籍管理、纪律教育与服务育人工作。对违纪学生坚持原则坚决处理,对达不到学习基本要求的学生严格淘汰和作大专、结业处理。三年来,全系共处分违纪学生 14 人(开除学籍 1 人),退学 21 人,转大专毕业 2 人,结业处理 5 人,肄业 5 人。对学生生病、住院及学生家长病故,都能主动关心、较周到地处理,受到学生及家长好评,一些家长还写来了感谢信。虽然对学生宿舍内务经常进行检查评比,但对学生的日常生活管理及学生上课考勤等从制度上还没理顺,尚有待进一步加强。

(4)学生干部依靠学生中的党、团、班干部,通过开展各种活动来丰富、调节学生的学习生活,让学生自己教育自己,这是搞好学生思想政治工作的一个很重要的方面。发现、培养、依靠学生中的先进骨干去做学生工作,树立学生中的各种典型教育学生,其作用往往是最有说服力的。支持和引导团委、学生会和班级开展健康的讲座、文体活动、社会实践等,也是思想政治教育很强的工作,学生可以通过这些活动,锻炼体魄,陶冶情操,增长才干,丰富生活。在这方面系里做了一些努力,也有一定效果。遗憾的是,由于经费太少,加上物价上涨及场地等问题,我们也经常心有余而力不足,学生对此意见较大。在近几年的几次学潮中,由于我们充分发挥了学生干部的作用,全系没有出现大的问题。每逢关键时刻,我们总是召集党员、干部通报情况,互通信息,因此尽管学生中思想问题不少,但在行动上都保持了和我们要求的一致性。在这一点上学生干部是起了很大作用的。

3. 全系学生自然状况

1985 年以来,先后有四届毕业生 705 人毕业(毕业硕士生 111 人、博士生 11 人未计在内),具体情况见表2。

表 2　1981—1984 级学生情况

年 级	入学人数		毕业人数	优秀毕业生人数	入党人数	当年考取研究生人数	重读人数	退学人数	肄业人数	结业人数	转大专人数	受处分人数	备 注
	总数	其中女生人数											
1981	169	22	169	8	30	100	3	1	0	0	0	3	
1982	194	28	190	10	32	72	3	0	2	0	0	3	

续表 2

年级	入学人数		毕业人数	优秀毕业生人数	入党人数	当年考取研究生人数	重读人数	退学人数	肄业人数	结业人数	转大专人数	受处分人数	备注
	总数	其中女生人数											
1983	193	21	170	9	26	72	10	8	0	1	0	2	1984 年调入 14 系 10 人(女 2)
1984	195	24	176	10	36	30+1	12	5	3	4	2	2	邹某某开除学籍 2 人转学
小计	751	95	705	37	124(占705人的17.6%)	274+1	28	14	5	5	2	10	四届毕业生中有 379 人次被评为校三好学生、优秀干部

从表 2 中可以大致看出,多数学生经过四年学习符合毕业要求。有一部分质量较高,有的表现很突出;但这几年由于开放搞活、社会对学生的思想冲击增大,加上系里严格要求、严把质量关,处分违纪学生和淘汰不合格学生比前几年有所增加。从维护学校的正常教学秩序和培养合格人才的意义上来说,我们认为没有竞争与淘汰就没有教育,所以出现表中反映的问题应属于正常情况。

1985 年以来,先后有四届新生入学,目前全系在校本科生 23 个班 628 人(另有硕士生 136 人、博士生 71 人),具体情况见表 3,四个年级均建有党支部。

表 3　1985—1988 级学生情况

年级	自然小班	入学人数		现有党员人数		入党积极分子人数	校优秀生人数	校三好学生人数	校优秀学生干部人数	单项竞赛获奖人次	获奖学金人数	受处分人数	退学人数	重读人数
		总数	其中女生人数	原有	发展									
1985	6	163	22	0	21	42	17	47	22	17	170	4	6	3
1986	5	128	22	1	5	35	26	23	8	20	96	3	2	2
1987	6	154	22	0	0	19	15	13	7		40	1	0	0
1988	6	183	27	1	0	2	7	/	/	/	7	0	0	0
小计	23	628	93	2	26	98	65 人次	83 人次	37 人次	37 人次	313	8	8	5

二、教育与管理

1. 德育课教育与研究

（1）德育教育课情况。1985 年 9 月，全校实行"全面加权学分制办法"以后，系指导员办公室承担了学生德育学分的实施工作。承担的课程有在党委宣传部组织下的形势任务课教学、在品德教研室组织下的部分思想品德课教学、在军训教研室安排下的军训课以及毕业教育等。形势任务课、思想品德课的考核、阅卷、给出学分等均由指导员负责，每学期还由年级指导员对学生几门德育课的考核（含出勤）、三好总结情况、社会工作和实践、参加政治学习和集体活动个体道德行为、奖惩情况等分项给出学分。最后将每学期的实得德育学分交教务科记入学生学习成绩档案中。从对学生思想品德课、形势任务课的出勤及考核成绩来看，大多数学生（约占 90％）较重视，其中 15％成绩为优等，75％成绩为良好和中等，10％左右成绩为及格。这10％左右的学生一般出勤不好，不太重视，往往是为了应付考核。对大多数同学来说，这几门课的讲授对学生的健康成长和正确认识改革形势是起了积极作用的，特别是一年级的品德课"做合格的大学生"普遍反映较好，学生认为"对自己上好大学帮助很大"。但综观四年德育课情况，效果却不尽如人意，特别是高年级学生看法不一，学生也不太重视，有的对考核（尤其闭卷形式）有反感情绪。这里有教学安排零打碎敲欠缺科学性、规范化的问题，也有教育内容方面的问题，既有不太联系实际的问题，也有讲授水平问题，这不是一天两天所能解决的。大学生军训的实施，无疑是学生接触社会、接受锻炼的极好机会，短短的一个多月，给同学们留下了终生难忘的印象。由于院、系领导的重视，各年级指导员和部队同志紧密配合，学生通过军训在遵守纪律、爱国主义、集体主义、团结互助、军事技能等方面有了明显的进步，尤其是1987 级一入学就下到部队军训，效果非常明显。在如何巩固军训成果方面，我们在组织上好军事理论课的同时着重在纪律、学风和宿舍内务上坚持教育和要求，有一定成效。

（2）德育研究工作。在做好学生工作的同时，开展学生思想工作的研究分析已成为指导员工作的一项重要内容。对学生思想、情况的调查、分析，掌握学生思想脉搏，以便有针对性地开展工作，这是我们经常性的工作内容，对我们工作水平的提高起了很大促进作用。在此基础上，从 1986 年起，我系学生政工干部和部分班主任都参加了撰写专题报告和论文的工作。三年来共写出十几篇文章。1987 年指导员办公室每人都向学校提交了自己的专题论文，题目分别为《新生工作初探》《对学生党支部建设的几点体会》《如何做个别学生的思想工作》《特殊的职责——谈大学生的恋爱问题》《关于军训中学分制的几个问题》《共青团的基层宣传工作》《学生党建工作浅议》，等等。这十几篇文章中，郑彦良的《浅析在校大学生思想状况及其特点》在 1986 年全校学生思想政治教育研讨会上宣读。王学军的《特殊的职责——谈大学生的恋爱问题》在1987年全校学生思想政治教育研讨会上宣读并发表在1988年第二期《高教论丛》上,该文章还获得了学校1987—1988年度教学成果二等奖,郑彦良的《从广东几所大学的考察探讨学生思想政治教育方法的改革》一文,先后在1988年全校"商品经济条件下学生思想政治工作新格局"研讨会、市高校德育研究会专题研讨会上宣读,并选送到今年市高校德育研究会年会上交流,此论文还被《航空教育》采用,其改写稿《改进高校学生思想教育的几点看法》刊登在《中国教育报》1988年11月10日的"思想理论"专版上。另外,由系组织实施的小学期高科技讲座,由于内容新颖、信息量大、教育效果较好,该工作也被评为学校教学成果二等奖,其工作经验发表在第八期《高教论丛》上。加强在改革开放形势下的新时期学生工作研究,是做好学生工作的重要条件,也是我们的工作内容之一。在这方面,我们刚刚起步,起点也不太高,需要下大气力对改进新时期思想政治工作做进一步的分析、研究与探讨。

2. 学生日常思想政治教育与工作

在学生工作中,这几年我们强调并基本坚持了这样一些原则:关心、理解、尊重学生的原则,深入学生平等交流的原则,教育挽救与严格要求相结合的原则,激励原则(奖罚分明即表扬、鼓励与批评、处罚相结合),掌握情况要快要准与过细工作的原则,等等,取得了一定成绩。

指导员、班主任经常深入学生教室、宿舍了解情况,掌握信息,及时引导、帮助学生解决一些思想问题和具体困难,对生病或住院学生,像家长、兄长那样去关心他们,经常买一些营养品或做学生想吃的可口饭菜去看望,使学生和家长深受感动,在这方面有不少感人的事例,学生家长也写了不少感谢信。

有针对性地耐心、深入、细致地去做思想工作,是我们做好学生工作的一个重要特点。这几年学生中发生的问题较多,对此,我们的指导思想是:力争有更多的同学能健康成长,把思想问题解决在萌芽状态,避免潜伏的事故发生;当问题发生后要及时做细致妥善的工作,防患于未然。如一个因世界观问题学习不及格面临退学的1985级学生,在半年的时间里,党总支副书记和指导员同他谈话四十余次。此人两次留下遗书、三次想寻短见,工作如稍有不慎就会出事,由于情况掌握得准,工作细致(有时三天三夜党总支副书记和指导员只睡几个小时),避免了恶性事故的发生。耳闻目睹我们工作的学生家长几次感动得痛哭失声"谢谢你们救了他,救了我们全家,我从来没有想到,也没有见到这样好的学校、这样好的老师"。我们既坚持原则又妥善处理了这个学生的退学。

注重学生成长中的心理因素,注意把思想工作和心理治疗结合起来,也是我们工作中比较重视的一个问题。我们的做法是,注意把因道德品质和精神方面疾病引发的问题严格区别开来,分别按不同情况处理。去年和今年先后有两个学生出了问题,按照过去的常规都要给处分。但我们并没有简单处分了事,因为一个同学患有双向躁郁症(拿了别人的自行车被抓),我们根据学校规定既坚持原则又慎重稳妥地进行了退学处理，一个因强迫症对社会有滋扰（后来经诊断是强迫症的症状）我们一面采取保密做法做学生本人的工作，减轻他的思想压力，缓解其心理障碍，避免事故发生，一面请来家长共同做工作并送学生到精神卫生研究所检查治疗，由于工作和治疗及时、处理稳妥，现在这个学生恢复较好，学习也有了一些进步。对精神卫生或心理有障碍的学生，更要及时主动地关心照顾他们，想方设法缓解和排除他们的心理障碍。如1984级女生程某某，因神经衰弱精神压力很大，写了遗书，准备去"永远地休息去了"，指导员周宁及时发现情况后，十几次找她谈话，像亲姐姐那样从生活起居到上课休息处处关心她，有效地缓解了她的心理障碍，使她精神上有了新的寄托，较顺利地解决了她转学到家乡一所学校去学习，还多次去信鼓励她，对此家长几次写来热情洋溢的感谢信。

对一些突发事件，要及时汇报、上下配合、冷静处理。如今年9月27日晚6:30（正逢十三届三中全会开会期间），发生了校警队八九个临时工无故殴打我系一名1987级学生和他同乡的事件。事发突然而且情节严重，搞得不好，就会出政治问题。当晚12时30许多同学打电话找校长，要求第二天8:30答复。第二天上午大班同学都坐在教室里不去上第二节课。面对这种情况从当晚到事后的十几天里（这中间还在28日发生了另一个系学生和门卫冲突、殴斗并贴出大字报的问题），我们及时地做学生的工作，三次在大班通报了情况，也明确地对学生提出了要求。由于我们和市公安局、校领导、保卫处紧密配合，缓解了同学的情绪，严肃处理的结果也取得了同学的谅解。这次事件处理过程中没贴一张大字报，也没形成有理的"闹事"，较圆满地解决了。

注意并重视学生的思想转化工作，也是我们指导员的一个特点。7591班同学谢某某，从一入学开始在半年的时间里两次提出退学申请，系里和指导员、班主任一起做他的思想工作，教育他克服畏难情绪、树立专业思想，并关心、指导他的学习，现在他学习安心了，成绩也有了明显的提高。1984级一个学生因犯错误曾抱有自暴自弃的想法，指导员多次和他谈心，肯定他的进步，一年后他被评为校三好学生并获校二等奖学金，毕业前夕还以较好的成绩考取了上海同济大学研究生。

即使是因各种原因被退学的学生，也不能简单地处理了事，这里面有大量艰苦的工作要做。我们认为，不能把退学学生的思想问题推到社会上去不管，而要关心、帮助他们，设身处地地考虑他们的困难，尽量把思想问题解决在离校之前。我们的做法是启发他们认真总结经验教训，充分肯定其优点和潜力，鼓励他们在哪儿跌倒要勇于在哪儿爬起来，要做好回家后应对各种社会舆论压力的思想准备，不泄气自卑。针对每个退学学生，我们都事先和家长取得联系，组织班里干部、同学做好送行的各项工作，有的还和学生原所在地区街道取得联系，有几个还是指导员陪同回家的。同学退学后指导员还经常和他们联系，邮寄一些高考复习资料、高校招生信息等。深入细致的思想工作终于有了可喜的结果，如1984级正常退学的四名学生在退学后的一年内又都重新考取了大学。具体情况见表4。1984级学生赵某某被退学回家半年多后,学生家长来信向指导员"报喜",说"第一个应该把喜讯告诉您","孩子不争气,我们作为家长既为他失去在您身边学习的机会懊恼不已,也为他遇到您这样一位大姐姐般的好老师而庆幸。在他万念俱灰的时候是您鼓励了他,出面挽救了他,顶住了回来后社会舆论对他的沉重压力,使他又重新有了学习机会。我们全家衷心谢谢您。尽管他不在北航学习了,不能再经常面听您的教诲,但我们恳切希望在他今后的人生旅途中能继续得到您的教育帮助"。由于工作中我们下了一些功夫,因而尽管学生中仍有不少问题,但十几年来五系没有发生过一起恶性事故。

表4 退学生又上大学的情况(1984级)

班　级	姓　名	退学时间	退学原因	重新考取大学时间及学校	备　注
4571	赵某某	1986年11月8日	多门考试不及格	1987年9月考取中国人民大学伦理专业	贵州人
4532	岳某	1986年11月17日	四门考试不及格	1987年9月考取天津轻工学院	北京人
4532	邱某	1987年3月	贪玩,五门不及格	1988年9月考取(重庆)西南农林大学园林系	四川人
4532	刘某某	1987年10月	学习成绩差,申请退学	1988年9月考取内蒙古大学中文系	内蒙古人
合计	4人			正常退学4人全部考取	

在日常教育中,我们注意了抓两头带面上的工作。针对通过了解掌握的学生中倾向性、苗头性的问题和学生中的大量闪光点,经常召开大班会进行讲评,开展批评(平均每月一次)。

在工作中我们体会到,对学生的思想教育,必须注意增加吸引力的原则,尽量避免空洞说教、做大报告式的现象,通过组织形式多样、学生喜闻乐见的活动来丰富教育的方法和内容。三年来组织各种讲座、演讲、座谈、辩论、知识竞赛、音乐会、热门话题对话等活动四五十场次,吸引了大量学生参加,收到了较好的教育效果。在这方面我们做得还很不够,尤其要在学生的参与率上多做努力。

在改革开放的形势下,要做好学生工作光靠原来的理工科知识不行,只凭头脑里固有的观念也不行,只有不断地学习和提高才能适应工作。几年来,专职学生政工干部先后分别参加了北京市高校德育研究会举办的教育学、心理学、伦理学、社会学等专题学习班,北京大学"西方哲学思潮评介"课程进修、高教管理专业第二学位班等学习,扩展干部的知识面,提高他们的素质;同时,配合工作的开展加强了指导员队伍的自身建设,建立健全工作制度。如例会制度(每星期一下午)、值班制度(专兼职人员轮流值班,不值班的也要每天到办公室去一下)、检查卫生制度、学习制度(星期六下午)、汇报制度(包括学期工作计划和小结、年度工作总结、发展党员工作等)等项。以上几项制度,坚持最好的是例会制度,稍差一些的是检查宿舍卫生和学习制度,尚需今后进一步改进。

3.教书育人,把思想工作深入到教学中去

指导员除承担德育课外,有条件的都承担了业务课的教学工作,即使不直接担任教学任务的也经常在业务学习上辅导学生,在辅导的同时把思想工作做到教学领域中去。如1983级指导员赵竞全在1984—1986年先后担负了"流体力学""气体力学""传热学""艺术概论""音乐鉴赏"等课程的助教,还辅导了毕业设计,带本专业学生下厂实习等。他通过随班听课、辅导答疑、批改作业、阅卷等各教学环节,比较全面地掌握了学生的一般学习情况,使工作更有针对性;同时他还配合教改,做了大量的教学组织工作。由于工作成绩突出,1986年他荣获校党政工作一等奖,被评为北京市高校教书育人先进工作者以及航空部"教书育人、为人师表"优秀教师。目前学生指导员朱颖、王学军,都承担有业务辅导课。指导员的思想政治工作深入教学领域,进一步拓宽了思想工作的内容和途径。

五系的班主任工作历来受到系领导的重视,从人员选配到工作交流,从工作安排到奖励、职称晋升,经常考虑和研究班主任工作。在各教学和工作的主要环节,都及时召开班主任会研究布置工作,交流工作经验,提出具体要求。系里还不定期地针对不同年级的情况,召开各年级班主任会,讨论、分析和布置工作。这些中青年教师担任班主任后,多数人的工作是比较认真的,都参加了学生从入学教育到毕业分配这四年的学生培养全过程,特别是在重要环节和情况下如学生选修课的审定、奖学金审定、优秀生三好生免试研究生的推荐、毕业分配等方面都发挥了很好的作用。4561班班主任虞孝生老师熟悉和关心班内每一个同学,并经常和家长保持联系,把很大一部分业余时间都扑在学生工作上。由于工作认真,关心同学,班里学生几次到系里要求表彰他,该班1986年被评为校先进集体,虞老师也连续两年被评为校教书育人先进个人。5571班班主任陈桂彬老师,热心学生工作,在教学、科研任务繁重的情况下,在1986—1987年又担任了年级党支部书记,任职后认真抓了积极分子培养和党员教育,组织开办了党课系列讲座,为1985级支部被评为1988年校先进党支部奠定了基础,他所带的5571班1986年被评为校先进班集体,他本人被评为1986年学校和北京市教书育人先进工作者。又如5591班班主任金长江老师经常深入到学生中去,特别注意抓学风建设,经过一两年坚持不懈的努力,班内认真学习蔚然成风,1986年全班有80%的同学获得北航奖学金,获奖人数和比例为全校之冠,该班在1986、1987两年先后被评为北京市先进团支部和北京市先进集体。在几届毕业生分配工作中,班主任做了大量的工作,为学生的顺利分配(均在一二天内办完毕业手续、无一例不服从分配的)起了很大作用。

除了班主任外,系里还发动任课教师在各教学环节上既教书又育人,对学生敢于要求。教师经常和系里、指导员班主任通报学生情况,反映问题,共同做好学生工作。在教书过程中,教师着重做了学生的学习目的与态度、学习纪律与方法、政治态度与做人等方面的工作,把思想工作渗透到教学中去,这些都对学生树立正确的人生观、方法论和学风建设,起了积极的促进作用。当然,这项工作目前在教师中也不平衡,有的非常突出,也有的就很一般化,个别的对此还有不同看法。系里规定,把教书育人作为提职提级和奖励的重要条件之一,每年还要上报学校表扬、奖励一批教书育人好、班主任工作出色的任课教师和班主任,三年来因教书育人奖励的有6人,其中班主任3人,受到北京市级和部级奖励的有3人次。

为巩固学生的专业思想,拓宽学生视野,系里已连续两年在小学期为二年级学生开办高科技展望讲座的限定选修课,聘请系内专家和校外许多部门领导来介绍世界和我国高技术发展情况及各有关专业的历史沿革、前景和学科前沿的国内外动态,给学生以大量的专业和边缘学科的信息。实践证明,这是一个比较成功的系统的专业教育尝试,同时将思想教育(尤其是理想教育、事业心教育)寓于其中。

4. 严格管理与要求

良好的校风与学风是不容易建立起来的,除了做好思想教育工作外,对学生的严格管理与要求也是必不可少的。1985年系里新班子主持工作后,经过调研,向全系学生提出要树立"勤奋、严谨、求实、创新"的五系学风,号召学生要"做第一流的学问,做第一流的人",并把它作为每年新生入学教育的第一课。在管理上,我们按照学校的规定与激励的原则,注意了在严格认真上下功夫。严格校规就要奖惩分明,如1986年系里制定了五系学生宿舍卫生检查制度后,连续六周普查卫生,对检查结果"动真格的",分数每次张榜公布,同时按照规定兑现奖惩,该奖的奖,该罚的罚,很快就扭转了"脏乱差"的局面,学校为此还转发了五系的规定和做法。

在1985年北航试行全面加权学分制后,我们在工作中发现由于学生自主时间的增多,学生中的两头均有增大的趋势。1986年10月,我们抓住本系几个学生违纪问题及时做了处理,并向全系学生发出了四期学生工作简报,分别刊登了一个被勒令退学学生的来信、一个受处分学生的检查认识和两个犯错误学生的家长来信,并加了编者按。由于是发生在学生身边的事,因而对学生思想震动很大。

激励的原则不仅要表现在批评处理上,更要体现在褒奖中。今年下半年,1986级学生参加全国大学英语四级统考,我系成绩在全校处于前列。系里专门召开表彰大会,并拨款给学生发了奖品。三年来,先后有50多人次在全校和市英语、日语、物理、数学、电路测试等竞赛中获奖,为系争光,我们均张榜公布表彰。

在管理工作中,我们还注意了学生工作资料的积累和保存,包括有十几年来的学生全套档案卡片和处分决定,分类保存了历年三好生及优秀学生干部名单、获奖学金名单、竞赛获奖资料、个人典型材料(正反面)、书面总结、各种分析统计资料、学生刊物、活动资料照片(400余幅)、文件简报等,并逐年逐月记有"学生志"。这些都为开展学生工作和研究提供了较详尽的资料。

在学籍管理上,严格执行定期检查淘汰制度,每学期期末考试后,教务科都要统计各班分数,把全班每人各科成绩寄给每位学生家长,提请学生及家长的注意;每学期初都要清理检查学生学习情况,达不到要求的,坚决处理;对违反校纪的也不迁就,给予适当的纪律处分。以 1984 级为例,在校四年期间该年级既有 36 人入党、在同一学年度内 46.2% 的人获奖学金的光荣记录,也有一部分学生被淘汰、受处分的记载,该年级共退学 6 人,肄业 3 人,结业 4 人,转入大专 2 人,行政处分 2 人(其中开除 1 人、勒令退学 1 人)。从 1984 级学生中得到的经验教训,是很丰富、很有说服力的。为此,在本学期初,系里专门召开了各年级的学生大会,从加强校风学风建设出发,结合各年级情况以"1984 年毕业生的启示谈起"为题,结合实例在各年级讲了一遍,引起很大反响。系里还不定期地针对学生中的问题及时召开座谈会、对话会,师生协商搞好校风学风的办法,让学生了解学籍管理的各项规定,也增进了互相理解。

严格管理与要求的结果,是促进了大多数学生遵纪守法,努力学习,不少班级都形成了自成特色的班风。1985—1986 年度全系有 246 名学生获得校奖学金,占当时全系 2~4 年级学生的 45%(注:当年全校获奖学金的平均比例是 21%),1986—1987 年度学校调整奖学金条例后,五系也有 141 人次获奖学金,获奖人数比例为 29.8%。1985 年以来,全系有 8 人被评为北京市三好生,有 37 人被评为北京市优秀本科毕业生,有 213 人次被评为校三好生,有 104 人次被评为校优秀学生干部,9 个班被评为校先进班集体,3 个班次被评为市先进集体。三年来,七个年级中因违反学校纪律而受到处分的学生有 14 人,占全系学生的 1.22%,因学习成绩差退学的 14 人,占全系学生数的 1.7%,因患病及其他原因退学的 7 人,占 0.85%。

三、党的建设

系党总支对在学生中开展党建工作非常重视。在长期的工作实践中,我们体会到,在学生中抓紧党建工作,是做好学生思想教育工作的一条主线,抓住了这条主线学生工作就搞活了,也就有了基本保证。我们的做法是:

(1)健全组织领导。在系党总支的分工中,党总支书记对教工、学生的党建工作全面负责,并经常直接面对学生支部和党员了解情况做工作,进行谈话、对话、讲党课等,总支副书记分管学生思想政治工作,对学生党建工作直接抓,根据上级党委和系总支的要求,安排学生党建工作的学习、教育活动,并直接指导各支部的工作,系总支办公室主任兼任总支组委,配合书记负责支部教育特别是学生党员的发展工作。为保证学生党员质量,系总支还聘有六位党员教师担任组织员,负责对支部发展的每个党员的谈话并且向党总支提出是否接受其入党的建议。在本科四个年级均建有年级支部,一般由指导员兼任党支部书记。为了加强低年级支部工作,党总支副书记和系党办主任还分别参加了 1987、1988 级的党支部工作。系总支和四个本科生支部,十分注意配合好系行政各个阶段的中心工作,起到保证监督作用。

(2)加强党员教育与管理。开展学生党建工作,最根本的是首先抓好支部建设。本科生支部建设如何,党员素质怎样,将对今后党的建设和党员素质有长期影响和作用。正是基于这个想法,系总支对学生各支部党员组织生活的时间(至少两周一次)、发展党员质量的标准和发展程序、支部党员思想组织建设、预备党员的学习、教育、考察、转正及定期评议党员、开展批评和自我批评、党员模范作用等,都根据党章规定和上级党委的精神向支部提出具体要求,并根据党委不同时期的中心工作作出部署。系总支每年都对支部工作进行检查,交流工作经验,表彰先进。每学期还要召集几次全系党员大会,传达中央精神和总结部署工作。

(3)建立健全积极分子培养教育制度。要求入党的积极分子是学生中的骨干,抓紧对他们的培养教育,壮大积极分子队伍。提高他们的党性觉悟,是在学生中建党的基础性工作。针对积极分子一般年龄较小、党的基本知识相对较少的情况,除了要求他们自己抓紧学习提高外,我们采取了组织党课学习、开办党的基本知识系列讲座和组织参加校业余党校学习的办法,进行系统的、基础的党的基本知识教育,讲座后由党员组织他们座谈。系总支和支部还请他们参加新党员宣誓大会和支部发展会,让他们在现场受到教育。系总支还要求各支部都建立了每名积极分子的小档案(内有入党申请、思想汇报、个人简历、家庭及社会关系调查材料、谈话记录、同学的反映、主要优缺点、本人表现及进步情况等),对每名积极分子都确定了党员联系人。系总支还要求各支部定期分析、研究积极分子情况,对积极分子要严格教育、严格考察,严格把好质量关。

由于坚持了上述三方面的做法,这几年学生党建工作从总体上来看是健康的,支部的战斗堡垒作用和党员先锋模范作用发挥得较好,党内开展批评和自我批评在各学生支部已形成良好风气。在一些重大问题中或关键时刻都起了很好的作用。三年来有两个党支部被评为校先进党支部,两名党员被评为校优秀党员,历年评出的北京市三好学生全是党员,绝大多数党员都多次被评为三好学生和优秀学生干部,几乎所有党员都是校、系和班级的学生工作骨干。在业务学习上,有几个数字也很说明问题,在近几年本科毕业生中评选的北京市优秀毕业生里党员占了70%,四届毕业生中考取研究生的党员也占了党员数的68%,92%的党员一次或多次获得奖学金。在最近刚刚完成的1989级免试研究生审定名单中,18人里党员就有13人。被评为校先进支部的1984、1985级两个支部,两年来坚持每周过支部组织生活(单周为党员学习,双周为民主生活、开展批评和自我批评、评议党员),都建立了一套健全的适合本支部情况特点的制度。在方法上,对学生党建工作有创新,均在年度全校党的工作经验交流会上做了典型发言。1985级支部引入目标管理办法建立健全制度,支部内还建立了组织组、宣传组、考察组和监督组。既有明确分工又有互相合作,他们在1986年开办的党的基本知识系列讲座(共8讲,请了社科系教授、专家主讲)对全年级有较大影响,目前该年级党员和积极分子已占学生总数的38.7%。全系在已毕业的1981—1984级学生中共发展党员124人,占四届毕业生总数的17.6%。现在全系本科生党员有28人、积极分子98人,目前积极分子中有40余人参加了校业余党校的学习。

（4）在学生党建工作中，我们认为现在存在的主要问题如下：

① 党员的理论水平和自身修养还有待提高；

② 资产阶级自由化思潮对学生党员的影响不能低估，个别党员组织观念较差；

③ 个别党员模范作用较差，入党后放松要求，群众工作做得少，同学中也有反映，三年来有两名党员被延长了预备期；

④ 各支部工作不太平衡，有的支部生活制度不太健全，对党员的管理教育不够；

⑤ 对党员和积极分子的培养教育，特别是党的基本知识的深入学习，校系两级的衔接配合还有待改进，还缺乏系统的规范教育和进一步深化；

⑥ 在新旧制度交替时期，党员、群众思想活跃，而我们的工作方法还显得陈旧，改进不大，等等。

四、第二课堂与社会实践活动

（1）自 20 世纪 80 年代初，我们系就紧抓第二课堂活动工作。在学生学习之余，根据学生的兴趣、爱好，开展专题的科研和基础理论的研究以及外语、数学、实验动手等能力的提高，在校庆 30 周年前后有 9 篇学生的成果文章被刊登在《北航学报》上，三名同学因发表了有创见的论文获得学校奖学金。近几年来，我们主要抓了小飞机协会、航空科普、科研前景讲座、年级外语、数学小组的活动，为他们提供必要的资料和条件。这几项除小飞机协会和讲座较为突出外，其他都不很理想。1984 级周玮同学参加轻型飞机的设计、制造，写出了科研论文，由于该同学通过在活动中培养了严谨的作风和任劳任怨的精神，毕业时被选留在校科研处工作。1985 级舒勇同学，担任小飞机协会理事长，尽管他参加活动占用了大量时间，但由于在参加活动中提高了综合分析解决问题的能力，反而促进了学习，最近以较优异的成绩被免试推荐为研究生。实践证明，凡是我们组织课余活动小组认真搞了的，在全校乃至全市的单项竞赛中获奖的优势就十分明显。这几年尽管在校外语、数学、物理竞赛和市物理、外语竞赛及全国英语统考中取得了一些较好的名次，有 50 多人获了奖，但和前几年相比就显得差一些了。当然这在主客观上都有一些原因，但这方面的工作应该加强和改进是肯定无疑的。

（2）社会实践活动。发动、组织学生广泛开展社会实践活动，是系领导很重视的一项工作，这是学生接触、了解、服务社会，提高对改革开放认识的好办法，也是学生受锻炼、受教育的好机会。几年来，我们发动和组织学生参加形式多样的社会实践活动，收到了较好的效果。三年来，有近一千人次参加这一活动，时间主要是安排在下厂实习期间、军训期间和寒暑假。1987 年 6—9 月间，1984 级 7 个班先后下厂实习，在系里召开的实习动员会上和实习大纲里，都明确提出要把参加社会实践作为实习的内容之一，要求每个学生都要写出社会实践报告并反映在下厂实习的成绩中。同学们按照要求，都很认真地就近入军营、到工厂、下农村、进机关，进行社会调查,写出了调查报告。4561、4591班在四川绵阳29基地实习时,还主动为基地高二学生开办辅导班补习外语、数学、物理等课程,有上百名中学生参加,在当地反响很大,基地和当地中学向实习队赠送了"未成才先育才、未起飞先带飞"的锦旗,他们的这一活动荣获1987年校社会实践一等奖;今年5561、5591班也到绵阳实习,他们在教师的指导下,在1984级经验的基础上,开办了文化辅导班和气功班,全体实习学生还分成7个组,分工考察了基地科研、知识分子成长道路、老校友的功利观、当地中小学文化教育、农村改革的现状、前景和困难等,并多次召开座谈会,访问科技工作者和校友,征求他们对目前大学生的看法和要求。不少同学通过考察,认为尽管这里地处偏远但"是干事业的好地方",表示毕业后要到这里来工作。实习结束后,以实习队名义写了50多页内容丰富的社会实践报告,在系社会实践总结交流会上被评为一等奖并被评为北航社会实践奖学金的获奖项目。

学生到部队参加军训,本身就是很好的社会实践。1986、1987级两届学生分别在1987年7—8月在杨村空军部队,1987年9—10月在大同某陆军部队参加军训。整个军训,从全系动员、出发,训练中的内务、纪律、条令、操列,到评比总结、胜利归来,都组织得较好,使学生们亲身经历了一次"永生难忘的锻炼和考验"。军训中,三位指导员工作尽心尽力,认真负责,受到学生和部队指战员的好评,有的还被评为优秀指导员。军训期间,系主任、副主任、书记、副书记及部分班主任到部队去看望学生,检阅军训成果。在此期间,还利用节假日组织学生深入驻军附近工厂、农村,考察当地的工业、农业、教育情况,到部队艰苦施工的坑道去参观、座谈,这些无疑都为学生的健康成长起到极大的作用。1987级学生军训回来上课后,教师普遍反映"上课纪律相当不错""比以前懂规矩了"。

这几年的寒暑假前夕,系里和分团委都提出要利用假期根据回家就近和在校就近的原则,广泛开展社会实践活动。全系学生的足迹遍及大江南北,有的骑自行车沿路北上考察黑龙江,有的南下老山前线带着科研任务在前沿阵地考察,有的身无分文闯世界接受社会生存锻炼,有的在北京站或随车服务体验乘务员的酸甜苦辣,更多的同学投身于农村、企业、科研单位等广阔领域考察、扶贫,用所学知识为社会改革服务。其考察面越来越广,考察报告和论文水平也逐渐提高。今年暑假后,在系团委组织召开的全系社会实践总结交流会上评出了7个奖励项目。在今年寒假前后由校团委和《北航》编辑部联合主办的寒假社会实践征文比赛中,五系获得了优秀组织奖,在获一、二等奖的8篇文章中五系有3篇,其中六五大班的《延庆县文化调查报告》获得一等奖,并节选刊登在1988年6月10日的《北航》上,6531班江保红的《经济不发达地区职业教育的生存》和5551班朱文仲的《随车散记》获得二等奖,后一篇也被《北航》选登。在1987年的全校社会实践评比中,全校有19项获得校奖学金,五系占4项,这4项是五五大班十人调查组的《企业管理改革是企业发展的唯一出路——企业管理调查研究报告》、5591班王晓伶的《贫富在农村——关于农村"两极"的报告》、5531班黄凯的《老山行》、4591班高俊等人的《为山区教育服务》,这4篇报告均被选登在校团委编辑的《走向社会大课堂》一书中。在1988年的全校社会实践评奖中,五系六五大班延庆调查组的《延庆社会调查报告之一、之二、之三》,6531班江保红、程绍珊的《经济不发达地区职业教育的生存》,5561、5591班下厂实习期间的《社会实践调查报告》,6561班林文利的《炎热的三天》等4项获得校奖学金,另有五系朱文仲等4人参与的《铁路服务队》和7591班罗飚、7531班张森参与的《闯世界》也获得校级奖学金。

五、新生入学教育与毕业分配工作

（1）新生入学教育。我们通过多年的工作实践,总结出了一些入学教育的方式、内容和安排的办法,使每年的新生入学教育逐步规范化。在新生入学前两三个月,就选配好了各班的班主任;新生入学教育阶段,班主任始终和系里及指导员紧密配合,根据校系制定的每天活动时间表执行。一般入学教育除学校安排的以外,系里都要安排"三讲一学一参观"的内容,即讲一次本系概况和对大学生的全面要求（重点在加强校风学风建设上）,安排一次专业介绍和专业教育,通过介绍五系先进典型讲一次如何过好大学四年学习生活,组织学习学校有关规定,进行纪律教育,组织新生参观本系部分实验室,并指导学生尽快适应大学生活。在学生上课后抓紧安排党团课,组织本系优秀学生和新生对话座谈、介绍学习体会等,针对新生中出现的问题,及时予以教育和做工作。在入学教育阶段凡集体活动都整队前往,宿舍内务也抓得较紧,力图使新生一入学就培养良好的习惯作风,有一个好的开端。

（2）毕业分配工作。1985年以来,我系已有四届705名毕业生陆续走上工作和学习岗位。本科生进入四年级后,我们就注意做较深入的毕业教育和细致的摸底及思想工作,指导员和每个同学都谈了话（不止一次）。班主任在其中也做了大量的工作。在毕业教育、毕业典礼、照相、会餐等集体活动时,我们都要求学生和平时一样整队入场,善始善终,多次受到校领导的表扬。几年来,705名毕业生全都服从分配,按时办完毕业手续,出现了很多动人的情景,还有3名毕业生报名支边到新疆工作。没有发生过不愉快的事情,当然也没有在临走前损坏教室、宿舍公共设施的。

在毕业生工作中,系毕业生分配领导小组发挥了较好的作用。我们的具体做法是:

① 把毕业教育贯穿于毕业生工作始终。侧重抓了职业道德、科技工作者素质、服从国家需要、热爱专业、以事业为重、遵守纪律等方面的教育,要求毕业生摆正国家利益与个人利益、事业与生活的关系,克服和纠正太重实惠、贪图安逸的偏向,反复在大会上宣讲历届毕业生的经验教训,强调了如何迈好工作第一步、过好三关（生活关、工作关、人际关）的问题,还请了有关领导、专家、英模给毕业生作报告、介绍情况。

② 参照部、校有关规定,制定了"服从需要、就近择优、综合考虑、适当照顾"的五系毕业生分配原则,并把此原则及其具体化的办法公布给毕业生,增加工作透明度,及时通报情况信息,主动和毕业生开展对话(一般2~3次)。

③ 发挥党员、积极分子的作用,及时召开党员会并过组织生活,反复教育党员在分配工作中发挥模范作用,要求党员不仅要处理好个人分配问题,也要关心和做同学的工作,效果较好。

④ 坚持原则,敢于批评和抵制不正之风。我们把"公平分配、杜绝分配工作中的不正之风"作为一条纪律公布给毕业生。请同学们配合、监督,学生临离校前把这方面的问题和结果通报给他们。由于分配工作中的公正廉洁,透明度高,毕业生对此满意、服气,学校纪委通过简报也肯定了我们的做法。

⑤ 分配前,通过指导员、班主任计算出每人德智体的结构分,做好分配的准备工作。深入学生逐个谈话,把情况搞准摸透,并注意工作难点,不回避矛盾,敢于对学生严格要求。由于工作较细,分配更趋合理,这几年分配中没有出现大的差错。

⑥ 保证国家分配计划的严肃性,对厂所急需和部重点项目的需要想方设法予以保证,并注意厂所信息反馈和需要,促进专业改造,以提高毕业生的适用能力。

⑦ 对确有实际困难的学生,在计划内给予适当照顾,解决不了要向学生讲清楚。合理使用系自主权并注意做好有偿分配,严格按部、校规定执行,三年来共有26名学生进行了有偿分配。

⑧ 注意上下左右的协调配合,系领导、指导员和班主任只要和学生一谈完就及时互相通气,暂时有分歧的拿到毕业分配领导小组会上讨论决定。主动配合厂所用人单位和学校,互通情况,热情服务,在这方面多次受到学校表扬。

详细情况请参阅毕业分配工作总结。

六、共青团、学生会工作和学生文体活动

(1) 共青团的建设:为了加强基层团组织建设,理顺团的工作关系,1987年底到1988年初,分年级采取差额选举的办法组建了各年级的团总支,分团委及时制定了年级团总支考核条例;1988年5月,又召开全系团代会,会上团委候选人均作了几分钟的竞选介绍,通过差额选举,产生了新的系团委,在团代会上还总结了工作。通过上述改革、调整,团的组织机构和制度逐步完善,为基本扭转团组织"名存实亡"的现象奠定了基础。系分团委和年级团总支注意引导青年在思想上逐步走向成熟,积极支持和组织各项活动,成绩显著;开展了有益于大学生成才的活动,通过组织辩论会、讲座、讨论会以及到圆明园义务植树、图书馆义务劳动、社会实践总结交流等活动丰富团的活动内容。在1986年举办的全国航空知识竞赛中,我系还获得了最佳组织奖。

几年来,团组织在加强校园文化建设、开展宣传工作和丰富学生学习生活等方

面取得了较大成绩,他们出面组织系领导和学生的对话会,沟通了系里和学生的联系;分团委宣传部分管的黑板报和"航空摇篮"刊物取得了令人瞩目的成绩,黑板报1985—1986年和1987—1988年两次获得全校黑板报评比年度一等奖,今年还荣获校板报流动红旗。"航空摇篮"是"文革"后全校第一个系级刊物,至今已出刊近60期,在全校有一定影响,先后获全校系刊一、二等奖。系分团委支持的班刊现在也有七八个,有三个获得全校班刊评比二、三等奖。团委的周末俱乐部坚持每周开展活动,每周六日开放电视和学生活动室(有书刊、棋类、桥牌、康乐棋等),每周末都举办周末舞会,团委文体部还举办了音乐欣赏、桥牌讲座、围棋擂台赛、百科抢答赛、吉他大赛等活动以满足同学对文化生活的需要。

基层团支部的建设也有了一些起色,涌现出了一批组织健全、活动正常和发挥作用的先进支部,这一切都为学生的健康成长起到了促进作用。几年来,先后有一百多名优秀团员加入了党组织,为党组织增添了新生力量。

(2)学生会工作:体现了大学生的自我管理、自我服务、自我教育。学生会和分团委协同配合,几年来积累了工作经验,一些活动已成为全系的传统活动项目,如每年五月的"蓝天之声"歌咏比赛,每年12月底的迎新年大型联欢晚会,以及运动会等,每次都吸引了大量学生参加。系学生会在代表学生权益、沟通校系和学生之间的联系、促进学生努力学习及开展丰富多彩的活动方面,发挥了很好的作用,取得了很大成绩。在体育方面,全系本科生达标率平均为96.21%,1986年全校篮、排、足球比赛中,五系除女排获第3名外,全部获得冠军或亚军,在校新生运动会和校运动会上多次获得团体1～4名的成绩,4531班1985年还获得北京市高校达标赛冠军;在学习方面,每年组织优秀学生和新生对话、介绍经验,在组织参加的全校和全市高校单科竞赛中有几十人获奖;在文化活动方面,组织了很多学生喜闻乐见、踊跃参加的活动,丰富了学生的课余生活。在组织参加全校的文艺汇演、演讲、演出中多次获奖。

七、研究生思想教育与管理

1. 组织领导工作

1985年系领导班子调整后,由主管学生思想工作的党总支副书记分管研究生工作;随着研究生人数的增加,工作量和难度逐步加大,为了加强和协调研究生教育与管理工作,1987年9月确定由一位党员副教授(系总支委员)担任系学生工作领导小组副组长,主管研究生思想教育和管理工作,并由系党总支办公室一位同志协助抓具体工作。

自1983级研究生开始,招收研究生逐年增多,我们在每个年级都配备了指导员或年级班主任,具体负责研究生在校期间的入学教育、日常思想工作和管理、学年评定、联系导师及毕业教育和分配工作。

系领导比较重视研究生工作,每学年都几次分别召开指导员、班主任会、导师会,通报情况,传达上级精神,交流工作经验,布置工作。对研究生工作的重大问题(如学年评定、毕业分配、入学教育等)都在系务会或系党总支委员会上讨论决定。由于组织领导健全和工作关系的理顺,从组织上保证了这几年研究生工作的顺利开展。

2. 日常思想教育与管理

五系硕士生和博士生在校人数是全校最多的,目前在校硕士生有 136 人,博士生 71 人。1985 年以来,已毕业硕士生 111 人,博士生 11 人,另为厂所课程代培、论文代培的有 80 余人。多的时候全系研究生超过 200 人(其中博士生突破 50 人)。研究生人多,加上他们相对独立、分散的学习工作特点,工作难度较大。几年来,我们有重点地主要抓了以下几方面的工作,效果还是比较好的。

(1)坚持抓思想教育。每学期的形势教育我们都按照上级要求认真完成,并坚持以效果较好的小会教育、对话讨论式教育为主;每学期系里都要召集研究生开会,传达中央有关精神,以及改革的新规定、新政策,使研究生直接了解中央精神和改革形势,并针对研究生中存在的问题进行教育。几次学潮中,研究生思想活跃,共鸣点多,我们及时组织他们学习,并提出明确要求。在思想上允许在党、团内开展讨论、求同存异,但在行动上要求必须和中央保持一致,不允许采取上街闹事、贴大字报等行为方式。系领导还经常到研究生宿舍去交流看法、"侃大山",互相沟通理解。这样一起上下工作的结果是在几次学潮中都未出现大的问题,大多数研究生都较好地配合我们的工作。思想教育要有针对性,要解决一些倾向性苗头性的问题。我系 1981 级本科毕业生有三分之二考取了研究生,1985 级研究生中他们这届学生占了多数,水平参差不齐,入学质量不高。在他们入学教育的第一天,系领导就专门讲了这个问题,及时提醒大家面对平均水平较低的事实,刻苦学习,迎头赶上。经过一年的大小会教育和个别谈话,这届研究生学习情况有了较大改观,在全校横向可比的学位课考试科目中,全系平均分 80 分,是全校少数几个没有不及格现象的系之一。

(2)坚持抓党支部建设。目前在研究生中有 10 个党支部,硕士生每年级建有两个支部,博士生共有 4 个支部,党员在研究生中有 80 人,占 44.4%。如何抓好党支部的建设,对整个研究生工作都有着极为重要的意义。系党总支经常召集指导员和各支部书记开会研究布置工作,每学期都要召开一两次全系研究生党员会,传达党内文件,提出具体要求。1985 级党支部坚持两周一次的组织生活,认真开展批评和自我批评,针对党员和积极分子对党的基本知识了解不太多的情况,他们组织党员选择题目自己准备党课,每次一两人主讲,其他人提问和参加讨论。会上发言踊跃,气氛十分热烈,一共搞了十余讲这样的党课。由于形式新颖、生动活泼、针对性强,每讲党课都吸引了大批党外同学参加,党课教育的结果是党员积极分子对党的基本知识有了更深入的了解,积极分子队伍也日益壮大,要求入党的同学占非党员同学的80%以上。系党总支及时总结了1985级党支部的经验,1986年底在系学生各支部书记工作经验交流会上作了经验介绍,该支部1986年还被评为校先进党支部。目前,除个别博士生支部稍差外,其余多数支部在支部思想和组织建设、积极分子培养教育和发展新党员等方面都抓得较好。自1985年以来,全系研究生中共发展新党员44人。

(3)发动和联系导师开展工作。全系的近百名研究生导师是做好研究生工作的重要队伍。校、系都要求导师对研究生的培养质量全面负责,导师不仅要带学问,而且要管思想。在各届研究生入学教育的第一天,我们就安排了研究生和导师的见面活动。系里平时经常和导师取得联系,不少导师也经常抽时间和研究生谈心,关心他们政治上的进步。在几次学潮中,全系导师都到研究生宿舍去做工作,用自己的切身体会教育他们维护安定团结的局面,效果较好。高镇同教授是十来个博士生、硕士生的导师,他治学严谨、学术造诣很高,他对自己的研究生既在学问上严格要求、精心辅导,又关心他们的生活和困难,经常和他们交流思想、促膝谈心,鼓励他们勇于进取、青出于蓝胜于蓝。他所带的博士生付惠民等人在业务上均取得了令人瞩目的成果,论文达到了国际先进水平。系里及时总结了高镇同教授的经验,在系召开的研究生导师工作交流会上作了经验介绍。他的工作体会文章,刊登在1988年第2期的《教育论丛》上。

研究生进行学年总结时,我们都请导师参加总结讨论会。请他们直接听取对自己所带研究生的评议意见,双方沟通了解,学年评定的评语征求导师的意见,并请他们写出评语。由于导师参加了对研究生的教育与管理,这就大大加强了研究生的工作。近几年毕业的研究生的质量与素质是比较好的。

(4)坚持严格管理与要求。多年来,我们一直把对研究生的严格管理要求列为研究生入学教育的重要内容,并经常在大小会上反复宣讲学校有关规定,重点讲解了违纪处罚、学年评定、中期筛选等内容。在宣传教育的基础上,坚持对研究生的严格管理、严格要求。1984级研究生朱某某上机时违章操作造成较大损失,我们及时组织专家组进行损失鉴定,做出了赔偿部分损失(本人赔偿200元)、全系通报批评的处理,并打印成文张榜公布。1985级硕士生周某因一点小事踢了别人几脚,我们也及时抓住此事让周某在班会上做了公开检查,开展批评和自我批评,还在全系研究生大会上点名批评了此事,并对研究生进行了纪律教育。全校执行中期筛选后,有个别同学出现了一门考试不及格的现象,系里立即找这几个研究生谈话并通过导师抓紧教育和工作,使这几个同学很快在学习上赶了上来,这也为其他研究生敲了警钟。

这几年研究生中兴起了"出国热",针对这个问题,我们严格按照国家有关规定做了较稳妥的处理。还通过联合培养、交流培养和公派出国深造等办法选送部分表现较好、确有培养前途的博士生、硕士生出国,还创造条件让几位博士生出国参加国际学术会议。

几年来,三届硕士生中有 8 名被评为校优秀研究生,还有 14 名获得校单项奖励。

(5)坚持在硕士生中抓班集体建设。为克服研究生因较独立、分散造成的消极因素,培养同学团结互助和集体主义精神,在硕士生中我们像在本科生中那样坚持抓了班集体的建设,取得了较好的成效。每届新生一入学,我们就在两个自然班里建立了党支部、团支部、班委会,并建立健全了系研究生团总支和研究生会,指导他们在研究生中开展工作和组织各种活动。班内各宿舍之间、各班、年级之间都开展了丰富多彩的文体活动和思想交流,多数班级形成了团结上进、要求进步的好风气,党支部在各班都发挥了树立正气的核心作用。通过班级建设和活动,培养了一批骨干,为校研究生团委、研究生会输送了一批干部。1984 级研究生王孟杰毕业后,选留在研究生院担任院研究生团委书记工作。实践证明,抓好研究生班集体建设,开展丰富多彩的文化、体育活动,对研究生的锻炼体魄、陶冶情操、增长才干都有很大好处。几年来,先后有两个班被评为校研究生先进集体,在最近揭晓的 17 楼研究生文明宿舍评比中,获奖的两个男生文明宿舍都是我系的。

几年来,我们还鼓励研究生参加社会实践活动,通过接触社会、了解社会、服务社会的各种形式,增强研究生对社会、对改革的理解。1984 级硕士生沈涛在 1985 年发起成立了北航研究生"蓝天科技开发中心"并担任第一任理事长。"蓝天科技开发中心"吸引了大批研究生、本科生,为振兴乡镇企业、开发科技新产品和社会服务起了很大作用。1985 级硕士生江国安、张采来等人承接了北京开关厂的科技软件开发任务,发挥自己的智力优势在较短的时间内,就攻克难关完成任务并通过了技术鉴定,这件事曾在报纸、电台上做过报道。

3. 招生与分配工作

这几年的研究生招生工作变化较大,国家教委要求新招研究生中在职人员占 50%,并把定向招生和委托培养作为招生重点。根据这一形势,系里及时采取措施,今年上半年以主管研究生工作的陈桂彬副教授为主,分三路到西北和沈阳地区用人单位调研、落实定向招生和委托培养计划,并发动导师开展这方面的工作,效果都比较好,研究生院将陈桂彬同志的调研报告专门发了一期工作简报(1988 年第四期)。

这几年的研究生招生中,在职人员比例显著增加,到今年我系已达到了国家要求的在职人员比例,使研究生的人员结构更趋合理。

1985 年以来,已有三届硕士生 111 人和 11 名博士生毕业。在毕业生分配工作中,我们一方面注意做研究生服从国家需要、顾全大局、以事业为重的正面教育和工作,一方面积极和用人单位联系,在落实分配计划时尽量做到专业对口、学以致用,能发挥作用。在工作中,注意了坚持原则和增加透明度,通过组织开会、对话、谈话来讲明政策和要求。从总体上看,几年来研究生都配合得较好,没有出现明确表示不服从分配的情况。三年来,还有 8 名研究生根据政策进行了有偿分配。

由于思想工作做得比较深入、细致,在坚持原则的前提下适当考虑了部分同学的具体困难和要求,工作透明度高,分配也较合理。三年来的毕业研究生分配工作进行得都比较顺利。

4. 主要问题

通过这次总结工作我们感到,在研究生和研究生思想教育与管理工作中还存在不少问题,这主要表现在:

(1)受社会的影响,硕士生、博士生的学习动力不足,是一个普遍存在的严重问题。社会上存在的脑体倒挂现象和研究生在学期间及毕业出去的待遇问题时时引起他们的议论和困惑。目前在研究生中考虑前途、事业少,考虑"钱途"、出国多,绝不是个别现象。两年来,已有两名博士生申请退学参加了工作。

(2)毕业出路问题。这一问题经常困扰着研究生们,程度不同地影响了高质量培养工作。受新的"读书无用论""学位越高越没人要"等社会偏见的影响,有的研究生入学不久就开始考虑分配问题,少数人为联系工作还花费了不少时间和精力。在毕业分配问题上,反映出不少研究生程度不同地重实惠、讲实际、专业思想淡漠、贪图安逸、留恋大城市、对自己估计过高、过分强调个人利益等问题。

(3)对当前的改革信心不足,也是研究生一个较普遍的思想问题。不少人已由过去的关心国家大事逐渐转为关心个人前途、建立小家庭上面。近年来,申请登记结婚的多起来了。

(4)博士生的生源已成为问题,个别专业已到了一两人报考甚至无人报考的地步。这里面有上面谈到的种种社会因素,也有或因经费少、设备差,或因选题困难或难度大,迟迟不能答辩的问题。

(5)我们的工作还不太适应新时期思想工作的要求,对改革开放商品经济条件下的思想政治教育工作学习、研究不够。工作有时感到力不从心,思想跟不上形势发展。

八、问题与思考

这次教学评鉴工作,不仅使我们认真地回顾总结了几年来的工作,更重要的是通过总结找出差距和问题,改进和加强我们的工作。通过自评总结,我们感到成绩固然不小,但存在的问题也不少,主要有:

(1)在改革开放的新时期,如何主动适应当前社会主义有计划的商品经济的特点去开展思想政治教育工作。这是摆在我们面前的一个难题,也是一个必须逐步解决的问题,否则我们培养的学生就很难适应新时期的要求。

(2)学生的学习动力问题,仍是一个较严重的带有普遍性的问题。尽管我们做了大量的思想教育工作,但由于处于新旧制度交替时期,社会思潮对学生冲击较大,新的"读书无用论""读书无钱论"又有抬头。具体表现在相当一部分学生的学习热情不高、努力刻苦程度不够、学习风气不浓、自控能力较差等问题上,上课迟到、旷课、课堂纪律不好、作业不认真完成、考试作弊(选修课尤甚)等在学生中有时不仅仅是个别现象,违反纪律问题也时常发生。

(3)整天忙于事务性的工作,真正的思想政治教育工作做得较少,深入学生不太够。

(4)专职政工干部的理论素质有待提高,思想品德课、形势任务课等德育课还缺乏规范化和系统性,其吸引力随年级增高热度减小。

(5)团员的素质与训练较差,团的建设缺乏活力。虽然我们做了不少努力,有了一些改进,但收效不太大。目前团员占学生总数的92%左右(除一部分党员外,非团员学生全系只有几个),如何把团的工作尤其是基层团支部的工作搞活、搞好,是高校普遍面临的一大难题。

(6)五系是一个老系,随着国防费用和军品需求的减少,长线专业的增多,以及学生热点的转移,招生质量有所下降,分数偏低。1987、1988两年,五系新生高考平均分均低于全校平均分,这恐怕也是五系学生在全校单科竞赛中获奖人数有所减少的原因之一。因此,如何改造现有专业,使之适应经济建设需要,加强招生宣传,吸引更多更好的考生,也是我们面临的一个问题。

(7)对学生的教育、管理、要求,我们的工作有忽松忽紧的现象。工作布置多,落实检查少。

针对上面的问题,我们在工作中就必须注意:

(1)加强自身的理论学习,提高专职干部的素质。既要注意学好以"一个中心、两个基本点"为主题的新时期革命和建设的基本理论,提高理论水平和政策水平,又要注意学好社会学、心理学、教育学等方面的"看家本领",提高工作水平。

(2)注重调查研究,不断探索商品经济条件下开展学生思想政治教育的规律和方法,使我们的工作更加适应新时期的要求,从而改进和加强思想政治教育。

(3)加强校风学风建设,严肃校纪。严格学籍管理和教育,健全系级规章制度,鼓励先进,奖罚分明,抓好典型,树立正气,力争使学生工作有新的起色。

对改进高校学生思想教育工作的几点看法

北京航空航天大学　郑彦良

1988 年 11 月

为了适应改革开放特别是商品经济日益发展的需要,高校学生思想教育必须从体制、格局到内容、方法上进行改进和加强。通过十多年基层学生工作的实践,我觉得应从以下几方面着手:

一、思想教育工作者必须由干部化
改为教师化、专业化

多年来,高校的学生工作队伍基本上是干部。近年虽然初步解决了德育系列的职称问题,但由于没有从本质上把思想教育纳入学科范畴,工作队伍的专业化程度参差不齐,基本上仍是整天忙于学生事务性工作。要改变这种状况,就必须从根本上而不是只从形式上把思想教育队伍教师化、专业化。高校学生工作,除了党、团、学生会等由党委负责外,校长要对学生思想教育全面负责。学校采取切实可行的措施提高学生工作队伍的德育专业化水平,使从事这项工作的同志都能开出一两门以上的专业课(指政治、社会、人文等学科),成为名副其实的思想教育学科的助教、讲师、教授。这是稳定队伍、提高素质、改变学生工作局面的一条根本途径。

二、由零敲碎打的突击教育改为规范化、科学化、
理论联系实际的系统教育

目前,在高校的教学安排上,思想教育缺乏像其他业务课那样的科学性,不规范。在德智体这三条腿中,德育这条腿最细,教育效果不尽如人意。现在的学生思想教育工作基本上还是头痛医头、脚痛医脚的突击性教育,被动的消防式教育。对此,近几年一些高校做了有益的尝试,他们把很多基础教育内容凡能列入课程的都列入课程体系,开出了大量的必修课和选修课。这些课程和其他课程一样,有大纲、教材、课表、学分。这样规范化授课的结果,保证了基础教育的完整性,使学生受到

系统化、科学化的思想教育。如有的学校开设了礼仪课,由于它适应商品经济发展和学生就业的需要,实践性、针对性强,受到学生欢迎。有的学校开设了"党的建设"课,规定党员必修,其他同学任选,选修的学生也很多。这门课无论对学生党员、积极分子,还是一般学生,都是很系统的党的基本知识的教育。上述这些系统的而不是零敲碎打的科学教育,学生易于接受,效果也很好。高校应积极创造条件,把政治、文学、艺术、音乐、美学、党的知识、法律常识、社会历史知识、职业道德、人际关系、伦理道德、心理卫生、行为科学、改革理论、时事政策、礼仪等方面的必修课或选修课开出来,通过理论联系实际的讲授,让学生从课堂上直接接受系统的基础文明教育,提高道德修养和文化素质。

三、把单一途径的教育改为通过文化、体育、艺术等 多种方式的活动进行的多途径教育

学生通过参加文化、艺术、体育等活动同样可以陶冶情操,这里面既有集体主义、爱国主义的内容,也有团结互助、奋发向上的精神,还可以锻炼体魄,增长知识和才干。上述活动适合青年特点,其教育作用不容忽视。

另外,学生课余生活单调、乏味,就必然造成不少学生的过剩精力无法宣泄,文化素养难以提高,健康体魄难以形成,以致打架、赌博问题等时有发生。各级领导要重视校园文化的建设和文体活动的开展,要认识到这些活动有其他教育活动不可代替的作用,要为这些活动从场地、设备和经费上提供支持。

四、变单纯的学校教育为学校教育与 社会实践教育相结合

现在,社会对学生思想的影响已远大于学校。如受社会上经商热的影响,一些学生以勤工助学的名义搞起了五花八门的经商活动,有的人甚至投机倒把,非法牟取暴利。长此下去,这些不正常的现象对培养学生的思想道德将会产生长期的消极作用。学校应从培养适应改革开放需要的合格人才出发,为学生参加社会实践提供方便,并做出一些适当的规定,进行必要的引导,使学生在实践中认识社会,在商品经济的大环境中提高鉴别能力,正确地理解改革形势,支持改革,锻炼培养适应社会需要的各种素质和能力。

五、改变学校忽视学生成长中心理因素的现象，注重学生心理健康

青年学生的健康成长是由多方面因素决定的,学生个体的心理发育是一个极为重要又易被忽视的因素。国际上普遍认为,人的健康状态概括起来就是"躯体健康、心理健康和社会功能良好"。一个青年学生若没有正常的、健康的精神状态,就很难适应紧张的学习生活。特别是改革开放以来,社会各方面已有很大变化,对学生的刺激因素增多,使学生心理压力加大。近几年,这方面的问题愈显突出。据统计,目前大学生中因种种原因有心理障碍的人数已占学生总数的 12％～15％(天津市高校 1986 年调查统计为 15％)。而我们教育工作者却常常忽视这方面的问题,把一些由心理障碍引发的言论或行为都看成是思想问题或道德品质问题。现在不少学校重视了学生的心理健康,坚持常年开展心理咨询,为学生排愁解忧,克服心理障碍,很有成效。在商品经济日益发展、社会竞争意识越来越强的今天,必须高度重视学生的心理健康,尽快在高校创造条件普遍开展青春期教育和心理咨询,开设诸如生理卫生、心理卫生、社会学等讲座或选修课。

在改革开放逐步深化的今天,我们应该建立一个大辅导的观念,学生工作队伍要负责对学生进行政治辅导、业务辅导、心理辅导、社会辅导(包括行为、人际关系、职业道德和就业等方面的辅导)。教师特别是专职学生工作者都应该学习心理学、社会学知识,在这些方面经常给学生提供帮助。

——原载于《中国教育报》1988 年 11 月 10 日第三版(思想理论版)

开展"五早"活动　促进学风建设

郑彦良

1991 年 9 月

北航自 1990 年 9 月以来,在全校本科一二年级(1991 年 9 月又增加了三年级)学生中开展以早睡、早起、做早操、吃早饭、早自习为主要内容的"五早"活动,至今已坚持近两年,取得了显著成效,在首都和全国高校中产生了积极影响。1991 年 3 月 14 日国家教委主任李铁映同志在视察北航工作时指出:"北航搞'五早'很好,这是促进学风校风的进一步好转,培养合格人才的一项重要工作。""我赞成'五早',不论别人说什么,你们也不要动摇,要坚持下去。"

一、提出开展"五早"的动因

1. 反思教育后的思考

1989 年发生严重政治风波之后,我们在发动学生进行反思、开展社会主义道路教育的过程中,感到有一个问题值得深思:20 世纪 80 年代在北京高校发生过五次大的学潮,每次学潮过后,都要进行一次社会主义道路教育,每次教育都下了很大功夫,可教育之后学生的政治思想水平往往仍是在同一水准上振荡!通过认真分析,我们感到,除了国际国内政治环境的影响外,一个深刻的原因是这种政治观的教育缺乏坚实的基础。即在相当一部分大学生中人生价值观是以个人为本位的,这样的人生价值观是不会自觉地维护以公有制为基础的社会主义制度并为之努力奉献的。也很难设想一个以个人利益为追求目标的人会自觉地适应按集体主义原则建立起来的社会准则。这种人生价值观的形成主要又是近几年学校和社会环境多种因素潜移默化影响的结果,因此培养学生正确的人生价值观要靠各种形式的教育,包括良好习惯的养成和创造培养集体主义观念的环境。

2. 毕业生调查的启示

与此同时,1989 年下半年,我们对 80 年代的大学毕业生进行了追踪调查。在对航空航天工业部所属十一个厂、所进行的一次学校教育的社会评估中,就不足方面来说,一部分毕业生程度不同地存在着事业心不强、作风懒散、协作精神不够、遵纪守法较差的问题。生活秩序、劳动纪律不好,经常晚上不睡觉、早晨不起床,对上班迟到、早退习以为常。如果再加上有些人政治观点的偏差,概括起来可以说他们的主要毛病是"懒、散、狂"。这些问题是我们 80 年代教育工作的薄弱之处,也是 90 年

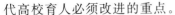

代高校育人必须改进的重点。

基于上述的研究分析，使我们悟出一个道理，要落实把德育放在首位，就应该在不放松意识形态导向的同时扎扎实实地做好基础教育工作。其中转变学风校风，是一个重要内容。推行"五早"就是想通过"五早"这个载体，来达到带动学风校风好转，提高学生全面素质的目的。

二、开展"五早"活动的做法

1. 正视学生德育现状的实际，做好思想发动工作

开展"五早"活动的设想刚刚提出，有的干部和教师就认为这是一种形式主义，是用管中、小学生的办法来管大学生，有的同学也认为个人兴趣爱好不同，生活习惯不同，不应强求一律。针对这种思想障碍，我们反复向各级干部、教师和学生宣传用人单位对我校 80 年代培养的学生质量的反映，说明大学生德育现状存在的问题与中、小学德育基础教育薄弱有关，大学德育基础教育的起点，应该从现在学生的实际水平出发。起点虽不高，意义却不低。同时指出进行教育要有必要的形式，形式中包含着丰富的内涵。"五早"的形式就在于能够形成良好的学习、生活秩序以达到建立良好学风的目的。为了全面育人，对学生提出某些统一的规定和要求是必要的。

2. 以全员德育意识的原则组织各部门协同负责

洛实德育放在首位，学校党委提出必须贯彻实行全员德育意识和全方位德育格局的原则，即全校教职员工都要对学生德育负责，各个部门要发挥自己在德育上的特有功能。开展"五早"活动是一项系统工程，为此学校先后三次在校长办公会上讨论了这项工作，通过了《北航开展"五早"活动实施方案》，成立了"五早"活动领导小组，提出了"五早"的具体目标，要求各个部门从对学生德育质量负责的高度明确自己的职责，据此，各部门做了充分的准备。事实上，"五早"活动的开展也成为学校树立全员德育意识和确立全方位德育格局的突破口，并提供了经验。

"五早"中早睡是前提，其中关键是按时熄灯。宿舍管理部门检修了线路，做到每晚 11 时统一熄灯；保卫处和居管会负责清理学生宿舍区夜间卖小吃的摊贩，保证了学生有良好的休息环境。

要早起必须按时打铃和广播。后勤部门重新安装了电铃线路，宣传部门检修了广播线路，增加了操场区的广播喇叭，每到清晨 6 点 30 分，由专人负责同时打铃和广播。

早操是"五早"中的关键，保证出勤率是关键中的关键。考勤由每班的学生考勤员负责。早操内容是跑步或做操。主管此项工作的副校长、教务处长、学生处长、体育部主任等每天早晨亲临操场，便于发现问题及时处理。

早餐是开展"五早"的保证。为了增加吸引力，食堂花大力气改善条件，党员、干部主动起早上岗，重点指定了两个食堂增加食品花样，其中学三食堂早餐主食品种

增加到 13 种以上,一改过去馒头、稀粥、咸菜的"老三样"。同时由保卫部门负责取缔了教学区课间卖包子等食品的车摊。

搞好早读要为学生创造条件。为此,校电教中心开播了北航英语电台,每天播放九小时,教务部门为低年级学生配购了收音机,学生在校内任何地方都可收听到与英语课内容配套的英语广播。

在准备工作完成后,1990 年下半年新学期一开学,在全校学生参加的 1989 级学生军训阅兵汇报会上,校长就开展"五早"活动促进学风建设的举措作了动员讲话,揭开了"五早"活动的序幕。

3. 养成教育关键在于坚持

1990 年秋"五早"活动有了一个良好的开端,作为一种养成教育必须扎扎实实地持续开展下去,日积月累,才能收到效果。为此,近两年来我们一直坚持了:

(1)检查评比表彰。每学期都由主管校领导、学生处、体育部、团委、教务处、武装部等部门主要负责人负责检查评比,在学生干部大会上进行表彰。

(2)不断动员、总结,即每学期初都召开会议做上学期总结和新学期动员,并且把"五早"的情况作为评选先进班集体的条件。

(3)严格管理。抓住早操这一关键将出勤情况和体育学分直接挂钩,严格执行《大学生体育合格标准》中有关早操的规定。1990 年秋季学期,一、二年级分别有 11 人、40 人因早操缺勤超过规定次数而造成体育不及格(占应出勤人数的 2%),1991 年秋季学期,三个年级又有 50 余人因同样原因体育不及格,本学期开学后组织补考,达到要求才准予及格。在学生中引起很大震动,提高了他们坚持"五早"的自觉性。

三、实施"五早"的效果

1. 学习风气有很大好转

(1)上课迟到率大大降低。据实行"五早"前的 1989 年 11 月 21、22、23 日三天的调查,一、二年级上午第一节课的迟到率分别是 16.5%、16.3%、12%(旷课的未在内)。实行"五早"以来,上课迟到现象已基本消灭。

(2)晚自习出勤率大大增加。由于实行"五早"扭转了不良习惯,学生晚自习情况有了很大改善。据 1989 年 11 月 15、23 日和 12 月 1 日三天调查,一、二年级晚自习率最低为 62.5%,最高为 71.6%,而实行"五早"后的 1990 年 12 月 5、6、7 三天调查,一、二年级的晚自习率最低为 76%,最高达到 94%。1991 年情况更加好转,晚自习率又有提高。

(3)学生每天用于学习的时间有所增加。1989 年调查统计,一、二年级学生全天用于学习的时间不足八小时的人数分别占 22% 和 36%,九小时以上的分别是 28% 和 24%;实行"五早"后 1990 年调查统计,一、二年级每天用于学习的时间不足八小时的分别为 1.0% 和 22%,十小时以上的分别为 34% 和 23%。

（4）图书借阅率也有增加。据校图书馆统计,1990年书刊借阅人数比1989年增加了15%,约为4万册次。

（5）早读的风气开始出现。据学生会的抽样问卷调查,现在学生早读20分钟以上的占18.5%,早读10分钟以上的占43%,没有早读的学生占24.5%。从早读内容看,59.4%的学生在听读英语。有的系安排集体早读,有计划地进行。两年来自觉早读的风气已初步形成。

2. 出操率情况良好

根据1989、1990两个年级的统计,学生每周二至周六出5次操,13周满勤应为65次,实行"五早"的第一学期1989级学生平均出勤55.5次,出勤率为85.3%,1990级学生平均出勤59.1次,出勤率为90.9%,两个年级平均出勤率为88.1%。从第二学期以来,早操出勤率一直稳定在90%以上。

3. 吃早餐的情况有所改善

为了保证学生吃好早餐,校食堂科做了极大的努力。据五个学生食堂统计,有125名炊事员,每天轮休占19.6人,过去每天起早准备早饭的30人,占28.2%,现在每天起早59人,占总人数47.4%,其中一部分炊事员要在凌晨2:30开始和面。实行"五早"初期,由于炊事人员紧张,食堂科二线的15名党员、干部起早上岗、售饭长达两个月,直到增加了一部分临时工,才逐步撤下来。由于职工和师傅的努力,扭转了过去早饭"老三样"的现象,食堂改观了,学生自然愿意去吃早饭。现在学生吃早饭的人数较实行"五早"前大大增加,据学生会的抽样调查,不吃早饭的学生仅占13.8%。

从上述三点情况看,"五早"的效果是十分明显的,受到广大教师的欢迎和多数学生的肯定。已经基本改变了学生恶性循环的生活习惯,使其走上了良性循环的健康轨道,使我校学风建设有了突破性的进展。"五早"活动使学生形成了良好的生活节奏,有利于他们更加适应社会对大学生的要求,同时改变了学生精神面貌,增强了组织纪律性。实践证明,开展"五早"活动是加强高校德育基础建设的一项重要措施。如果坚持不懈地长期抓下去并使之更加完善,对提高我校90年代毕业生的质量将会产生明显效果。

四、社会反响

北航"五早"的实施,从一开始就引起了有关部门、兄弟院校和新闻界的关注和重视。

1990年10月24日,京津沪三市体育联合检查团在检查了"五早"全过程后,给予了充分肯定,并指出将会在全国特别是北方高校产生积极影响。

1990年11月7日,《光明日报》以"北航加强学生'五早'管理"为题做了报道。

1990年12月4日,河南省教委组织的考察团(河南大学、河南师范大学、农工大、中州大学等)来北航交流、参观。

1991 年 1 月 23 日,国家教委召开执行《大学生体育合格标准》座谈会(教委所属京、津八所高校领导到会,北航作为唯一部属院校应邀参加),宋尽贤司长在讲话中对北航开展"五早"给予高度评价。

1991 年 3 月 14 日,中共中央政治局委员、国家教委主任李铁映在朱开轩副主任、何文治副部长陪同下到北航视察工作。其间,李铁映同志详细询问了"五早"活动情况,给予了充分肯定,要求我们"坚持做下去",并提出了很好的建议。

1991 年 3 月 18—19 日,国家教委体卫司曲宗湖副司长检查北航体育工作,赞扬"五早"恢复了 50 年代的好传统。

1991 年 4 月 2 日,天津市高教局邢元敏副局长率南开大学、天津大学等十院校领导组成的赴京学习参观团专程到北航参观交流,并对北航学生早操、早餐情况录了像。在交流会上,邢局长说:"在高校育人方面,北航积累了很丰富的经验,走在了前面。看了'五早',很受启发。天津高校很多年不出早操了,北航能够做到的,我们天津高校为什么就做不到呢?"(据了解,天津高校中断了十几年的早操在 1991 年陆续恢复。)

1991 年 5 月,参加全国高等工程教育研究会成立大会的全国 52 所高校领导连续几天观看了北航"五早"情况,在了解到"五早"解决了早睡、早起,消灭了上课迟到现象的情况后,不少校长感叹地说:"这才像个高等学府的样子。"

1991 年 6 月 24 日,《中国青年报》以《快节奏冲击——北航实行"五早"制度纪实》为题做了详细报道。

1991 年 6 月 27 日,国家教委向全国高校转发了北航《开展"五早"活动,促进学风建设》的简报,并加了编者按语。按语指出,"我们认为,北航的这种做法是值得提倡的";同月,北京市教育工委也向首都高校转发了简报。

1991 年 10 月,清华大学恢复了已中断二十多年的早操活动,并在校刊《新清华》上引用北航"五早"的提法。

1992 年 2—3 月,北京三十多所高校的同志先后参观了有反映"五早"内容、以北航版面为主的《北京高校体育工作展览》。

1992 年 4 月 16 日,经国家教委有关部门推荐,中央电视台派记者来北航商谈近期拍"五早"专题片事宜;……

另外,《大学德育》杂志、《大学生》杂志、《中国教育报》等也报道了北航"五早"的情况。总之,北航"五早"活动的开展,在社会上尤其是高校产生了较好的反响,已由国家教委推荐介绍,不少高校作为加强基础教育的一项有力措施所采用。其近期效益如优化育人环境、促进学风好转、组织纪律性增强、生活习惯进入良性循环等,已十分明显;而远期效益——全面提高培养学生质量,只要我们像李铁映同志要求的那样,"坚持做下去",并不断总结改进提高,就一定会在 90 年代毕业生的身上得到体现。

——原载于国家教委《体育卫生司工作简报》1991 年第 16 期,1991 年 9 月

北航体育教改的七年实践

郑彦良　　王龙生
1992 年 1 月

一、概　况

体育是高等教育的一个重要组成部分。1985 年,我校在全校实行全面加权学分制的教学改革,在革新高等教育方面迈出了重要的一步(此项成果 1989 年获首届国家教委优秀教学成果奖)。体育教改作为全校总体教改的一部分,根据当时国家教委《高等学校体育工作暂行规定》的精神,我们从指导思想、教学制度、教学内容、考试方法到课外锻炼、群体竞赛、竞技训练等方面,实行了整体改革。七年来,由于上级领导的重视和学校各方面的支持努力,学校体育教学工作发生了很大变化:

(1)教改思路更加明确,教学制度逐步完善,教学文件配套齐全。

(2)教学内容日趋丰富,课外锻炼、群体竞赛和竞技训练也都有了质和量的提高。

(3)经过教改,体育课已成为学校最受学生欢迎的课程之一,大多数学生由过去的"要我学"逐步变为"我要学"。

(4)学校的体育经费、场地建设、器材设备、电教设施、教学文件和图书资料等也有了明显改善。

(5)北航体育教改分别在 1986 年获校优秀教学成果一等奖,1989 年获北京市高教局优秀教学成果奖,北航 1992 年被评为全国高校体育课程评估优秀学校。

七年来的教学改革与实践,基本上达到了当初教改所确定的使学校体育综合发展、整体优化的目的。

二、教改思路与实践

(一)关于教改要迈大步的三点思考

1. 体育教学现状迫使我们必须改

20 世纪 80 年代初我国高校的体育教改步子并不大,主要采取第一年上综合体育课、二年级分专项上体育课的模式。从形式上看,比单纯上综合体育课是有改进,但从内容上看,并没有突破传统教学的模式。早在 20 世纪 50 年代,就有很多高校采用这种按专项上课的教学形式。由于在教学上存在着单一的目的、固定的课时、统一的进度、单调的内容和开课项目范围窄等弊端,已不适应20世纪80年代大学生在体育方面的广泛需求和自身特点,必须要改。

2. 体育运动发展趋势要求我们迈开大步改

进入20世纪80年代,国内外高校体育发生很大变化。学校体育、竞技体育、社会体育在互相影响和促进中同步提高,这是总的趋势。这对高校体育有着直接的影响,包括美国、苏联等体育发达国家,20世纪80年代所编制的体育教学大纲,都反映了这一共同的特点,即"通过提高运动技术,进一步提高身体素质,形成独立锻炼的能力,能在生活中运用各种运动技能,欣赏竞技,参与运动,体现当代体育这种文化功能,并使之作用于终身。"因此,培养学生体育专长、形成独立锻炼能力特别是树立终身体育思想,应该是我国高校体育教改的主攻方向。我校在1984年曾对一千多名返校的校友进行书面调查,结果表明,在校没有体育专长的学生,毕业后只有18.1%的人坚持参加锻炼,8.7%的人能保持良好的健康状况。而在校的各级运动员(班级、系级、校级)的情况就大不相同了,他们之中有74.9%的人能自觉长期坚持锻炼,53.5%的人能保持良好的健康状况。可见,具有体育专长的人,不仅参加锻炼的人数多,而且锻炼效果好。有没有体育专长,对学生毕业后的锻炼、健康状况,乃至终身都有很大的影响。

3. 要把体育教改放在全校总体教改中统一考虑

学校实行德智体全面加权学分制,把体育教改纳入学校整体改革的轨道,三大部分同步进行。各部分除规定有必修的基本学分外,其余任选部分的学分不分界线打通使用。这一机制的产生,可以使学生在体育方面除修满基本学分外,还可按照参与活动的量与质,获得更多的学分。同时,体育有34个计划学分的硬指标,课内、课外、达标竞赛都有学分控制着,并且和优秀生的优胜劣汰、评定三好生奖贷学金、推荐免试和录取研究生、毕业分配、学籍处理直接挂起钩来。这样体育教改就有依据和后盾,体现了体育在学校中的地位和作用。

(二)体育教改的思路与方案

基于以上思考,我校提出的教改思路概括起来就是:按照教委要求,注重课内、课外相结合,抓好课内、指导课外,课内课外全部纳入教学加权的范围;注重个体差异,因材施教;注重教书育人,树立终身体育思想,突出专项培养,调动教师和学生两方积极性。其具体方案可分解为:

1. 课内与课外相结合的管理系统

我们培养的学生应该在德智体诸方面得到全面发展,于学校体育任务来说,培养知识技能、提高身体素质、进行品德教育这三大要素是互相联系、互相作用的,应当贯彻到体育的全过程。

(1)培养知识技能。主要由课内系统完成,通过课堂教学,采用目标为主的管理方法,以课堂教学为主要手段,同时鼓励学生"冒尖"超前,培养独立锻炼能力。采用因人而异、因材施教的办法,进行筛选式的教学。

(2)提高身体素质。主要由课外系统完成,通过课外活动,采用过程为主的管理办法,采取定期测试和考勤制度,严格坚持早操和课外活动。根据学生个体的自锻炼能力与效果,结合出勤进行考核。课内、课外的学分独立核算,不能互相代替。

(3)进行品德教育。贯穿于学校体育教育的全过程,通过课堂教书育人、组织课外竞赛活动和考勤考核及检查评比等多项环节,培养学生的组织纪律性、集体主义观念、竞争意识和勇敢、顽强、进取、协作的精神。

2. 按层次进行体育教学分类

我国高校体育一般规定为必修课,欧、美、日等国高校体育一般为选修课。我们力图把两者的优点结合起来,把高校体育教学划分为必修和选修两大类,同时考虑到高校办运动队仍属于大学教育体制的特点,我们把竞技体育也纳入教学范畴。因此,对全部体育教学与训练,按三个大类结合起来,分四个层次组织教学,实行统一管理。

(1)第一大类:体育必修课(第一、二层次)。

主要教学目的是使学生在提高身体素质的同时,掌握一项体育知识与技能,教学分两个层次进行:

体一(基础体育):一年级第一学期按自然班进行。主要教学内容为:进行体育目的任务教育,学会提高身体素质方面的基本理论和锻炼方法。以北京市高教局编写的《体育理论知识教程》为主要理论教材和全校统一考试内容。

体二(专项体育):这一层次共分两个阶段。

① 专项课预修阶段。在一年级第二学期按专项分班进行。课程主要内容为,进行专项知识入门教育,学习典型基本技术,介绍专项作业的全部考核标准,使学生提前建立对本专项的全面认识。开课项目有三大球,田径、体操、武术、气功、人体工程共8项。

② 专项课继修阶段。原则上自二年级第一学期至三年级第二学期进行。按照程序教学要求,每一专项分 A 、B 、C 、D 四组作业,采用步进方式,反复提高。对学生个体来说,学习日程不固定(即不一定非得用四个学期),鼓励专项课考核优良以上学生期末参加加试,通过全部作业考核后,即结束专项课进入第三层次即选修课(每学期均有少量比例学生通过加试,对两年内完成专项课考核的学生必须选修体育任选课,对他们来讲是限定选修课,并获得选修学分,即按规定修满两年以上体育课)。

(2)第二大类:体育选修课(第三层次)。

体三(选修体育):选修课入班必须是通过体二(专项体育)的学生,包括高年级学生及研究生。选修课内容包括竞技体育、娱乐体育、健身体育、民族体育、体育理论等,教学计划分为普及型与提高型两种类型。普及型选修课以横向发展为主,可吸收较多的学生入班,注重满足学生对体育多方面的兴趣与爱好。普及型选修课先后开过 23 项。提高型选修课以纵向发展为主,注重提高专项技能,培养体育专长,主要是在原专项课的基础上继续提高深造。提高型选修课先后开过 20 项。无论是普及型还是提高型,由学生任选项目,开课教师考核入班(人数有严格限制)。根据师资、场地器材等条件,每学期选修课开出 25 项左右。

(3)第三大类:体育训练课(第四层次)。

体四(竞技体育):竞技训练课程按各项目训练计划进行。运动队分为三种类型,即:

① 重点队:由高水平学生运动员组成(排球、田径),每天训练两小时。

② 一般队:由较高水平学生运动员组成(足球、篮球、武术、乒乓球等),每周训练四次,每次一个半小时。

③ 普及队:由专项课和任选课班学生中选拔或项目爱好者组队,赛前集训一月(平时不训练靠任选课或爱好),组织或参加对外比赛(羽毛球、速滑等)。

3. 将课外锻炼纳入教学要求

我们认为,学校体育工作对学生身体素质、形态机能以及课外锻炼考勤等管理措施,是培养大学生建立良好生活锻炼习惯,树立优良学风,培养终身体育思想意识的有效手段。因此,在鼓励学生经常参加锻炼、不断增强体质、提高自我保健能力等方面,采取过程管理为主的方法,从学生入学开始按计划进行各项测试考核,并与考勤结合起来评定课外体育成绩(课外学分占体育总学分的 40%)。

(1)形态机能测试。

根据我校历年对学生形态、机能进行检测的经验,为了与学期考试同步评分,我们按统一规范把身体形态、机能测试划分为两组进行,第一学期测试肺活量、体重,第二学期测试身高、体重、胸围。

(2)身体素质(达标)测试。

国家体育锻炼标准每学期测试一次,第一学期测试投掷、跳跃、耐力,第二学期测速度、力量、耐力。为了加强耐力素质,提高心肺功能的达标水平,耐力测试第二学期重复进行。

上述(1)、(2)项,自 1985 年开始已建立了全校学生历年来完整的统计、比较数据资料。

(3)课外体育锻炼考核。

早操及课外锻炼以学期为单位,早操以集体出操为主,课外锻炼以个体参加为主,规定早操 60 次,课外 30 次,按全勤满分、缺勤扣分的办法评定,凡缺勤超过总出勤次数 15% 者该学期体育成绩为不及格,并建立了早操、课外缺勤造成体育不及格的补考办法。

4. 开设康复体育教学

随着社会的文明进步、当代康复医学的兴起,提高了对各种病态学生的体育医疗恢复手段。因此,我们认为,大学体育的对象应不分强弱病残,都必须接受体育训练,只是方式不同。我校对病残学生在校医院的配合下一律实行康复医疗体育教学。采取课内进行"体育医疗",课外进行"运动处方"的综合教学手段,并进行学期考核评定。因此,除短期外,我校不准学生免修体育,消除了体育死角。

5.建立体育电化教室和计算机房

为运用现代化教学手段提高教学水平,我们建立了体育电化教室和微机室。电化教学的主要任务是:

(1)普及体育理论知识和体育卫生知识。

(2)进行各专项运动技术观摩与分析。

(3)解决风雨天气的机动教学。

(4)播放学生自己在课堂学习课外锻炼、代表队竞赛等情况。

(5)积累教学声像资料,以利于宣传交流。

计算机房(微机室)的主要任务是,进行正常的教学管理,减少手工统计量,统计分析数据,进行报表处理,查阅成绩,建立和改进适合本校实际的软件系统。

6.建立学分制考核及奖励制度

体育总学分为 34 个计划学分,其中课内为 18 学分,课外为 16 个学分(含身体形态、素质和课外锻炼)。

(1)考试成绩分别按不及格(0)、及格(1.0)、中等(1.1)、良好(1.3)、优秀(1.5)的成绩系数对计划学分给予加权。

(2)课外锻炼除给予学分加权外,对达标成绩优异者,分别按水平给予奖励学分。

(3)各项目运动队除获得加权学分外,还根据对外比赛级别和成绩给予奖励学分(可代替其他选修课学分)。对成绩优秀的运动员,学校还设有竞赛奖学金。

7.教材编制程序化

我们把三个年级的体育课,按各专项分别划定为基础体育、专项预修、专项继修A、专项继修 B、专项继修 C、专项继修 D 共六组教材。使用步进系统编制,每组教材包括展开部分和核心作业部分,这样便于提前预修和延长继修,做到精简教材,提高实效。

8.建立配套的规章制度

为了给体育教改"保驾护航",必须健全配套的措施与制度,几年来先后制定了系列文件。

在教学方面:先后修改更新了三代教学大纲。1990 年,根据国家新颁布的《学校体育工作条例》和《大学生体育合格标准》等文件精神,又对学校 1990 年版教学计划做了补充修订,制定了"体育教学实施管理计划""体育教师管理工作规定""高水平运动员管理办法"等教学文件。

对教师要求方面:定有教师例会、备课制度,教师缺席、进修请假、出差、裁判等有关请假制度、代课制度、课堂教学常规要求及检查细则,教案编写要求及展示评比

制度、教师业务考核要求等,并建立了严格的奖罚制度。

为了调动各方面对体育教改的积极支持和配合,制定了"校先进体育班评选条例""系级体育工作量化标准及评比办法"等文件,这样学生有学分、班级有评优、各系有评估,使体育课内、课外的要求,都通过激励的办法覆盖了所有的系、班和学生。由学校制定的"五早工作计划",使每周五次的全校集体出操落到了实处。

三、教改效果与反馈

自 1985 年北航体育实行教改至今已七个年头,走过了一段很不平凡的道路。多年来,很多领导、专家和同行对我们的教改提出了很多很好的建议、批评和意见,对我们逐步完善教改起了重要作用。正是在大家的帮助和我们的努力下,北航体育教改经过七年的探索才有了今天的进步,其效果随着教改的深入已逐步显露出来。

(一)综合效益较好

(1)体育教学改革作为全校教改的一个重要组成部分,适应了社会改革的新形势。和 1990 年国家颁布的《大学生体育合格标准》相比较,在基本要求、项目内容和做法上我校的方案与《大学生体育合格标准》具有广泛的一致性。改革突破了一些传统的教学模式,但也保留传统教学中好的内容和方法,是继承中的改革、发展中的探索。七年来,建立了一整套按照教改新路子摸索出来的教学管理文件,也总结出了探索过程中的经验教训,为进一步深化和逐步完善教改打下了基础。

(2)教改有利于全面贯彻教育方针,促进了校风建设。

教改方案给学生以较大的自主性,但也对学生提出了更高的要求。多年来我们坚持严格管理,已有近百名学生因体育课外不及格造成结业或重修;1990 年有两个系的个别学习尖子因体育课外不及格未评上奖学金,更未推荐为免试研究生。这些在全校都引起了很大震动和重视,使高校体育摆在了全面发展教育的应有位置上。

教改方案中的集体出早操,结合学校校风建设抓"五早",学生早睡、早起、出早操、吃早饭、早读外语,已坚持了两年半,极大地促进了校风建设,受到李铁映同志的高度赞扬,国家教委体卫司和北京市委教育工委都为此编发了简报。

(3)学生身体素质有所增强。据 1985 年以来的统计,我校学生身体素质、形态、机能逐年提高,并高于全国大学生身体素质、形态、机能的平均值。学生达标率均在 95% 以上,近三年已达 98%,1990 年至 1991 年在地区高校达标检查比赛中均获团体总分冠军。在 1989 年航空航天部组织的毕业生全面素质跟踪调查社会评估指标中,各厂、所对北航学生的身体素质打分是最高的之一。

(二)搞活了体育教学

1. 学生"各取所需",教师"各尽所能",两方面的积极性都得到了较充分的发挥
由于突出了专项课教学把选专项课的主动权交给了学生,这就极大地提高了学

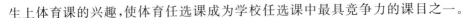

生上体育课的兴趣,使体育任选课成为学校任选课中最具竞争力的课目之一。

突出专项,使体育教师自己的专业特长有了充分发挥的天地,也对教师提出了更高的要求。

2. 初步解决了学生体育差异性问题

按专项重新编班上课,学生先选项、选教师,教师再从中选学生。通过双向选择,一个专项课班的学生基本上都是同一体育水平的学生,教师易教,学生易学,教学组织也变难为易了,解决了传统式行政班统一进度教学所带来的学生吃不饱、吃不好和不愿吃、吃不了的矛盾。加上竞优筛选的机制使少数学生通过加试进入限定选修课(二年以内)或任选课,激励了其他同学在课上、课下锻炼的积极性。

3. 体育科研上了新台阶

改革方案带来了大量的科研课题。1985 年以来,体育教师有近百篇论文发表,多篇获奖,有三篇被选为国际科技交流论文,编著或参与编著了有关裁判法、高教评估、田径、体育外文词典、体育教学、体育史等书籍七本。教师的体育科研水平得到了提高,职称问题解决起来相应地就容易些了。

4. 学生的体育专长在校期间已产生效果

校武术队里没有一个降分录取的学生,全是从武术专项课和选修课班里挑出来的,虽然多数队员原来没有武术基础,但本人喜欢武术,训练自觉性强,经过一两年专项课和选修课学习,课外再集中训练,在比赛中取得好成绩也就不奇怪了。1991年和 1992 年校武术队连续两年获北京市高校团体冠军,有的队员还被入选参加第四届全国大运会,教练也荣获校 1992 年度教学成果荣誉奖。

校羽毛球队没有代表队编制和训练经费,其队员全是专项课或选修课班的学生,也全靠专项课或选修课和课余自己练习来提高水平,一、二年的长期专项训练使队员技术大有长进,近几年在北京高校比赛中均列前三名,1991 年男女队双双获冠军,有二人被选为第四届全国大运会北京队队员。

排球选修课班队,1990 年有机会参加了北京第八届运动会高校组的比赛,有近三十所高校校队参赛,北航排球队作为一个从未集训过的班队竟然挤进了前十名;冬泳选修课班 80 人左右,几乎年年参加市冬泳表演,其人数在首都高校中也是最多的。专项理论选修课结合校内比赛实践,已培养出排球、篮球项目的三级裁判员近百名。

体育教改使学生在校期间培养了一两项体育专长,这对学生将来在文体活动中发挥专长,丰富业余生活是极有好处的。

5. 校代表队工作有了新的进展

由于校代表队的训练课以体四的形式纳入了教学管理范畴,近年来在校代表队的管理上也采取了不少配套的改进措施。根据教委有关文件精神,制定了《高水平运动员管理办法》《校代表队管理及补贴规定》《奖励办法》等文件,从运动员的招生、入学、学习、训练、奖学金、奖惩到毕业等,都制定了严格的符合教学管理特点的规定

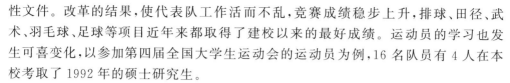

性文件。改革的结果,使代表队工作活而不乱,竞赛成绩稳步上升,排球、田径、武术、羽毛球、足球等项目近年来都取得了建校以来的最好成绩。运动员的学习也发生可喜变化,以参加第四届全国大学生运动会的运动员为例,16 名队员有 4 人在本校考取了 1992 年的硕士研究生。

6. 体育教学改革带动了学校体育各方面工作的开展

近几年来,学校场地器材建设面貌变了,体育竞赛活动多了,群体活动非常活跃,教职工的体育人口也明显增加。尤为可喜的是,重视和支持体育工作的学校各级领导也多了。目前体育部同卫生部健康研究所、北医运动医学所、校医院等单位合作,在我校中老年知识分子中开展"保护心脏体育行为干预训练班"活动,正在办第四期,已取得较好效果,受到世界卫生组织官员的称赞。

(三)评价与反馈

(1) 1988 年由航空部组织的部属重点院校体育工作综合评估结论是,北航"体育教学改革步子大,方向对头,措施有力,成果突出,深受学生欢迎"。

(2) 航空航天部院校社会评估课题组《总结报告》(1990 年 3 月)指出,部属重点高校"在 16 项二级指标中,健康状况指标得分最高,表明这几届毕业生的身体状况是令人满意的"。

(3) 国家教委有关负责同志 1991 年 3 月到北航深入考察了体育教改工作,肯定了北航改革的思路是对头的,摸索了一些经验,正在不断完善。同时也提出了一些很好的改进意见(现已落实)。

(4) 1990 年 5 月,在中国科学院主办的第三届国际世界语科技学术会议上,北航《运用人体工程与专项化教学改革大学体育》论文是大会四个发言的报告论文之一,受到各国专家的关注与好评。此论文已发表在《世界科学技术》1991 年第一期上。

(5) 据对上任选课学生的调查统计:向深度发展、在自己原专项课基础上继续提高,仍然上该项目选修课的学生占 32.1%,向广度发展改上其他专项的学生占 16.1%,改上康乐体育(小球类、健美类、舞蹈、旱冰等)的学生占 51.8%。

据对学生毕业后准备以何种项目为主要锻炼手段的调查统计,所排列的次序是:康乐体育占 29.8%,三大球占 25,7%,田径(以跑步为主)占 14.14%,气功占 10.3%,武术占 9.2%,体操占 4.1%,其他占 6.1%。

(6) 体育院系或师范院校体育系学生来我校做实习教师的普遍反映是:不一样,有新意,感兴趣,水平高,难度大。

(7) 根据 1991 年度对二、三、四年级学生进行的无记名抽样调查,对体育教学效果的反馈如下:

① 对体育课堂教学及教师工作评价方面:评为"优良"的占 85.96%;评为"中"的占 13.79%;评为"差"的占 0.24%。

② 对总体教改、教学、课外、教师、场地、设备等六个方面的综合评价:评为"优良"的占 66.25%;评为"中"的占 28.57%;评为"差"的占 5.17%。

③ 对体育教改方案的满意度在 90％以上。

我校七年的改革实践虽然取得了一些进展,但需要解决的问题还很多,教改本身也存在不完善的地方。比如:对体育教改的认识在干部和教师中有不平衡的问题,如何进一步解放思想、使体育教学活而不乱的问题,发动教师对教学改革认真总结调研和开展科研不够,教师手工统计量偏大,如何开发已有的计算机功用,解决好教学管理现代化问题,如何解决好早操、课外吸引学生主动来锻炼的问题,以及经费紧张对深化教改、改善硬件、提高教师待遇等问题的困扰等。必须学习兄弟院校的经验,继续深化体育教改,同各高校一起,共同探索适合我国国情,有自己特点的学校体育教学新体制。

——郑彦良 1992 年 9 月在武汉第四届全国普通高校体育课程评估优秀学校表彰会上交流发言稿,原载于《教育论丛》1992 年第 3 期(总第 21 期);作者为郑彦良、王龙生,《航空教育》编辑部

试论体育综合教改的八年实践

北京航空航天大学　郑彦良
1993 年 11 月

北航体育综合教改是全校教育整体改革的重要组成部分。在 1989 年获北京市高教局优秀教学成果奖的基础上,近几年又依据国家有关文件精神,从体育教改的指导思想、教学制度、教学内容、考试方法到课外锻炼、群体竞赛、竞技训练等方面进行了修改与完善,健全了一系列配套文件。自 1985 年以来,经过八年的实践探索,已形成改革步子大、效果好、独具特色的一整套新的体育综合改革方案。

一、基本内容与实践

北航体育综合教改的思路,概括起来就是:按照国家教委要求,注重课内、课外相结合,抓好课内、指导课外,课内课外全部纳入学校教学加权学分制管理;注重个体差异,因材施教;注重教书育人,树立终身体育思想;突出专项培养,调动教师和学生两方积极性。其具体方案主要是:

1. 按照系统论原理建立了课内课外相结合的管理系统

培养知识技能,实行目标管理,主要由课内系统完成,采取因材施教办法鼓励学生"冒尖",进行筛选竞优式教学;提高身体素质,实行过程控制,主要由课外系统完成,采取定期测试和严格考勤制度的办法;对品德教育,贯穿于体育教育全过程,通过检查评比、激励等手段,培养学生的组织纪律性、竞争意识和勇敢、顽强、进取、协作的精神。

2. 突出终身体育的培养,按层次进行体育教学分类

结合国内外高校经验,把全部体育教学与训练,分为体一至体四共四个层次组织教学,实行统一管理。

体一(基础体育):一年级第一学期按自然班进行。主要内容为:进行体育目的任务教学,学会提高身体素质的基本素质和锻炼方法。有统一的理论教材和全校统一的考试。

体二(专项体育):从一年级第二学期开始,按专项分班进行开课,专项科目有三大球、田径、体操、武术、气功、人体工程共 8 项。每一专项科目都分为预修、A 、B 、C 、D 五组作业要求,正常进程为每学期安排一组作业,采取步进方式,分五个学期完成。每学期末允许本学期专项作业考核优良以上且日常锻炼考核合格的学生进行各组作业加试,加试通过规定组数的作业考核并取得良好以上成绩者,可提前获取专项作业学分进入体三。

体三(选修体育):选修课入班必须是通过体二的学生,包括高年级学生及研究生。选修课内容有竞技体育、娱乐体育、健身体育、民族体育、体育理论等,教学计划分为普及与提高两种类型。普及型选修课以横向发展为主,注重满足学生的体育兴趣与爱好,可吸收较多学生选修;提高型选修课以纵向发展为主,注重提高专项技能、培养专长,主要是在原专项课基础上提高深造。两类选修课先后开出过43项,是目前国内外开课项目最多的学校之一。

体四(竞技体育):主要是各项目运动队的竞技训练课程,按各项目训练计划进行。根据训练的量与质,结合考勤最后看比赛成绩给予相应学分。

3.课外锻炼纳入教学要求

从学生入学开始,每学期按计划进行各项测试考核,并结合考勤评定日常锻炼成绩(日常锻炼学分占体育总学分的40%以上)。自1985年以来对全校本科生的形态机能、身体素质及达标每学期都分项测试,八年来建立了完整的统计、比较数据资料。日常体育锻炼,主要抓早操与课外锻炼。早操以全校一至三年级集体出操为主,课外锻炼以个体参加为主,规定了早操、课外出勤次数和考评方式。早操或课外锻炼不及格,则该学期体育成绩记为不及格,而且严格执行体育不及格不发毕业证书的规定。

4.建立全面加权学分制考核及奖励制度

体育总学分共34个计划学分,其中课内18个(六个学期),课外为16个学分(八个学期)。课内、外体育成绩分别按不及格(0)、及格(1.0)、中等(1.1)良好(1.3)、优秀(1.5)的成绩系数对计划学分给予加权;对课外达标优异者和校运动员参加不同级别比赛按水平和成绩给予奖励学分。对成绩优秀的运动员学校在人民奖学金内专设了竞赛奖学金。

5.健全配套制度

先后修改更新了四代教学大纲。近四年来先后制定了《体育教学实施计划》《体育教师管理工作规定》《高水平运动员学生管理办法》《校先进体育班评选条例》《系级体育工作量化标准及评比办法》等一系列文件,明确了办事程序。另外,还开设了康复体育教学,建立了体育电化教室和计算机房,并使教材编制程序化等,为教改进入科学化管理奠定基础。

二、实践效果

1.综合效益较好

(1) 八年改革逐年深化,适应了社会及高校教育改革的新趋势。和1990年国家颁布的《大学生体育合格标准》相比较,我校已实施的方案与《大学生体育合格标准》

在基本要求、项目内容和做法上具有广泛的一致性。

（2）对全面贯彻教育方针有利,促进了校风建设。体育教改的实施,使体育在学校占有重要位置,受到重视;结合校风建设"抓五早"集体出早操已坚持六个学期,受到李铁映同志的高度赞扬,国家教委体卫司和北京市委教育工委都编发了简报。

（3）学生身体素质有所增强。全校学生身体素质、形态机能逐年均有提高,并高于全国大学生平均值。学生达标率近四年已达98％以上,1990—1991年在地区高校达标检查比赛中均获团体总分冠军。在近年的综合素质评估检查中,对学生身体素质打分是二十多项指标中打分最高的。

2．体育搞活了

（1）突出专项教学,学生"各取所需",教师"各尽所能",两方积极性得以充分发挥。

（2）初步解决了学生个体的体育差异性问题。经双向选择、按专项重新编班上课,使同一专项课班内的学生基本上处于同一体育水平,教师易教,学生易学。基本解决了旧的传统教学产生的学生吃不饱、吃不好和不愿吃、吃不了的矛盾。

（3）使体育科研上了新台阶。八年来先后发表论文近百篇,多篇获奖,多篇参加国际科技交流。

（4）学生体育专长在校期间已产生效果,校代表队工作有了突破性进展。近四年来,校男女排球、男女田径、武术、足球、羽毛球等项目都取得了建校四十年来的最好成绩。

（5）带动了学校体育各方面工作的开展,体育教职工凝聚力增强。

三、评价与反馈

1．体育理论方面

（1）改革的观念新,步子大。突破了传统的教学模式,但也保留了传统教学中好的内容和方法。

（2）改革方案运用系统论原理,采取目标管理与过程控制相结合的办法组织课内外教学,初步摸出了科学管理教学的一条新路。

（3）提出了以突出专项培养、确立终身体育思想为龙头的综合改革方案,使教改思路更加明确,教学制度逐步完善,教学文件配套齐全,教学内容日趋丰富,为高校体育改革提供了值得借鉴的经验。

（4）解决了一些传统体育教学没有解决的问题,如:提出的按专项、分层次组织教学,解决了个体差异问题;突出专项培养,既发挥了教师专项特长,又调动了学生主观能动性,为终身体育打下了基础;推行课内外实行全面加强学分制起到了关键的导向作用,使学校体育受到普遍重视。

2. 社会评价反馈

（1）受到高校普遍重视。天津十院校 1991 年组团来校专题交流，几年来有一百余所高校参观、交流。

（2）受到新闻界关注。《中国高等教育》《中国教育报》《中国体育报》《光明日报》《体育高教研究》等都曾及时报道了北航体育教改的思路与做法。

（3）得到领导与专家认可。部属高校体育评估、综合评估、京津沪高校体育教学联查，都给予充分肯定，国家教委授予"全国普通高校体育课程评估优秀学校"称号，1991 年校体育部获评为"北京市高校先进体育部"。

（4）来我校做实习教师的体育专业学生普遍反映是：不一样，有新意，感兴趣，水平高，难度大。

（5）抽样调查表明，绝大部分在校生对体育教改方案是满意的，近年毕业生工作后坚持体育锻炼的人数呈明显增加的趋势。

——原载于《北京高校体育》1993 年第 2 期（总第 29 期，北京市高校第八届体育科学学术论文报告会专辑）第一篇，1993 年 12 月出版

体育教学改革硕果累累

郑彦良(特约通讯员郑东〈笔名〉)

1993 年 5 月 15 日

我校自 1985 年实行全面教改以来,体育作为其中的一个重要组成部分,从体育教育的指导思想、教学制度、教学内容、考试方法到课外锻炼、群体竞赛、竞技训练等方面,实行了整体优化改革,先后更新了三代教学大纲。近几年来,由于全校各部门的支持和努力,学校体育教改工作不断深化,教学工作随之发生着大变化,使教学的思路更加明确,教学制度逐步完善,教学文件配套齐全,教学内容日趋丰富。先后有近百篇科研论文发表,有的还被评为全国或省市、部级优秀论文。校体育教改分别在 1986 年获校优秀教学成果一等奖,1989 年获北京市高教局优秀教学成果奖,1992 年被国家教委评为全国高校体育课程评估优秀学校,今年又被学校推荐申报北京市优秀教学成果奖。学生课外锻炼、群体竞赛和竞技训练纳入教学管理和系级量化评比的轨道后,也都有了质与量的提高。我校年年被评为北京市群体工作优秀院校。排球、田径、武术、足球、羽毛球等多个项目近几年内都取得过建校 40 年来的最好成绩。体育场地设施有了较大改善。体育教师的凝聚力增强了。1991 年校体育部被评为北京市高校先进体育部。近三年里,先后有一百多所兄弟高校来北航参观、交流。最近,根据国家教委新颁布的《全国普通高等学校体育课程教学指导纲要》的精神,正在制定我校第四代体育教学大纲,将于 1993 年新学年开始实施。

北航第一"铁人"——李向东

他是典型的东北汉子,大学生活将要结束之际,他终于带着成功的喜悦,从胜利中向我们走来。

四系 1989 级的李向东在系领导和老师的关心帮助下,不仅以合格的成绩完成了学业,而且以惊人的毅力,争来了田径场上的辉煌。十项全能被公认为田径比赛中的铁人项目,精神和体力上的消耗相当大。大学四年来,李向东在课余进行了长期的大运动量训练,寒暑假回不了家已是常事。长年苦练,铁杵成针。在 1990—1992 年的历届高校运动会上,他先后以 4800 分、5400 分和 6129 分获第八、五、二名。今年在校运动会十项全能比赛中,身高仅 1.78 米的他,以惊人的一跳跃过了 2.03 米的横杆,破了跳高校纪录,并以 15 秒 1 改写了 100 米栏高校纪录,全能总分以 6524 分打破了北京高校纪录。

按他的实力,如果发挥正常,今年高校田径运动会十项全能的金牌应稳操胜券,并有望以 7000 分左右的成绩挤进有众多专业高手角逐的第七届全国运动会决赛圈。

他的现任教练,是年仅 24 岁、毕业于北京体育学院从事全能专项的尹天安老师。

巾帼"神行太保"——姚雅红

1991 年春,连续三天,她在北京科技大学赛场创下奇迹:先是获高校运动会女子 10000 米和 10 公里竞走两块金牌,改写了这两项北京高校纪录;紧接着她走进北京科技大学实验楼里,在实验技能比赛中,作为主力为我校赢得团体亚军。

她叫姚雅红。她的名字曾先后出现在校学习奖学金、校三好生、CATIC 奖学金、市三好学生、理工科院校优秀学生奖学金的名单中。同时,也作为优秀运动员年年出现在北京市高校运动会的会刊和《北航》报上。1988 年,学习优秀的姚雅红从西安保送至我校。她主动要求加入了田径队。在一般人眼里,她体育天分并不怎么高,从未进过体校,身高仅 1.58 米。但她具有好学生和优秀运动员的最佳品质——顽强的毅力和刻苦的精神,在学习和训练上肯吃苦,从不偷懒。1992 年她被免试保送为硕士生,获得了台湾声宝有限公司在京设立的理工科院校优秀学生奖学金,是我校首批五名金质奖章获得者之一;在四年的田径比赛中,她共获七枚北京高校学生田径运动会金牌,五次刷新市高校纪录。1992 年春她的运动成绩达到国家一级运动员标准,9 月份在武汉举行的第四届全国大学生运动会上,她以 23 分 56 秒 1 的成绩打破全国大学生女子 5000 米竞走纪录,并获第五名。目前,她保持着女子 10 公里、5 公里、3 公里三个竞走项目和 10000 米四项校纪录。

她的现任教练,是毕业于北京体育学院专攻中长跑项目的宫美凤老师。

为了这激动人心的一刻——写在百米新纪录诞生之后

1993 年 4 月 24 日上午 10 点 16 分,一声枪响之后,8 名参加男子百米决赛的运动员,在全场观众的助威声中,转瞬间冲过了终点。经过认真核对检查,总裁判在成绩单上签了字:第一名 10 秒 8,第二名 10 秒 9,这标志着新的 100 米校纪录诞生了。

在冲过终点时,郝京阳高兴地举起双手大声喊了起来,五六个摄像机的镜头同时对准了他,记录下这激动人心的一刻!当破纪录的消息从广播里播出时,看台上下一片掌声……

为了这激动人心的一刻,许立芳先生每次从香港来京时都要询问他的纪录破了没有。他甚至许诺,谁能打破他创下的校纪录,他将给予奖励。为了这一刻,男子短跑队的小伙子们苦练了两三年。郝京阳、王振伟和吕岩三人都已具备冲击校纪录的实力,吕岩去年平了 11 秒的校纪录,郝京阳和王振伟则在训练中多次跑出 10 秒 9 的成绩。为了这一刻,田径教练们学习先进的训练方法、研究训练计划,把队员带到条件好的体院、亚运村去训练,寒暑假和学生一样没有假日,也不计较两个多小时训练课下来只有 2 元钱的补贴——学校也困难呀。为了这一刻,校领导在招生、训练及鼓励政策上都采取一系列措施,不少校系领导经常尽可能地为他们创造学习和训练条件。为了这一刻,校后勤部门为运动员们的吃住费尽了心思。为了这一刻,系里和班里的同学们也经常鼓励自己的同窗好友……

现在,远在香港理工学院的许立芳先生也会由衷地感到欣慰吧!

百米飞人——郝京阳

1993 年 5 月 1 日晚,校闭路电视定格画面上那个身穿红色背心、高举双手喊叫着冲过终点的小伙子就是郝京阳。100 米 10 秒 8,这精彩的瞬间,将长久地留在人们的记忆中。

郝京阳,身高 1.78 米,身材匀称,充满朝气,是个典型的北京小伙儿。1990 年从丰台区的北京 10 中考入我校预科班,现在是五系二年级学生。其父母都是航天部二院 201 所的技术骨干。郝京阳在中学时就曾跑出过 10 秒 9 的百米成绩。进入北航后,他在教练的指导下,一步一个脚印地刻苦训练,成绩也稳步恢复和提高。1991 年在北京大学举行的高校田径运动会上,他以 22 秒 7 的成绩刷新了 200 米的校纪录后,他的目标就盯上了校百米纪录。自 1960 年许立芳以 11 秒的成绩创立百米纪录后,几十年来仅有二人平过纪录。4 月 24 日,校运会上郝京阳的漂亮冲刺,使他成为我校新纪录的百米飞人,沉睡了 33 年的校纪录终于在第 33 届校田径运动会上被打破了。

他的现任教练,是毕业于北京体育学院的刘国庆老师。

京都长跑冠军——于立新

1991 年 8 月 15 日,在首届海峡两岸“炎黄杯”长跑赛上,来自台湾的纪政女士亲自把“炎黄杯”颁发给一位充满活力的青年于立新。于立新连同北航的名字传在海峡两岸。从此他和北京长跑的桂冠结了缘。

这个来自山东普通农家的小伙子,练长跑只有三年,但家乡人吃苦耐劳的精神铸就了他倔强、执着的性格。1991 年他一进校就埋头苦练,半年内就捧回四块金牌。赛场上的角逐是十分艰苦的。去年在京工举行的北京高校运动会上他在瓢泼大雨中和东道主的韩冬展开了 10000 米的竞争,两人并排跑了 24 圈,都成了“泥人”。最后 200 米,于立新拼尽全力,终于领先夺冠。在第四届全国大学生运动会上,刚刚改练 3000 米障碍两个月的他,就以 9 分 2 秒 7 的成绩刷新全国大运会 3000 米障碍纪录,并获铜牌。今年 3 月 7 日,在有 2 万人参加的北京第 30 届春季长跑赛上,他为我校捧回了冠军杯。目前,他保持着北京高校和我校的各两项纪录。

5月上旬，从刚结束的第七届全运会选拔赛北京赛区的比赛中传来喜讯，于立新以8分59秒81的优异成绩，在同20多名各省市专业高手的角逐中脱颖而出，获3000米障碍第二名，已稳获全运会的决赛权。

他的现任教练，是田径队总教练胡岳云副教授。

学生体能锻炼走廊投入使用

北航学生体能锻炼走廊（简称TD线）于今年4月中旬竣工，目前已投入使用。

1991年3月，在考察我校体育工作的国家教委曲宗湖副司长向我校建议建一条锻炼走廊。一年后建该走廊的方案通过了有关高校体育专家和领导的论证、鉴定。

TD线坐落在南操场中央，长180米，宽8米，安排了8组锻炼器械。TD线的设置是根据青少年生理心理特点与体能锻炼的要求而设计的，其中包括了攀登、爬越、支撑、跨跳、悬垂、蹬踏、平衡、翻越、奔跑等活动项目。它对发展全身肌肉、骨骼、韧带，均能有明显锻炼作用。如按照一定的速度进行各项作业练习，心搏可达每分钟140次以上。因此，使用TD线锻炼，能有效地改善学生心肺功能、增强体质。

TD线在器械设置上充分考虑到健康体育、娱乐体育、民族体育和军事体育的结合。同时，也考虑了对学生体质差异方面的安全性与兼容性。设有"高难度通过线"与"体弱低标准通过线"供学生选择使用。

排球传统项目又绽新花

排球是我校的传统项目，早在20世纪60年代就闻名全国。进入80年代，校男排先后在1985、1986和1990年三次获全国大学生"兴华杯"冠军，是全国唯一三次夺冠的学校，并在市高校比赛中曾七次蝉联冠军。

1989年底我校和市体委共办北航男排，使一批中学排球尖子经全国高考后进入我校。这支球队先后获全国锦标赛第三、全国甲级联赛B组第一，刚结束的七届全运会排球决赛获第八。1987年国家教委批准我校为高水平运动队试点校后，又加强了女排建设。1988年至今，女排已蝉联五届市高校冠军，多次被评为精神文明队，进入全国高校优秀队行列。1991年中国大学生排协成立，我校朱万金、方复之、陈述先分别被选为主席、副主席和秘书长，排协会址设在我校。今年7月，校男排一、二队和女排将赴西安参加第九届全国"兴华杯"赛。

"五环杯"简介

"五环杯"是为各系全年体育工作量化评比而设立的流动奖杯，每年度评选一次，在第二年的体育节开幕式上颁发，并在杯座处刻字纪念。今年3月，学校在学生中征集五环杯造型设计方案,经过筛选,310302班肖德同学的方案一举中标。设计图纸几经修改后,由工厂金工实习车间的师傅们赶制出来。该杯设计新颖、大方,制作工艺精细,主题设计突出了航空、航天、跑道和五环四个内容,充分体现了北航特色和奥林匹克精神,是奖杯中的精品。"五环杯"制作过程中,得到了物资处和工厂的大力支持。

依据系级体育工作量化评比第一名的在"五环杯"上刻名的规定,1991年获量化评比第一名的六系捷足先登,在"五环杯"上率先刻上了六系的名字;今年,十一系紧跟其后,在"五环杯"上又出现了第二个系名。

——1993年5月15日《北航》校报第三版(体育专版,作者为郑彦良——用笔名郑东)

1993 年我校体育工作获突破性进展

——排球男女队均夺全国大学生赛冠军，田径男队荣登北京高校田径杯榜首

郑彦良

1994 年 1 月 15 日

1993 年,对我校体育工作来说是喜获大面积丰收的一年。这一年,除体育教学改革获北京市高校优秀教学成果二等奖、群体工作被市政府授予"北京市群体工作先进单位"外,体育竞赛成绩尤为突出。

排球和田径是我校体育重点项目,去年这两个项目都取得了十分可喜的成绩。7 月下旬在西安举行的第九届全国大学生"兴华杯"排球赛上,我校男一、二队和女排分获不同组别的冠军。一个学校的男女队在同一次比赛中均夺冠是全国大学生排球赛历史上从来没有过的。校女排还第六次蝉联北京市高校冠军并荣获唯一的体育道德风尚奖。男二队在连续两年届居亚军后,以较大优势战胜清华大学队,第八次荣获北京市高校冠军。男排一队在第七届全国运动会上获第八名并保持了全国甲级队 A 组的参赛资格,其中二人已入选国家队。校田径队在春季第三十一届北京市高校田径运动会上,继续保持男子团体总分第二名,在秋季举行的第十三届北京高校田径杯赛上又以 8 金 2 银的优异成绩勇夺男团总分冠军,男女金牌总数在这两次比赛中均已位列北京市高校第一。社科系于立新同学代表北京市参加了第七届全国运动会男子 3000 米障碍赛,战胜众多国内专业队好手获得第七名并达到运动健将标准,把一年前在全国大学生运动会上创造的本人最好成绩提高了 14 秒多。1993年他还获得了北京市春季长跑赛等五个项次的冠军。8 月份,在浙江大学举行的第二届全国大学生田径锦标赛上,我校 9 名同学参赛共夺得金银铜牌各一枚,另有 9 人次进入前八名;在校运会上,沉寂了 33 年的男子百米校纪录被两名同学打破……可以说,1993 年我校在体育竞赛方面取得了突破性进展,是我校体育竞赛史上的一个丰收年。

取得这些成绩确实不易,学校领导给予了充分重视和关心,各系各部门都给予了很大支持,是全校上下共同努力的结果。在学校经费十分困难的情况下(我校体育经费仅为北京大学、北京科技大学的三分之一,清华大学的五分之一),体育部和招毕办、教务处、学生处紧密配合狠抓了科学管理和严格训练,从管理中要效益,从

而实现了小投入、大产出的基本目标。10月底,学校举行了隆重的体育代表队表彰会,沈校长、朱书记、方副校长及校各有关部门领导亲切接见了排球、田径队的领队、教练和运动员,高度评价了他们顽强拼搏、为北航争光所做出的努力和贡献,表彰奖励了取得优异成绩的运动员和教练老师们,并和各队合影留念。

近日,又从广东珠海会议上传来喜讯,经过上半年国家教委组织的专家组检查评估,我校因领导重视、管理严格、成绩突出,被授予"全国高等学校课余训练试点先进学校"称号(全国共17所高校,北京市仅北京大学、北航两所),并向我校颁赠了命名的铜匾。

百米新飞人——王振伟

10月25日是我校校庆日,就在这一天,第十二届北京市高校田径锦标赛在清华大学体育中心举行。上千双眼睛盯着百米起点,激动人心的百米决赛就要开始了。赛前专家预测,冠亚军肯定是北京科技大学的,因为该校拥有获当年全国大学生田径锦标赛100米的第一、三名。我校在预测成绩时也没敢把这块金牌算在内,道理很简单,因为三年前的高校百米决赛,北航运动员还只有当观众的份儿,连前八名都进不去。随着一声枪响,运动员们像一阵狂风似的卷过终点,尤其是前四名几乎同时撞线,难分伯仲,裁判们也犯了难,只好请出最公正的裁判——高速摄影的录像来定格分析判断。

当大会宣布男子100米决赛冠军是北航的王振伟时,小伙子的眼睛湿润了:为了这一天,自己刻苦训练了几年的工夫没有白费。当他春天在校运会以第二名10秒9超过校百米纪录后,就憋足劲儿要为北航再创好成绩。8月份在浙江大学举行的第二届全国大学生田径锦标赛百米预赛时,为了在68名好手中争夺复赛权,跑到终点时他拼命扑过终点线,巨大的惯性竟使他在炉渣跑道上滑行了四五米,手、胳膊、膝盖、腿和胸部都破了。他用这血的代价换来了11秒,挤进前16名的复赛权,赛后浙大校医院大夫从他伤处取出的煤渣就有十几粒!当天下午他又忍着剧痛参加复赛,以11秒的成绩取得了决赛权。看着这满身带伤仍顽强拼搏的北航学生,兄弟院校的对手们都竖起了大拇指,在场的领队教练心痛得几乎落泪。为了不让伤口结硬痂影响第二天上午决赛,王振伟同学忍着疼痛当晚冲了两次冷水澡。第二天上午他又抖擞精神带伤参加百米决赛,以11秒成绩获第五名,紧接着又率领接力队参加4×100米接力的预赛、决赛,取得了第六名的好成绩,王振伟同学也当之无愧地被大会授予优秀运动员称号。说到这儿,谁还能说他获北京市高校百米冠军是偶然的呢?

严格的"六不准"规定

去年7月9日,在北航排球田径运动员出征动员会上,朱万金书记、方复之副校长都作了动员讲话。他们明确指出,参加全国性比赛是展示我校各方面工作的极好机会,人人都要树立使命感和责任感,时时处处发扬北航的优良传统,都要体现出良好的道德风貌,顽强的比赛作风和较高的文明素质,每个人的言行都要服从于赛出风格、赛出水平、为校争光、推动高校体育运动发展的大局。

会上还宣布了领队教练共同制订的"六不准"规定,即比赛期间不准外出、不准会客、不准喝酒、不准跳舞、不准吃零食、不准喝生水以及其他严格的比赛纪律,并把"外出比赛注意事项"印发到各队学习讨论。

男女排球队在西安比赛期间,好客的东道主在比赛两个阶段中间安排了一天旅游参观。当十几辆大轿车载着兴高采烈的几百名运动员在警车前导下浩浩荡荡开出陕西师范大学校门后,热闹了几天的校园顿时静了下来。校内只剩下了"不准外出"的北航三个队。这时的领队、教练心里明白:我们已按规定交了部分交通费,这趟旅游不去就意味着钱算白交了,还得向东道主表示谢意和做出解释。队员们心里也明白:他们去参观的是闻名天下的兵马俑博物馆、秦始皇陵和华清池,是很难得的"开眼"机会。但领队、教练和队员们更明白的是:来参赛是一次难得的学习锻炼机会,学校在经费相当紧张的情况下拨出专款参赛、科技开发部和校劳动服务公司也给予了经费资助,体育部还得自筹上万元才够;这一趟我们干吗来了? 如果在三十六七度高温下参观一天,后边的比赛还怎么打? 打不好比赛回京怎么见全校师生? 道理相通,一通百通。无怨无悔的北航队员们在这参观日调整休息了一上午,下午又租馆抓紧练球。晚饭后,当其他各队正在舞会上尽兴时,我校领队、教练们又把消暑的西瓜送到了安静休息的队员宿舍。

第二天,当我校各队以充沛的体力分别战胜还未从旅途劳累中解脱出来的对手时,队员们都高兴地笑了。

女排夺冠记

光是在北京市高校拿第一,眼瞅着男排已获三次全国大学生冠军,事业心极强的女排教练王玉凤老师这几年可没少着急,总憋着一股劲儿要在全国拿个头名状元心里才踏实些。为了这个目标,她总结了多年的教练工作经验,针对学生的学习特点,采取了短时间、高密度、高质量的训练方法,在训练中始终注重学生素质的提高和意志品质的培养。为了打出新水平,她根据我校队员特点,安排了双二传,场上六人都能攻能守,使前后排都能组织起有效进攻,特别是三号位灵活多变的进击战术更是独具特色和威力,常令对手防不胜防。

为了提高学生的身体素质和连续作战能力,王玉凤老师还坚持抓队风管理和严格训练。练得最狠的时候,心疼孩子的主攻手妈妈不干了,打电话对校领导和体育部说:"王老师太狠了,一个多月把我们孩子体重练掉了八斤",对此,体育部负责人幽默地回答:"你得谢谢王老师,把您姑娘练苗条了,还没跟您收健美费哪!"就这样,带着刻苦和科学训练来的一身本领的女排踏上了 7 月份赴西安的征途。

我校男女队参加第九届全国大学生排球赛，最苦的要数女排，参赛 9 个队，队队是强手，第四届全国大运会前八名全去了（我校为主的北京女排当时是第七名）。三十七八度高温，又在密不透风的馆内，天天有赛，场场硬仗，对女排姑娘们来说的确是空前的考验。在首场以 3：0 轻取复旦女排后，第二场便和南京大学队遭遇，南大女排是老牌冠军队，比赛开始后，我校女排按赛前战术安排向该队冲击，竟以 15：4 和 15：13 领先两局。遗憾的是前两局拿下来后，姑娘们太想赢球了，没有把握住比赛节奏，第三、四局以 13：15 和 6：15 丢掉了，决胜局的比赛也以 13：15 告负。五局比赛打了两个小时，行家们评论这场比赛是本次赛事的高水平代表作。以两分之差丢掉了领先两局的比赛，这对女排姑娘们来说打击太大了。

在现场观战的朱万金书记及时看望了队员们，又和领队、教练分析：这场该赢的球以两分之差输了，既暴露了我队的老毛病，也反映出我队的实力，要认真总结经验，稳定队员情绪，只要打出水平和实力后头还会有好戏。女排姑娘及时振作精神，在后面几场硬仗中，发挥出了较高的水平，以 3：0 的比分先后战胜了延边大学、中南财大、河北师院队。在以 3：1 胜了郑航女队的同时，转机终于来了。俗话说，足球是圆的，而排球也是圆的。临近比赛结束，已无望进入前几名的复旦女排放手大战南京大学队，竟以 3：1 取胜，这对我校女排来说可是极难得的机遇，这意味着我队只要在最后一场以 3：1 胜对手就将和南大积分相同但 C 值领先而获冠军。

女排姑娘们紧紧抓住了这一机会，以 3：0（15：9，15：11，15：1）击败山东海洋大学这最后一个对手，首次登上全国大学生排球赛的冠军宝座。球场上，当最后一球落地后，教练、队员们拥抱在一起全哭了，胜利的喜悦、往日的艰辛、对领队教练严格要求的理解，都融进了运动场的哭声中。看到此情此景，首次担任女排领队、和女排姑娘们共同奋斗了几个月的学生处处长申建军老师及随队医生杨位凤大夫也高兴地紧紧握住姑娘们的手，一起庆祝这胜利的时刻。

从比赛的最后积分结果也反映了女排比赛的激烈程度：从积分看，1、2 名同积 14 分，3、4、5 名同积 12 分，6、7 名同积 10 分，也就是说前七名都互有胜负，打成了三组连环套，全得靠计算 C 值才能分出名次，这在全国大学生排球比赛上也是罕见的。

男排二队的特殊考验

女排场场硬仗是考验，连续四天没比赛、对浑身是劲没处使的男排二队小伙子们也是特殊的考验。由于轮空、两个队没来和大会安排休息参观一天，四天连在一起，竟鬼使神差般地落在独一无二的男二队身上，这在排球赛史上也是罕见的。这四天可怎么安排？到了古城西安，一个古字，这对从没到过这旅游胜地的年轻人该有多大的吸引力。按说在前一两天安排外出参观一下也未尝不可；要说不想去参观名胜古迹那也全是瞎话，可为了北航的荣誉，在严格的纪律面前，队员们全认了。这四天,二队的小伙子精力充沛,练球、看球、了解研究对手,给男一队和女排当啦啦队,还经常开分析总结会,愣是没有一个走出校门。看着这群可爱的年轻人,来自全国高校的专家们都说,这样训练有素、纪律严明的队拿全国大学生赛冠军,应该。

跳远老将——张民

来自辽宁、已面临毕业的四系学生张民,在其田径运动生涯中可说是经过大难的人。入学第二年,在系远动会上跳远时因沙坑挖得远度不够,不幸受伤,造成膝内侧附韧带断裂,这对于从事跳跃项目的运动员来说是致命伤,不少人当时都为张民的运动生涯结束而惋惜过。张民手术治疗后休学了一年。休学期间,经他父亲兼教练的精心调治、恢复训练和复学后的刻苦努力,新的奇迹出现了,他第一次复出参赛,就夺得北京市高校运动会三级跳远冠军和跳远亚军,并从此一发不可收拾,包揽了近年来几乎所有的北京市高校跳远和三级跳远的冠军。1992 年,他在第四届全国大学生运动会上以 7 米 50 获跳远第三名和三级跳远第五名,1993 年在第二届全国大学生田径锦标赛上,他又以 15 米 29 的成绩勇夺三级跳远冠军并获得跳远第三名。

男排一队的一场漂亮仗

男排一队在陕西师范大学一亮相,就引起专家和排球迷们的极大兴趣:这下有好戏看了,和西北工业大学队准有一拼。这看法绝对有道理,西北工业大学男排曾两次获全国大学生排球赛冠军,队员年龄大,比赛经验丰富,队内拥有多名全国甲级队主力队员,在过去的儿年中转战南北,取得了不少好成绩,还把刚代表辽宁省队参加完全运会的两名主力队员调来,加强力量。在这次比赛的前几场,该队果然显示出雄厚的实力,均以 3:0 轻松战胜对手。

男排一队的领队教练面对强手当然不敢怠慢,认真观看了该队前几场的每一次比赛并开会分析研究。全队在赛前安排了针对性训练,拿出了几套战术方案,做了充分的赛前准备。

两队的比赛安排在大会参观日的第二天,男一队没有外出参观,西北工业大学队也在本校训练准备。这场比赛吸引来众多观众:西北工业大学的啦啦队来了,太安公司的北航校友和在家度假的北航同学们闻讯赶来了,大会的领导和高校排球专家们也来到了赛场。

比赛一开始,细心的观众就发现,西北工业大学队的主力阵容没变,而北航的阵容变了。原来这是领队、教练经过认真研究拿出的一个出奇制胜的阵容,把前几场一直打主二传的队员撤下来,换上了前几场根本连面也没露过的、身高 2.02 米的李牧同学打主二传,以加强前排的攻防能力。这一招果然奏效,对方扣过来的球被一个个挡了回去,而我队的强攻、快攻却频频得手。开局的变化,使西北工业大学队经验丰富的队员们也显得紧张起来,技战术水平发挥不出来,节奏也乱了,失误也多了,使本可有一拼的激烈对抗变成了一边倒的表演赛。在北航队以 2:0 领先后,对方便无心恋战,很快结束了第三局。全场比赛只用了不到 1 小时,三局的比分是15:6、15:3和15:2,比分的悬殊令人不可思议。在场的专家评论说,一方准备充分,高水平发挥,一方配合不好,失误太多,才有了这样的结局。

——1994 年 1 月 5 日《北航》校报第四版(体育专版)

健全和落实制度是搞好高校
群体工作的根本保证

郑彦良

1994 年 5 月

管理制度建设是学校工作中最根本的建设工作之一。我校自 1985 年以来根据全校整体改革的要求,对学校体育进行综合改革,把群体工作纳入教学管理的工作轨道,收到了很好的效果。自 1990 年《学校体育工作条例》和《大学生体育合格标准》颁布以来,我们进一步完善落实了两个文件的配套制度,使学校群体工作又向前迈进了一步。实践使我们体会到,从点到面,采用激励措施,建立健全制度和抓好落实制度是开展和搞活学校群体工作的根本保证。

一、基本思路

多年米,我们建立了一套行之有效的学校群体管理办法。校体委年年有工作计划和总结,月月安排有群体比赛活动;指导各学生单项协会开展活动和早操、达标的检查评比工作,组织体育节等;对学生个体的日常锻炼纳入教学管理范畴,严格考勤和考核制度,等等。这些做法,实践证明是有效的,应该继续抓下去。

但从多年的工作实践中,我们也认识到,在社会改革日益深入的大环境中,如何利用竞争意识,建立激励机制充分调动各方面的积极性,使群体工作管而不死,活而不乱,在 20 世纪 90 年代上升到一个新水平,是我们面临的一个新课题。这就必须从优化管理制度入手,使群体管理工作进入科学化、制度化和规范化的轨道。

受北京市高校群体量化评比的启发,1990 年我们对各系的群体工作情况进行了量化处理和分析,初步建立了基本量化模式,经校体委讨论修改,于 1991 年试行了《北航学生群体工作量化标准及评定办法》,产生了很好的效果,各系的积极性明显增强,都想方设法按要求提高本系的量化分数,各项比赛个别系弃权的现象也没有了。我们从中受到很大启示:如果从学生个体、行政班级到各系都建立配套的量化管理机制,从点到面,调动学生个体、班集体和系领导三方面的积极性,那么学校群体工作就会搞得更扎实、更活跃。

学生个体是参与群体活动的主动方,调动学生积极性的关键因素,是完善学分制教学管理制度,从制度上鼓励学生参与,鼓励提高身体素质;对少数学生来讲至少起到一定威慑力的限制作用。限制也是一种激励,适度掌握好限制手段,同样能起到积极的促进作用。

行政班级是学生个体的集合,是学校最基层的学生行政建制,都有健全的学生干部队伍。一个班集体的进取向上精神、凝聚力和约束、督促作用对其成员来说往往影响是巨大的。如把班级群体评比和学校最权威的先进班集体评比直接挂钩,定会产生积极效果。

各系领导的重视与组织是搞好任何工作的关键,学生群体工作也不例外,必须从完善制度上激励各系领导更加重视,对个别不重视的系要有一定制约和压力。

按照以上思路,近年来我们建立了一套比较科学的、量化的,从个体、班级到各系的学生群体工作管理考评制度,并已取得初步效果。

二、几点做法

(一)学生个体——体育学分制考核及奖励制度

这是 1985 年以来体育综合教改已执行七年、对学生课外锻炼实行过程控制的比较成熟的一套管理办法。学校教学计划规定,体育总学分为 34 个计划学分,其中课内为 18 个学分(六个学期),课外为 16 个学分(八个学期,含身体形态、素质和课外锻炼)。课堂教学学分与日常锻炼学分独立核算,不能互相代替,即只要出现一个不及格,则体育总成绩为不及格。

身体素质、形态机能、早操、课外活动的考核评分都同《大学生体育合格标准》《国家体育锻炼标准》结合起来,并根据我校具体实际做了适当调整(见表1)。

表 1　日常锻炼(课外)综合评分表

项　目	最低分值	最高分值	备　注
身体素质(三项达标)	90	300	同原达标评分表
身体机能	30	150	同原机能评分表×10
身体形态	50	150	同原形态评分表×15
早操	50	65	按出勤次数(每次1分)低于50次则日常锻炼总分不及格
课外	20	39	按出勤次数(每次1分)低于20次则日常锻炼总分不及格

注:日常锻炼成绩不及格即为体育成绩不及格。

1. 形态机能测试

根据我校历年对学生形态、机能检测经验,为了与学期考试同步评分,我们按统一规范把身体形态、机能测试划分为两组进行,第一学期测试肺活量、体重,第二学期测试身高、体重、胸围。

2. 身体素质(达标)测试

国家体育锻炼标准每学期测试一次,第一学期测试投掷、跳跃、耐力。第二学期测速度、力量、耐力。为了加强耐力素质,提高心肺功能的达标水平,耐力测试第二学期重复进行。

上述两项,自 1985 年开始,已建立了全校学生历年来完整的统计、比较数据资料。

3. 课外体育锻炼考核

早操及课外锻炼以学期为单位,早操以集体出操为主,课外锻炼以个体参加为主,规定早操 60 次、课外 30 次,按全勤满分,缺勤扣分的办法评定,凡缺勤超过规定次数者则该学期体育成绩记为不及格,并建立了早操、课外缺勤造成体育不及格的补考办法。

4. 课外考核成绩

分别按不及格(0)、及格(1.0)、中等(1.1)、良好(1.3)、优秀(1.5)的成绩系数对计划学分给予加权(见表2);对达标成绩优异者,分别按水平另给奖励学分。

表 2 日常锻炼(课外)成绩评分表

综合评分	≥400	≥350	≥300	≥250	<250
实得学分	3	2.6	2.2	2	0
评定等级	优	良	中	及格	不及格

5. 体育学分成绩

和优秀生的优胜劣汰、评定三好生、奖贷学金、推荐免试和录取研究生、毕业分配、学籍处理等直接挂钩,确立体育(含课外)在学校教育中的地位和作用。

(二)行政班级——先进体育班评比制度

1991 年 6 月经校长办公会通过,学校公布了奖励校先进班集体的"上飞奖学金条例",并同时公布了"评选校先进体育班条例"。文件把先进体育班明确规定为评选校先进班集体的四个必要条件之一。

评选先进体育班的目的是贯彻执行《大学生体育合格标准》,有效地增强学生体质,树立良好的体育锻炼班风和集体主义观念,推进北航体育教改,培养学生终身体育思想。

(1)评比条件:是对一个班所有成员的体育综合考评。分为五个部分(满分为110分),即早操(40分)、课外锻炼(20分)、体育教学(含课内及达标,20分)、班级组织体育活动(20分)和奖励加分(10分),前四部分按条件分为优等、良好计分。参加评选最低条件是不允许出现不及格现象(含课内、外)。奖励加分班级在体育活动方面有突出贡献者,奖励 1~10 分(如代表学校在校外参加仪仗队受好评者,或参加校内外达标赛优胜者,或本班学生在校外比赛为校争光者等)。

(2)评比及奖励办法:规定了申报时间、程序。先由班级填表,经系审核后报体育部,由体育部查档核实评出总分,按量化得分,排出名次。每学年评选 30 个左右校

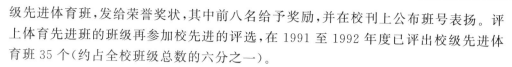

级先进体育班,发给荣誉奖状,其中前八名给予奖励,并在校刊上公布班号表扬。评上体育先进班的班级再参加校先进的评选,在1991至1992年度已评出校级先进体育班35个(约占全校班级总数的六分之一)。

(三)各系群体——系级量化评估制度

在1991年试行《学生群体工作量化标准及评定办法》的基础上,经校体委全体委员会认真研究和修改,讨论通过了《系级体育工作量化标准及评定办法》(以下简称《办法》),于1992年4月公布执行。

《办法》做了四个方面的规定:

(1)评定内容共分七大项,前六项(有组织管理、校级竞赛、达标率、早操、课外活动出勤率、系组织体育活动)量化总分满分为500分,第七项为奖励量化分,上不封顶,主要奖励某系对学校体育方面的突出贡献。这七大项量化分的级差和权重,充分考虑了大小系的差别,拥有运动员的多少等情况,使小系经过努力也能进入前几名,从而调动了各系力争上游的积极性。

(2)关于扣量化总分的项目内容和规定,主要是反对体育作弊、不实事求是填表、不按时报表等现象及降低不及格率。

(3)评定办法:按年度评比,《办法》本身即是报表,年终由系报送,体育部组织核查组核查。

(4)表彰与奖励,量化总分在300分以上者即为上一年度体育工作合格系,低于300分者为体育工作不合格系;对合格系,按量化总分排列名次,对第一名设立流动的"五环杯",前五名为年度体育工作优胜系(占系总数三分之一),对合格以上的系分五个等级,设400元至100元不等的奖金鼓励。评定结果向全校公布大排名,每年春季运动会或体育节上颁发上年度奖杯、奖状、奖金。

(四)体育教师——教学课时管理制度

上述学生记分、班级评优和系级评估的量化管理以及平时早操、课外和各项比赛等,都离不开体育教师的指导与管理。重视群体工作,就必须有体现重视的管理制度与措施。多年来,我们采取了分管群体的教师分别定系负责并纳入教学课时管理制度的办法。一方面,学校确定了课外辅导纳入教学课时工作量,并明确了课内、课外学时工作量的比例,每学期都兑现课时酬金;一方面,体育部建立了严格的管理制度,考勤结果长年公布,奖勤罚懒和奖金直接挂钩,还按课时再给予一定补贴。考虑到冬季太冷,给每位教师还购置了皮手套,在课时补贴上也有适度增加。

三、实践效果

(一)变革是体育教改的进步

上述群体工作管理制度上的变革和全校整体教改、学校体育综合教改是同步的、配套的,适应了社会改革的发展和《大学生体育合格标准》的实施,推动了学校体育教改的完善和深化。

(二)群体工作落在了实处

学生、班级、各系群体工作竞优机制的建立调动了各方的积极性,这样学生有学分、班级评先进、各系有评估,使体育课内、课外的要求都通过激励的办法覆盖了所有的系、班和学生,从制度建设上把群体工作落在了实处。

(三)对全面贯彻教育方针有利

几年来,我们坚持严格管理,已有近百名学生因早操或课外原因体育不及格造成结业或重修;1990年末,有两个系的个别学习尖子体育课外不及格未能申报奖学金,更未推荐为免试研究生;有几名学生因前一学期课外不及格在记录一门次不及格的基础上,参加了课外补考。这些在全校都引起了很大震动和重视,使体育教育摆正了在高校应有的位置。

(四)"五早"等制度的建立对校风建设有很大促进

结合校风建设抓"五早",坚持每周五次全校三个年级集体出早操,我校已执行了五个学期。现在,学生早睡、早起、出早操、吃早饭、早读外语,改变了过去晚上不睡、早上不起、不吃早饭、上课提不起精神的恶性循环现象,进入了良性循环的轨道。"五早"特别是坚持集体出早操,受到了李铁映同志的高度赞扬,国家教委体卫司和北京市工委都专门编发了简报。

(五)学生身体素质有所增强

据1985年以来的历年统计,北航学生身体素质、形态、机能逐年提高,并高于全国大学生身体素质、形态、机能的各项平均值。学生达标率近三年已达98%,1990年至1991年在片区达标赛中均获团体总分冠军。在近年的多次社会评估检查中,各厂、所对北航学生的身体素质打分是最高的。

(六)各系各班级积极性明显提高

原来各项比赛总有个别系弃权,现在这种弃权现象已基本杜绝;全年各系、大班、班级的各项比赛活动更加活跃、接连不断,班级内以宿舍为单位的小型竞赛又兴盛起来。关心早操评比、量化得分的各系领导多起来了,有的还和学生一起出早操。

(七)对学校体育是一个推动

近几年有上百所高校先后来我校参观、交流、索要教改文件;新闻界也给予了极大关注,《中国教育报》《中国高等教育》《体育高教研究》《光明日报》《中国青年报》《大学生》等都先后做过报道,这些都使学校领导更加重视体育工作。近几年来,场地器材、科学研究等和群众密切相关的工作都有了新的进展。

(八)体育教师待遇有了明显提高

自1989年以来,在学校支持和体育部的努力下,包括负责群体工作教师在内的体育教师的收入逐年提高,三年迈了一大步。可以说,严格要求、政策对路、待遇提高是稳定队伍、提高工作水平的关键之一。

(九)学生普遍反映较好

据 1991 年对二、三、四年级学生进行的无记名抽样调查,对包括群体课外工作在内的体育教改方案的满意度评价都在 90％以上;三分之二的学生对"五早"制度表示"理解、适应、支持";不少学生认为,通过评优促使各系和班级开展体育竞赛活动,对调节和丰富学习生活是大有好处的。

——原载于《航空教育》(中国航空教育学会主办)1994 年第 3 期第 72～76 页

谁是中国探空火箭头胎子

——我国探空火箭首次发射成功史实引起争议

郑彦良　马艳玲　姚　宁

1998 年 5 月 15 日

探空火箭是作为在近地空间范围内进行环境探测、科学研究和技术试验的一种火箭。到现在,我国科技人员已相继研制成功多种探空火箭,为国民经济建设和科学研究做出了重大贡献。然而,在我国自行研制成功探空火箭近 40 年的今天,第一枚试验探空火箭的"出生证"应发给谁却引起了争议。

据《文汇报》和《新民晚报》报道,1998 年 2 月 19 日是中国第一枚试验探空火箭"T－7M"发射成功 38 周年纪念日,"中国第一枚试验探空火箭发射成功纪念碑"的揭碑仪式在其原发射现场——上海南汇县老港东进村举行。

然而,当这一消息传到北京航空航天大学时,却引起了争议。北航从事多年探空火箭研究与试验的专家说,我国首枚探空试验火箭应是 1958 年北京航空学院(北京航空航天大学前身)研制并于同年 9 月 22 日发射升空的"北京二号"火箭,比由上海机电设计院研制的于 1960 年 2 月 19 日发射升空的"T－7M"探空试验火箭要早 500 多天。

我国首枚探空火箭是"T－7M"还是"北京二号"? 我国探空火箭首次升空的时间是 1960 年 2 月 19 日还是 1958 年 9 月 22 日? 这一争议引起了记者的兴趣。

1985 年 12 月出版的《中国大百科全书·航空航天卷》载:经过艰苦奋斗,上海机电设计院终于在 1960 年 2 月发射成功第一枚探空试验火箭。

1986 年出版的《当代中国丛书·当代中国的航天事业》载:1958 年成立的上海机电设计院当年就开始研制"T－5"探空火箭,初战遇阻下马后,又于 1959 年第四季度起开始研制探空模型火箭"T－7M",1960 年 2 月 19 日,在位于上海市南汇县老港镇东两公里的平坦土地上,成功地发射了自行设计的第一枚探空火箭(指"T－7M"模型火箭)。第一枚试验型液体燃料探空火箭发射成功,是我国探空火箭技术取得的第一个具有工程实践意义的成果。火箭起飞重量为 190 千克,助推器推力 1780 千克,主力箭推力 226 千克,火箭飞行高度 8～10 千米。

当年参加过"北京二号"探空火箭研制与发射试验的北京航空航天大学教授曹传钧、何庆芝、李成忠是我国著名的火箭专家。据三位教授介绍,1956 年北京航空学

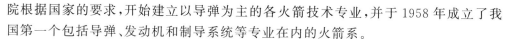

院根据国家的要求,开始建立以导弹为主的各火箭技术专业,并于1958年成立了我国第一个包括导弹、发动机和制导系统等专业在内的火箭系。

刚建立的火箭系师生在国家《十二年科学发展远景规划》鼓舞下,解放思想,决定设计制造一种火箭型号,于是,探空火箭的研制方案开始酝酿。这一方案由当时的院长武光亲自领导,火箭系负责人潘梁和刁震川主持,何庆芝教授和曹传钧教授分别负责火箭弹体和发动机的总体设计。探空火箭被命名为"北京二号"("北京一号"是同年研制的轻型旅客机)。

"北京二号"为二级火箭,有两种设计方案:一种是两级固体火箭,火箭全重145千克,两级发动机推力分别为1850千克和760千克,工作时间均为6秒。在第一级发动机工作结束后,经过7秒的无动力飞行,第二级发动机开始点火、工作,并将一级分离、抛掉,二级工作结束后,火箭依靠已经获得的上升高度继续升空,最大设计飞行高度为74千米。另一种第一级为固体火箭发动机,推力与第一种相同,第二级为液体火箭发动机,推力为260千克,火箭全重264千克,最大设计飞行高度为45.5千米。

在校领导的直接参与指导下,北航组织了相当数量的师生员工于1958年3月正式开始设计研制"北京二号"。在无先例、无经验、缺资料、缺设备的情况下,大家日夜奋战,决心在当年的国庆节把"北京二号"送上天。同时与中央气象局、南京513降落伞厂(现宏光空降装备厂)、太原245厂、北京工业学院等单位联系箭载高空探测设备、大型固体推进剂药柱、回收降落伞、控制装置等的研制。

30多位从事设计的教师绝大多数都是二三十岁的青年人,是从飞机专业改行过来的。他们向苏联专家学习火箭专业只有一年左右时间,又缺乏实际经验,一切工作全靠青年教师自己去探索、去闯关。单就火箭发动机试验来说,固体火箭发动机试验了30多次,液体火箭发动机进行了43次热试验和10多次活门爆破试验,经历了推力室爆炸、烧毁等多次失败。他们一共制造了9枚火箭,两枚用于静力试验,6枚用于发射,还有1枚至今还陈列在北京航空航天大学的北京航空馆内。

由于当时我国还没有建立起探空火箭发射基地,从1958年下半年开始,北航师生就跑遍内蒙古草原,四处寻觅发射场地。几经周折,最后将发射地点定在吉林省白城子靶场。经过几天几夜的苦战,一座高20米的火箭发射塔终于耸立在一马平川的旷野上。

9月22日,编号为101的火箭矗立在原野上。按计划这次主要试验第一级固体火箭发动机,第二级不装药柱而用配重代替。下午6时20分,操作员启动了点火按钮,沉睡千年的寂静草原突然轰轰巨响,火箭顺利离开发射架顶端,拖着一条长长烈焰,直冲云霄。此时草原天际碧空如洗,火箭垂直升空路线清晰可见。6秒钟后,发动机工作结束,轰鸣声骤然停止,而火箭依靠惯性仍然上升,直至消失在浩瀚无垠的天幕中。几分钟后,万籁俱寂的草原深处突然传来"咚"的声响,这是火箭落地的撞击声,整个过程表明火箭发射各阶段工作正常。

接着,9月29日至10月3日,又连续发射了3枚两级固体火箭和两枚两级一固一液火箭,均获成功,第二级火箭点火及两级火箭分离都很正常。发射第4枚火箭时,还请来了气象局工作人员,在有效载荷的舱位中装上了测量仪器,用以测试高空的气压和温度。第5次发射刚好是正午时分,可以清楚地看到第一级固体火箭工作结束后,第二级液体火箭发动机在空中点火,喷出熊熊火焰,推动火箭飞向更高的天空。曾对北航师生研制火箭表示怀疑的苏联专家目睹了整个火箭升空过程,不停地说:"不简单,真是不简单。"

解放军雷达部队也参加了发射工作,由于缺乏经验和火箭飞行速度过快,雷达未能测出火箭的弹道及其最高点。但从半年后公安部门送来的降落伞证实,回收的降落伞已经打开,载有探测仪的有效载荷舱及第二级液体火箭工作正常。

曹传钧、何庆芝、李成忠教授认为,"北京二号"的研制发射成功,不仅开辟了我国航天事业的新时代,同时在亚洲也属首次。"北京二号"的研制,同时也推动了有关的技术水平的提高。除火箭技术开创性地发展外,其他如大型药柱的研制和耐高温陶瓷用于固体火箭发动机喷管在国内都是首创。

作为当年国庆节的最好礼物,北京航空学院师生把这一大喜讯以书面形式上报党中央领导,并在随后举办的"北京航空学院'十一'献礼展览会"上陈列了"北京二号"的实物。党和国家领导人周恩来、朱德、彭德怀、陈毅、刘伯承、聂荣臻、叶剑英以及著名科学家钱学森、郭永怀等参观了展览,他们都从不同角度肯定并赞扬了北京航空学院的科研成果。周总理看的时间最长,阅读也最详细,甚至问到火箭升空的高度是如何测量的。

对两部权威书籍中的差错,老教授们分析原因有二:一是由于当时保密制度的原因,这一重大科技成果没有公之于众,不被众人所知;二是参加编撰两部书籍的人员分工较细,编写人员不了解北航的情况。

北航至今还保存着当年的有关档案资料:三发当年生产、用于试验展览用的火箭原件,周总理和"北京二号"在一起的珍贵历史照片上百幅。最近,北京航空航天大学学术委员会已向航天工业总公司科技委递交了一份《1958年研制并发射成功的近地火箭"北京二号"简介》,他们还将向大百科全书编委会反映情况,以澄清事实,还历史以真实面貌。

据北京航空航天大学介绍,今年是"北京二号"发射成功40周年。为纪念中国航空史上的这一重要历史事件,北京航空航天大学将隆重地举行各种纪念活动。

——原载于《中国航空报》1998年5月15日头版

在"北京一号""北京二号"
纪念碑揭幕仪式上的讲话

郑彦良
1998 年 10 月 24 日

各位校友、领导、老师们、同学们：

　　矗立在主楼前南北两侧的"北京一号""北京二号"纪念碑,不仅仅是两个纪念碑,它还代表了学校的行业特点,更代表了一种精神,一种四十年来生生不息、发扬光大的北航精神。

　　今年 6 月 11 日的校长办公会通过了今年校庆以三型号上天 40 周年为中心的活动内容,并责成由我组织设计方案的征集、定稿和施工协调工作。从师生员工征集来的设计方案中,几经方案论证,广泛征求意见,于今年 7 月 15 日的校长办公会审定通过了最后的设计方案。由于时间紧迫,校长办公会提出"要以 1958 年北航师生的精神和干劲大干 100 天完成这项任务"。从 7 月 15 日算起到今天,经过又是一个巧合的 100 天,两座纪念碑终于落成了。

　　"北京一号"纪念碑是由底座、碑体和顶端的全仿真飞机模型三部分组成,碑高 5 米,机长 2.5 米,翼展 3.2 米;红色的大理石碑体意喻着 1958 年火红年代完成的壮举,大一字的碑体,象征着 1000 多名师生在 100 天的时间里造出了中国第一架轻型旅客机。整座纪念碑以大倾角上倾,给人以向上、腾飞的感觉,寄托着北航人团结一致、再创辉煌的意愿。

　　"北京二号"纪念碑总高 4 米,全部由不锈钢材料制成,基座高 1 米,由不锈钢管组成一个变体发射架,基座三个立柱设计为探空火箭形状。碑体高 3 米,为锥形三面体,单面顶角 40 度,与 40 周年立碑相对应。碑体垂直向上、线条明快、造型简洁。

　　"北京一号"全仿真设计,喻义继承优良传统;"北京二号"全抽象设计,意为创新未来。

　　两座碑的底座一方一圆,蕴意天圆地方;均为黑色大理石,既有传统、稳定的含意,又与主楼前校风纪念碑和国旗杆底座色泽协调。

　　两座纪念碑的总绘图由参加过当年"北京一号"研制的陈肇和老师完成;一号飞机和二号纪念碑由校机械厂制作并安装,土建施工与大理石贴面由校修缮中心负责完成,周围道路、环境与绿化由校园中心完成。

　　在这里特别值得一提的是两座纪念碑的直接费用约 20 万元由朱中兴任总经理的北京科泰公司和杨为民任系主任的工程系统工程系全资捐助。

　　两座纪念碑不仅为北航校园增添了新的人文景点,更表达了全校师生员工对40年前参与三型号上天工作的老一辈师生的崇高敬意。

　　纪念碑的碑名现在还未镶上,等请老一辈领导题词后再贴制完成。现在,图书馆西侧橱窗展出了140多幅1958年研制"北京一号""北京二号""北京五号"的珍贵历史照片,请大家前往观看。

　　以上就是我的介绍,谢谢!

(演讲人郑彦良,时任校党委宣传部部长、型号纪念碑建设项目总指挥)

创新之举(1958—1998)

——北航隆重纪念北京三型号飞行器上天 40 周年

郑彦良

1998 年 12 月

1958 年 9 月,北京航空学院(现为北京航空航天大学)研制成功了"北京一号""北京二号"和"北京五号"。这三个型号的研制成功,创造了新中国航空航天史和教育史上的奇迹。在它们的研制过程中得到过周总理等中央领导的关怀,研制成功后,又受到周总理、朱德副主席以及老一辈中央领导同志的高度赞扬。

1998 年 10 月 25 日是北京航空航天大学 46 周年校庆日。10 月 24 日上午,学校主楼前,彩旗飘舞,人声鼎沸。"北京一号""北京二号"纪念碑落成剪彩仪式在这里隆重举行。当年领导北京三个型号研制工作的原北航党委第一书记兼院长、现已 87 岁高龄的武光同志出席了剪彩仪式,并兴致勃勃地为"北京一号"纪念碑剪彩,老院长王大昌、前校长曹传钧为"北京二号"纪念碑剪了彩。参加仪式的还有当年"北京一号"的正驾驶、现年 86 岁的潘国定老先生以及近千名曾参加过三个型号研制工作的老校友们。他们簇拥在纪念碑前合影留念,驻足在"纪念北京三型号上天 40 周年历史图片展"橱窗前,抚今追昔,感慨万千。

同月诞生三型号

北航研制的三个型号,即中国第一架轻型旅客机"北京一号"、中国首批高空探测火箭"北京二号"、中国第一种无人驾驶飞机"北京五号",分别于 1958 年 9 月 24 日、9 月 22 日和 9 月 29 日首飞、发射成功,从而创造了新中国航空航天史和教育史上的奇迹,是献给新生的共和国 9 周岁生日的一份厚礼。

20 世纪 50 年代,新中国的航空航天事业还处在初创阶段,为适应当时国家对大批科技骨干的需求,北京航空航天大学在 1952 年建校后不久就开始进行教育改革的试验。1956 年中央发出向科学进军的号召后,该校更加紧了教改的试验进程。到1957 年底,学校师生员工在自制教学仪器设备、结合教学实习进行生产劳动、利用教学以外的时间接受校外加工订货等方面都做出了不少成绩,5 年中为国家创造了超76 万元的财富。

北航的经验引起了当时中央领导同志的重视，指示要推广北航的经验。1958 年 1 月 31 日，《人民日报》发表了"北航勤工俭学做法很好"的综合消息，指出，"这个学校所采用的这些办法，除完成学生的实习任务外，还有三方面好处：一是保证和满足了教学和科学研究工作的需要；二是培养了学生的劳动观念，为国家创造了财富；三是充分发挥了学校的生产能力，能为国家经济建设服务。"

为了更快更好地培养国家急需的技术骨干，1958 年初，北航党委决定通过型号研制来促进学校教育事业的发展。同年 2 月，周恩来总理在中南海接见了北航王大昌、沈元两位副院长，听取了他们关于通过教学与生产劳动、勤工俭学与科研相结合设计飞机的设想，并当即批准了北航设计制造飞机的计划。在周总理的指示下，当时的第二机械工业部拨给了北航 15 万元的专项研制经费，给了北航教职工和学生以极大的鼓舞。学校立即成立了院试造飞机委员会，沈元副院长任主任委员。同年 6 月中旬，武光院长号召全院师生，"大战 100 个昼夜，送三个型号上天，向国庆献礼。"与此同时，北航又成立了院型号生产总指挥部，总指挥是王大昌副院长，下辖"北京一号""北京二号""北京五号"三个型号生产指挥部。很快三个型号的研制工作由全院师生员工和几十个协作单位，在北航校内如火如荼地展开了。

中国第一机

"北京一号"是新中国成立后第一架自己设计、制造的轻型旅客机，它不仅研制时间短而且诞生在一所高校，因此成为我国教育史上的一大创举。1958 年 3 月，为保证飞机质量，加强了技术和生产的管理，并确定了设计、工艺、检验、生产四个方面的负责人。总设计师是徐鑫福，副总设计师俞公沼（后改为张吉臣），主管设计师张克明；总工艺师是常荣福，副总工艺师王云渤、汪一彭；总检验师是吴云书，副总检验师张汉镇；生产长是许建钺。设计室下辖 13 个设计组，工艺室设立了 8 个车间。

北航当年有 1400 多名师生员工参加了研制工作，其中学生占 76%，教师占 7%，职工占 17%。他们克服重重困难，不分昼夜，边绘图、边研制、边实验、边生产，硬是用苦干实干加科学的精神，在 100 多天的时间里完成了由 16.7 万个零件和标准件组成的"北京一号"。该机全长 12.4 米，机高 4.6 米，翼展 16.3 米，最大飞行速度每小时 300 千米，最大航程 730 千米，装有两台 AN - 14 发动机。

1958 年 9 月 24 日，在北京东郊机场（现为首都机场）举行了"北京一号"命名试飞典礼，有 3000 多人出席。北航党委第二书记臧伯平首先宣布了当时北京市市长彭真同志对"北京一号"的命名（原为"北航一号"），高等教育部杨秀峰部长、空军司令员刘亚楼上将先后讲话祝贺，武光院长作了总结讲话，最后由国务院文教办公室主任林枫为试飞剪彩。

担任试飞任务的是曾经突破"空中禁区"，开辟北京—拉萨航线的著名飞行员潘国定和有多年飞行经验的飞行员王来泉。他们驾驶着"北京一号"绕机场上空飞行了 20 分钟,并俯冲到离地面 6～10 米的高度,从主席台前欢呼的人群上空掠过,以示敬意。在场的人们载歌载舞欢庆"北京一号"处女飞行的圆满成功。在这之后,"北京一号"还进行过航线试飞,先后做过东郊机场—北航、北京—天津的短距离往返试飞。同年 10 月 28 日—11 月 2 日,还进行了北京—上海的往返试飞。每次试飞均告成功,并飞出了该机的设计参数和性能。

"北京一号"试飞成功后,当时的首都新闻媒介做了大量报道。试飞成功的第二天,《人民日报》就发了 5 条消息和文章,《光明日报》干脆用了包括头版在内的整整 3 个版面,并发表了题为《航空教育革命的伟大胜利》的社论。《中国青年报》《北京日报》《北京晚报》等报刊均在头版头条以大字标题,大篇幅地报道了这一振奋人心的喜讯,在海内外产生了巨大影响。

"北京一号"原型机现陈列在北航院内的北京航空馆停机坪上,它仿佛在向每一位参观的人讲述 40 年前那个动人的故事。

中华第一箭

"北京二号"高空探测火箭,是在"北京一号"研制启动后开始研制的。1956 年,北航建立了以导弹为主的火箭技术专业,并于 1958 年成立了我国第一个火箭系,开始为国家培养航天事业人才。刚建立的火箭系师生在国家《十二年科学发展远景规划》鼓舞下,为推动科学发展和培养人才,决定研制一种火箭。这项工作由当时的北航院长武光亲自领导,火箭系负责人潘梁和刁震川主持,火箭箭体总设计师由导弹设计教研室主任何庆芝担任,火箭发动机的总设计师是由火箭发动机教研室主任曹传钧担任,总工艺师是杨文龙,总检验师潘天敏,主管设计师李成忠。

"北京二号"为二级火箭,采用了两种设计方案:第一种方案代号为 BJ－2S,采用两级固体火箭发动机,推力分别为 1850 千克和 760 千克,箭体总长度 2.90 米,直径为 0.23 米,起飞总重量 145 千克,最大飞行高度 74 千米;第二种方案,火箭第一级仍为固体火箭发动机,推力为 1850 千克,但第二级改为液体火箭发动机,其推力为 260 千克,箭体总长度为 5.921 米,起飞总重量 271.8 千克,最大飞行高度为 45.5 千米,火箭代号为 BJ－2L。

"北京二号"是 1958 年 3 月开始设计的。当时有 30 多位从事设计和制造的教师,他们大多数是二三十岁的年轻人,他们向苏联专家学习火箭专业技术只有一年左右的时间,在无先例、缺资料、少设备的情况下,大家日夜奋战,决心在"十一"前把"北京二号"送上天,向国庆节献礼。任务急,时间紧,设计时间不到 3 个月,加工制造时间也不足 100 天。师生们通宵达旦地工作,经常是两三天不睡觉。他们以严谨的科学态度,进行着各种试验研究。单就固体火箭发动机试验就进行了 30 多次,液体火箭发动机也进行了 43 次热试验和 10 多次活门爆破试验。他们经历了推力室爆炸、烧毁等多次险象环生的挫折,还同中央气象局、南京和太原的工厂、北京工业学院等单位协作,进行了箭载高空探测设备、大型固体推进剂药柱、回收降落伞、控制装置等项目的研制。经过无数次的拼搏奋战,他们终于用心血和汗水浇铸成了中华第一箭。

1958年9月22日,是中国火箭史上值得纪念的日子。编号为BJ-2S101号的火箭从吉林白城子炮兵靶场垂直发射升空,时间是下午6时20分。太阳刚刚下山,碧空如洗,火箭从草原上垂直上升的壮观景象清晰可见,直到消失在浩瀚无垠的天际中。整个发射过程表明火箭各阶段工作正常。从9月22日至10月3日,一共发射了4枚BJ-2S和2枚BJ-2L火箭,均获成功。

"北京二号"的研制发射成功,不仅开辟了我国航天事业的新时代,同时在亚洲也属首批。当时应邀在发射现场观看,曾对研制和发射持怀疑态度的苏联专家也禁不住挑起大拇指,连连说:"太棒了!太棒了!像钟表一样精确。"当年"北京二号"火箭共生产了9枚,除6枚用于发射外,2枚用于静力试验,1枚用于展览。这三枚火箭现在分别陈列于北航院内的北京航空馆和宇航学院的导弹陈列室。

科技含量高的"北京五号"

"北京五号"无人驾驶飞机的设想,可追溯到1956年,当时全国正在着手制定科学发展的12年规划,在讨论研究12年规划时,北航当时的飞机设备系就提出了搞无人驾驶飞机的设想;1957年下半年开始酝酿无人驾驶飞机的技术方案;1958年3月,在方案研讨会上,确定了把无人驾驶飞行控制系统安装在安-2型飞机上的方案。同年6月29日,北航召开了三个型号的动员大会,研制"北京五号"的型号指挥部成立,总指挥由文传源担任,并兼任总设计师。

"北京五号"是一架从起飞到着陆实现了自动化的无人驾驶飞机,而在50年代,飞机的全自动着陆是国际上公认的难题。当时美国已有了无人机,苏联的无人机仍处于研制阶段,对于基础相当薄弱的中国来说,难度相当大。但是,北航师生在型号指挥部领导下,与民航局飞行员和第五研究院无线电技术人员共同合作,他们凭着忘我的工作精神、严谨的科学态度和勇于克服困难的工作干劲,攻克了一个又一个难关。在短短的时间内就研制出了自动着陆系统的关键设备,即高精度的小高度无线电高度表。

经过对自动着陆系统的反复试验,1958年9月29日"北京五号"无人驾驶飞机,在东郊机场(现首都机场)首次试飞成功。到1959年2月,编号为848号的"北京五号"在东郊机场已进行了一系列改进试飞,解决了起飞滑跑方向的保持、起飞后飞机倾斜运动控制、遥控系统的正确综合控制、下滑后滑跑航向控制、复飞后系统的重新设置、系统的综合性能和可靠性等关键问题。同年2月15日,"北京五号"进行了第3次单飞汇报飞行,空军副司令员曹里怀等到机场观看。至此历时近一年的"北京五号"的研制工作圆满完成。它是我国第一架全自动化无人驾驶飞机,是我国航空史上的一个创举。

在这里特别要提及的是,"北京五号"是三个型号中国家投入最多的,其科技含量也是最高的,在当时世界无人驾驶飞机的研制上也处于先进行列。

举世无双的创举

在这么短的时间里,由一所高校研制并发射成功了三个型号的飞行器,在当时确实是一个奇迹,有人称之为"举世无双的创举"。但是,由于历史的原因,除了"北京一号"当时做了公开报道外,其他两个型号的研制试飞均未见报。当时,这三个型号的上天,得到了党和国家领导人、中央军委的高度重视。根据聂荣臻元帅和黄克诚总参谋长的指示,北航在国防部举办了"北京航空学院'十一'献礼展览会",作为向党中央和中央军委的汇报。

1958 年 9 月 28 日至 10 月 16 日,展览会展示了北航教学、科研成果的图片模型,其中有"北京一号"的模型和"北京二号""北京五号"的实物。周恩来总理和朱德、彭德怀、陈毅、刘伯承、叶剑英、聂荣臻 6 位老帅观看了展览,钱学森等科学家、部长、将军等百余人也参观了展览。在参观的领导人中,周总理看的时间最长,也最仔细,甚至问到火箭升空的高度是如何测量的、苏联专家的评价如何。他还和武光院长谈及人才需求问题,并特别强调了各部门要加强协作和保持谦虚的态度。几位老帅对北航的展品给予了很高的评价。朱德副主席说:"你们应好好干,很有前途,这都是尖端科学。"叶剑英元帅说:"你们是一个很大的跃进。"聂荣臻元帅说:"你们干劲很大,在很短时间里搞出这样的成绩,是很不容易的。"陈毅元帅则以他特有的诗人气质幽默地说:"你们搞得很好呦,我是五体投地。"中央领导同志的肯定和鼓励,是北航人宝贵的精神财富。

40 年前,三型号的研制成功,对北航的建设与发展,对我国航空航天教育、科研事业,有着不可磨灭的功绩。通过三型号的研制,培养了一大批国家急需的航空航天科技骨干,后来这些人都成为国防和其他部门的中坚力量。

北航这三个型号的研制,有力地推动了学科建设和教学工作,由此建立起了 30 多个专业和实验室,增开了一批新的课程和实验,教职工的思想素质和业务水平也得到了很大提高;同时探索了教育改革和学校科研的新路子,为后来北航的建设和发展奠定了基础。用型号的研制推动教学、科研发展,已成为北航办学的一大特色。型号研制所需要的严谨工作作风和创新精神,北航人必将发扬光大。

北航至今还保存着当年的有关档案资料,如周总理等老一辈无产阶级革命家参观展览及三型号研制、发射现场等珍贵的历史照片近 200 幅,还有北航当年给毛主席、朱德副主席、周总理、聂荣臻副总理、赵尔陆部长、彭真市长、刘仁副书记等领导的报喜信、报告和汇报材料,当年老帅们给北航的题词,以及全套纸质已变脆发黄的设计图纸、文字材料等。

40 年过去,弹指一挥间。未来 40 年,祝愿北航师生在强国征途中再谱新篇。

——原载于《航空知识》1999 年 1 月号(总第 334 期),1999 年 1 月 6 日出版

人生奋进无终点　心底无私天地宽

郑彦良

1999 年 7 月

今年"七一"前后，首都新闻媒体又一次集中报道了优秀共产党员杨为民同志的事迹，在党内外引起反响。

杨为民同志是北京航空航天大学系统工程系主任兼可靠性工程研究所所长，博士生导师，党的十四大、十五大代表。20 世纪 70 年代，他作为我国高空无人驾驶飞机的技术总负责人、总设计师，为结束我国在这一领域受制于人的历史做出了重要贡献；进入 80 年代以来，作为可靠性工程研究的开拓者之一，他为我国国防建设和经济建设建立了很大的功勋。他曾荣获全国"五一劳动奖章"、全国优秀科技工作者、航空金奖、北京市优秀共产党员十杰之一等荣誉，多次荣立一等功。

杨为民同志是一个老典型，但他年年都有新贡献，又从不把荣誉和功劳归于自己，一直是教育战线和全市共产党员的一面旗帜。早在 1989 年，北京市委组织部就曾发出通知，号召全市党员"学习杨为民同志艰苦奋斗无私奉献精神"；1993 年 7 月，杨为民同志被评为"北京市优秀共产党员十杰"时，北京市委也做出决定号召全市共产党员向他学习；1996 月 9 月，市委宣传部和教育工委组织了杨为民同志先进事迹报告会，把他树为党员干部"双学"的先进典型；如今，在党员领导干部开展"三讲"教育的同时，我们再一次宣传杨为民同志的事迹，号召大家向他学习，就有着更加重要的意义。

向杨为民同志学习，要学习他矢志不渝、无私奉献的崇高理想

一个共产党员的人生追求应当是什么？答案本来是清楚的，因为，加入中国共产党，所追求的就是实现共产主义理想，把全心全意为人民服务作为自己毕生追求的宗旨。但是，一个党员要把这种追求和理想，把他的入党誓言体现在每时每刻、一言一行当中，却不是那么容易的。现在工作、生活条件都比过去优越得多，又处在市场经济的氛围中，有的党员忘却了共产主义大目标，把人民的利益抛在脑后，而把个人的名和利、个人的幸福看成自己的人生追求，这就完全背离了党的宗旨和目标。杨为民同志等优秀党员与这些人形成了鲜明的对照，他们始终没有忘记一心为公、全心全意为人民服务的宗旨，一心扑在人民的事业上。杨为民在完成了高空无人驾

驶侦察机的研制任务后，又根据国家需要和市场需求，和他的团队一起主动进入和开辟可靠性工程的新领域，取得了一个又一个丰硕成果，在他面前事业永无止境。国家的需要，人民的需要，就是他前进的动力，除此之外，别无所求。在他们眼里，一个又一个工作目标的实现，只不过是通向最终大目标的阶梯，而绝不是以此获取个人利益的手段和资本。他们以实际行动做到了把自己的岗位和个人的事业融进党和人民的事业之中，把自己的命运同党和人民的命运紧密联系在一起，这就是我们要学习的崇高的理想，远大的追求。

向杨为民同志学习，要学习他知难而上、奋力拼搏的革命精神

杨为民同志曾被人称作"拼命三郎"，在从事科技事业中，从不畏惧危险与艰辛。他在脸部受重伤、缝合 40 多针的情况下，忍受了伤口感染化脓甚至溃烂和连续低烧的痛苦，坚持在机场指挥工作 40 多天，直到完成任务才回到医院；他在身体多病、长期超负荷工作的情况下，仍然拒绝住院，夜以继日地搞科研，曾经和他的研究集体创造过三天拿出 800 多页工整、严谨的科研鉴定材料的奇迹。在他身上，我们所看到的就是我们党多年以来一贯提倡的无私无畏、奋勇拼搏，人民的利益高于一切，不达目的决不罢休的革命精神。这是我们党艰苦奋斗优良传统的具体体现，是一种难能可贵的自觉吃苦精神。这就是我们要学习的对待工作的态度，对待困难的回答。

向杨为民同志学习，要学习他淡泊名利、克己奉公的浩然正气

杨为民同志两让高工、两让教授，对待各种荣誉、奖励总是退避三舍，从不伸手。对待出名、出国、职位、高额奖金等有些人求之不得的东西，他都从未放在眼里。对待公私界限他却严格得近乎苛求，总是把"私"这一块划得很小、看得很轻，把"公"这一块划得很大，看得很重，甘于清苦，以苦为乐。在自己的生活上，以维持最低生活标准为满足，而他有的一项成果就为国家创造数亿元的效益。他工作上硕果累累，却从不居功自傲，总把名利看作身外之物，事业才是自己的。他说："作为党员干部，遇有名啊利啊的这些事，你就不能靠前。"在利益机制被人说成天经地义，不良社会风气和腐败现象存在的今天，杨为民同志等一大批优秀共产党员为我们树立了淡泊名利，心甘情愿地为人民吃苦受累的学习榜样。

向杨为民同志学习，要学习他热爱集体、 向党负责的高尚情怀

杨为民同志始终把自己看成集体中的一员，强调集体的团队精神和作用。在事业中，他对自己严格要求，对同志、对他人满腔热情，一片爱心。他时时刻刻把集体和他人挂在心上，为改善青年教师待遇，他倡议在系里设立了青年教师奖励基金，并多次把自己应得的资金放到基金里；为解决教师住房困难，他设法从全系自有资金里拿出一部分为教师购房；老教授生病，由他亲自推进手术室；老师傅过世，又是他独自在太平间守夜。他对同志火一样热情，亲人一样关怀，在全系产生了巨大的凝聚力。从他的身上，我们能够学到如何投身集体，顾全大局；学到如何关心他人，只求奉献；学到如何才能在自己的工作岗位上实践社会主义、集体主义、爱国主义精神和共产主义道德品质。

向杨为民同志学习，要学习他崇尚科学、 不断创新的人生追求

杨为民同志始终牢记邓小平关于"科学技术是第一生产力""尊重知识，尊重人才"的教诲，十分拥护江泽民总书记"创新是一个民族进步的灵魂，是国家兴旺发达的不竭动力"的著名论断。可靠性工程研究是他和他的同事们根据市场广泛调研和国家迫切需求，在80年代初期从零开始逐步搞起来的。放下驾轻就熟的专业，在年近50岁时同大家一起开辟和建立一门新的学科，这需要多么大的勇气和创新精神！杨为民他们成功了。成功的背后是他们没有节假日的联合攻关，是永不停歇的探索和创新。杨为民对科学研究的严谨认真精神，尊重人才、讲究协作的工作态度，为了解、熟悉他的人们所称道。他们想方设法引进人才、培养人才，加大政策倾斜和感情投入，建设团结奋进的集体，争取用最先进的设备条件开展科研、实验。经过长期努力，他们自己设计，逐步改造，建成了国内外领先，投资数千万元的四综合大型实验室。去年一年，他所领导的正式编制不到80人的一个系，在完成大量教学任务的同时，科研经费超过了3000万元。他常说："我现在的目标就是要在有生之年，多做一些基础性工作，为年轻人搭起一个更大的舞台。"前几天，在给研究生开设的"可靠性工程数字仿真"课上，他就把最新的研究成果放在课内，武装新一代英才。杨为民同志勇于创新的开拓进取精神和严谨认真的科学态度，是每一个迎接新世纪挑战的共产党人都应该学习的。

从各条战线众多优秀共产党员的情况看，尽管他们岗位不同，经历不同，但他们都具有共同的特点，那就是江泽民总书记所总结的，他们"具有崇高的理想和坚定的信念，具有正确的世界观、人生观、价值观"，这是他们共同的本质特征。从这些优秀

共产党员身上,我们也可以看到,他们也都具有鲜明的时代特征,都是在社会主义市场经济条件下,在改革开放的社会主义现代化建设进程中,在工作和生活条件比过去要优越得多的环境中涌现出来的,是改革创新的典范,是新时期发扬党的优良传统的榜样。在复杂多变的国际大环境下,如何把建设有中国特色的社会主义事业全面推向21世纪,完成党的十五大所确定的奋斗目标,是全党和全国人民的共同任务。在迎接21世纪挑战的今天,我们是多么需要一大批在新时期既能发扬党的优良传统,又能体现时代创新精神的共产党人。这是时代的呼唤,这是人民的呼唤。这也正是杨为民同志的事迹给我们的一个重要启迪。

　　——原载于《前线》杂志1999年第8期第47～48页,前线杂志出版社(北京市委主办)

胸怀万里天地间

——北京航空航天大学杨为民教授的奉献与追求

蔡劲松　郑彦良

1999 年 6 月

创新的尺度，人生的准则

1995 年 5 月，江泽民在全国科学技术大会上提出："创新是一个民族进步的灵魂，是国家兴旺发达的不竭动力。"

时代和社会的巨变，把知识创新和技术创新十分紧迫地推到了改革和发展的前台。

这是知识经济时代到来、实施科教兴国战略的必然选择。

这是中华民族屹立于世界民族之林的必然选择。

我国可靠性工程著名专家杨为民说，科技创新必须是倾注着献身精神的万里长征。

国家有突出贡献的科技专家、航空工业总公司航空金质奖章、全国五一劳动奖章、北京市优秀共产党员十杰、北京市劳动模范、全国优秀科技工作者……这一连串令人瞩目的荣誉，均是北京航空航天大学工程系统工程系主任、可靠性工程研究所所长杨为民教授先后获得的。但杨为民不愿意承受这些奖章和奖状，他将它们全部存在了系党总支。在他看来，一切功劳都应归于集体，更何况，荣誉只能代表过去。

杨为民教授是中共十四大、十五大代表，今年 64 岁，1958 年毕业于北航火箭专业，留校工作后一直从事教学、科研和管理工作。他是一个和时间赛跑的知识分子。

20 世纪 70 年代，他作为我国高空无人驾驶侦察机的技术总负责人、总设计师，为该机的研制、定型和装备部队做出了重大贡献，结束了我国在这一领域受制于人的历史。

80 年代以来，他根据国家的迫切需要和市场调研，带领他的研究集体转攻可靠性工程技术这一新的学科，从飞行员抗荷服、强五外贸机以及运七飞机机载设备延寿研究起步，拓展到舰船、卫星、坦克、火箭等多领域的可靠性研究，在学科理论、工程实践、人才培训等方面都取得了令人瞩目的成就，创造了巨大的经济效益和社会效益。

1996 年,原中国航空工业总公司号召全行业广大党员以杨为民为楷模,学习他"矢志不渝、无私奉献的崇高理想""知难而上、奋力拼搏的革命精神""淡泊名利、克己奉公的浩然正气""热爱集体、向党负责的高尚情怀"。同时,北京市号召各条战线上的劳动者学习杨为民等先进人物"主人翁的责任感和艰苦创业精神、忘我的劳动热情和无私奉献精神、强烈的开拓进取意识和创新求实精神、良好的职业道德和爱岗敬业精神"。

然而杨为民却一而再再而三地拒绝记者的采访。他说:"我只不过是一个普通的人。"

在一次支部会上,他曾动情地说,工作是大家做的,功劳是大家的,个人的贡献放在天平上,是绝对不能与集体相比的。

事实上,杨为民一生致力于从事祖国国防科技事业的教学和研究,奉献的何止是技术与智慧,更重要的,是他对党、对中华民族伟大复兴事业奉献的一片赤诚之心。

在杨为民四十余年的教学和科研生涯中,他所选择的人生追求与准则正是:把"我"与时代、与国家的迫切需要相结合、与自己所在的战斗集体相结合,只有在党和人民的事业中,才可能不断创新,实现个体生命的最大价值,才会有可靠性专业的锦绣前程。

杨为民和他的"团队"胸怀祖国,像轮子一样绕着这理想的轴承转动。

1985 年 10 月,我国高校中的第一个工程系统工程系和可靠性工程研究所在北航建成。当时,虽然一切从零开始,却更加坚定了杨为民和他的同事们攻克可靠性系统工程难关的决心。

1998 年,北航工程系统工程系的年科研经费超过 3000 万元,国家用于可靠性共性技术预研的研究资金的 40%,投在了这里。

今天,我们欣喜地看到,具有国内一流水平,集机械、电子、计算机、控制于一体的高新技术密集型复杂系统"温度、湿度、振动、低气压"四综合实验室、失效分析实验室、软件可靠性实验室相继在北航工程系统工程系建成,并无数次在国防和国民经济主战场发挥着不可替代的作用。

由于杨为民和他领导的科研集体在可靠性系统工程研究方面的开拓性工作和卓越成绩,根据国家推进发展可靠性工程技术的需要,在上级有关部门的领导下,在基层厂、所领导和广大科技人员的支持下,实现了把多个国家级和部级可靠性工程技术中心、国家级可靠性技术专业组设置或挂靠在北航可靠性工程研究所的目标。杨为民领导这些中心和专业组协助有关上级部门制定了武器装备、航空和若干民用新产品中开展可靠性系统工程的大量技术指令文件、规范和条例,在我国国防建设和经济建设方面所涉及的可靠性技术论证、鉴定、审核、管理等工作中发挥了重要的作用。

杨为民的心时刻都维系着他参与开拓的中国可靠性系统工程事业,为它的发展和壮大披荆斩棘,操劳不止。经过十四年的艰苦创业,北航工程系统工程系已建成国内最大的一支可靠性工程研究队伍,现有博士生导师 3 人,研究员(教授)13 人,副研究员(副教授)17人等 100 余人组成的科研技术队伍;有在读博士 5 名,博士后 3 名。已先后培养了本科生近 300 名,硕士研究生 90 余名,他们已逐步成为各部门可靠性系统工程方面的技术骨干。

"七五""八五"期间,杨为民和他的"团队"与国防工业各个部门的同行、专家团结协作,集体攻关,共承担了 250 多项科研任务,全部按期完成,获得了 37 项国家和部委级奖励,以及 1 项国际博览会金奖。"九五"以来,他们又相继承担了多个国家重大科研项目或预研项目,并有部分项目取得突破性进展。他们共同努力,取得了卓著的成绩,多次受到表彰。如 1998 年,在某新飞机首飞中杨为民荣立一等功,他的研究集体还有 2 人荣立二等功,5 人荣立三等功。

机遇总是出现在布满荆棘的地方

多年以来,杨为民把科研和专业的发展动力归纳为"需求牵引、技术推动"八个字,他说,要想真正做到这八个字,其成功的奥秘必须是:源于实践、高于实践、回于实践。

从这个角度而言,杨为民是幸运的。透过他当年的足迹,我们仍可以清晰地听到那个时代前进的脚步声,无论多么艰难,仍然阻挡不了奋斗的壮美。

正因为如此,一个人便是一个世界,是一页活的历史。

要知道,在一个人的生命历程中,拥有的绝不仅仅是荣耀。杨为民以及与他共事的一群知识分子,十分清楚这一点。

60 年代末,西方大国搞霸权主义,其高空无人驾驶飞机不断侵犯我国领空。为增强我国空军的实力,实现毛泽东主席"国外有的我们要有,国外没有的我们也要有"的指示,与大国空中挑衅针锋相对,原国防科工委向北航下达了研制我国自己的高空无人驾驶飞机的任务。

时年 33 岁的杨为民受命担任无人机的技术总负责人兼总体研究室主任。他带领大家奋斗了近 10 个年头,克服了重重困难,解决了大量的技术难题。

1980 年高空无人驾驶飞机通过了设计定型,转入批量生产,并装备了我国空军第一支无人机部队。后来,该机在一次执行任务中获得成功,获总部首长的表扬。高空无人驾驶飞机的研制成功填补了国内空白,获得了国家科技进步二等奖。

80 年代初期,时值我国刚刚打开国门不久、实行改革开放的年代。杨为民主持的北航无人机所面临着发展方向的抉择——在新的无人机任务未下达之前,是固守以前的成绩,还是探索崭新的知识领域?

杨为民做出了一个重大的抉择:向国防和经济建设主战场探索需求。

探索需求,是为了寻找国家建设和发展过程中迫切需要解决的课题,研制出更能为祖国、为社会所用的成果。

许多年后的今天,人们一般只会惊叹杨为民的忙碌和他从事的可靠性系统工程事业的广阔前景与举足轻重。但请不要忘记,杨为民们创业(确切地说是第二次创业)时的艰辛境遇。时至今日,杨为民在给学生们上课还时常会以自己的经历鼓励青年学子:机遇总是出现在布满荆棘的地方。

当年的情形正是这样。所幸的是,杨为民和他的同事们穿过棘手的荆棘丛,将机遇紧紧地抓住了。

他带领大家下工厂、访部队、走"三线",足迹遍布祖国的四面八方,吃过许多苦,经历过许多波折和困难,但也了解到许多急需开展的研究项目与方向。

在走访中他们得知,我国空军飞行员的抗荷服使用寿命过短,只有两年,急需进行可靠性分析来解决它的定延寿问题。

如何科学地确定航空产品的寿命? 如何延长航空产品的寿命以提高经济效益?国外是通过可靠性系统工程理论和方法的应用来解决这些问题的,即按可靠性系统工程的原理,对新产品的可靠性、维修性、保障性等进行科学而有效的综合权衡。

所谓可靠性,通俗地说就是产品在规定的条件下和规定时间内完成规定功能的能力。它是有定量指标要求的,通常是以产品平均无故障工作时间的多少来表示。维修性、保障性也都有定量指标要求。

可靠性系统工程在少数几个先进国家已是一项成熟的工程技术和具有广阔发展前途的综合性学科。60 年代,我国虽已引入了可靠性的理论和方法,但发展缓慢,尚未真正进入工程领域,与先进国家的差距很大。

在当时的条件下,要攻克可靠性系统工程的难关谈何容易。

杨为民却下决心要攻克这个难关。他把自己的想法告诉了老所长张锡纯教授,张教授以他渊博的知识作了周密的思考,认为这是一个前景广阔而风险很大的方向。但是,杨为民敢于创新的精神和胆略说服了他。

杨为民向与他并肩战斗多年的同事们说,可靠性工程是新兴的科研方向,让我们赶上了是我们的机遇。

他深知,这个研究方向大有可为。我国的航空产品在使用过程中暴露出寿命短、故障多等尖锐矛盾,已成为航空装备发展中必须解决的关键问题,可靠性系统工程的应用和发展已成为发展我国武器装备和民族工业的一项刻不容缓的迫切任务。

贺国芳教授回忆起当时的情景,至今记忆犹新。她说,那时,抗荷服的定延寿可靠性问题在国内还没有可借鉴的资料。

从 1983 年到 1986 年间,杨为民和屠庆慈、贺国芳等同事一起,多次到部队和湖北襄樊的生产厂家,同工程技术人员一起,搜集和分析数据,做了大量的调研和试验工作。

贺国芳回忆说,那几年,他们经常在火车上进行方案论证和计算,最终成功地把医学上的残存比例法理论借鉴过来,用随机残存比例法解决了这一难题,使抗荷服的定寿从 2 年提高到 5 年。1986 年,该项目获得了部级科技进步奖,这也是航空领域的第一个攻克定延寿问题的实例。

杨为民和他的研究集体在可靠性技术上的成果引起了航空主管部门的关注。当时,强五外贸飞机正在组织出口,外方对性能和价格都比较满意,但对该机的机载设备寿命太短提出了异议。杨为民和他的研究集体接受了解决这一难题的任务。他们提出,将航空机载设备根据其重要度分为 A、B、C 三大类的技术方案,分别进行安全、任务、经济的可靠性分析研究,经过众多承制单位近 2 年的定延寿工作,使机载设备的寿命由 100～200 小时延寿至 500 小时以上。

实践使杨为民认识到:只有源于实践,才能抓住真正的社会需求;只有高于实践,才能不断提高理论水平;只有回于实践,才能最终解决实质问题。

这一思想得到了同事们的一致认同和支持。

有一段时间,我国民用航线上大量使用的国产"运七"飞机,由于缺少科学依据和实验研究,生产厂规定"运七"机载设备的寿命仅 300～500 飞行小时,而国外同类飞机的机载设备寿命为 5000 飞行小时。按当时价格,国产"运七"飞机出厂要带 33 万元的备件,相当飞机出厂价的 5% 以上。

面对民族航空工业遇到的困难,邓小平同志在中央政治局会议上提出了"国内航线上的飞机要考虑自己制造"的要求,这也使杨为民和他的同事们下定了决心,积极投身到坚决打掉"运七"飞机机载设备寿命短、故障多这只"拦路虎"的研究中。

将个人的努力融化在团队的力量之中

今天,人们早已取得了这样的共识:技术的缺陷和市场的需求正是科技创新的源泉。但关键是,遥望着那远在高山之上的"源泉",每一个人,是否会有勇气去努力地"攀登"?

杨为民这样做了。杨为民和他领导的研究队伍像一支登山队,一支攀登珠穆朗玛峰的队伍。

他知道,攀登这样的山峰尤其需要整个团队的大协作。事实上,长期以来将每个人的努力融化在团队的力量之中,一直是杨为民引以为豪的成功的"秘诀"和"法宝"。

杨为民给大家确定了"面向工程,结合实际"的研究路线,并不断提醒大家:我们的任务不只是理论研究,而是解决工程实际问题。

为解决"运七"飞机中上百个机载产品的寿命问题,在主管部门的领导下,在基层厂、所的大力支持下,杨为民组织科研人员和部内几十个厂家合作,分别了解各个产品的内外场故障信息,分析故障模式及原因,研究解决途径,指导各单位进行了长期的寿命试验。经过近五年的努力,终于使机载设备的首次翻修期限由原来的 300～500 飞行小时延长到 2500～5000 飞行小时,达到了国外同类飞机的水平。

"运七"定延寿的成功,提高了国产飞机在国民心目中的地位,使之成为我国航空港内最大的国产机群。据统计,仅机载设备一项,"七五"期间就为国家节省经费超过 2 亿元!

"'运七'机载设备的定延寿技术"成果还在其他十多个民用、军用机种中得到应用和发展,为提高我国军民用航空装备的寿命和可靠性做出了重大贡献,获得部级科技进步一等奖。

1991 年 3 月,李鹏总理在中南海接见了参加中国民航总局和原航空航天工业部召开的"'运七'飞机安全飞行双十五万"表彰大会的全体代表,北航可靠性工程研究所在这次表彰会上荣获先进集体,杨为民等十几人荣获"先进个人"称号。迄今为止,"运七"飞机安全飞行时间已超过 60 万小时,机群安全起落超过 60 万次,机群也超过了 100 架,大长了国产飞机在国内民用航线的志气。

在进一步的研究中,杨为民和同事们意识到,可靠性系统工程追求的是产品寿命周期内的性能、可靠性和费用的综合权衡,因此在产品设计的同时就要进行可靠性设计。他们开始把研究的重点放到了这方面。

1990 年,杨为民和他的同事们作为可靠性系统工程专家和顾问,参加了南昌飞机制造公司新型教练机 K-8 的研制,这是我国第一个在飞机设计的同时就进行可靠性设计的机种,在多方的共同努力和协作下,从方案论证到设计定型仅用了 2 年时间。

试飞表明,该机型的可靠性、维修性均已达到指标要求,其任务可靠度大大超过了要求值,杨为民在该机的首飞中荣立一等功。不久,K-8 顺利参加了在新加坡举行的国际航展的飞行表演。归国途中,又先后飞往缅甸、孟加拉、巴基斯坦等国进行飞行表演,受到国际同行的高度评价。1999 年 6 月 12 日,K-8 飞机再次在巴黎举行的第 43 届国际航空航天博览会上亮相,中国和巴基斯坦飞行员联合驾驶该机的精彩表演,受到了法国总统希拉克和现场观众的称赞。

时任南昌飞机制造公司 K-8 新型教练机负责可靠性设计的主任设计师龚庆祥回忆说,如果没有杨为民、屠庆慈等一批专家的努力,如果没有从飞机全机设计的开始,就同时进行可靠性设计,就不可能有如此满意的结果。

1997 年,龚庆祥已调任北航可靠性工程研究所担任副总工程师。他深有感触地说,可靠性技术是高科技的综合产物,是前景广阔的"朝阳"工程。

进入"九五"以来,北航工程系统工程系教学和科研工作又有了突破性的进展。以航空可靠性综合重点实验室为代表的一批高科技、高层次实验室的建立,拓宽了既搞科研、又服务于工程和社会的领域;在过去搞单项科研的基础上,又开辟了可靠性共性技术预研的阵地;育人方面,在过去培养本科生、硕士生的基础上,发展到博士、博士后等高层次人才的培养……

如今,杨为民和他的团队所从事的可靠性系统工程研究,跃上了一个又一个新的台阶。海上的船舶、军舰,陆地的坦克、汽车,天空的卫星、火箭等都涉及了。美国亚利桑那大学机械可靠性权威 K·C 教授来中国讲学时,在了解到北航可靠性工程方面的工作后,称赞杨教授在许多方面都走在了他的前面。

为了推广可靠性系统工程知识,近年来,北航可靠性工程研究所为航空、航天、部队、民航和国民经济其他部门举办了 90 多期培训班,培训了上至部长、将军,下至可靠性主管技术人员达 6000 多人次。一套由杨为民亲自主持，组织国内十几位专家编写的近 200 万字的《可靠性、维修性、保障性》技术丛书，目前已出版了 9 册，这套丛书既是培训教材，也是从事可靠性系统工程工作人员的指南和重要参考资料。

用年轻人的执着点燃学术的薪火

杨为民说，可靠性工程技术发展到今天，任务越来越重，在国民经济和国防建设中都有着日益广阔的应用前景，我现在的目标就是要在有生之年，多做一些基础性工作，为年轻人搭起一个更大的舞台，开拓一片更广阔的天地，以利于更多的青年学术带头人和科技工作者的成长。

杨为民 33 岁时就受命挑起了负责研制我国第一架高空无人驾驶飞机的重担，因而，他尤其知道年轻对于科技创新的意义。为此，他及时将自己在工作实践中总结出的理论和经验传授给年轻人，并同他们进行学术探讨，还要求每一位老教师都要做好传、帮、带工作。

他期望自己领导的研究集体是一个生机勃勃的、富有创造力的集体，他特别期望年轻人能用自己的执着积极地思索和实践，他更期望通过自己的无私支持能使年轻人的思想结出累累硕果。

80 年代中后期以来，各高校都遇到了一个同样的难题：在社会主义市场经济大潮中，如何在比较清苦的条件下把高水平的教学科研人才留住并充分发挥他们的作用？这在杨为民领导的北航工程系统工程系里，却解决得较好。

从 1990 年至今，该系因照顾两地分居、出国，先后有 10 余位教师离开，但是调进来的却有 40 多人，而且主要是青年人，其中硕士、博士占 40% 以上。该系的凝聚力从哪里来？

杨为民说，一个集体的凝聚力，其实就是个"情"字维系。年轻人说，杨老师和系领导班子像强大磁铁，用兴旺发达的事业，用诚挚的感情，把大家紧紧地吸引在一起。

今年 35 岁的系科技办主任王自力高工，一直珍藏着恩师杨为民送给他的结婚纪念品——一对情侣表，这是杨为民获北京市先进工作者称号时得到的奖品。1988 年，王自力硕士毕业想分回老家四川工作，杨为民觉得他有发展潜力，就不厌其烦地找他谈话，希望他留校工作。

"杨老师的那份真诚感动了我，让我能够继续从事可靠性工程研究。"王自力说，"杨老师无形中总有一种人格的魅力，不管是学生还是同事，都心甘情愿跟他干，尽管他有时很严厉、脾气较大，大家都没有怨言，其实，他这样都是为了事业，他对年轻人的发展都有规划，在这样的环境里工作，特别适合于年轻人的成长。"

"杨老师经常跟我们讲，可靠性系统工程要求各专业必须协同作战，没有主角和配角之分。"年轻的系副主任康锐副教授说，"他总是要求我们站在国家和行业的高度看待和研究问题，鼓励我们勇挑重担，把我们推到重大项目的第一线，在实践中得到锻炼和提高。"

长期以来,高校教师住房也是一个大难题,学校房源紧张,许多人排不上队。为了让更多的教师安居乐业,尤其是让青年教师能住上房子,1995年,杨为民建议系里拿出自有资金100余万元,参加学校建房集资,在校内外买了一、二、三居室各种规格的房子33套,分给无房和缺房的教职工,切实解决了教工的困难。

在杨为民的倡导和主持下,系里还制定了稳定队伍的一系列管理条例。如《关心群众送温暖若干规定》,共12条,对如何关心系内职工及其亲属的工作、生活和生、老、病、死及婚、丧、嫁、娶均有规定;《"系青年奖励基金"条例》则规定,对从事教学、科研、管理各项工作的青年均要鼓励和表扬他们取得的进步和成绩;《系内津贴发放条例》在肯定多劳多得的前提下,强调走共同富裕道路的思想,并做出了向青年科技人员倾斜政策的若干规定。但杨为民却规定,系内发放津贴自己只拿二等。

站在时间的支点上

杨为民惜时如金。他的工作动力仿佛永远也没有枯竭的时候。

在他清瘦的脸颊上,有一块醒目的伤疤。提起这块伤疤,北航工程系统工程系翟光明教授总是十分动情,他说,它记录了杨老师忘我工作的一段故事。

1977年,杨为民在机场指挥无人机试飞期间,正和翟光明共同操作手摇吊车,突然由于吊车的机件失灵,飞旋的摇把重重地打在他的左脸颊上,掀起一大片皮肉,顿时血流如注,被送进北空医院。在途中,杨为民对同行的试飞队政委提的唯一要求是:请不要通知我的父母和爱人,以免影响他们的工作。由于伤势严重,手术进行了4个小时,缝了40多针。

杨为民只在医院住了一周,放心不下试飞工作,天天要求出院,医生拗不过,只得同意他出院,并再三叮嘱,一定要全休,一周后回院复查。可杨为民一出院就直奔机场,把全部精力都用到了试飞工作上,他要把失掉的时间赶回来。

伤口感染了,他说没关系;伤口化脓了,他仍不当回事。在机场一待就是40多天,低烧也持续了40多天,硬是等完成了试飞任务才又回医院治疗。医生揭开他脸上的纱布,看到几乎溃烂穿孔的腮帮,急了:你为什么不按时来复查?真没有见过你这样玩命的人!

熟悉杨为民的人都知道,他的时间观念太强了。他就像是无时无刻不站在时间的支点上,永无休止地转动着、奉献着。

杨为民每周都有一张工作日程安排表,每天上午、下午、晚上三个单元的时间都被安排得满满的。在他的日程安排表上,节假日和星期天也全都被排上了工作。

常常在一周的时间里,他除了系里的工作外,还要与校外许多个单位接触,如有一次就奔波于廊坊、沈阳、长沙、北京四个地方,作了四次报告或讲课,其中有两个晚上是在火车上度过的。他把全身心都投入到了可靠性事业上,平时极少参加与专业无关的社会活动,就连他的老同学、老战友从外地来看望他,他也经常请别人代为接待或婉言推辞,有人说他为了可靠性事业快变得"六亲不认"了。

在杨为民忘我工作精神的带动下,北航工程系统工程系已逐渐形成了一支披坚执锐、能打硬仗的队伍。这个集体的教学和科研人员在国家和行业层次任务的需求下,坚持走"专业定位"与"任务定位"有机结合的发展道路,发扬团队拼搏精神和集团优势,坚持教学、科研和工程相结合,注重社会协作与服务,取得了可喜的经济效益和社会效益。

一位年过半百的女教师颇有感慨地说,这么多年,我们是硬被老杨给逼出来啦。

多年来,杨为民常常是带着病痛超负荷工作的。有时为抢时间,一天飞两个地方。他有严重的肠胃病,长期以来不能吃肉,不能吃长纤维蔬菜,仅靠吃煮烂的面条和鸡蛋维持。他有严重的肩周炎,有时疼痛难忍,抬手都困难,还曾经晕倒在办公室。

但他却十分轻松地对周围的同事说:"我是搞可靠性研究的,我这个产品,关键元部件均无问题,起码还能安全可靠地再干好几年,还能把研究工作推上一个新台阶,把年轻的学科骨干推到前台,接好发展可靠性系统工程的接力棒。"

1991年春,大家看到杨为民脸色很难看,知道他身体极度不适,就在北医三院为他办了住院检查手续,可他硬是"赖"在工作中不走。系里就此事向校长、书记作了汇报,学校作出了让杨为民暂停工作、住院检查的决定,他仍以学校刚开学,工作脱不开身为由,"拒不执行"学校的意见。一直拖到这年夏天,在大家的一再催促下才去住院检查病情,但大家还得答应他两个条件:一是上午检查,下午工作;二是请主治大夫同意在他住院期间,可以请假出院参加重要的会议。

生命中焕发出爱的风景

除了对事业的挚爱,杨为民的人生追求中,还时常焕发出对师长的敬爱、对同事的友爱、对年轻人的慈爱……

这是一片动人的爱的风景。

1992年系名誉主任张锡纯教授住院动手术,杨为民亲自推车把老先生送进手术室,而后在手术室外等候了4个小时,直到手术成功,又将张老送回病床上。

所里王老师去世,家属希望单位能派人守夜,杨为民抢着要去了。同志们看他身体不好,又住在校外,不让他去,他说:"我和老王共事一场,让我最后陪他一夜吧。"

工人梁德鑫师傅病逝,在八宝山火化时,又是杨为民推车把遗体送进整容室、再送进灵堂。他眼含热泪深情地说:"以后再也不会有为梁师傅服务的机会了。"

杨为民常年工作紧张而忙碌,但对系里同志的大小困难,总是惦记在心里。系里同志搬家,他要挤时间去帮忙;职工生病住院,他掏钱买东西去探望;职工子女考大学,他派车去接送;女同志出差回京赶上深夜到站,他会专门打电话派车去接……

在北航校园内,至今还流传着杨为民两次让高工、两次让教授的佳话。1981年学校为鼓励有贡献的中青年教师,分配给无人机研究所一个高级工程师指标,全所上下一致认为,论学识、论贡献,非杨为民莫属,可他怎么也不同意申报。最后,这个指标只好上交。

1982 年评高级工程师,所里反复动员,他还是不肯报名,系里只好背着他代他填表申报,并利用他符合免试外语的条件,才"强迫"地为杨为民评定了高级工程师职称。

1985 年,学校评教授,系里同志认为他符合晋升教授条件,系党总支书记两次动员,又被他一口拒绝了。

1987 年学校评教授时,校长特别指示:"老杨这次该上了,系里要做工作。"但杨为民还是不理睬干部、教师的轮番动员。当时,67 岁的系名誉主任、学术委员会主任张锡纯教授知道杨为民本人不申请就无法为他评定正高级职称,比大家更着急:"老杨作为系主任不申请,会影响系的声誉。他再不听劝告,我就要向学校提出辞职,不干了!"

杨为民从外地出差回来后见老主任真的写了辞职报告,赶去找张老说:"您千万不能辞职,系里的工作需要您指导。"

后来,在张教授的一再坚持和要求下,52 岁的杨为民才不得不同意在系里事先为他填好的表上签上了名,被评为教授。

说到为什么不肯晋升高级职称的原因,杨为民只是淡淡地讲,十年动乱,教育界欠账太多,国家有困难,僧多粥少的情况下,党员干部理应让一让。

杨为民在精神上、事业上是一个富有的人,在物质上同样也可以成为一个富有的人。然而,他却给自己立下规矩,工资袋之外的收入和各种奖励,全部上交集体。

系办公室的本子上记载着他近年来上交的各种钱物,其中大的有航空金奖 10 万元,小的有审稿费 10 元。

1988 年,杨为民获全国五一劳动奖章,中华全国总工会奖给的一台照相机,他送给了系学生会;1991 年,他获得原国防科工委"光华奖"一等奖,奖金 5000 元上交给系作为系青年奖励基金;1993 年,他被评为北京市共产党员十杰,奖给他一台微机,他交给校党委办公室;1994 年,他获得"航空金质奖章",国家科委主任宋健为他颁发10 万元奖金时特别嘱咐"不许上交",最后他还是把这笔钱全部充实到系青年奖励基金中去了;1995 年他获得"北京市先进工作者"称号,2000 元奖金交到系里;航空工业总公司发给他为某型飞机设计定型做出贡献的 3000 元奖金,他立即转赠给了南昌飞机制造公司从事可靠性工作第一线的同志……

杨为民说,在共产党员心中,私的一块要划得小一点,公的一块要划得大一点。

被延河水哺育的情怀

杨为民生于 1935 年,长于革命圣地延安,18 岁时加入中国共产党。他说,延河水的清纯、宝塔山的峻拔给他留下了终生难以忘怀的记忆。

他曾在早期自传中，叙述了小时候跟随父母辗转于太行山抗日根据地的往事："当时在山地行军不能骑马，我也只得走，人小走不动，他们就用皮带捆住我的腰，一个在前，一个在后，上山时前面的人拉我，下山时后面的人拉我。我亲身体会到叔叔阿姨们都是自己的亲人，我生活在大家庭中。有时，我们住到老乡家，老乡都给我们做点好吃的（小米饭），可是他们却吃野菜，爸爸又把饭送回去，让他们自己吃，我知道老乡对我们真好。"

杨为民的父母均是老一辈革命家，他是他们的独生子。父亲杨秀峰，曾任高等教育部部长、最高人民法院院长、全国政协副主席，母亲曾是国家教委机关党委书记、副部级干部。今天，杨为民非常理解父母当初给他取名"为民"的含义和期望，他从父母及其他老一辈革命家的言传身教中，深刻地感悟到应如何去实践和奉献有意义的人生情怀。

这是一种被延河水滋润和哺育的情怀。

有时候，这种情怀却很特殊——尽管教学、科研工作很忙，杨为民却总是惦记着教职员工的冷暖，但对家里的事却无暇顾及。譬如有一次，由于任务繁重，爱人生病住院，他只能匆匆地去看了两次；女儿考大学，连他的面也见不着。

1983 年冬天，父亲病危住院，杨为民作为独子必须陪床。但他丢不下手里的工作，又不愿告诉任何人，自己坚持白天上班，晚上陪着操劳一生的父亲。

半个月后，父亲离开人世。在临终前，父亲叮嘱杨为民："不要因为我，停下你手中的工作。"

第二天，杨为民仍和往常一样站在讲台上讲课。晚上，同学们从《新闻联播》中得知了杨秀峰同志逝世的消息，许多同学流着泪说："这件事，我们一辈子也忘不了。"

1994 年夏天，杨为民的母亲也因病离开了人世。他在劝阻系里的同事们参加他母亲的遗体告别仪式时说："我已经耽误了工作，如果因为家事再让大家也误了工作，我父母在九泉之下也不会安心的。"

关于自己的家庭，杨为民从不愿跟人提起，他始终认为自己是一个普通人。他甚至恳请记者，他的家没有什么好写的，如果一定要写，就多写写中国的可靠性系统工程事业、多写写这个奉献的大集体吧。

但是我们还是禁不住。对于这个普通而特殊的中国家庭，对于像他们一样献了青春献终生、献了终生献子孙的无数革命者和建设者无私而宽广的情怀，我们心中充满了敬意。

李白有诗云：黄河落天走东海，万里写入胸怀间。

当历史的脚步即将迈向 21 世纪的时候，我们将这古人体味潮流和展望未来的诗句，献给杨为民教授以及被母亲河哺育的千千万万中华儿女。

——原载于《中国航空报》1999 年 6 月 29 日头版

"我是共产党员"

——北京航空航天大学杨为民教授的事业与追求

鲍道苏　郑彦良　蔡劲松

共产党员,意味着什么?

共产党员,意味着坚定的信念,意味着对理想的执着追求,意味着对国家、对人民的忠诚。共产党员,意味着没有克服不了的艰难险阻,意味着事业上永不停止的脚步。

共产党员,意味着对人民群众的关爱,意味着淡泊名利、甘于清贫,意味着无私的奉献。北京航空航天大学工程系统工程系主任兼可靠性工程研究所所长杨为民,就是这样一名真正的共产党员。

一

作为一名共产党员,国家的需要就是自己的需要。从 1958 年毕业于原北京航空学院火箭系到今天,杨为民在 41 年教学和科研生涯中选择的人生追求和准则是:把"我"与时代、与国家的迫切需要相结合,与自己所在的战斗集体相结合。

20 世纪 60 年代末,面对超级大国的空中挑衅,为增强我国空军的实力,原国防科工委向北航下达了研制高空无人驾驶飞机的任务。

时年 33 岁的杨为民受命担任无人机的技术总负责人兼总体研究室主任。在近 10 年的时间里,杨为民和他的集体克服了因外国技术封锁造成的资料匮乏,克服了 10 年动乱的干扰,使我国第一架高空无人驾驶飞机飞上了蓝天。1980 年,无人机通过了设计定型,转入批量生产,装备了我国空军第一支无人机部队,并为保卫国家安全立下战功。

进入改革开放的年代,杨为民主持的北航无人机所却面临着发展方向的抉择——在新的无人机任务未下达前,是固守以前的成绩,还是探索崭新的领域?杨为民的选择是:走向国防和经济建设主战场。他强调,只有源于实践,才能抓住真正的社会需求;只有高于实践,才能不断提高理论水平;只有回于实践,才能最终解决实质问题。他带领大家下工厂、访部队、走"三线",寻找国家建设和发展中迫切需要解决的课题。

在走访中他们得知,我国空军飞行员的抗荷服使用寿命过短,只有两年,急需解决定延寿问题。

一件抗荷服的定延寿课题,在杨为民面前展开了一个全新的探索领域。他深知,这个研究方向大有可为。杨为民向与自己并肩战斗多年的同事们说,可靠性工程是新兴的科研方向,让我们赶上了是我们的机遇。

从 1983 年到 1986 年,杨为民和同事多次到部队和生产厂家,与工程技术人员一起搜集和分析数据,做了大量调研和试验工作。贺国芳教授回忆说,那几年,他们经常在火车上进行方案论证和计算,最终把医学上的残存比例法理论借鉴过来,用随机截尾残存比例法解决了抗荷服定延寿问题,使抗荷服的定延寿从 2 年提高到 5 年。这也是航空领域第一个攻克定延寿问题的实例。

杨为民和他的研究集体在可靠性技术上的成果引起了航空主管部门的关注,一个又一个急需解决的技术难题摆在他们的面前。

国产"运七"飞机是我国民用航空最大的机群,生产厂规定"运七"的机载设备寿命仅 300～500 飞行小时。在主管部门的领导下,杨为民组织科研人员和几十个厂家合作,了解上百种设备的内外场故障信息,分析故障模式和原因,研究解决途径,指导各厂、所进行延寿试验,经过近 5 年的努力,终于使"运七"机载设备的首次翻修期限延长到 2500～5000 飞行小时,达到了国外同类飞机的水平。

这项成果还在其他十多个民用、军用机种中得到应用和发展。仅"运七"机载设备一项,"七五"期间为国家节省的经费就超过两亿元。

在实践中,杨为民和同事们意识到,可靠性工程追求的是产品寿命周期内的性能、可靠性和费用的综合权衡。因此,在产品设计的同时就要进行可靠性设计。

1990 年,杨为民参加了南昌飞机制造公司新型教练机 K-8 的研制,这是我国第一个在飞机设计之初就进行可靠性设计的机种。K-8 试飞成功了。在国外举行的航空展览上,K-8 得到国际同行的高度评价。现任北航可靠性工程研究所副总工程师龚庆祥回忆说,如果没有杨为民、屠庆慈等一批专家的努力,如果没有从飞机全机设计的开始就同时进行可靠性设计,K-8 的研制就不可能有如此满意的结果。

杨为民和他的研究集体跃上了一个又一个新的台阶。经过 14 年的艰苦创业,北航工程系统工程系已形成国内最大的一支可靠性工程研究队伍,相继建成了具有国内一流水平,集机械、电子、计算机、控制于一体的"温度、湿度、振动、低气压"四综合实验室、失效分析实验室、软件可靠性实验室;多个国家级、部级可靠性工程技术中心和国家级可靠性技术专业组设置或挂靠在这里;研究领域不断扩展,在单项科研的基础上,开辟了可靠性共性技术预研的阵地,从天上的飞机、卫星、火箭,到地上的坦克、汽车,水中的舰船,无不涉及。

二

仅"七五"和"八五"期间,杨为民和工程系统工程系的教师、科研人员,与国防工业各部门的同行团结协作,共承担了 250 多项科研任务,全部按期完成,获得了 37 项国家和部委级奖励及一项国际博览会金奖;他们为航空、航天、部队、民航和国民经济其他部门举办了 90 多期培训班,推广可靠性系统工程知识,培训了上至部长、将军,下至技术人员达 6000 多人次。对于一个不到百人的集体来说,如此庞大的工作量和成就的背后,是笔墨难以描述的拼搏,是多少心血和汗水的流淌。

他心脏不好,不宜长途旅行;他有严重的肠胃病,不能吃肉,不能吃长纤维蔬菜,长期靠煮烂的面条和鸡蛋维持;他有严重的肩周炎,有时疼痛难忍,连抬手都困难;他几次昏倒在办公室、上班的路上。可是,他的工作日程总是排得满满的,每天上午、下午、晚上,连节假日都排满了工作。

几年前,有记者抄下过杨为民一周的工作安排:周日,上、下午在廊坊讲课,晚上乘火车赴沈阳;周一,上、下午分别给两个单位讲课,晚上乘火车回京;周二,上午处理系里的工作,下午开会,晚上找教师谈话;周三、周四两天,先后与航空系统 7 个研究所和一所学校研究问题;周五,白天主持系庆活动,晚上看望老教师;周六,飞赴湖南,参加可靠性工程学会年会,作报告。

为了他的身体,学校曾经专门做出决定,要他暂停工作,住院检查。一次,系里搞考评,党总支对杨为民的考评意见是:"希望杨为民同志为了党的事业,务必注意身体。"杨为民却轻松地对周围的同事说:"我是搞可靠性研究的,我这个产品,关键元部件均无问题,起码还能安全可靠地再干好几年,还能把研究工作推上一个新的台阶,把年轻的学科骨干推到前台,接好发展可靠性工程的接力棒。"

最近记者去北航采访时,目睹了杨为民繁忙而又十分平常的一天:找系主要负责人研究工作,召开系办公会议安排下半年的工作,给研究生讲课,指导博士生,检查两个实验室的工作情况……而在前一天夜里,他几乎一夜没有合眼,第二天又要飞往外地。

杨为民惜时如金,他的工作动力仿佛永远没有枯竭的时候。在他的带动下,北航工程系统工程系成为一支能打硬仗的队伍。一次,学校急需两个型号新机种的科研鉴定材料。只过了 3 天,800 多页工整、严谨的科研鉴定材料就完成了。一位年过半百的女教师感慨地说:"这么多年,我们是硬被老杨给逼出来啦。"

三

杨为民是中共十四大、十五大代表,先后获得过很多荣誉:1988 年获全国"五一劳动奖章"和国家有突出贡献的中青年科技专家称号;1989 年被评为北京市劳动模范;1990 年国家教委、国家科委授予他"先进科技工作者"称号;1991 年获"光华科技一等奖"和政府特殊津贴;1993 年获"航空金质奖章";1996 年作为教育战线共产党员的模范被广泛宣传;1997 年被授予"全国优秀科技工作者"称号和首都精神文明建设荣誉奖章。他还因对国防建设的突出贡献,多次荣立一等功。

杨为民的父母是老一辈革命家。杨为民非常理解父母给他取名"为民"的含义和期望,从父母和老一辈革命家的言传身教中,深刻地感悟到应如何去实践和奉献人生。

在一次支部会上,杨为民流着泪对同志们说:"工作是大家做的,功劳是大家的。个人的贡献放在天平上是绝对不能与集体相比的。我是喝延河水长大的共产党员,荣誉全给我,有愧呀!请不要让我脱离群众!"多年来,他拒绝采访。面对新闻记者,他反复只有一句话:别写我!工作是大家做的,我只是做了一个共产党员应该做的。

在精神上、事业上富有的杨为民,在物质上甘守清贫。他发表了数十篇论文,主编了数百万字教材,担任了8个科研院所的技术顾问和国防科工委可靠性专业组组长,主持着经费以千万元计的科研项目,获得了数十项科研成果奖励,担负了大量讲课、咨询、鉴定工作,却给自己立下规矩:工资袋以外的收入和各种奖励,全部上交集体:多到"航空金奖"的10万元奖金,少到10元审稿费、一只小闹钟。

他主持制定的《系内津贴发放条例》规定多劳多得,向青年科技人员倾斜。而他又规定,系内津贴自己只拿二等。他说,在共产党员心中,私的一块要划得小一点,公的一块要划得大一点。

有人不理解杨为民的所作所为,问他:"你多劳为什么不能多得?"杨为民回答说:"我是共产党员,不能以'多得'作为'多劳'的前提条件。现在僧多粥少,共产党员为什么不应该让群众多喝一口?"

杨为民33岁时就挑起了负责研制我国第一架高空无人机的重担,他深深了解"年轻"对科技创新的意义,多次表示,现在的目标就是要在有生之年,多做一些基础性的工作,开拓一片更广阔的天地,为年轻人搭起一个更大的舞台。年轻人说,杨老师和系领导班子像强大的磁铁,用兴旺发达的事业,用诚挚的感情,把大家紧紧吸引在一起。

为改善青年教师待遇,杨为民倡议在系里设立了青年教师奖励基金,多次用自己的奖励金充实基金;为解决教师住房困难,他建议系里拿出自有资金为教师购房;老教授患病,他亲自推进手术室;老工人过世,他推车送遗体整容,再送进灵堂……对系里同志的大小困难,杨为民总是惦记在心。在杨为民的倡导和主持下,工程系统工程系制定了《关心群众送温暖若干规定》,一共12条,对关心系内教职工及亲属的工作、生活和生、老、病、死及婚、丧、嫁、娶都做了具体规定。

在采访中,记者多次听到杨为民说"我是共产党员"这句话。在战争年代,"我是共产党员",意味着冲锋在前,意味着流血牺牲。在和平年代,"我是共产党员",有了新的含义。只有真正理解了"共产党员"的含义,我们才能真正认识杨为民,理解杨为民,学习杨为民的优秀品质。

——原载于《中国教育报》1999年7月1日头版头条

理清思路　创新发展

——在北京市教育系统 1999 年对外宣传工作会议上的发言

郑彦良

1999 年 3 月 24 日

北京市高校的新闻宣传工作在市委教育工委和市教委的直接领导和关心下,在新闻界朋友的支持下,近年来有了长足的进步。各高校在新闻宣传工作上都积累了很好的经验,形成了本校特色,值得我们学习。下面我简要汇报一下北航新闻宣传工作的三点感受,供大家参考。一是一条思路,二是两个做法,三是三点体会。

一、新形势下宣传思想工作必须有一条明晰的适应本校特色的基本思路

谈对外宣传工作为什么讲这个？我认为非常重要,一所重点大学,如果没有明晰的基本思路,不仅对外宣传工作,其他宣传工作也很难搞好。这个思路是在这几年工作实践中逐步探索总结形成的,概括起来,就是"三个一,四句话",即"坚持一个根本,围绕一个中心,建立一个格局,典型引路,抓住载体,突出重点,巩固阵地"。

坚持一个根本,就是始终坚持以学习宣传邓小平理论为根本任务。

围绕一个中心,就是紧紧围绕学校中心工作,围绕育人这一中心任务做好宣传工作。

建立一个格局,就是围绕中心建立"大宣传"的工作格局。我们认为,在像北航这样的大学里,"大宣传"的含义,起码要有四方面的考虑。一是在思想上要树立六个意识,即政治意识、大局意识、责任意识、创新意识、服务意识和安全意识;二是在方法上拓宽,在保证意识形态导向的前提下,使宣传工作千方百计地渗透到学校中心工作和各项业务工作中去,把宣传工作的务虚与务实,有形和无形结合起来;三是在工作内容上也相应拓展,除了过去我们一般意义上的宣传工作外,还要引入形象工程,宣传工作要加入相当一部分创意、策划、公关、"包装"甚至经营等内容,为学校各方面工作适应和融入市场经济主战场服务;四是执行机构上要有新变化,要形成以宣传教育为主体,党政工团共同承担的工作局面,调动方方面面的积极性,校宣传部应改为两块牌子,一套人马,既是党委宣传部,又是行政上的宣教处,下辖校报、电

视台、广播站、电教中心等多个机构,以增强工作实力和宣传效果。

典型引路,就是突出地、经常性地挖掘、宣传先进典型和闪光点,特别是师生员工身边的人和事,以榜样的力量教育人、鼓舞人,增强宣传教育工作的形象化、亲和感和说服力。

抓住载体,就是注意抓住不同时机,利用多种载体进行宣传。结合党和国家的重大活动、纪念日以及学校教学科研、建设中的重要活动,进行主旋律和主题宣传活动,营造学校良好的舆论氛围。

突出重点,就是采取一系列措施突出做好青年教师的宣传工作,通过校内外大众媒介不停顿地介绍一批优秀的青年教师,抓好北航青年教师凝聚力工程的宣传。

巩固阵地,就是进一步加强和完善宣传阵地的建设和管理,每年要有一两项广大师生看得见的工作新进展,充分发挥大众传媒的宣传鼓动作用。

这几年来,我们正是围绕着这个思路开展工作,并取得一定成效的。最近三年,我们北航的新闻宣传工作,据不完全统计,我们自主安排的对外文字报道每年平均有 300 多条、次,电视报道(含 CCTV、BTV、CETV)1996 年是 36 条,而 1997 年和 1998 年都达到 50 条(部)以上。为了配合学校"国内一流、世界知名"的发展战略目标,我们还加强了对境外的新闻宣传工作。可以说,这几年是北航新闻宣传工作成效最好的时期之一。

二、两个做法

在基层新闻宣传工作中,我们始终注意把握了两个基本做法。

一个做法是新闻宣传工作中的组织纪律观念,注意守规矩,也就是要和中央及学校的中心工作保持高度一致,紧紧围绕这一点不偏航,遇有较大的宣传工作要及时主动地请示汇报。我想这也就是江泽民总书记所强调的政治意识、大局意识和责任意识的主要内容之一,只有这样,新闻宣传工作才能做到锦上添花,帮忙不添乱。有时,为了全局利益,还要忍痛割爱,及时拿掉已编发的稿子,这也是逐步走向国际化高校的北航,在新闻宣传中的一大特色。这几年我们发了上千篇稿子和很多音像资料,由于遵守了上级和学校的宣传纪律,保持了一致性,没有发生大的问题。

第二个做法是新闻宣传工作必须走改革创新之路。江泽民总书记讲,"创新是一个民族的灵魂,是一个国家兴旺发达的不竭动力",新闻宣传工作更是如此。现在媒体竞争十分激烈,对稿子的要求也越来越高,你的稿子如果没有新意,或者没有好的新闻切入点,是很难被采用的。因此,特别要注意研究上级宣传工作信息的新闻要点,在提高新闻质量和改进工作方法上下功夫。不主动、不改革、不创新,就很难做好宣传工作。如在新闻宣传队伍上,北航不是靠一两个笔杆子,也不是全靠宣传部的同志,而是靠一支训练有素的队伍。光是学生通讯员,我们就组织了近百人的三支队伍,分别是校报学生记者站、广播站记者团、学生文体活动记者团。建立可持续的学生新闻通讯员队伍,并坚持培训、新闻评比、评选优秀通讯员等制度。坚持这个做法,我们是从培养学生的全面素质和提高校内外新闻报道的活力出发的,搞了几年,收效较大。像现在《北京日报》当记者的曹斌,他是学材料专业的,在校学习期间特别是三四年级,每年在首都各报刊上都刊发 100 多篇稿件,毕业后就被北京日报社录用了。像他这样学的是理工科专业、在校报记者站锻炼过,毕业后去当专职记者的就有五六位。校内教职工中,也有一些或是文笔很好,或是摄影发烧友,我们也把他们的积极性调动起来,组织起来,经常提供采访信息,有的已成为境内外报刊的特约通讯员。宣传部的同志,经过多年的磨炼,写作和拍摄基本功也有了长进,为了提高年青同志的素质,鼓励和支持他们读学位或培训学习,在工作中充分发挥他们的专长。再有,在宣传创意上,要注意找好切入点。像国家每次重大活动几乎都可以看到北航的报道,如香港回归、抗洪救灾等,我们都安排了角度不同、反映北航情况的大量稿件,进行了"有影、有声、有图、有文"的全方位、多层面的立体宣传。每年的人大、政协两会也是我们的关注点,去年我们着重宣传了北航新当选的 4 名新委员,今年则突出了以北航为切入点的两会内外花絮,其中还首次公开了全国人大、全国政协和香港立法局会议电子集成系统,是由北航年轻教授熊璋课题组研制以及技术服务的情况。

新闻宣传上要强调主旋律,但就像欣赏音乐一样,既要有雄壮有力的交响乐、大合唱,也要有温馨轻松的轻音乐、小夜曲。一些很温馨、很有积极正面意义的有时还很容易被漏掉的花絮,我们也注意在宣传中进行挖掘和报道。这些花絮报道,还常常取得意想不到的效果。

三、三点体会

我搞了多年宣传工作,酸甜苦辣的体会何止三点,今天谈感受,只讲三点。

1. 有为才能有位

现在高校宣传工作,真是又苦又累又难又穷,搞不好你在学校的地位都成问题,不受重视。我们也发过牢骚,后来一看,牢骚没用,你要振作精神干起来,要用很强的奉献和吃苦精神干出点儿名堂来,人家才认你,如果你干得各部门,甚至校党政领导都觉得离不开你了,你在学校的地位自然就有了,当然经费问题解决起来就相对容易多了。要想有为,首先得有自信心。如果人家对宣传部门有看法,你自己再没信心,怨天尤人,这工作就没法干好。举个例子,我接手宣传工作后,就是不服有人说"现在的宣传部部长连个形势报告都讲不好"的说法,狠下了些功夫,没想到去年还意外地获评了北京市优秀报告一等奖,捧上了"灵山杯",报告在校内也有了一定的认同度。其中的甘苦,只有自己清楚。其次,在新闻宣传上,我们特别强调了服务,为领导服务,为部门服务,为基层服务,多出点子,多办实事。1997 年底,我们和科研、科技开发部门合作,创意设计,搞了 14 框橱窗的年度科研和科技开发成果展,速度快、信息多、数字准,在校内各部门、院系引起震动,我们把这些材料又组写成文章,还上了行业报纸的头版头条,在其他报纸也发了不同角度的文章。服务得多了,人家在经费和设备上也会支持你一把。现在办公室、校报、电视台都增添和更新了一些设备,比过去改善多了,工作效率自然就提高了。像学校有关部门和院系,我们都鼓励和帮助他们出彩页、画册等宣传品,效果都挺好。

2. 要看得远一点儿,扎得深一点儿,抓得快一点儿

想看得远一点儿,自己首先就要多学习。其次就得远期有规划,近期有策划。没有规划或策划过的东西,写出来,或角度不新,或深度不够,登了也没啥影响。

扎得深一点儿,就是要尽量沉下去,深入基层,多问多看,掌握和储备尽量多的第一手资料和信息,这个要靠长期深入,逐步积累。而且学校的改革发展变化也很快,不经常下去,不熟悉一线情况,就写不出有新意、有内容的好东西来。

所谓抓得快一点儿,是强调新闻的时效性。新闻新闻,贵在"新"字;有时很好的稿子,晚一天都是旧闻。因此捕捉新闻的敏锐感和出稿的时效性,就显得十分重要。为了抓新闻,我们常常是及时和媒体记者沟通,用最快的速度成稿,用传真机发稿甚至电话口播稿,有力配合了有的报纸当天新闻当天见报的新闻改革,效果不错。不少新闻单位也都来联系,提前策划,要时效性强的稿子。

3. 同新闻界广交朋友,把虚功做实,要讲究实效

搞新闻宣传,必须同新闻界建立紧密联系,广交朋友,沟通信息。每年初,学校都召开部分新闻界朋友的吹风聚会,由沈士团校长亲自通报学校的情况和思路,强调学校今年要办什么大事儿。由于《北京日报》《北京晚报》驻高校记者站放在北航,我们还充分利用这个渠道,为首都高校的新闻宣传服务。新时期的新闻宣传工作,还必须和学校方方面面的工作交融在一起,才能有生命力。现在我们一方面经常到各基层单位去策划采访,一方面不少单位的领导也愿意到宣传部来聊聊,互相沟通情况,出出主意。同时,要抓实效,每年都要干出几件实事,如典型宣传,1996年推出杨为民等先进人物报道,1997年对外介绍胡继忠等,1998年又宣传熊璋等年轻教授,让大家看得见,摸得着,这样大家才会理解和支持你的工作。

为了适应跨世纪的宣传工作,最近学校为宣传部又配备了两个年轻的副部长,一个是30多岁的北京大学哲学系毕业的硕士,一个是从西安交通大学调来的不满30岁的年轻作家。有了一支结构合理、充满活力的宣传干部队伍,学校的新闻宣传工作就会再上台阶。1999年和2000年应该是宣传工作大有作为的两年,让年轻同志多挑担子,有这两年的磨炼,他们会干得更出色。

最后,我要特别强调的是,如果说学校新闻宣传工作有点成绩的话,都是在市委教育工委、市教委的亲切关怀、各兄弟院校同仁的指导帮助和新闻界朋友的大力支持下取得的,我们的工作还存在不少问题,还需要今后继续得到大家的支持和帮助。

——原载于 1999 年 3 月 24 日《北京高等教育工作》

科技转化建奇功

——记北京航空航天大学熊璋教授

郑彦良　钟海怡

1999 年 8 月

在全国人大和全国政协的有关部门,在香港立法会秘书处,很多人熟悉熊璋教授,这是因为他和电子会议集成系统联系在一起。而电子会议集成系统仅是熊璋教授研制、开发的诸多科研项目中的一项。十几年来,熊璋除了教学、带研究生、做课题,还走出实验室,走出校园,投身到经济建设主战场,创造了良好的社会效益和经济效益。全国政协的领导同志曾对一家杂志的总编辑说:"新闻宣传部门要大力宣传熊璋这样的优秀教师、优秀科技人员。"

蓄势待发,打下坚实基础

今年 42 岁的熊璋教授作为北航计算机系的博士生导师,是享受政府津贴的青年科技专家,是霍英东青年教师奖的获得者,1997 年入选国家教委跨世纪人才计划。

1978 年,在国家恢复高考的第二个年头,熊璋考取哈尔滨船舶工程学院计算机专业。4 年的大学生活中,他多次被评为院三好学生。1982 年,熊璋又以名列前茅的总成绩考入北航,攻读计算机硕士学位。他毕业时,正值我国计算机行业起步不久,很多待遇优厚的单位四处搜寻计算机专业人才,然而熊璋毅然留校做了一名普通教师。他尽力完成一名大学教师所应承担的职责,开出"计算机导论"等课程,熊老师的课被同学们评为"最受欢迎"的课,获得过学校教学成果二等奖。

当出国潮一波接一波地涌来时,他婉拒了大洋彼岸同学的来信催促,谢绝了亲朋好友的规劝。他始终坚持一条,出国学习固然是好事,但出国与否,何时出国,应服从国家和学校的安排。1988 年,当他几次放弃出国机会以后,系里通知他:进修学习,准备出国。系里同时要求他立即参加航空工业部的 EPT 考试集训班。当时,熊璋正在给一个大班讲"计算机导论"课。放下课去学习,学生的学业要受影响;坚持上课,耽误时间一长,出国学习的事可能告吹。熊璋考虑的是首先要保证学生的课不受影响,他向集训班请了长假。两个月后,当他赶去向集训班报到时,该班负责人表示不能接受"迟到"的学生,理由很简单:少上两个月的课,根本不可能跟上学习进度。通过有关部门反复做工作,集训班负责人提出出题测验一下,视情况再定。熊璋非常顺利地做出了这些测验题,很快插班跟上了培训班的学习,不久又以名列前茅的成绩通过了国家出国外语考试。

1989年2月,熊璋到美国密歇根州大学学习。学习期间,他还同时承担着国内有关部门委托的科研项目。一年后,当完成了进修课程和研究科目后,熊璋谢绝了一位知名大学教授让他读博士的热情挽留和一个大公司的诚聘,按期回国了。在当时的背景下,回到中国很不被在国外的无论中国人还是美国人理解,但他坚决的态度、回国的诚意仍感动了不少人,美籍华人老教授感叹道:"熊璋是真正有思想的中国人!"他的同事们则佩服他:"难得熊璋的一片报国真情!"

回国不久,系里安排他当研究生的辅导员,他经常利用中午和晚上的休息时间,以自己的切身体会和研究生们谈心,细致而有效地做思想工作。熊璋由于在教书育人方面的突出表现,1994年被评为全国优秀教师。

带着为"两会"设计的成果走进香港立法局

长期以来,高校教师在实验室从事科学实验及研究是最普遍和极正常的现象。但随着经济和科学技术的发展,越来越多具有科技素质又具有开发能力的专家、教授走出校园,一大批科技意识强又有市场意识的青年学者首当其冲,使其实验里产生的高科技产品发挥出应有的价值,熊璋就是其中一位。

1993年,人民大会堂上级主管部门决定一改人工登记和统计的办法,在人大常委会会议厅安装一套会议用电子报到表决系统,并公开对社会招标。国内外不少著名的高校、科研单位和公司闻讯纷纷参与竞标。熊璋当时并没有接触过电子报到表决系统,但凭借雄厚的科研基础和学术功底,他有信心完成这一国内从未有人做过的课题。在教学任务重、课题要求高、时间限制紧、竞争又激烈的情况下,熊璋和他的课题组制定出缜密而科学的设计方案,经过了专家组的严格评审和实力考察,一举中标,承担起研制人大常委会会议厅电子报到表决系统的任务。

学校距人民大会堂较远,为了节省时间,熊璋课题组干脆住进了人民大会堂的地下室。他们几乎每天工作到夜里两三点,近40天"连太阳都没见过"。人大常委会的特殊重要作用和表决的不可重复性,增加了项目的难度,也带来了巨大的压力。熊璋说:"我们没有退路,必须确保系统万无一失。"熊璋采用了高可靠性的计算机系统,以设计军工项目的严谨作风,自出难题,反复测试,上级领导检查10次,而他们自己检查不下100次。国家领导人中,不乏电子专家,他们常以行家的眼光对这一科技项目提出建议和质询。熊璋往往一边演示一边讲解,最终,他们都认为熊璋的电子会议系统安全可靠。1994年12月,全系统通过了大会堂管理局的预验收,但直到1995年2月全国人大八届十一次常委会开始正常使用,课题组的成员才松了口气。

这几年,每逢全国人大、全国政协召开代表大会和常务委员会,作为大会技术服务人员的北京航空航天大学计算机系熊璋教授和他的课题组都要驻会进行技术保障。每当这时,熊璋心里既兴奋又紧张,兴奋的是他和他的课题组研制的电子会议系统再一次为全国最高会议提供服务,紧张的是包括中央领导同志在内的所有代表、委员都要使用他的电子表决器,万一有点闪失,个人名誉事小,直接影响表决结果就是举国上下的事了。

庄严的人民大会堂大礼堂,是全国各族人民表达意愿的神圣殿堂。穹窿上方,象征万众心向中国共产党的满天辰星已经闪烁了四十年,大礼堂的装备也进入90年代现代化的行列了。仅从屏幕显示上看,由于采用了先进的多媒体技术,在主席台两侧的两个150英寸的大屏幕上不仅能够清晰地显示各种文字,而且还可显示图像、图片,播放影像节目。公布选举结果时,能将候选人得票数连同照片一起准确、迅速地显示出来。从系统的可靠性上看,每次大会召开,大会执行主席都要郑重宣布,如果大会的电子表决系统发生故障,将采用人工计票。然而,正式启用熊璋课题组研制的这套系统三年多来,一直没有出过问题,为"万无一失"而设计的备份系统始终成为"摆设"。

人大常委会会议厅的电子会议系统的课题还未结束,全国政协常委会会议厅电子会议系统建设开始招标了。负责招标的政协领导听说这套电子会议系统搞得不错,特地把熊璋找来,看了他的演示,当即决定选用熊璋的这套系统。全国政协领导同志对政协常委会电子表决系统的研制工作非常关心,以至于亲自选定电子表决器的材料、造型和颜色。根据有关规定,系统被设计成不许知道投票者的选择,只在大会执行主席的位置上,设置了一个小小的显示屏,能够显示多少人投了票,多少人未投票。

去年,熊璋应邀出席中共中央举行的元宵节茶话会。在会上熟悉他的中央领导同志向大家介绍说:"这是北航的小熊,会议系统就是他做的,他的系统非常好。"全国人大、全国政协有关部门专门给北航发了表扬信、感谢信,感谢北航鼎力支持研制开发电子会议系统,称赞以熊璋为组长的课题组在开发、研制电子会议系统的过程中谦虚谨慎、热情服务,以精湛的技术和丰富的经验,在很短的时间内出色完成了任务。

1997年,《香港特别行政区基本法》明确规定,回归后官方会议必须中、英文并用,因而香港立法会一套由英国制作、仅能处理英文的陈旧的会议表决系统亟待更换。得知这一消息,海内外十多家公司纷纷参加投标,竞争非常激烈。已参加投标的飞利浦公司负责人专程到北京诚邀熊璋加盟。熊璋一人扛着3部机器赴港,立法会的有关负责人边看演示边提问,熊璋边操作边讲解。立法会要求的所有功能,熊璋设计的系统几乎全能实现。招标的负责人本想对竞标的十几家公司的设计方案和演示系统一一进行考察和评审,但看过熊璋的演示后,立即拍板:就交给熊璋,其他几家不用再看了。

能接手香港立法会的电子会议系统,熊璋确实很兴奋,但他很快发现,由于政治制度不同,香港特区立法会的表决程序与内地很不相同。立法会虽仅有 60 名议员,但表决方法就有 18 种之多。在总数的计算方法上,香港和内地也有很大差异。立法会每周三开一次会,常常开到凌晨,会议期间议员自由出入,如何计票?按照香港的社会习惯,议员们按完按钮,30 秒钟后就要将结果在媒体上公之于众。因此,对系统的时效性、准确性要求极高。显然,60 名议员的立法会的电子会议系统比人大常委会会议厅 3500 个座位的系统要复杂得多。研制期间,熊璋带领他的几名博士生和硕士生,每天从早上 9 点一直干到晚上 12 点。香港回归至今已两年,特区立法会的这套电子会议系统始终运行正常。范徐丽泰女士先后四次提出进行系统修改,每次熊璋他们都很快按照她的要求改进,范徐丽泰非常满意,称赞他们做得又快又好。

全国人大常委会、政协常委会和香港特区立法会的电子会议集成系统的研制、安装、调试成功,使熊璋的课题组开始名播海外。目前,已有韩国、马来西亚、沙特以及美洲的一些国家前来咨询,表示出合作的意向。仅人大、政协和香港立法会的项目,熊璋课题组就已为北航获得了可观的经济收入和巨大的社会效益。

开拓大市场

近 10 年来,中国在逐步向市场经济体制转轨,面对国内的改革大潮,熊璋感到科研工作必须紧紧面向市场,尽快将科研成果转化为生产力,用科技创造财富。他决心依靠科技开拓大市场,让科技本身变成经济效益。1990 年他刚刚回国就为广西玉林柴油机总厂制定了《人才培训计算机网络系统》,在颇有战略眼光的王总经理的支持下,熊璋和他的同事为玉柴培养了大批计算机人才,大大增强了玉柴的后续开发能力。

熊璋注意到,用高新技术改造现有设备进而提高产品的新技术含量,已成为企业家最强烈的愿望。1992 年,他偶然得知合肥某大型企业要做一套工厂计算机管理、辅助设计、辅助制造(即 MIS/CAD/CAM)系统的消息,他和系主任直飞合肥,不仅送科技上门,还帮助企业提高自主创新能力,以在竞争中制胜。这是国家电子振兴办公室等部门的重点技改项目,要求高、难度大,已有 13 家单位在竞争此项目。但熊璋他们拿出来的投资小又符合我国国情的设计方案,使企业对北航计算机系的实力不容置疑,深为信服,决定将项目交给他们完成。熊璋联合了校内的专家教授,协同攻关,使该系统很快就研制完成并投入使用。3 年后,机械部与安徽省组织了技改验收。在验收时,厂总工程师说:"我们的管理已经上了一个新的台阶,我们的水平与熊老师刚来的时候大不一样了。实践证明,北航的设计是合理的、实用的、科学的、先进的。"当时,正忙于人大常委会会议厅电子会议系统的熊璋没有时间去参加验收。该厂给北航发来传真"……吃水不忘挖井人,熊璋为我们厂做出了贡献,熊璋非来不行。"

1993 年底,熊璋在西安召开的某工业部门的"九五"计算机规划会上,作了一个学术报告。某研究所觉得他讲的内容很对路子,表示出进一步了解的愿望。熊璋立刻抓住这个机会,连续去该所两三次,终于与他们达成了合作协议。现在该项目早已完成,并已在我国某重点型号任务中发挥了作用,不仅经济效益好,而且该项目组和熊璋课题组还建立了融洽的合作关系。

多年来,熊璋在新技术推广应用上取得了骄人的成绩,在科研上也做出了突出贡献。熊璋承担了某重点技术合同关键部分的设计和开发,参加完成了我国某型号飞机的首台计算机设备"二余度容错计算机地面支持系统"和"四余度容错计算机地面支持系统",他主持的某型号飞机的"飞行实验多窗口显示系统""座舱综合告警多媒体系统",为我国国防现代化贡献了自己的力量。他参加的"低速大尺寸压气机实验装置和转子流场动态测量技术"的研究工作,以及与导师等人一起研制与之配套的"高速数据采集子系统",为我国研制新的航空发动机提供了关键手段,并已十分成功地应用于几个航空发动机型号的开发和改型上,该课题荣获国家科技进步一等奖。

回顾自己所做的一切,他怀着感激的心情提到他所在的集体——北航计算机系,他反复说没有他的导师、同事们的帮助、支持和配合,他不会有任何成就。他认为,他不比计算机系的任何人聪明,也不比任何人干得出色,只是机会给予了他更多的才智。如今,熊璋除了教学任务和学校的课题外,又承担了首都新机场和上海浦东国际机场广播音响控制系统的设计。当记者和他谈起这一面对 21 世纪的科技项目,处于技术创新前沿的熊璋教授,望着校园中逸夫科学馆前猎猎飘扬的国旗和那座凌空欲飞的"飞向未来"的不锈钢雕像激动地说:"新科技革命为经济发展提供了新的动力,竞争的优势将进一步向拥有先进技术和创新能力的国家倾斜。西方国家在这方面占有优势,也对我们形成了更大的压力。严峻的国际形势以及我国经济和社会的发展都要求我们加快科技教育的改革与发展,只有这样,才能使我国迅速富裕强大,才能在充满挑战的新世纪中立于不败之地。认清这一点,我自己今后只能加倍努力。"

——原载于《中国高等教育》1999 年第 15、16 期合刊,1999 年 8 月 18 日出版

追忆栢彦庄湧寿寺

——北航校园寻古探幽

郑彦良

2000 年 4 月

近日,因北四环路扩建,规划红线伸进我校十几米,一些建筑必须拆掉,这是大局,没啥说的,该拆就得拆。唯独教学区北部印刷厂厂部所在小庙的拆除,引起了我和一些同事的关注。日前,笔者曾四次探访,略知一二。特写此文,算是对北航校园内这座最古老的建筑的一个纪念吧。

这座小庙的现存建筑位于校印刷厂西侧,南北长 10 米,进深 6 米,一进三间,坐西朝东。门前两侧,北有明碑、南有清碑各一座。在最北边的一间屋里,靠窗户的北墙上镶嵌着一块四周为磨砖边框的石刻壁碑。碑文全文如下:"京北柏颜庄在村中间路西,旧有关帝庙古刹一座,为大明万历年间所创建,佛像庄严,堪为名村之镇。惟以年久失修,势将倾圮,见之者无不兴叹。善士夏锡忠捐廉鸠工宝殿一新,积善之家必有余庆。建庙以教一方之敬,善莫大焉。爰泐诸石以志,功德无量。经办人本村张濬,中华民国二十九年中秋日立,吉林丁贤宣书并撰文。"此壁碑虽为 1940 年所立,但其地域文化价值很高。文化考古部门曾多次来拓印此碑文,皆称此碑为地名标志,虽为民国时所立,对查对确定历史地名的确切位置具有考证价值。从碑文和史料中可知,在乾隆皇帝所题的燕京八景之一的"蓟门烟树"碑附近,栢彦庄就是一个繁华的大村镇。

庙门前北侧是明朝万历年间建庙时所立石碑。立碑 400 多年来,经长期雨蚀风化,已无字可考。但石碑雕刻之精美,至今可鉴。碑体上方正、背两面均为深浮雕的"二龙抱珠",四条立体感极强的巨龙在云海中翻滚,十分壮观。而有意思的是,四个龙头均没在正、背两面的龙珠前出现,而是"大头朝下"对称立于石碑两侧,令人费解。石碑中段,经 400 多年风风雨雨,留下了道道沧桑深痕,只有隐约可见的边框说明原来有碑文,现已无一字可见。碑座为一雕刻精美的石龟。驮碑之龟,名贝屃,传说是龙的九子之一,生性好负重。其背雕之精美,令人赞叹。十分遗憾的是,其头部已在动乱中被毁坏,成了"残缺的美"。

门前南侧的"大清道光乙未年"所立的石碑,是 1825 年第一次重修时所立的功德碑。碑的正面,上题"永垂不朽",为"京师德胜门外栢彦庄湧寿寺重修碑文",记载了此庙的沿革和信士顾天龄发起重修的经过。从碑文看,当时重修后,"金碧瓴□,琉璃栋梁","堂构庄严"。由此看来,当年的建构是极为精致的。这次重修时,"将关帝君宝殿化一为三,原本一间,今改三间"。正殿为"关圣帝君宝殿",两侧改为"观音菩萨殿厢房耳房",文中还明确此地为"正蓝旗"所辖。

碑的背面,题为"千古流芳",登载了"募化资财众善芳名"。从捐款名单看,信徒来源甚广,既有附近海甸、成府、福缘门和本村人士,也有较远的西直门、猪市口(后改为珠市口)的信众;既有普通百姓,也有官面人才(其中,税局李二爷募化钱三十吊文),还有一些商家字号(如猪市口天利车店施银拾两及西直门泰和号、成府三聚号等)。"本庙信封持僧净珏"也"募化壹佰贰拾吊文"。个人募捐中最多的贰佰壹拾吊文,"最少的仅有贰吊文"。有意思的是,"芳名"排序并没有按捐钱、官位大小刊列,很可能是按捐款登记的时间顺序先后列出的。记得去年北京有一家报刊,还在争论历史上北京有无"驴市口"这一地名,而此碑上明明白白地写明一捐款人就是来自"驴市口"。碑文最后还标出了"庙内香火地"规模为"东西长十三丈,南北宽八丈,"并标出了"东至大道边西至和尚坟后五尺","北至本庙北墙外南至田家住房后"的具体位置。从中可以看出,此庙起码在清朝前后的规模相当可观,香火也应该是很兴盛的。此碑为浅浮雕制式,正面上方雕有"二龙戏珠"图案。基座为长方形,正反两面均雕有"寿石云天图",基座两侧雕有"云天鹿回头"和"寿山龙松图",构图精美、线条流畅。虽然此碑距今时间不算太久远,但常年风蚀和酸雨作用剥蚀较为严重,有些字迹已模糊不清。

在文化古迹浩如烟海的海淀区,拆一座小庙,实在算不了什么。但在我校,却引起了校领导的极大关注。沈士团校长做出了批示,楼士礼书记也提出要求,都明确提出在动拆时要妥善保护好这三个碑。其中的壁碑,作为北航地域的地名见证,初步计划将永久保存在校史馆中,现已在库房暂存,两座石碑将异地保存。至于重修庙宇的砖瓦建材,初步看大多为民国时期所烧制,只有挑檐两侧的琉璃瓦当墙头,可能时间稍久远些,拆除时已拣选若干件妥存。

还值得一提的是小庙北侧夹在几个临建小棚子中间,一棵在树干直径、树冠遮盖面积和长势上,都堪称北航之最的硕大杨树拔地而起。该树直径有一米多,在树皮斑裂有序的躯干上竟然没有一个疤痕。印刷厂的工人师傅异口同声地说,杨树,长这么粗,这么好,这么大,北航院里没第二棵!我良久凝视着这棵至今生机勃勃的老树,不禁感慨:它居然在如此恶劣的环境中长得如此辉煌。只可惜,它是杨树,不属于古树名木,又碍事,这次得伐掉,真是太可惜了。

清朝顾天龄、民国夏锡忠两人发愿重修古庙,礼敬神明,可圈可点,但二人在地名写法上的"不合作"也给后人添了点儿麻烦,一写"栢彦庄",一写"柏颜庄"。我校有些老同志的文章两种写法都有,还引起过争议。我认为两种写法均可,不过,按约定俗成的规矩,栢彦庄在先,理应尊为"正宗"。

一些老同志介绍,据说此庙曾先后做过和尚庙和尼姑庵。1952年北航建校时,师生大都住席棚,一批女同胞被照顾进了相对条件较好的庙里。从此,小庙开始了为北航发展做贡献的岁月,也通过碑文向人们诉说着它曾经有过的沧桑。4 月 10 日,这座已矗立 400 多年的小庙拆除完毕,基建处、印刷厂、宣传部的同志们一起,对石碑和有关建材做了妥善处理。而历代北航师生在柏彦庄这块土地上辛勤耕耘和奋斗近半世纪,开创了柏彦庄未曾有过的辉煌,所有这一切都将成为我们缅怀历史、面向未来的最好见证与希冀。

——原载于北航校报 2000 年 4 月 15 日第三版;2000 年《北航校友通讯》第 306~308 页,由北京航空航天大学出版社出版

北京高校宣传阵地建设检查评估工作的启示与思考

郑彦良

2000 年 6 月

近几年来，首都高等学校文明校园建设取得了很大进展。到 1999 年底，已有 48 所高校通过了专家组的检查评估，被授予"文明校园"荣誉称号。清华大学、北京大学、北京航空航天大学、北京理工大学、北京工业大学等一批高校进入了"首都文明单位标兵"和"首都文明单位"的先进行列。本文拟结合文明校园建设的工作实际，就新形势下如何加强高校宣传阵地建设等有关问题作一些探讨。

一、认清形势，提高对加强宣传阵地建设重要性的认识

世纪之交，国内外形势的急剧变化，改革开放的迅猛发展，使高等学校的宣传思想工作面临着很多新情况和新形势，宣传阵地建设的任务更重了，要求更高了。

一方面，高等学校的合并、合作、联合办学等重组型改革力度加大，后勤社会化改革和校内管理改革的深化，给高校文明校园建设特别是宣传阵地建设和思想政治工作带来了很多新的问题；社会改革的步步深入，利益格局的调整变化，同邪教组织的斗争，以及信息产业特别是网络的迅猛发展，也都给高校的宣传思想工作带来了一波波新的冲击和影响。我们的工作面临着新的考验、新的机遇、新的挑战。只有认清这些变化，抓住机遇，迎接挑战，努力探索和创新，通过扎扎实实的工作，才能完成新时期加强和改进高校宣传思想工作的任务，经受住时代的考验。

另一方面，今年要进行文明校园达标验收的高校还有 17 所，任务相当艰巨。在这些高校中，除几所高校较具规模外，大多数或规模较小，占地面积不大，或建校时间不长，基础条件对学校建设与发展限制较大，而发展空间较小，少数学校软硬件条件都不尽如人意。中小型高校、基础条件不理想的学校，如何通过文明校园检查验收？我们认为，解决问题的关键在于克服思想认识上的"误区"和畏难情绪。外交学院、华北电力大学、北京电影学院、北京服装学院、北京体育大学、北京联合大学商务学院等一批规模不很大或是基础条件并不很理想的高校，之所以能比较顺利地通过达标验收，一个很重要的原因就是这些学校对文明校园建设认识到位，全力以赴，措施得力，立足自身实际，形成了自己的建设思路和特色。事实说明，只要认识到位，措施得力，中小型高校同样可以达标，同样可以建设有发展空间的良好育人环境，同

样可以在宣传阵地建设方面形成自己的特色,取得令人满意的效果。

二、重在建设,扎扎扎实实地抓管理、抓落实

(1)抓建设,就要有一定的投入。我们所说的投入,不完全是用于硬件建设的资金投入,更主要的是指校领导的时间和精力的投入,全员动员的投入,以及长时间的坚持与创新。文明校园建设能否达标,其中一个很重要的标志是,全校上上下下是否都动员起来了,是否已形成共识和自觉行动了。硬件建设量力而行,软件建设全力以赴,是文明校园建设中的基本原则。学校各方面建设与发展都需要资金,而高校经费历来都比较紧张,因此,在宣传阵地建设中,也要贯彻勤俭办一切事业和量力而行的原则。北京农学院根据本校情况,集中资金全面改建了广播系统;北京体育大学则花了不多的钱,仅对部分广播线路进行了改造,就使广播站条件达到了验收标准;首都经贸大学(西区)仅用3万元钱就在学生生活区建起了高质量的灯光宣传橱窗,受到广大学生的欢迎,也给验收专家组的同志们留下了深刻印象。这些学校在宣传阵地建设中虚心学习兄弟院校经验,多次考察调研、精心设计、充分论证,使有限的资金花在了刀刃上,避免了无效投资和重复建设。在软件建设上,北京第二外国语学院的体会是:只有以人为本,不断提高全员素质,统一全员认识,调动全员力量,开展群众性的创建活动才能高标准、严要求地推进文明校园建设。北京联合大学校部则采用了"文明校园建设提案"的形式,广泛发动师生员工人人参与,在校内形成了热心建校、爱校的良好氛围。

(2)抓建设,就要抓落实,抓出实效。达标验收只是检查衡量一个学校宣传阵地建设的一种量化评估方式,关键还是要看日常宣传阵地的建设与管理,特别是宣传工作的基本思路、运行机制和实际效果。目前存在的问题是,有些学校的文档资料工作还没有引起高度重视,个别学校的宣传工作文件还未列入学校文件系列,有的没有年度工作计划或总结,甚至有的个别文件竟是手抄件。这样的情况虽属个别现象,但也反映了有的学校这方面的工作在科学性、规范性方面尚有较大差距,应通过文明校园建设加强我们的工作。再比如,在广播、闭路电视方面,也不是说只要投了钱、搞了一些设备放在那里就行,更重要的是要看利用这些设备开展宣传教育工作的意识、实际工作的情况和效果如何。这是问题的关键。

(3)抓建设,就是要立足学校实际,突出工作思路和特色。高校宣传阵地的建设,一个很重要的原则是把握正确的舆论导向,引导积极向上的育人氛围,围绕学校中心工作在提高学校师生员工凝聚力上下功夫,推动学校的改革与发展。但各高校情况千差万别,办学思想也有不同特点,因此,宣传思想工作必须从本校实际出发,突出学校特色,形成适合自身情况的宣传思想工作的思路和特色。如宣传橱窗工作,北京服装学院、北京联合大学文理学院注意发挥本校广告设计专业特长,把宣传橱窗布置得很有本校特色和文化品位。北京体育大学充分利用党和国家领导人关

心体育事业以及本校师生、校友为国争光的大批珍贵照片布置了校史展览,成为每年新生入学教育的第一课堂。在宣传思想工作思路上,我们不希望看到"温吞水"、随大流式的一般性工作,而更希望看到各校在开拓工作思路上的"一招鲜"和"闪亮点"。

三、以评促建,积极推动高校宣传阵地建设

根据近年来检查工作的实践,宣传阵地建设检查专家组多次认真地进行了总结和研讨,分析了今年被查学校的新情况。专家组认为,今年的达标验收中,在坚持《北京高等学校文明校园检查评估标准》的基础上,可以考虑在以下三个方面做一些微调:

一是在工作思路上,要从各个学校的实际出发,坚持实事求是的工作原则。要认真执行北京高校文明校园建设工作领导小组做出的"暂停复查一年,集中精力搞好达标验收"和"取消预检,减少被查学校的接待负担"的决定。在检查中,对组织建设项目中的"编委会"不再做硬性要求,但要明确责任制。我们的工作也要主动适应学校的机构改革情况,灵活掌握对机构和人员配备的评价尺度,关键是相关工作要有部门负责、有具体管理人员且职责明确。对中、小规模学校的电视台、广播台的检查验收,要因校而异,具体问题具体分析。

二是在执行标准上,既不降低要求,又不硬化标准,注重宣传阵地建设的实际运行效果,鼓励学校在工作上创新,出"亮点",有特色。通过文明校园建设,做到在原有工作的基础上有显著提高。检查时对量化标准的"规定动作"强化不硬化,对"自选动作"和"特色动作"要鼓励和提倡但不强求。各个迎评学校应该对照标准,增强紧迫感和工作信心,扎扎实实地做好工作,既不能盲目自满,也不能丧失信心。

三是在工作方法上,将采取多跑、多看、多沟通的办法,密切与被查学校的合作,在具体指导上多下功夫。专家组工作要热心、细致,学校也应该尊重和高度重视专家的咨询意见。迎评学校也可以"前瞻后看""左顾右盼",多到一些和自己规模相仿的高校去学习取经,开阔文明校园建设的视野。

专家组检查兄弟高校的过程也是一个相互学习、共同提高的过程。我们相信,通过大家的共同努力,部分尚未达标的学校可望在今年内分期分批基本通过评估验收,按期完成《北京高等学校文明校园建设规划(1999—2000年)》所规定的目标,使北京高校的宣传阵地建设提高到一个新的水平。

——原载于《北京高等教育》2000年第7—8期合刊

北京航空航天大学德育工作大事记
（1978—1998）

郑彦良　赵平　张婕　黄敏
2000 年 9 月

1978 年

1 月 10 日，我院召开表扬 1977 年度先进班集体和三好学生大会，12 个先进班集体和 234 名三好学生获奖。这是"文革"后首次以"三好"为目标，恢复表彰先进班集体和学生的活动。此后，表彰先进班集体和三好学生活动年年举行。

3 月 27 日院党委在 1978 年我校工作的要点中指出：建设一支思想好、作风硬、水平高、技术精的教师和德育工作队伍，提高业务和政治水平；关心师生生活和环境条件；在新的历史条件下，抓好政工队伍，加强学生的政治思想工作。

9 月 11 日，举行 1975 届学生毕业典礼。第三机械工业部副部长朱涤新讲话，要求全体毕业生正确对待分配。学校非常重视毕业教育，毕业前各院、系卓有成效地开展了学著作、看展览、听报告等一系列活动，帮助毕业生提高思想觉悟。

9 月，学校聘任中国社会科学院研究员赵凤歧、范岱年等为北航客座教授，将常年为我校教师及部分研究生讲授"哲学""自然辩证法"课，并指导社会科学专业的研究生。这是我校"两课"教学引进著名专家学者的开始。

1978 年 12 月 26 日—1979 年 1 月 13 日，院第十二次团代会、学代会同时召开。会议指出：全党、全国工作重点正转移到社会主义现代化建设上来，学生们尤其是共青团员要适应新时期总任务的要求，以学习为中心，以三好为目标，进一步整顿校风，创造良好的学习环境，树立社会主义新风尚。大会向全体团员青年发出了"学雷锋、创三好、树新风"的倡议。于泽荣当选为团委书记。

1979 年

3 月，十一届三中全会的伟大转折，使广大师生开始反思历史，展望未来，关心国家前途命运，深入而理性地进行思考。院党委组织全院党员贯彻党的十一届三中全会精神，组织全院学生进行关于"实践是检验真理唯一标准问题大讨论"的补课，此项工作一直延续到年底。

5 月 4 日，院党委召开全院政治思想工作会议，认真学习贯彻邓小平副主席在中

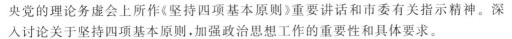

央党的理论务虚会上所作《坚持四项基本原则》重要讲话和市委有关指示精神。深入讨论关于坚持四项基本原则,加强政治思想工作的重要性和具体要求。

9月,在做"新时期的雷锋"、争当"新长征突击手"活动中,我院7571班学生王光秋荣获"全国新长征突击手"称号,并出席了全国新长征突击手命名表彰大会。13名学生获北京市三好学生称号;9月25日院召开"1979年度三好总结、表彰先进大会",表彰了10个先进班、11名优秀三好学生、175名三好生和95名优秀学生干部。会上,院党委副书记康荫伍明确指出:当前思想建设最重要的内容,就是关于对"实践是检验真理的唯一标准"的补课学习。

10月15日,为了深入开展"学雷锋、树新风、创三好"活动,院团委、学生会决定开展"守纪律讲文明"的红十月活动。7121班等10个先进班向全院同学提出树立课堂、食堂、会场、宿舍新风的倡议。

1980 年

3月3—7日,全院思想政治工作会议召开。学习讨论党的十一届五中全会公报和邓小平同志1月16日作的《关于目前的形势和任务》的报告。要求坚持和改善党的领导,提高党的战斗力,并对学生思想政治工作做了具体安排。

9月,首都高校掀起有关"主观为自己,客观为他人""人性善恶""人的本质是否自私"等问题的"潘晓观点"大讨论,一部分学生开始涉及西方哲学理论,热衷于西方民主、自由的思潮,造成高校相当一段时期的思想大冲击。北航学生也参与其中。

10月16日,中国共产党北京航空学院第九次代表大会闭幕。在题为《为把我院建设成为既是教育中心又是科研中心而奋斗》的工作报告中,提出了转移工作重点、落实国务院文件中指出的"全国重点高等学校更应当努力办成教育中心和科学研究中心"的任务;提出了"要为国家培养又红又专的高质量的科学技术人才"等三项目标,"为实现上述目标,我们必须坚持以下原则:坚持德智体全面发展的方针。社会主义大学的培养目标,必须使受教育者在德智体几个方面都得到发展,成为又红又专的人才,这样才能适应社会主义现代化建设的需要……"。并具体论述了"要总结推广优秀指导员、班主任的工作经验,制定和实行班主任、指导员工作条例。要发动教师做学生的思想工作,做到既教业务又教思想,将德育寓于智育的培养过程中,在向学生传授知识的同时,要有针对性地在组织纪律、治学态度、思想品德、政治观点上影响和教育学生"。还提出了"要广泛开展每天平均体育锻炼一小时的活动"。这次党代会,在北航德育发展史上,是一次拨乱反正、使学生思想政治工作重新走向正轨的关键节点。

1981 年

3月16—27日,院党委召开扩大会议,传达第三机械工业部企事业领导干部会议和市委学生工作会议的精神。会议讨论了加强学生思想政治工作问题,明确学生工作要"全党动员,大家动手,各项工作都要面向全体学生"。

4月,召开党政干部和研究生导师会议(我院恢复研究生招生后的第一次研究生工作会议),提出改进研究生思想工作和教学工作的新措施。包括:发挥导师的主导作用,提高毕业论文质量,改进管理体制,加强思想政治工作等。会上还制定了《研究生工作条例》和《研究生管理条例》。

5月29日,为贯彻落实北京市委《关于深入持久地开展文明礼貌活动的通知》精神,我院在全体团员青年中发起了"五讲四美"活动。

5月,国家经委综合司司长朱镕基,应邀来北航给我院部分学生干部和教师作了国内经济形势报告,并解答了师生的热点问题。

6月17日,召开北航第十三次团员代表大会,通过了《关于在团员中开展"做合格共青团员"教育活动的决议》。

6月,学院隆重举行捐赠仪式,由北京同仁堂李铮女士和乐元可同志捐赠10万元,设立北航李铮奖学金。这是"文革"后北航设立的第一项来自社会捐建的奖学金,学校决定从1981—1982学年第二学期起建立奖学金制度。

9月11—12日,院党委召开常委扩大会,学习和讨论中共中央转发的邓小平、胡耀邦同志关于思想战线问题的谈话和讲话,研究了开展批评与自我批评的办法。会议认为,我院的思想政治工作,存在着涣散软弱问题和资产阶级自由化倾向,并分析了产生的原因,提出了改变这种状况的具体措施。

9月,为提高我校学生的文化素养,在全校范围开设了"唐宋诗词选读"选修课(在此之前飞行器设计与应用力学系曾开设过文学选修课),1982年又开设了"音乐欣赏"选修课。在理工科高校中开设这类课程,北航是较早的学校之一,且一直坚持。1982年10月,当时的中共中央政治局委员胡乔木同志讲话肯定了我校开设唐宋诗词课的做法。

12月,北航研究生会成立,第一、第二任研究生会主席均由飞行器设计与应用力学系谷奇平担任,通过研究生代表大会选举产生。

1982 年

2月,院团委、学生会分别召开了各系、学生干部会。号召广大共青团员和同学积极贯彻执行中央书记处关于首都建设方针的指示,在建设社会主义精神文明方面发挥先锋作用,踊跃参加3月份全国举行的"文明礼貌月"活动,使"五讲四美"活动经常化、普遍化。

3月,为了加强对毕业生的思想教育,党委书记陈达明为我院八个系的毕业生和研究生讲授"航空工业形势与任务"课,动员大家以国家利益为重,努力攀登航空科学高峰。

3月,院团委、学生会公布了《北航大学生语言行为规范》及《文明教室标准》《文明宿舍标准》《文明食堂标准》。

9月,自动控制系选拔出"文革"后我校第一位半脱产辅导员丛林,恢复了"文革"前的半脱产辅导员制度。以后逐渐形成了半脱产辅导员制度,以及专职为骨干、兼职为主体的学生工作队伍模式。

1983 年

2月20日,院党委召开扩大会议确定本年工作任务。总的指导思想是:把改革的思想贯穿于学校工作的各个方面与整个过程;始终抓住培养又红又专的高质量人才这一学校的基本任务;一手抓好改革与当前的教学、科研、生产、后勤等工作,另一手还要抓好思想政治工作与社会主义精神文明建设。

4月,航空工业部决定在我院举办思想政治教育干部专修班,以提高政工干部的素质。开办了留校年轻政工干部学士学位班,40多位同志参加了这个班的学习,结业合格者授予法学学士学位,应急地解决了当时学生思想政治工作队伍建设的需要,不少同志后来成为德育工作骨干。全校公共选修课"法学概论"开设。

6月7日,我院召开各单位负责人会议。会议把改进学生工作,健全和稳定学生的政治思想工作队伍,改进系的领导方法和作风作为下阶段机构改革的三方面任务之一。同月,曾妙南同志任党委学生工作部部长。

6月14日,院团委、院学生会向全市各高等院校倡议:在全市大学生中开展"把知识献给人民"的活动。其内容主要为:胸怀四化,刻苦学习,开辟好第二课堂;走出校门,根据不同的专业特点,利用假期,组织科普小分队举办讲座等,深入基层向群众学习,同时宣传科学知识。

11月29日,院党委召开教师座谈会,60多位教授、副教授参加,中心议题是加强学生思想政治工作。会上,党委书记朱开轩首先传达了党的十二届二中全会关于整党和消除精神污染的有关精神,介绍了精神污染的表现、危害及清除精神污染的有关政策界限,强调了清除精神污染是高校整党的重要组成部分,要求广大教师关心学生的思想进步,抵制形形色色资产阶级思想对青年学生的侵蚀,帮助学生提高免疫力。曹传钧院长在讲话中要求教师要教书更要育人,在"为人师表,教书育人,优质服务"指导下使广大学生健康成长。

12月5日,《北京日报》在头版头条刊登长篇通讯《庄严讲台、教书育人——记北航优秀共产党员、数学副教授李心灿的事迹》,并加了编者按。编者按说:"李心灿同志教书育人的事迹告诉我们:社会主义国家的每一个教师,不仅应当是智慧开拓者,而且更应当是灵魂工程师,向学生进行共产主义思想教育,不仅政治课、文科其他各科的教师应当做,而且理工科的教师也应当做,也有条件做。一切专业课教师只要根据自己专业的特点,把思想教育渗透进教学之中,其效果往往事半功倍,影响深远,非一般思想工作所能代替。学习中各级领导干部尤其是教学领导干部,要严于律己,以身作则,带头做学生的思想政治工作……保护学生不受精神污染,教育学生刻苦学习,奋发向上……"。在此前后,首都各报刊、电台都报道了李心灿老师教书育人的先进事迹。在北航院内引起强烈反响,掀起了教书育人的热潮。

1984 年

3月27日,中国共产党北京航空学院第十次代表大会召开。大会工作报告总结了四年来的工作,特别指出,"着重抓了大力推动教书育人工作,实践证明,这样做不但加强了学生的思想政治工作,而且有利于教师全面理解和执行党的教育方针,有利于教师提高为人师表的自觉性,有利于教师在思考解决学生思想问题的同时,反过来促进自己的思想革命化";在今后三年的工作任务中指出,"教师的一言一行对学生有着潜移默化的作用……应该要求他们正确认识国内外形势和社会主义现代化建设的任务,认清自己的历史使命,忠诚党的教育事业,帮助他们进一步树立马克思主义世界观,把辩证唯物主义和历史唯物主义贯穿到教学和科研中去,并以此教育和影响学生,把德育与智育结合起来。""为了加强思想政治工作的战斗力、说服力、吸引力,要采取以下一些主要措施:第一,要坚持灌输的方针,坚持理论联系实际的原则……第二,要提倡为人师表、教书育人、优质服务。学校的教职工都要继续发扬优良传统,给学生做表率,关心学生成长。教师要真正成为灵魂工程师,除了承担兼职班主任、辅导员外,要结合教学工作宣传本专业、本学科在四化建设中的地位,宣传马克思主义世界观方法论对本学科的指导作用,宣传杰出人物优秀品质与学风,宣传本学科或有关学科在祖国历史上的成就……要继承和发扬我院艰苦朴素、勤奋好学、全面发展、勇于创新的优良校风。第三,要宣传积极因素,树立先进典型……使思想政治工作更加形象、更加生动。第四,要加强党的领导,建立一支专兼职相结合的学生思想政治工作队伍。选拔品学兼优的高年级学生或研究生担任半脱产干部"。

5月29日,曹传钧院长在全校中层以上干部会上作教改动员,指出一切改革都不能离开办学的指导原则,即一个根本(培养人)、两个中心(教育中心、科研中心)、三个面向(面向世界、面向未来、面向四个现代化)。并提出"五改一展宽"的要求:"五改"为:(1)把灌输知识型的教学,改为培养能力型的教学;(2)把"抱着走"的教学,改为学生独立自主的教学;(3)把以教师为中心的教学,改为以学生为主体,教师为主导(启发、诱导)的教学;(4)把分割式的教学(德、智、体分割,基础课和专业课分割,各科之间、各教学环节之间、教师之间分割)改为融合一体的教学;(5)把单一的课堂教学,改为综合的多种环节结合的教学。一展宽,就是把窄而尖深的专业扩展为宽而厚的专业。他还提出,要在全院推广五系 05 前大班教改试点的试验;要提高平时成绩在学期总成绩中的比重。新的教学计划把德育工作纳入其中,对学生实行德、智、体全面加权学分制管理,这是学校德育工作的历史性突破。

6 月 21 日,我院选出海淀区八届人大代表。在此前的一个多月时间里,在代表候选人产生过程中,由于受资产阶级自由化思潮的影响,少数学生在竞选过程中发表竞选演讲,不按选举规程办事,说了一些不该说的话,造成学生一定程度上的思想混乱。

9 月,国家教委下发有关"中共党史"公共课扩大范围改为"中国革命史"的通知,我校照通知执行,并自编教材,探索该课教学的新思路。

9 月,学校成立了大学生科技协会,并为协会活动创造场地和设施的诸多便利,鼓励大学生踊跃参与课外科技活动。

12 月 20 日,研究生代表大会选举产生了研究生会第一届执行委员会,主席由机械系 1984 级硕士生张志波担任。

1985 年

1 月 5 日,院党委组织部召开了研究生、本科生入党积极分子座谈会。大家就如何解决在学生中特别是低年级学生中入党难的问题进行了畅谈,增强了同学们要求入党的信心。

3 月,经国家教委批准,从本年度开始招收思想政治教育专业本科生,学制四年,为航空工业部所属单位培养适应社会主义建设需要的,能将经济、技术与思想政治工作结合起来的新型人才。

4 月,刘祚屏任党委学生工作部部长。在机构调整中,招生分配办公室和党委青年学生部合并为学生处,一个实体、两块牌子。

4 月 5 日,应我院团委和学生会的邀请,共青团北京市委书记林炎志来我院作了《当前形势与改革》的报告。报告着重强调了当代大学生应怎样对待改革,怎样认识改革,如何参与改革和促进改革,做改革的主人翁等问题。

4 月 19 日,院学生艺术团成立。艺术团下设舞蹈队、军乐队、小乐队、合唱队、民乐队、话剧团等,王晓春任团长,该团还同时建立了团总支,杨光任团总支书记。由中国著名指挥家秋里指挥的中央乐团合唱团到会做了精彩表演。

6 月 1 日,全院学生在主楼前广场倾听老山英雄演讲团"保边疆、献青春"的演讲。

6 月 12 日,我院第十五届学生代表大会召开,研讨学生会工作如何参与和推动经济和教育体制改革;如何使同学们早日成为"四有"人才。

7月10日,经党委常委会研究决议,学校设置本科生、研究生和专科生的学生思想工作、管理工作机构,成立院学生工作领导小组,全面加强和协调全院学生工作。副院长陈忠任组长,党委副书记记于泽荣任副组长。

7月,为了加强和改进研究生的党建和思想政治工作,党委决定成立研究生工作部,与研究生管理处实行一个实体、两块牌子。管理处处长吴延玺兼党委研究生工作部部长,调五系党总支副书记李肖峰担任副部长兼副处长,主管研究生思想政治工作,从此,学校有了研究生思想政治工作的专门管理机构。

7月,根据国家教委指示,本年度内学校将"法学概论"课列为思想教育必修课。

9月,为了培养高质量人才,自本学期开始试行以弹性教学计划为基础的全面加权学分制。校德育工作系统参与了新教学计划的制订工作,其中德育部分的内容及学分的分配与加权是以学生德育工作部门为主完成的。从此,北航培养学生的机制进入了一个全新的时期。

9月,根据中共中央〔1985〕18号文件的精神,制定了我校政治理论课改革方案,开设"中国革命史""马克思主义哲学""政治经济学"和"中国社会主义建设"四门必修课。同时针对学生对政治理论课有重复感、听课兴趣不大的情况,本着对必修课的深化和补充,从另一角度开设了数门选修课。这一改革受到同学欢迎。

10月,1978年恢复招收研究生以来,至今年已招收逾千人,各系按年级配备研究生辅导员,辅导员从青年教师、高年级研究生和管理干部中选聘,年度进行考核,作为晋职的条件之一。从此,我校研究生基层的德育工作在组织上得到落实。

10月,从本月中旬开始,我院形势和政策教育全面开展,这次教育的目的是使师生员工特别是广大学生提高对改革开放形势的认识,从思想上加深对坚持改革、坚持四项基本原则和自觉维护安定团结的政治局面的重要性的认识,努力争做"四有"人才。为此,校党委安排了教育计划,印发了学习材料。校、系(部)党组织负责人都上讲台亲自主讲,收到了较好的教育效果。

12月,我院举行"一二·九"运动五十周年纪念活动。首都老战士合唱团来到我院演出。"一二·九"运动发起人之一郭明秋来我院和同学们座谈。同时,学生们举办了文艺演出、联欢会。

12月,制定了北京航空学院院长负责制条例,并决定于1986年1月正式实行。在此之前,学校工作由党委全面领导;我院是在1985年7月经航空部领导同意,院党委决定试行院长负责制的。

1986年

1月4日,研究生团委成立,各系成立研究生团总支。随后在20日召开了院研究生团员代表大会,选举计算机系1985级研究生王军为书记。团代会每两年举行一次。

3月1日,青年学生部召开辅导员工作交流会。大家进一步认识到思想政治工作是一门科学,要把思想教育渗透到学生的日常生活和学习中,把组织的关怀送到学生的心坎里,联系学生的思想实际,采取相应的形式和方法进行思想、纪律、道德和政策教育。

3月25日,我院召开学生工作会议。目的在于统一全院教职工的思想认识,进一步加强学生思想政治工作。校领导指出:我院学生的主流是好的,但现在的学生缺乏实践锻炼,思想方法比较片面,另外,劳动观念、集体主义观念比较薄弱,缺乏艰苦奋斗精神和扎扎实实的作风。

3月,按照国家教委关于《高等学校军训训练教学大纲》的要求,我校军训教学纳入本科生德育教学计划之中,并被列为必修课,由校武装部聘请空军指挥学院教员承担军事理论教学任务。军事训练课则由校武装部组织实施,利用暑假分批到部队军营参加军训。这一教育环节,对培养学生全面素质起到了很好的作用。

3月,中宣部教育局,北京市委教育部和市高教局的同志来我院调查了研究生的思想状况,给予了较高评价。

4月,为了改进作风,加强学生的思想政治工作,我院决定,副处级以上干部要与研究生、本科生一个班建立联系,配合辅导员、班主任工作。并对160多名干部的联系班做出安排。

5月25日,召开北航第十五次团员代表大会,徐枞巍当选为新一届团委书记,大会同时向全体团员青年发出了"为实现'七五计划'建功立业"的倡议。

6月3日,为严肃法纪、校纪,实现校风的根本好转,召开全院学生大会,对参与4月16日晚学生团伙械斗的14名学生进行严肃处理。其中开除学籍5人,勒令退学3人,留校察看1人。这是建校以来最恶劣的一次学生打架事件。

7月,院大学生合唱团恢复活动。合唱团长期以来坚持名师指导、业余排练,此后参加第一至第五届"首都大学生理想之歌合唱比赛"荣获4次一等奖、1次二等奖。

7月,我校三系、四系1985级学生进行军训试点。

11月7日,我院业余党校成立,首批培训了35岁以下的青年党员教师。计划用2~3年时间,分期分批地对我院党员进行轮训,以便更好地组织党员学习党的基本知识和优良传统,充分发挥党员在两个文明建设中的先锋模范作用。同时,学生业余党校也开始学习,并将一直坚持下去。

1987 年

3月,方复之同志任校党委副书记,负责全校学生工作。

3月,管理学院四年级学生刘勇于3月7日以残忍手段杀害计算机系一女生后,自己畏罪自杀。4月15日起《北航》报以"刘勇自我毁灭说明了什么"为题在全院师生中展开了大讨论,认为现在有的大学生受西方哲学思潮的不良影响,自我膨胀,信仰危机,刘勇是其中的典型。大家认识到:大学生应树立正确的人生观、价值观,正确认识自我;教师不但要教好书,还要育好人;学校应加强学生政治思想教育。5月27日《北京日报》以《从醉心"自我"到自我毁灭》为题在头版发表了长篇通讯,报道了"刘勇事件"。

3—4月上旬,我校建立心理咨询机构,称"364热线咨询",开始帮助学生疏导心理问题、促进其健康发展。

4月25日,我院思想政治工作研究会成立。首届思想政治工作学术研讨会同时召开。研究会是在院党委领导下的群众性学术团体,以马列主义毛泽东思想为理论基础,紧紧围绕培养"四有"人才,探讨新时期思想政治工作的理论和规律。胡孝萱任会长,刁正邦、方复之、刘祚屏、张连波为副会长。

5月4日,学校成立军事教研室,与武装部合为一个实体、两块牌子。武装部部长武登春兼任军事教研室主任。

5月28日,我院召开党委扩大会议,传达贯彻中央领导同志在宣传、理论、新闻、党校干部会议上的讲话及中央的通知,传达贯彻全国高校思想政治工作会议精神。会议指出,高校工作的核心是解决办学指导思想问题,高校的中心任务是培养适合建设有中国特色的社会主义所需要的人才。

5月,北京市高校研究生教育学会举行年会,会议决定增设思想教育专题组,第一任组长单位由北京航空学院担任,执行人是研究生工作部副部长李肖锋。此后十多年北航一直被选为组长单位。

7月,1986级学生在杨村机场军营实施军训。军训结束时,举行了阅兵式。航空航天部王昂副部长检阅了阅兵式。从此以后,我校学生军训工作在暑假实施并安排在部队军营训练成为惯例。军训团中,团、连、排、班均以部队干部为正职,学校干部任副职方式配备,从而保证了军事训练工作的质量。

9月9日,我院召开教书育人表彰大会,郭淑铭等9位同志获得北京市教书育人先进工作者称号,材料力学多学时教学组获市先进集体。同时表彰了43名院级先进个人和5个先进集体。

9月,为了提供学生参与校园生活民主管理和勤工俭学的机会,院后勤部门设立了食堂科学生科长助理和食堂管理员助理,以促进同学与食堂工作人员的相互了解与沟通。科长助理由学生会生活部副部长担任,管理员助理在全校学生中招聘。

9—10月,根据国家教委指示,我校临时改变新生入学一年后再军训的安排,将刚入校3天的1987级新生组织到山西军营军训一个月。

11月17日,首次进行我校军训汇报表演,1986、1987级近2000名学生参加了阅兵式、分列式、军体拳表演,国家教委副主任朱开轩参加阅兵并在大会上讲话,三机部教育局、北京市和卫戍区的有关领导也前来观看,对同学们的军姿、军纪及内务卫生留下了较好印象。

11月,我校制定并发布《北京航空学院社团管理条例》。

1988 年

1 月,据统计我校在册团员已达 6000 人,团支部总数达 240 余个,为加强对团员及团组织的管理,按系院团员人数设立了分团委(团总支)、下放团委日常工作的管理权,并建立健全了《团总支考核条例》《团支部考核条例》和《团员考核条例》。

1 月,为了加强对校园日益活跃的学生社团活动的管理和引导,成立了北航大学生科技文化中心——简称科文中心。

1—2 月,院团委和校报编辑部联合举办寒假社会调查征文活动,鼓励学生深入社会实践,了解我国社会主义初级阶段的国情、民情。组织学生上列车参加春运服务。中央电视台、《人民日报》等新闻媒体均有报道,在全国产生了很大影响。

2 月 28 日,我院召开第三届学生思想政治教育研讨会,中心议题是面对学潮情况,探讨进一步做好学生思想政治教育的途径。

3—4 月,校党委安排学生处处长刘祚屏、校团委书记项金红和五系党总支副书记郑彦良等 3 人赴广东中山大学、华南理工大学、深圳大学、五邑大学等 10 余所高校考察(20 天)。返校后总结的调查报告和文章被教育报刊多次刊用。他们总结的对改革开放前沿地区高校思想政治工作经验和提出的新思考,在校内外产生了广泛影响。

4 月 2 日,国家教委批复,同意北京航空学院易名为北京航空航天大学。

4 月 14 日,北京市高校德育研究会在我校召开研讨会。围绕"在商品经济条件下,对大学生观念的变化"这一问题,进行了热烈的讨论。

4 月 16 日,社科系艺术教研室主任赵元修副教授在由 50 所高校参加的北京地区高校音乐教育学会成立会上当选为副理事长。

4 月 19 日,中国共产党北京航空学院第十一次代表大会召开。胡孝宣书记作工作报告。报告指出,"据 1987 年底的统计,教职工党员 1860 人,占全院现职教职工的42.9%,我院党员数量已在教职工中达到比较大的比重。本科生党员 262 人,占本科生总数的 5.3%;研究生党员 493 人,占研究生总数的 36.7%"。按照党的十三届三中全会精神和国家教委"学校思想政治教育是学校教育的重要组成部分,应是行政的份内职责"要求,强化了"应由行政负责的学生思想政治教育工作要逐步转归行政管理",并就学生的思想政治教育管理工作,划分为四类,即"党、团工作;政治理论教育;思想政治教育;日常思想工作",明确了党政分工。报告指出,要"按照教育工作的规律,逐步改变突击性的局面,使德育培养形成系统性、科学性的体系……要把青年中出现的心理障碍和思想问题加以区分,不能把什么问题都看成思想问题,更不能都看成政治思想问题,对青年学生要坚持思想政治辅导,也要开展心理辅导。思想政治工作与制度、管理并重。在加强教育的同时,要有必要的制度、规定、管理措施,要有纪律约束,才能收到较好的效果"。曹传钧院长在会上作了题为"解放思想,振奋精神,深化改革,提高教育质量,增进办学效益"的关于行政工作情况的通报。报告指出,"由于实行弹性教学计划和学分管理,学生学习的主动性和积极性有了提高,学生扩大知识面、拓宽专业基础的自主性得到了发挥。"

4月,开始试行《北京航空航天大学学生违纪处分试行条例》及《北京航空航天大学有关学生纪律的几项规定》。

5月1日,隆重召开北京航空学院易名北京航空航天大学的命名大会。

5月18日,校思想政治工作研究会召开第二次理事会。会议认为,教育改革的深化,向思想政治工作提出了崭新的课题;只有认真调查研究,加强科学预测,才能进一步深化教育改革。

7月13日,我校毕业生会餐,六系和七系的部分学生在学六食堂因小事发生口角,发展成飞瓶掷碗混战,重伤一人,轻伤约二十人。事后公安局拘留处理了几名有关学生。

10月20日,校长办公室通过了《关于加强校风学风建设严肃校纪的决定》。并对"七·一三事件"参与者做出了严肃处理。《北航》报随后以"'七·一三现象'说明了什么"为题展开讨论、评论,指出应该把提高学生的文明、道德、纪律素养放在教育的重要地位。

11月9日,北京市试点学校巩固学生军训成果会议在我校举行,参加会议的有北京市24所试点大学和30所高级中学、中专技校等。我校在会上介绍了选派军训生迎新和入学军训,贯彻内务条例开展文明宿舍评比,巩固军训成果纳入全年经常性工作,开展丰富多彩的军体活动等情况。陆宇澄副市长肯定北航工作抓得及时。1993年,学校总结了《坚持三结合,实行三阶段提高军训教育质量》的教学成果,获得北京市高等学校优秀教学成果一等奖。

12月20日,召开第十六次团员代表大会,赵平当选为新一届团委书记,作了《在开放改革的情况下,探索、改革、深化我校共青团工作》的报告。

12月,为了进一步改进团干部的工作作风,贯彻落实"一切面向基层,一切服务基层"的工作思路,学校建立了团委专职干部下基层联系支部制度。

1989 年

4月18日,召开校第十七次学生代表大会,修改了学生会章程,选举了新一届学生会主席。

4月,为加强和落实系一级对研究生的教育和管理,学校决定在规模为50名研究生以上的系聘任研究生指导主任一名。挑选有较高思想水平和工作能力的党员教授或副教授,负责各系研究生的思想政治教育工作、党团建设、毕业分配和学籍管理,聘期为2～3年。第一批聘任了陈桂彬、杜诚修等8名指导主任。

6月,校党委贯彻十三届四中全会精神,以"认清形势,振奋精神;围绕中心,积极工作;从严治党,抓出实效"为指导思想,坚持"尊重人、理解人、关心人"的思想政治工作指导原则,对发生的严重政治风波深入反思、总结、研讨,针对新时期特色实施思想教育,变逆境为契机,严抓反腐败斗争,使党委实施的思想政治工作深入人心。

7月31日—8月,为了提高对平息动暴乱的正确认识,统一思想,全校教职工用4天时间集中学习了十三届四中全会精神和邓小平同志的讲话。学生开学初集中学习了党的十三届四中全会精神,并结合当前的政治斗争以及平息反革命暴乱的内容进行全面的形势和政治学习。

8月30日,严重政治风波之后,学生的思想情绪有不同程度的起伏,有些学生在对待人生、对待学习上产生了一种颓废情绪。学校教务部门连续几周大样本的调查表明:学生上课迟到率上升,到课率、自习率下降,校园内打麻将、谈恋爱风气盛行。学校决定从抓打麻将入手,逐步整顿学风、校风,以严肃校纪,保证学校有一个正常的学习环境。校长办公会决定,对52名打麻将且有赌博行为的同学给予校纪处分。很快扭转了这股不良风气。

9月20日,为了使学校形成安定团结的政治局面和优良的校风校纪,校长办公室、党委办公室联合发布《关于整顿校风校纪的通告》。

10月15日,《北航》校报发表了"大学生参加体力劳动的讨论",鼓励学生培养劳动观念,建设美好校园。

10月,校党委任命张德生为校团委书记。

10月,校党委发出通知,要求认真学习江泽民主席在国庆四十周年大会上的讲话,努力贯彻"各级各类学校不仅要建立完备的文化知识传授体系而且要把德育工作放在首位,确立正确的政治方向"的重要指示,确立德育放在首位的学校工作重点。

12月25日,全国首届"挑战杯"大学生课外科技活动成果展览在清华大学闭幕,北航获团体总分第四名。(第二届"挑战杯"1991年11月在上海交大举行,北航获团体总分第五名;第三届"挑战杯"1995年11月在武汉大学举行,北航获团体总分第三名;第五届"挑战杯"1997年11月在南京理工大学举行,北航获团体总分第五名。)

12月25日,举行四达奖学金颁奖大会。该奖学金由我校毕业的张征宇博士领导的四达技术发展中心提供,每年5000元,奖励20名品学兼优的研究生。此后陆续有长征、海鹰、中国空间技术研究院、上海航天局、中航技、沈飞、西飞、成飞、飞行试验、603所、光华、IET、五四、华为等14项奖学金。四达奖学金是由企事业单位资助的第一项研究生奖学金。

12月,根据国家教委、北京市委指示,校青年学生部制定计划,对学生继续进行坚持四项基本原则、坚持改革开放、反对资产阶级自由化的教育。

1990 年

1月25日,成立了北京迎亚运义务服务总队北航支队,正式队员1560人,预备队员 500 人。开展"北航人,你为亚运做了些什么"主题活动,在首都高校发起义务培训英语口语活动。

2 月,国家教委副主任朱开轩应邀为北航学生干部座谈访问泰、孟、尼、巴四国观感。

3 月上旬,一系本科生中 10 名共产党员,向全校学生中的共产党员发出"开展党员身边'十无'活动"的倡议。"十无"的内容主要有:(1) 无有碍局势稳定言行;(2) 无不团结现象;(3) 无脏乱差宿舍;(4) 教室无长明灯,宿舍水房无长流水;(5) 无浪费粮食现象;(6) 上课无迟到、早退、缺课;(7) 学习成绩无退步;(8) 考试无作弊现象;(9) 教室无脏黑板;(10) 无打麻将现象。

3 月 23 日,校团委邀请团中央组织的"奋斗者足迹"报告团来校作报告,上千名本科生、研究生聆听报告,思想上受到较大震动。报告团成员中包括我校五系青年教授傅惠民。

6 月,本学期期末考试中,我校首次开展了免监考活动,由学生班集体充分讨论后提出申请,学校审批。第一批试行的有 300841、301002、301101 班。这项活动促进了学生从自律的方面去致力于学风建设。多家新闻单位对此进行了采访、报道。

6 月,近 500 名学生党员赴顺义农村参观乡镇企业改革开放以来的新气象,受到深刻教育。

8—9 月,根据严重政治风波中反映出的学生对基本国情缺乏深入了解的情况,本着"参加实践,了解国情,学习工农"的精神,我校组织学生利用假期组成 8 个考察队赴汉中、唐山、连云港、哈尔滨、绵阳、上海等地广泛开展社会实践。返校后考察队在各院、系向广大同学报告了考察结果。

9 月 25 日,研究生工作部举办研究生业余党校,以讲授党的基本知识为主,提高积极分子的政治素质。在业余党校开学典礼上,党委副书记于泽荣作了动员报告。以后每年两期的研究生业余党校按期进行。

9 月,在调查研究的基础上,校长办公会做出"在全校开展'五早活动'的决定",以"早睡、早起、早操、早餐、早读"为主要内容,并于新学期开学后在一、二年级本科生中实施,以后在全校推行并一直坚持下去。国家教委和北京市教育工委发出简报,介绍和推广了北航的做法。很多新闻媒体也做了报道。

9 月,新生入学教育采取新模式,由参加过军训的学生迎接新生,一方面巩固军训成果,一方面帮助新生适应大学生活,树立集体荣誉感。

9 月,为配合"五早"活动的顺利进行,食堂的炊管人员开始提早上班,后勤口党员干部轮流上岗,改善学生伙食。

9 月,学校下发"本科德育教学计划及实施细则",其中宿舍卫生习惯占评分标准的 10%,由宿管站检查打分。学校编辑出版《大学生活导论》教材第一版,同时变讲座式教学为大课堂教学体系,邀请校内外知名学者彭清一、李燕杰、高镇同、高歌等为该课作讲座,引起校内外极大反响。同时,马列主义公共课开始使用本校自己编写的教材。

10月10日,北航首届学生优秀科技论文答辩会举行,这次答辩会由校团委主办,旨在活跃校园科技气氛,提高同学们的科技兴趣,使理论与实践相结合,着重培养学生自己的动手能力,以适应现代科技发展的需要。

10月17日,沈士团校长在《人民日报(海外版)》发表署名文章,在国内高校中率先提出了为吸引海外留学人员归国服务,北航对他们可以实行"来去自由"的方针,得到海外学子的欢迎和响应,在高等教育界产生了重要影响。

全年,1990年是国家实施"八五"计划与"十年发展规划"头一年。党委为落实十三届七中全会精神,贯彻稳定压倒一切的方针,坚持对学生的疏导教育,加强了学生工作队伍、保卫工作队伍、党委信息工作队伍、教师工作队伍、后勤工作队伍等的建设,并坚持始终把德育放在首位的工作方针。

1991 年

3月2日,在各总支书记及直属支部书记会上,党委书记朱万金指出要坚持社会主义的办学方向,把"德育放在首位"落到实处,把培养社会主义事业的建设者和接班人作为学校的根本任务。

3月4日,校党委举办《关于社会主义若干问题学习纲要》学生骨干学习班,参加人员有:学生党员、团支部书记、入党积极分子和部分学生辅导员。

3月14日,中共中央政治局委员、国务委员、国家教委主任李铁映来我校视察工作时,对我校的"五早"和"免监考"制度表示了赞赏。他说:"你们的'五早'我赞成,应坚持做下去。"他还说,"考试作弊比打麻将还坏,要坚决反对考试作弊,你们带了个好头,要继续发扬。"

3月,根据团市委《开展团员教育评议活动的意见》,我校首次开展了全体团员的教育评议活动,并形成了每年一次的制度。

5月,根据共青团北京市委和校党委组织部文件精神,制定了《关于在我校开展推荐优秀团员作为党的发展对象工作的意见》,规定团员青年在加入中国共产党前须经团支部民主评议和推荐,并初步形成了每年两次推优的工作制度。

6月7日,我校业余党校获全国先进基层党校称号。

6月,学生处制定了《评选先进班集体条例》,并于当年开始评选,各班派代表参加公开答辩。先进班集体必须首先获得"优秀团支部""优良学风班""先进体育班""宿舍文明班"四个单项称号才有资格申请,而以上四个单项称号分别由团委、教务处、体育部、宿舍管理站分别负责评选,体现了学校各个部门都来关心学生德育的工作。

7月,三系1987级同学提出"文明离校""文明上岗""留给母校一片爱心"的倡议。学校因势利导,开展了毕业生"文明离校"活动,并颁布了《关于做好毕业生文明离校工作的规定》,由学生处、各系学生辅导员及宿管站具体负责。"文明离校"活动一直坚持了下去,收到了很好的成效。

11月8日,社科系311101班全体同学发出倡议书,"爱我北航,美化校园环境,争做文明大学生,共同创建文明校园"。校团委、学生会号召全校学生响应倡议,"热爱我们的北航,文明我们的校园",铲除各种不文明的现象。校内掀起了"办文明事,做文明人"的高潮。

12月4日我校首次召开"文明宿舍"表彰大会。

12月17日,中国共产党北京航空航天大学第十二次代表大会开幕,朱万金书记作题为"发挥党的政治核心作用为进一步办好北京航空航天大学而奋斗"的党委工作报告。报告指出,"我校已制定《落实'德育放在首位'的规划纲要》,这个纲要明确提出在培养学生德育质量上要达到的总体目标。要实现这个纲要关键在于提高和统一对'德育放在首位'的认识,一层一层地抓,一层一层地落实,使全校共产党员和师生员工树立全员德育意识……按照纲要提出的要求,每个职能部门、各级干部和教职工都要主动地在各个环节上开展德育工作,使整个学校形成全员、全方位、全过程的德育格局。为此,党委号召全校广大教职工要在各自的工作岗位上,以身作则,为人师表,积极投身于教书育人、管理育人、服务育人中去"。沈士团校长在会上作了题为"团结起来,为实现我校'八五'的目标和任务而奋斗"的校长工作报告,在全面提高人才培养质量方面,明确指出,"要提高和统一对'德育放在首位'的认识。学校最根本的任务是培养人,培养什么人,是判断办学方向、衡量办学水平的基本标准。德育放在首位,关系到学生的全面素质,关系到国家的长治久安,关系到社会主义的前途和命运。必须树立'全员德育'意识,这不仅是对德育工作者的要求而且是学校所有岗位上的工作人员都应该树立的,要意识到提高学生的德育质量是自己义不容辞的责任和义务,要确立'全方位德育格局',充分发挥学校各部门应有的德育功能"。学校制定的《落实'德育放在首位'的规划纲要》,在党代会上获原则通过。由校党代会通过一个学生德育纲要,这在我校是第一次。这是北航德育工作史上的一件大事,是北航德育工作由抓政治稳定为主转入抓基础建设为主变化的一个重要标志。

1992 年

3月3日,校党委召开系处以上领导干部会。党委副书记、副校长方复之就全面贯彻《落实"德育放在首位"的计划纲要》进行了动员。他在题为《统一认识,努力实现"德育放在首位"的规划纲要的各项目标》的报告中,着重就对德育的理解,对把德育放在首位的理解,提高学生的德育质量,必须加强教职工的思想政治工作以及如何贯彻规划纲要等4个方面内容作了全面阐述,要求各单位提高落实规划纲要职责和措施,使"教书育人,管理育人,服务育人"工作真正得到落实,在全校形成全员德育意识、全方位德育格局。会上,高镇同教授、李心灿教授和安益民管理员分别介绍了"三育人"的经验体会。沈士团校长在会上讲话。他指出,把德育放在首位,全面提高人才培养质量,绝不是权宜之计,要扎扎实实地从实际做起。全员德育意识、全方位德育格局、全过程德育培养新思路的提出,在校内外均起到很好的导向作用。

4—10月,利用团员教育评议的契机,在全校团员青年中开展"社会主义好"的主题教育活动。7月,组织"我看改革开放""社会主义在中国""改革开放与当代大学生使命"为主题的社会实践活动。10月组织了"跟党走,健康成才"的综合教育活动。

5月,校团委修订颁布了《分团委(团总支)工作职能和工作考核办法的规定》和《团支部等级评定细则》,制定和实行了《共青团支部工作记录手册》。

6月20日,举行先进研究生党支部和优秀研究生党员答辩会,评选出先进研究生党支部3个,优秀研究生党员10名。此活动每年一次,以"自愿报名、总支推荐、公开答辩、择优当选"的办法进行评选,受到广大研究生党员的欢迎,对研究生党支部建设起到了促进作用。

7月,为了让研究生了解社会、服务社会,学校将社会实践课纳入教学计划,今年暑期1991级硕士生350人,由20名教师带队,分赴11个地区进行了为期两周的社会实践,受到了广大研究生和工厂企业的欢迎。

8月,国家教委选派我校青年学生部部长、学生处处长赵平赴美国进修,学习考察美国高校学生工作。校党委任命申建军为党委青年工作部部长、学生处处长。

9月,胡晓松担任校团委书记。

11月,校武装部受到国家教委通报表彰,我校也被评为"全国高等学校学生军训工作优秀学校"。

12月,在原北京航空航天大学大学生舞蹈队的基础上成立了以北航学生为主干的北京市大学生舞蹈团——它是北京大学生艺术团六个分团之一。

1993 年

4月,北航大学生活动中心建成,为大学生歌舞团等多个学生社团提供了日常训练和活动的场地。

5月21日,校大学生勤工俭学中心正式成立。我校颁布了《北航学生勤工俭学管理暂行规定》。

6月,召开第二十届校学生代表大会和第八届校研究生代表大会。李虎当选新一届学生会执委会主席,杜鹃当选学生会常代会主席。霍波当选为新一届研究生会主席。

7月,我校与革命老区山东省沂南县有关单位签订意向书,建立北航大学生革命传统教育基地。8月,组织我校大学生组成社会实践考察队,深入革命老区,在接受爱国教育的同时得到了优秀革命传统教育,自此到1997年8月,我校每年一次组织学生去基地参加社会实践。10月,我校组织在全校范围内发起"为希望工程献爱心"活动,共收到捐款2万多元,共结对资助该县350名失学儿童重返校园。资助活动坚持了多年,最多的一年资助了402人。

9月,成立业余团校培训学生骨干。团校通过开设心理、管理、青年组织、美学及公共关系等课程,以讲座、讨论、辩论、演讲等形式锻炼学员的实际工作能力,在干部队伍的培养中发挥着越来越显著的作用。团校成为学生干部培训的主要基地和素质教育的试点基地。

12月,开展了以"做社会主义市场经济中合格共青团员"为主题的团员教育评议活动。

1994 年

1月7日,以北京市教育工委副书记徐天民为组长的"党建和思想政治工作先进普通高校"评估组到校听取汇报并检查工作。

5月,大学生舞蹈团参加北京市第二届大学生舞蹈比赛,囊括所有一等奖。8月,代表中国大学生参加1994年国际舞蹈学院舞蹈节。10月,参加天安门广场国庆45周年文艺汇演。

10月19日,市委教工委书记陈大白在我校"211工程"预审会上发表讲话,指出德育工作应列入"211工程"评审条件。

10月,校党委任命方力为校团委书记。

11月,开始对学生实行高额奖学金,鼓励和培养全面发展的拔尖人才。奖学金分优秀学生奖学金、航空专业奖学金和其他奖学金三大类,最高奖励额度为5000元。同时,我校设立了贷学金和勤工俭学基金,用来支持家庭困难学生的学习。

12月19日,中航总党组任命赵平为校党委副书记,负责全校学生工作。

1995 年

1月,经过严格审查,又有17个班被批准进入免监考行列。至1998年为止,被批准免监考的已有101个班次,学生人数超过3000人次。

3月,校党委任命汪群为党委青年学生部部长。

5月12日,在党委会第60次会议上,党委副书记赵平汇报德育工作会议筹备情况,会议讨论了《北京航空航天大学关于"爱国主义教育工程"规划》,提出将爱国主义教育引入课堂,在学生中提倡崇尚献身科学的精神。

6月6日,召开校德育工作会议,表彰了1995年度德育先进集体和先进工作者,沈士团校长作了题为《总结经验,再接再厉,为开创我校德育工作新局面而奋斗》的报告,明确指出,"要树立'大德育观',形成全员德育意识、全方位德育格局、全过程德育培养的'三全'德育局面,在新形势下转变观念,转换机制,让德育工作主动去适应社会,适应教育改革的需要,从而给学校正在走向繁荣的德育工作局面注入新的活力"。李心灿、杨念梅等十多位同志在会上交流了经验。

6月,为贯彻落实校党建工作会议精神,活跃我校思想政治教育的理论研究气氛,校党委决定,恢复思想政治教育及党建研究会的活动。

6月,为更好地坚持免监考制度,教务处公布了免监考管理办法,从本学期考期开始执行。

9月,六食堂与七系进行文明共建活动,让学生参与民主管理、帮厨和成本核算,还帮食堂出板报。通过共建活动,培养了学生热爱劳动、爱惜粮食的优秀品质,并增进了他们与炊管人员的理解与支持。这项活动,后来陆续在其他食堂展开。

10月30日,社科系学生向全校发出:"行动起来,用我们的一言一行——清除语言污染,建设文明校园"的倡议。

11月17日,市委教工委下达《关于检查中央德育文件贯彻落实情况的通知》,我校成立德育工作领导小组,赵平副书记牵头,成员为社科系、组织部、宣传部、教务处、学生处、研究生工作部等。指出德育工作的加强必须以加大学生自我教育、自我管理的机制为重点,宣传部门要利用多种媒介,创造良好德育氛围。

11月,为贯彻落实学校德育工作会议和党建工作会议精神,配合我校《党建三年规划》,党委青年学生部以爱国主义、社会主义、集体主义教育为主线、确定了1995年至1996年第一学期的工作要点:明确培养21世纪人才的目标,探索适合我校学生工作的新思路、新方法、新特点。

12月8日,市委教育工委书记陈大白带领检查组来我校检查德育工作。在总结中肯定了北航德育工作的成绩。

1996 年

1—2月,校党委向工作在教学第一线的全体教师发出了教书育人的号召,并在各系的配合下,主抓20门试点课程,力争在专业课教学中贯穿德育教育的内容,让教师做学生课内外的良师益友,培养学生严谨求实的治学态度和热爱知识、勇于探索的科学品质,激发他们的爱国热情和社会责任感。

3月,中共中央颁发了《中国共产党普通高等学校基层组织工作条例》。

3月,校学生会推出了"校徽工程",号召大学生积极佩戴校徽;后又向全市大学生发起了"做精神文明建设的排头兵"的倡议,在全国大学生中发起了对大学生定位的讨论,引起首都各大新闻媒体和社会各界的关注。

5月4日,南操场"五四"篝火晚会气氛热烈,吸引了全校学生和部分教师,校党政领导与广大学生一道联欢。

5月29日,《光明日报》头版头条发表署名文章《北航的启示——德育工作重在

《创新》,比较全面地介绍了北航近年来德育工作的方方面面。文章认为,北航在德育工作中"勤于探索,勇于创新,在这一方面做出了许多富有启示意义的工作。"

5月,北航被北京市委、市政府授予"北京市思想政治工作优秀单位"称号。

5月,北京市教委、市委教工委组织关于"两课"教学的一项举措——"马列公共课"讲课比赛,从本年度开始将每年举行一届。首届比赛我校革命史教研室教师姚晓玲获得一等奖第一名。

5月,大学生舞蹈团参加首届全国大学生文艺汇演,荣获"优秀表演奖""优秀节目一等奖""优秀创作奖"。

9月,中国航空工业总公司党组和中共北京市委教育工委宣布,北航由校长负责制转为党委领导下的校长负责制。遵照《中国共产党普通高等学校基层组织工作条例》规定,先后制定了《中共北京航空航天大学委员会常委会议事规则》《系务会议议事规则》等实施办法,使学校领导体制的转换实现平稳过渡。

10月1日,根据《中华人民共和国国旗法》及市委教工委、市教委《关于规范高等学校升降国旗制度的意见》精神,我校开始施行由团支部申请每日规范升降国旗制度,该举措成为德育工作评定的一项内容,并由此坚持下去。12月30日的《光明日报》做了报道。

12月,首次颁发"教书育人"奖教金,首批获奖的教师有周恩绚等20人。

12月,经北京市高校文明校园检查组检查评估,北航通过北京市高校"文明校园"正式验收。

1997 年

2—4月,2月19日邓小平同志逝世。全校师生无比悲痛。在沉痛悼念小平同志的日子里,精心布置了悼念活动主会场和30多个分会场。部分学生为小平同志送灵。全校学生认真学习了悼念小平同志的有关重要文献,缅怀小平同志的丰功伟绩和崇高风范;3月至4月组织全校万名学生收看了大型文献纪录片《邓小平》,大大加深了学生对邓小平建设有中国特色社会主义理论的全面理解。

4月,校党委任命王建中为校党委青年学生部部长、学生处处长。

5月,经专家组检查评审,北京市委授予北航"北京市党的建设和思想政治工作先进高校"称号。

5—6月,为了庆祝香港回归,校学生会举行"百年圆一梦,千情系香江"大型系列活动。七系4位本科生精心制作的《香港中环广场沙盘》作为首都大学生唯一展品送中国革命博物馆展览并收藏。5月11日是回归倒计时50天,当晚我校与中国人民大学、北京理工大学等高校联办"我们期待紫荆花开"大型歌舞晚会。首都新闻媒体广泛报道北航学生的庆祝活动。

6月25日,"形势与政策"课变以往的由辅导员授课为由闭路电视进行定时播映,使该课的教学力度与影响面更为扩大,这一变化得益于学生宿舍闭路电视系统的开通,该系统成为对学生进行政治思想教育、丰富课余文化生活的又一阵地。由北京市委副书记李志坚启动开通电钮。

7月,人文学院开设的"中国革命史"课程经过几年的努力,讲授效果受到广大学生好评,经过专家组评审,校领导批准为我校的优质课程。

9月,开设"大学生就业指导"课,使毕业教育进课堂,并更为规范和系统化。

10月14日,中国共产党北京航空航天大学第十三次代表大会隆重召开。楼士礼书记作了题为"加强党对学校的领导,团结奋斗,以崭新的姿态跨入二十一世纪"的党委工作报告。报告提出了学校跨世纪"三步走"、建成"国内一流、世界知名"大学的发展目标和路径。明确指出,"学校工作千头万绪,但一切工作都要围绕育人这一根本任务来进行。要千方百计地提高教学质量,调动各个方面的积极性来保证教学质量的提高……此外我们还要在培养和造就具有坚定共产主义信念的青年马克思主义者和优秀建设人才方面下功夫,培养和造就一大批拔尖人才,为社会主义现代化建设做出更大的贡献。"沈士团校长在会上作了题为"高举邓小平理论的旗帜,团结一心,建设北航"的校长工作报告,明确了努力实现"三部一市两面向"的发展战略和"国内一流、世界知名"的社会主义科技大学的中长期奋斗目标;概括并提出了对21世纪工程技术人才的七条素质要求,以及以系统思想和系统方法,来深化北航的教育改革。

10月,我校学生工作干部在黄崖关召开会议,确定我校当前学生工作的重点是"学风建设"。

11月20日,校党委学生工作部、组织部制定《北京航空航天大学本科学生党建工作细则》,分总则、学生党支部、发展党员工作、党员的教育、管理和监督及附则六大部分。为进一步加强我校本科学生党建工作,使多年来各院、系党总支和党支部工作的组织经验制度化、规范化,增强学生党支部的战斗堡垒作用起到良好的作用。

12月,为便于贯彻执行《北京航空航天大学本科生党建工作细则》,学校汇集并陆续补充修订各院系成功经验,成为该细则的《实施参考》。《实施参考》主要内容涉及十二点:做好系级学生党建工作的基本经验;学生党建工作先进系的基本特点;如何开好民主生活会;如何开好征求群众意见座谈会;如何考察党员和入党积极分子;如何做入党介绍人、积极分子联系人;如何写入党申请书、思想汇报、自传、入党志愿书、转正申请等。

1998 年

1月1日,京港大学生在北航共度新年。香港理工大学一行29人与北航大学生共庆元旦。在专场音乐会上,北航学子的高水平演出受到香港学生的高度评价。

1—2月,"首都大学生留校过年不寂寞"——这是十余家报纸的主标题。约400名大学生留在学校过了一个不平凡的寒假,其中相当一部分是特困生。近年来,学校对特困生工作给予极大关注。学校为特困生安排了每天不少于25~30元报酬的资助性勤工俭学机会。有巡逻、值班、收发信件、清洁绿化等工作。每年春节,校、院、系领导都和留校学生共度除夕,这已成为传统。

4月,为鼓励学生发挥各方面特长,加强素质教育,我校决定从1997级学生起,把参加第二课堂活动纳入学生培养计划,大学期间应积极参加各种第二课堂活动,并需累计获得8个奖励学分,否则拿不到毕业文凭。

5月,校党委宣传部部长郑彦良为全校本专科生所作的"当前国际形势与我国对外政策"电视直播报告,获北京市优秀报告一等奖,捧回"灵山杯"。自学生闭路电视开通以来,学生处充分利用这一阵地,定期组织各种报告、讲座,收效较好。

6月,400名新党员举行"七一"入党宣誓仪式,学生入党人数大幅度增加。

6月,截止到当月,我校"两课"教学的内容已经确定了新体系:马列主义课为:"马克思主义哲学""政治经济学""党史""革命史""毛泽东思想概论""法学概论""社会主义建设""邓小平理论概论";研究生开设"自然辩证法""科学社会主义理论与实践"。思想品德课为"大学生活导论""就业指导""形势与政策""人生哲理"课。

8月,中国教育电视台拍摄的《青春旋律——北航校园文化建设成果巡礼》电视专题片三集(共60分钟)连续播出,在教育界引起良好反响。

8月,由CETV摄制组拍摄的电视专题片新闻故事——《牙刷的故事》,记录了自控系学生李军在校学习5年期间,由校内外师生义卖牙刷资助十余次手术巨额费用,使他成功再造下颌重获新生的全过程,该片在CETV和BTV播出后,引起社会较大反响,首都报刊均做了报道。

8—9月,在全国的抗洪救灾斗争中,北航师生踊跃支持,开展了"爱心大行动",分三轮捐款,共募集人民币1061945元,衣物25756件。我校另有400多名学生参加了中华慈善总会的募捐志愿劳动,获得好评。首都各大报均报道了北航师生献爱心的活动。9月28日,抗洪抢险英模报告团一行4人来我校作报告,勇士们顾全大局、舍生忘死的英雄事迹给了学生们巨大的精神鼓舞。

9月,人文学院11位老师通过数月的精心准备,开设了"邓小平理论概论"课,先在材料科学与工程系试点,1999年初在全校普及。

9月,新生开学报到第一天,在写有"师生真情全是爱,北航就是你的家"标语的"灾区新生报到处"前,所有来自洪水灾区的困难学生都得到了学校的特殊接待,为他们减免学杂费。开学后,全校师生对灾区新生给予了无微不至的继续关爱。全校师生受到一次爱心"洗礼",社会新闻媒介不失时机地做了广泛宣传。

10月5日,抗洪官兵同首都大学生共度中秋。由北京电视台新闻部《市府与市民》栏目在我校主楼前广场举办了"心系灾区 共度中秋"晚会。来自抗洪前线的官兵与首都10所大学的100名灾区新生参加了活动。

10月,为加强大学生文化素质教育,我校开办"星期日讲座",一学期举办了18

场。校长沈士团作了首场"求学与做人之路"的讲座,拉开了星期日讲座的序幕。

10月,我国颁布实施《献血法》。我校共有984名学生无偿献血,献血人数创学校历年来最高纪录。

11月,由市委教育工委、市教委组织的北京市第三届"马列公共课"讲课比赛,人文学院法律教研室教师郑丽萍获得唯一的一等奖,学院组织观摩学习,并将先进的讲课方式和内容推广到全校学生的必修、选修法律课上,得到学生的欢迎和好评。

12月24日,校党建研究会暨思想政治工作研究会第二次理事会议召开。会上为1998年内上级对我校党建和思想政治工作方面的各个奖项颁奖,楼士礼理事长在会上讲话,确立了1999年研究会的五项任务,增补了4位理事,确定了"北航院(系)级学生工作评价体系""北航德育二十年回顾与总结"等研究课题。

——原载于《北京高校德育二十年(下册)——改革开放二十年北京高校德育工作大事记》,2000年11月北京邮电大学出版社出版

继承传统,面向未来,
加强我校学生文化素质教育

——在 2000 年北航德育工作会议上的发言

郑彦良

2000 年 1 月

在高等学校实施文化素质教育,全面提高大学生的综合素养,是面向 21 世纪高等教育的教学内容和课程体系改革的重要内容,也是教育思想和教育观念的更新。实施文化素质教育,可以启迪人的智慧,开阔视野,陶冶情操,完善人格,丰富文化底蕴,教育学生树立正确的世界观、人生观、道德观,培养跨世纪的社会主义事业接班人和建设者;实施文化素质教育,将使那些顺应历史潮流,反映社会发展主题的优秀文化得以传承和弘扬,对阻碍历史发展进程,与社会发展潮流相悖的文化糟粕加以排斥、摒弃;实施文化素质教育,通过对外来文化的冲突融合、重组,吸取其精华,推动民族传统文化的创新和发展,从而为建设有中国特色的社会主义文化奠定基础。显然,文化素质教育与高等教育文化功能之间存在着必然的逻辑联系。实施文化素质教育就是高等教育的文化功能的具体体现和深化。

一、校园文化建设是加强文化素质教育的重要方面

近年来,在体制改革和教学改革日益深入的推动下,一场以增强质量意识,树立素质教育观念为中心的改革教育思想和教育观念的讨论和研究,正在我校悄然兴起。学生素质教育已成为学校各部门的热门话题,提倡和开展素质教育已从口号逐步化为众多人的行动。实施素质教育的对策研究,也已成为一个面对新世纪的热点课题。素质教育的实施是我国社会发展对教育的客观要求,也是时代赋予我们教育工作者的重任。

北航具有重视文化素质教育的优良传统,早在 20 世纪五六十年代,"艰苦朴素、勤奋好学、全面发展、勇于创新"的十六字校风,就是最好的素质教育内容;80 年代初,学校在全国理工科大学中率先创办文科。目前,在原来的社会科学系的基础上组建和发展起来的人文学院由公共管理系、法律系、经济学系、社会科学部、文化艺术教育中心、高等教育研究所等组成,改变了学科单一的状况。1995 年我校成为教

育部第一批全国大学生文化素质实验院校以后,受到了校领导的高度重视。学校为此下发了"关于在我校加强大学文化素质教育之意见"并成立了由校长挂帅,主管副书记、教务长牵头的学校文化素质教育指导委员会,以指导和协调全校的文化素质教育工作。在课程建设中,多次通过校长办公会落实场地、师资、经费等一系列问题。由于学校领导的重视,有力保证了素质教育的顺利实施和健康发展。

如何抓好学校文化素质教育工作,人文学院责无旁贷。在学校文化素质教育指导委员会的指导下,我院多次召开院务会议讨论具体实施方案,并专人负责,配备得力教师补充到文化艺术教育中心去开展工作,我们的具体做法是:

1. 加强课程体系的建设

目前,我院在全校和周边兄弟院校开设文学、艺术类人文素质教育方面的选修课近二十门,如有影响的课有:唐诗宋词赏析、中外文学欣赏、西方音乐史与名曲欣赏、中华民族音乐欣赏、美学概论与绘画实践、舞蹈艺术等,均受到上级领导和同学们的一致好评。除此之外,人文学院每学期都举办传统文化专题讲座,组织科技人文讲座以及读书活动等。可以说,人文学院在全校普及文化艺术教育工作方面做出了重要的贡献。为了使更多的学生参与我们的课程教学,达到目的,我们还聘请了中国社会科学院赵风歧、范代年教授,中国音乐学院秋里、郑小瑛、胡德风等教授为我校兼职教授,不定期地到北航为学生举办讲座,同时还积极配合学校开设的周日讲座,邀请了北京大学、中国人民大学、社科院等单位的知名经济学家、社会学家走上北航讲台,充实了我校文化素质课的教学,更好地构筑和改变了北航课程体系单一的局面。这些做法,提高了北航文化素质教育上档次、上水平,深受学生们的欢迎。

2. 利用第二课堂和校园文化活动,加强文化素质教育

文化素质教育是一种多层次、全方位的教学训练体系。除了课堂教学主体外,还必须有丰富、活泼的第二课堂活动。为此,在以课堂教育为依托的人文素质教育之外,还组建了多个艺术团体,并开展了丰富多彩的学生课外活动、艺术活动。

人文学院文化艺术教育中心的教师充分利用课堂外的时间,投入了大量的精力辅导艺术团的工作。可以说,他们在辅导学校各类文化艺术社团的工作量,远远大于他们在课堂上的教学工作量。他们利用双休日、假期,和学生一起排练各种演出节目,指导大学生辩论队,辅导马克思主义协会、演讲与口才协会,等等。经艺教中心老师和人文学院其他教师的辛苦劳动,我校舞蹈团、合唱团几年来在全国、北京市获得第一名,大学生辩论队获全国第三名,连续两年北京市大学生演讲比赛第一名,等等。在文化艺术教育中心教师及学生各种艺术团的带动下,北航的社团不断涌现出来,如哲学与时代精神协会、法律协会、话剧社、群岚文学社、邓小平理论协会等。这些社团在学生的文化素质自我教育、自我管理、自我培养、自我约束过程中,起到了中坚与堡垒作用。正是有了这些社团的存在,人文学院的教师在课外进行文化素质教育也就有了基本的依靠力量。目前,由于 2000 版教学计划的出台,减少了课内学时,学生中加入社团的声势,要求提高素质教育的呼声,已在校园遍地开花,形成了一股燎原之势。

大型的文化素质活动,学生参与面广,影响大,质量要求又高。组织活动和参与组织活动,对培养锻炼学生的各种能力,效果显著。为此,在学校和社会各界的支持下,以学生为主要力量的人文学院"文化艺术月"活动,每年都要举办。整个活动期间,学生们自编自演品味很高的节目,如"京韵风来满园彩"活动,"让艺术之光洒满大学殿堂"活动,成才之路系列讲座活动等。全校学生参与面广,社会影响大,受到了广大师生的热烈欢迎。为加强全校的素质教育,学校也每年定期举办了体育节、科技节、文化节等,这些活动已经成为北航文化素质教育不可分割的一部分。

第二课堂的开辟,不仅丰富了学校的文化艺术活动,而且也使学生受到了教育和锻炼,艺术欣赏水平得到了提高。由于学校领导的重视,教师们的不断努力,文化素质教育已构成了一幅充满素质教育气息的校园文化画卷。

二、对学校加强文化素质教育措施的一点看法

实施素质教育,确实是一项极其艰巨的任务,在操作上有很多需要解决的课题,有诸多困难和障碍。但实施素质教育,也是解决贯彻执行教育方针中一些"老大难"问题的有效形式。在教育实施过程中,即在措施上要着重解决好以下三个问题。

1. 培养实施素质教育的教师队伍

实施素质教育的主渠道是课堂教学,所以必须努力培养一支实施素质教育的教师队伍。目前,我校大多数教师仍习惯于传统的专业文化课教学,习惯于应试教学模式,对于课堂教学中如何培养学生的科学文化素质、思想品德素质、心理素质等,在内容和方法上还不能适应素质教育的要求。特别对改革课程设置,实施新的教学计划所规定的必修课、选修课等,感到陌生,而这些正是学校实施素质教育的突破口。所以,要努力提高教师队伍的整体素质,在对教师进行培训的同时,要加强师德建设,重视教师实际教学水平,提高教师各方面的素质教育能力。教师应根据跨世纪人才培养目标,更新自己的教学内容、结构、方法和手段,把教学建立在学生丰富的精神生活和智力生活的背景上,变"满堂灌"为"启发式",变"一刀切"为"个性化",使学生用尽量少的时间和精力获得尽量多的有用的知识、技能,身心得到全面的发展。

2. 选择科学的教育模式和教学原则

江泽民同志曾强调指出,当前教育工作也要实现两个转变,切实解决好教育进一步适应经济建设对人才培养的要求,进一步提高教育质量和效益这两个问题。从根本上说,教育现代化的最终目的,就是培养具有现代素质的人。而要实现这一根本目标,唯一的途径就是推行素质教育。从这个意义上来说,抓住了实施素质教育这个根本环节,也就是抓住了教育实现两个根本转变的关键。因此,如何改革好教育模式,采取合理的教学原则进行素质教育,就成为摆在我们面前的新课题。可供

选择的教学模式等，在实践中都收到了良好的效果。当然，不同的教育模式有不同的适用性。在实施素质教育中，应当根据本校、本班的实际采取适宜的教学原则，例如渗透性教学原则和创造性教学原则等，努力使教学内涵面向每一个学生充分展开，促使学生诸方面素质全面和谐地发展。

3. 着力构建素质教育的运行机制

学校教育的最大特点是办学行为的规范性。没有良好的运行机制，实施素质教育不但没有具体的规格要求，而且也不好抓落实。因此，要逐步建立和完善素质教育的运行机制，如有效的导向机制、有力的制约机制、科学的评估机制和广泛的社会参与机制等。

我国的高等教育正面临着世纪的挑战，党的十五大也提出了建设有中国特色的社会主义文化的任务，高等教育应为提高全民族的文化素质做出更大的贡献，应成为建设中国特色的社会主义文化的主力军，必须把文化素质教育纳入人才培养计划，结合面向 21 世纪教育思想和教育观念的转变、教学内容和课程体系的改革、人才培养模式的改革，积极探索和逐步完善文化素质教育的制度化、规范化途径与措施。在实践过程中，体现高等教育的文化价值，发挥高等教育的文化功能。

——刊载于北航学生工作部主编的《北京航空航天大学德育工作材料汇编（1995—2000）》第 52～54 页（2001 年 3 月）。

"北京一号"诞生记

郑彦良　李福林　张祖善
2001 年 4 月

1958 年 9 月 24 日,清晨,北京首都机场。

一架崭新的旅客机昂首挺立在跑道上,机身两侧机翼下的两台活塞发动机正隆隆作响,似一只振翅待飞的矫健雄鹰,欲与天公试比高。

这架飞机,就是由当时的北京市市长彭真同志命名的"北京一号"——北航 1000 多名师生奋战 100 个昼夜研制的新中国第一架轻型旅客机(8 座)。

1957 年,教育界开展勤工俭学,北京航空学院(北京航空航天大学的前身)院党委决定在飞机系进行试点,飞机系提出在 1958 届学生的毕业设计中师生自己动手设计、制造一架实用飞机的大胆计划。

1958 年 2 月,周恩来总理在中南海听取了王大昌、沈元两位副院长关于采取教学与科研、设计、生产相结合,设计、制造一架飞机的汇报后非常高兴,立即表示支持。尔后,他指示由国务院有关部委拨来一笔专款,表达了对北航师生自己造飞机的肯定与期望。

帮助学校进行教学改革的苏联专家库兹明热情支持师生的想法和计划,在技术上给予指导。

沈阳飞机制造厂和飞机设计所的大力帮助,提高了师生在设计、工艺和生产方面的能力。南昌飞机厂、哈尔滨飞机制造厂派来了有经验的设计员,审核图纸和指导工作。北京 211 厂派有经验的老师傅,手把手地对师生进行指导、帮助。

为了加强领导,统一指挥,院党委成立以沈元为主任委员的试造委员会,在飞机系主任王德荣领导下开展各项工作,确定徐鑫福、张克明、常荣福、吴云书、许建钺为设计、工艺、检验、生产方面的主要负责人,并成立由王敬明负责的由 6 位同志组成"北京一号"生产指挥部。下设 13 个设计组、3 个生产准备车间、5 个生产车间,1000 多名有关专业的师生、工人参加了设计和制造工作。

"北京一号"原为以农业为主的多用途飞机,后改为轻型旅客机。参加设计的师生先后提出了 11 种设计方案。确定最佳方案后,又经过大量的计算,定出了飞机的重量、速度、升限、爬升速度,以及与之相适应的气动参数等。经过几十次风洞试验,得出了优化的飞机外形,确定了总体设计方案。

当时的《人民日报》发表了一篇题为《飞吧! 年轻的鹰》的文章,生动地描述了师生们"分秒必争"的情景。

一个又一个奇迹在这里诞生：

——飞机设计院通常要几个月才能完成的设计任务,北航 120 多位师生一个多月就完成了；

——在飞机的设计与生产过程中,师生的技术革新和发明多达 3000 多项；

——一位刚到校的一年级新生(原为工厂的劳动模范),带领 200 多位师生,在几天时间里完成了"北京一号"生产中的最后工序的总检验。

9 月 24 日,数千名来自中央和北京市许多机关、学校的代表和师生,在机场平坦宽阔的滑行道旁,欢天喜地凝望着"北京一号"。"北京-1"几个紫红色大字,在银白色的机身和机翼下,闪烁着耀眼的光芒；细长的前三点式起落架托着下单翼的流线型银白色的机体,在朝阳的照耀下,显得格外矫健美丽。

9 点 20 分,在一片军乐声中,国务院第二办公室主任林枫、教育部部长杨秀峰、空军司令员刘亚楼等有关方面领导同志兴高采烈地出席了试飞典礼。杨秀峰部长和刘亚楼司令员先后发表了热情洋溢的讲话。刘亚楼司令员说："这不仅仅是新中国的创举,也是世界航空史上没有的先例。"之后,林枫主任为即将起飞的"北京一号"剪彩。

在一片锣鼓和歌声中,曾突破空中飞行禁区、开辟了北京—拉萨航线的著名飞行员潘国定和有多年飞行经验的飞行员王来泉,驾驶"北京一号"冲上蓝天并绕机场飞了一圈。在人们不停地挥手欢腾之时,具有高超飞行技能的潘国定,以 270 千米/小时的速度,驾驶飞机俯冲到离地面 10 米的低空,从欢笑人群的前方掠过,给大家一个惊喜,更引来一片欢呼赞叹声。飞机安全着陆后,两位试飞员当即向大家报告了试飞结果："'北京一号'性能良好,我们感到满意。"

"北京一号"做了一次中长距离航线飞行,历时 5 天,往返北京上海之间,途经济南、徐州、南京,来回共 2500 千米,圆满地完成了预定的试飞计划。

为了满足北航师生在校园观看飞机飞行的愿望,经过有关部门特批,潘国定驾驶"北京一号"飞临北航校园上空,撒传单,大转弯,小转弯,收放起落架……满足了全校师生的心愿。

"北京一号"累计试飞 46 个起落,飞行 30 多个小时,经历了多种气象条件的考验,质量和飞行性能良好。

1958 年国庆前夕,为祝贺"北京一号"上天,《人民日报》发表题为《航空教育事业的伟大胜利》的社论。社论说："这是我国航空史上没有的奇迹。而学校自己设计和制造飞机,更是我国所没有的创举。这是航空事业的伟大胜利,是执行党的教育方针的伟大胜利。"

党和国家领导人参观了北航在国防部举办的"十一"献礼展览会。展览会上陈列了北航师生研制的"北京一号"轻型旅客机。朱德副主席、周恩来总理、彭德怀、陈毅、刘伯承、聂荣臻、叶剑英等党和国家领导人兴致勃勃地观看了"北京一号",并给予充分肯定。

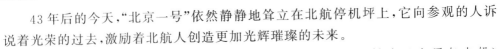
43 年后的今天,"北京一号"依然静静地耸立在北航停机坪上,它向参观的人诉说着光荣的过去,激励着北航人创造更加光辉璀璨的未来。

——刊载于《环球飞行》2001 年第 4 期(中国航空工业创建五十周年专辑)第 55 页

中国探空第一箭

李福林　郑彦良　李　军
2001 年 4 月

1958 年 9 月,耸立在高高的发射架上的中国第一枚高空探测火箭,喷出一串通红的火焰,凝聚着北航火箭系师生的智慧和汗水,在吉林白城子的荒野上腾空而起,冲向茫茫天宇,拉开了中国空间时代的历史帷幕。

这枚火箭被命名为"北京二号"("北京一号"是同年研制的轻型旅客机),它不仅是新中国第一,也是亚洲第一,日本在几年后才发射类似的火箭。

进军太空

1956 年,我国第一个导弹研究机构——国防部第五研究院正式宣布成立,我国导弹航天事业从此翻开了历史的新篇章。高等院校是高科技科学试验的先行者。作为中国第一所航空航天综合性大学的北京航空学院,于 1958 年初就建成我国第一个包括导弹、发动机和制导系统等专业的火箭系,为我国培养第一批火箭专业大学生。

1957 年,苏联发射成功了第一颗人造地球卫星,开始了人类空间时代的新纪元。北航师生深受鼓舞,选定研制一种垂直发射的高空探测火箭,可运载 10 千克有效载荷,用于气象或其他高空探测。

"北京二号"火箭的研制由武光院长亲自领导,由新成立的火箭系主任潘梁和总支书记刁震川主持,导弹设计教研室主任何庆芝教授与火箭发动机教研室主任曹传钧教授,分别担任火箭弹体和发动机的总设计师。

为了对师生进行全面练兵,"北京二号"高空探测火箭的研制工作采用了两种设计方案:两级固体火箭和"固体＋液体"两级火箭。

第一种方案代号为 BJ－2S,采用推力分别为 1850 千克、760 千克两级固体火箭,箭体长度 2.9 米,直径为 0.23 米,起飞重量级 145 千克,最大飞行高度 74 千米;第二种方案代号为 BJ－2L,第一级是推力 1850 千克固体火箭,第二级是推力 260 千克液体火箭,箭体总长度 6.5 米,起飞重量 272 千克,最大飞行高度 45.5 千米。

奋力攻关

探空火箭的设计工作是从 1958 年 3 月开始的。30 多位参加设计、研制的教师，绝大多数为二三十岁的青年人，他们都是从飞机专业改行过来的，向苏联专家学习火箭专业技术只有一年左右时间，在无先例、无经验、缺资料、缺设备的情况下，大家日夜奋战，争取在国庆节前把火箭送上天。

这是一项全新而困难的研制任务。与庞大的现代火箭相比，"北京二号"火箭尺寸虽小，但已具备了现代火箭的各种系统，可谓"麻雀虽小、五脏俱全"，要完成火箭结构、发动机、程序控制系统、火箭发射装置等各系统的设计和试验工作，还要与有关单位协作完成箭载高空设备、回收伞、固体药柱等加工任务。这些工作都由火箭系各有关教研室分工负责。当时北航的苏联专家也缺乏研制火箭型号的具体实践经验，研制全靠北航师生自己去探索、去闯关。

当时火箭研制中所需的各种材料、设备十分缺乏。例如，能燃烧 6 秒的固体推进剂和耐热陶瓷喷管是研制固体火箭的基础，可是当时国内却没有。师生们到协作工厂去突击加工制造。学校的加工研制条件差，教师、工人和学生就自己动手造设备。

"北京二号"试验项目繁多，大家从难、从严，认真做好静力强度试验、风洞试验、爆炸螺栓试验、液体及固体发动机试验等十多项试验。

在研制过程中，最为困难和险象环生的试验是液体火箭发动机的热试车。由于师生们对双组燃料的性能了解很少，第一次热试车就发生了爆炸，几位参试人员受伤。以后的试验中又多次出现爆炸和发动机烧毁现象。多次险情并没有使研制者退却，他们经过 43 次热试车和 10 多次活门爆破试验，终于使这项关系全局成败的实验项目获得成功。另一项固体火箭发动机的试验，也是进行 30 多次才成功。为此，学校向参试人员授予了红旗奖章。

火箭的设计时间仅有 3 个月，加工制造时间也不足 100 天，紧张到几乎没有回旋的余地。师生们吃、睡都在生产车间，夜以继日地加班苦干。

"北京二号"的研制，还得到了中央气象局、南京市 513 降落伞厂、太原 245 厂、原北京工业学院等单位的大力配合，在箭载高空设备、大型固体推进剂药柱、回收降落伞、控制装置等的研制方面给予有力支持，保证了研制任务按期完成。

经过 100 个日日夜夜的拼搏奋战，铸成的中华第一箭——9 枚高空探测火箭昂首耸立在北航校园中。

中国第一

20 世纪 50 年代，我国尚未建立起探空火箭的发射基地。从 1958 年下半年起，火箭系师生就跑遍内蒙古的大草原四处寻觅发射场。几经周折，最后选定吉林白城子炮兵靶场为发射地点。

9月中旬,大队人马开进草原。各项发射前的准备工作全面展开。

这里是一望无际的大草原。实验先遣队提前到这荒无人烟的原野搭帐篷,挖观察用的安全壕沟,修建半地下式的控制指挥所。几天以后,一座高20米的火箭发射架,奇迹般地出现在一马平川上。发射架是一个吊运建筑材料的铁架。

1958年9月22日,中国航天史上值得纪念的日子:编号为BJ-2S 101号火箭,在这一天石破天惊,直上云霄。按计划,这次发射主要是试验第一级固体火箭发动机,因而第二级不装药柱,用配重替代。下午6时20分,操作员激动地按下按钮,火箭发动机点火,万籁俱寂的千古荒原上发出轰鸣巨响,火箭离开发射架顶端,不断加速疾升,拖着一条长长的烈焰,冲上九天。

当时太阳刚刚下山,碧空如洗,火箭垂直升空的壮美景象清晰可见。6秒钟后,发动机轰鸣声骤然停止,而火箭靠惯性仍然上升,直到最后消失在浩瀚无垠的天幕中。几分钟后,遥远大草原深处又传来"咚"的深沉声响,这是火箭落地的撞击声。整个发射过程表明火箭各阶段工作正常。

"成功啦!发射成功啦!"发射场上一片欢腾,人们互相拥抱祝贺,激动欣喜之泪在面颊上流淌,雀跃欢呼之声在草原上空回荡。

紧接着,9月24日至10月3日,又连续发射5枚火箭(3枚两级固体火箭和2枚"固体+液体"两级火箭),均大获成功。所有火箭发射完全符合设计要求,第二级火箭点火及两级火箭分离都很正常,顺利地把有效载荷送上了高空。

发射第4枚火箭时,还请来了气象局工作人员,在有效载荷舱位中装上了测量仪器,用以测试高空的气压和温度。第5次发射恰好在正午时分,可以清楚地看到第一级固体火箭工作结束后,第二级液体火箭发动机在空中点火,喷出熊熊火焰,推动火箭飞向更高的天空。

两级火箭的第一次发射,已经达到了较高的技术水平。曾持怀疑态度的苏联专家在目睹了整个火箭发射过程后,不停地发出赞叹:"不简单,真的不简单。"

解放军雷达部队也参加了发射工作,由于火箭飞行速度过快和缺乏经验,雷达未能测出火箭的弹道及其最高点。但半年后东北公安部门送来的降落伞证实,回收的降落伞已经打开,载有探测仪器的有效载荷舱及第二级液体火箭工作正常。

6枚高空探测火箭连续上天,标志着中国第一次多枚近代火箭研制发射成功,火箭的故乡迎来了崭新的空间时代。

火箭发射成功不久,在国防部举办的"北京航空学院'十一'献礼展览会"上,陈列了"北京二号"实物。党和国家领导人周恩来、朱德、彭德怀、陈毅、刘伯承、聂荣臻、叶剑英,以及解放军高级将领、著名科学家等参观了展览,给予充分的肯定和赞扬。周总理观看的时间最长,阅读解说图板最仔细,甚至问到火箭升空的高度是如何测量的、苏联专家评价如何,等等。

40多年过去了,中国已成为举世瞩目的航天大国,跻身于世界上少数航天先进国家之列。往事如烟,许多事情业已被人们所淡忘。但是,实现中国导弹科技事业"0"的突破,作为拉开中国空间时代历史帷幕的"北京二号"高空探测火箭,不仅永远铭记在北航师生的心头,也镌刻在中国航空航天事业的编年史上。在"北京二号"的研制者及其后北航历届毕业生中,中国第一颗地球人造卫星的研制者有之,中国洲际导弹的总设计师有之,中国水下潜艇导弹的开拓者也有之。

——原载于《环球飞行》2001 年第 4 期(中国航空工业创建五十周年专辑)第 64 页

《探索与实践——北航党建和思想政治工作论文集》前言

郑彦良

2001 年 6 月

在新世纪的第一年,我们迎来了中国共产党诞生 80 周年的喜庆日子。作为北航党建和思想政治工作研究会向建党 80 周年的献礼,我们编辑了这本党建和思想政治工作论文集,以作纪念。

长期以来,北航有做好党建和思想政治工作的优良传统。学校各级党组织坚持以马列主义、毛泽东思想、邓小平理论为根本指导思想,认真学习、宣传、贯彻党中央的路线、方针、政策,切实加强和改进党的建设和思想政治工作,为实现学校的发展目标和完成学校的中心任务提供了根本保证,积累了许多宝贵的经验。

面对新世纪国内外正在发生深刻变化的新形势和高校改革、发展的新任务,党的建设和思想政治工作正面临着新的机遇和挑战。"党的思想政治工作是经济工作和其他一切工作的生命线"。党的建设和思想政治工作,必须坚持"三个代表"的重要思想,必须紧紧地围绕学校中心工作,必须在内容、形式、方法、手段、机制等方面进行创新和改进,特别要在增强时代感,加强针对性、实效性、主动性上下功夫。

本书汇集了北航各级干部和教师紧密联系学校工作实际,努力开创新时期高校党建和思想政治工作新局面的部分研究成果,从一个侧面反映了他们在党的建设和思想政治工作方面的理论探索和实践体会。我们编辑这本书的目的:一方面期望它在今后的工作中,能给大家提供一些经验和思路,对学校的建设、改革和发展起到促进作用;另一方面,也希望以此与高校同仁深入探索和交流党建和思想政治工作,达到共同提高的目的。

限于水平和编辑工作的仓促,书中难免有疏漏和错误,殷切地期望广大读者批评指正。

编　者

2001 年 6 月

——《探索与实践——北航党建和思想政治工作论文集》郑彦良(第一主编),第 1～2 页,2001 年 6 月,北京航空航天大学出版社出版

高校思想政治工作要适应
新形势和新变化

郑彦良
2001 年 6 月

　　转眼之间,人类已跨入 21 世纪,知识经济时代也正在向我们走来。在刚刚过去的 20 世纪,人类社会发生了翻天覆地的变化,特别是 20 世纪 90 年代,世界政治、经济、科技、教育都发生了一系列的重大变革,这既改变了世界,也影响着中国。20 多年的改革开放,使中国综合国力和人民生活水平大大提高,取得了举世瞩目的成就,也使我们的各项工作面临着许多新的情况和变化,遇到了许多过去未曾遇到的新问题。如何宏观地认识和把握这样的形势,适应新情况和新变化,是我们思想政治工作必须正视的一个重要课题。

　　我们所处的时代环境、客观形势究竟发生了哪些变化? 这是我们研究思想政治工作的适应性问题时,必须首先要搞清的。总的来讲,新世纪的到来,给人们带来了无限的憧憬和希望,也带来了一定程度的动荡与难题。

一

　　在国际,世界正在向多极化方向发展,经济全球化进程也正在加快,世界科学技术的进步更是日新月异。在这种情况下,各种思潮相互交错、相互激荡。这必然会对我国的思想领域、高等教育和我们广大教师的思想意识产生不小的冲击和影响,在中国加入 WTO 以后,这种冲击和影响的力度还会加大。这种影响有其积极的一面,也有消极的一面。西方敌对势力在总结了通过意识形态渗透催化东欧剧变、苏联解体的经验后,正在加紧以各种手段和方式对我国施行西化、分化的政治战略,企图颠覆中国共产党的领导和中国的社会主义制度。他们的这种政治图谋是绝不会改变的,而且会随着中国的不断发展、日益富强而加快步伐、加大力度。在今后,他们会在同样是高校教师非常关注的人权、民主、自由、民族、宗教、知识产权及达赖、台湾等问题上继续向我们发难,这是毋庸置疑的。他们与"台独"分子、流亡在外的"民运"分子、"法轮功"李洪志之流及我国境内敌对分子相互勾结,联手行动,打着各种蛊惑人心的旗号,顽固地进行渗透和破坏。而高校,恰是他们同我们争夺的一个主要阵地。我们与国内外敌对势力的渗透与反渗透、颠覆与反颠覆的斗争将是长期的复杂的。因此,我们在坚持改革开放、加强对外经济、文化、科技、教育交流的同时,要十分注意警惕和防范敌对势力的活动,更要注意西方思想意识的长期渗透和影响。而以因特网为代表的信息技术的发展,又使得这方面的渗透工作防不胜防。必须强调指出,也正如江泽民总书记在庆祝清华大学建校九十周年大会上的讲话中所讲的,"科学技术的重要性从来没有像现在这样突出"。各国综合国力的竞争,说到底,是科技和人才的竞争,人才的国际化和社会化竞争将更加激烈,这是我们必须面对的现实。谁拥有大量的高水平人才和科学技术,谁就能在国际竞争和高校竞争中占有主动地位。以日新月异的信息技术为代表的科学技术的迅猛发展,使我们高校的思想政治工作面临着过去从来没有遇到过的复杂的国际环境。

多年来的实践证明,社会主义的中国在前进道路上不可能一帆风顺,必然会遇到来自国内外的各种困难、风险和挑战。远的不说,党的十五大以来这三年多的时间,我国就遇到了亚洲金融危机和国内严重洪涝灾害的考验,发生了以美国为首的北约悍然袭击我国驻南斯拉夫大使馆、"法轮功"组织聚众闹事并成为西方反华势力急先锋、李登辉抛出"两国论"和主张"台独"的陈水扁上台后大肆搞分裂祖国的活动,以及最近的中美"撞机"等重大事件,"可以说,形势常常是变幻莫测不以我们的意志为转移的"(江泽民:2000年6月9日在全国党校工作会议上的讲话)。特别是有着军工和能源等财团背景的小布什上台后,美国政府把对华政策由过去的"建设性战略伙伴关系"急转为"战略竞争对手",给中美关系蒙上了一层阴影。

上述这些情况和变化,听起来似乎离我们高校的思想政治工作很远,其实很近、很近。这无疑是我们在新时期思想政治工作中需要正确面对和深入探讨的重要课题。

二

在国内,二十多年的改革开放,极大地解放和发展了社会主义社会生产力,社会主义的市场经济体制正在形成。而改革开放的进程,还要经历相当长的历史阶段。这场深刻的社会变革,必然会引起人们包括高校教师精神世界的深刻变化。改革开放和现代化建设,带来了经济的快速发展和社会的巨大进步,增强了人们的竞争意识、效率意识、民主法律意识和开拓创新精神,人们的生活水平有了显著的提高,也为我们做好思想政治工作创造了物质条件和精神条件。同时,在社会转型期,由于社会经济成分、组织形式、物质利益、就业方式日益多样化,人们思想活动的独立性、选择性、多变性、差异性明显增加,市场经济活动存在的弱点及其带来的消极影响,反映到人们的思想意识和人与人的关系上来,容易诱发自由主义、分散主义和拜金主义、享乐主义、利己主义。我国思想理论界的一些文章观点,对教师思想认识的影响很大。实行对外开放,有利于人们开阔眼界、增长见识、活跃思想,但国外资产阶级的腐朽思想文化也会乘机而入。我国社会长期存在的封建主义残余思想包括封建迷信和愚昧落后的思想观念,在新的历史条件下也会沉渣泛起。社会存在发生的变化,反映到人们的头脑中来,尤其是反应敏锐的高校教师中来,必然引起思想意识的相应变化,这是难以避免的。特别是在东欧剧变、苏联解体,使世界社会主义事业遭受了巨大的挫折,"一个发展了七十多年的社会主义强国也解体了,怎么这些社会主义国家说完就完了?"善于思考的教师有了疑问,有了困惑,甚至一些教师有了"信仰危机"。还应该看到,近年来我国正在大力推进社会经济结构的战略性调整,加强科技创新和体制创新,而我们高校的工作能不能有所创新、适应调整,这对高校思想政治工作既是严峻的现实挑战,也是难得的历史机遇。因此,越是改革开放,越要警惕各种错误思想观念的产生和给人们带来的消极影响,越要加强和改进高校思想政治工作。

三

在高校,由于政府机构的精简变动,高校的重组合并、联合办学的改革方兴未艾,高等教育体制、高校办学机制正在发生巨大的变化。高校内部的管理体制改革、人事分配制度改革、教育教学改革、招生和毕业生就业制度改革、后勤社会化改革等都在步步深入。由于种种原因形成的高校间、校内院系间的差异性日益明显。这一切,都在教师的思想意识上产生一波又一波的激烈振荡。由于我国教育发展水平偏低,教育结构和体制、教育观念和方法以及人才培养模式还不能适应现代化建设的要求,实施全面素质教育的任务任重而道远。因此,改革尚处于起步进行阶段,教育改革将是一个长期的阵痛过程。在改革进程中,人们的思想空前活跃,各种观念大量涌现,正确与错误的思想相互交织,进步与落后的观念相互影响。教育改革的步伐每向前迈进一步,都会产生很多新问题、新矛盾。实事求是地讲,任何改革都会涉及利益格局的调整,教育改革也不例外,从学校管理体制、办学机制的改革,到教学日常管理、教师竞聘上岗、住房分配政策、教育资源配置等方面的改革,无一例外地都在发生着利益格局的变动。在这种前所未有的复杂变动下,教师与学校、教师与教师、教师与学生以及教师与社会之间的关系也正在经历着复杂的变动、重组和调整。教师面临的工作压力、思想压力、心理压力和校外诱惑力明显加大。在这种情况下仅靠"跟着感觉走"是不行的,必须有一套与之相适应的工作机制来调节个人与个人、个人与学校、个人与社会之间的各种关系和行为。思想政治工作就应该也必须发挥这样的作用,以调动教师的内在积极性,舒缓与减少干部和教师队伍内外的矛盾,从而促进教育改革的健康发展和新型教育机制的形成。

四

在校内,目前的干部和教师队伍基本保持了爱岗敬业、教书育人等好的传统,但较之以往也发生了很大变化。

第一，是教师队伍的人员结构变化很大。随着一批批五六十年代毕业的老教师的离岗和近些年高层次人才的培养与引进，教师队伍的年轻化和高学历层次化程度大大提高，学缘结构大大优化，有着博士、硕士头衔的三四十岁的青年教师已成为干部和教师队伍的主体。其中一些人近五六年已陆续晋升为教授，开始成为学科带头人。现在，三十多岁的博导、长江学者，四五十岁的院士，已不再是新闻。他们有着扎实的业务功底，奋发向上的进取精神，对新事物的快速吸纳能力，能站在学科前沿争创佳绩，是高校适应"两个重要转变"培养高层次合格人才的希望所在。学校和系处两级干部的年轻化和知识化程度大大提高，也为高校的改革、发展和稳定奠定了坚实的基础，提供了组织保证。

第二，是教师的思想观念上和行为取向上已经出现了一些积极的变化。一是他们已经较少依赖性而增强了独立自主的意识。他们很少"跟着感觉走"或把自己的命运寄托在他人身上，而更多地增强了行为的主体性和自律性。每当各种社会思潮出现时，他们表现出冷静的独立思辨和有主见的选择，在专业发展出现逆境和艰难困苦的环境条件下，他们表现出坚韧的毅力和执着的追求。当种种社会诱惑已经使社会上的一些人找不着北的时候，教师队伍中的主体虽有怨言但仍保持着清醒的头脑，表现出很强的"敬业乐业"精神，这是"人类灵魂工程师"们受世人推崇、尊敬的人格力量所在。二是他们已较少消极"等靠要"而增强了竞争意识和创新进取的精神，善于抓住一切有利的机会去提高自己的学识水平，去发展自己所从事的事业，以一种自信进取的姿态出现在讲台上和科技大潮中。三是他们已经较少保守封闭而增强了民主意识与参与意识。较之以往，教师们更多了较强的高校主人翁意识和敢于发表自己意见的民主精神，更加懂得了追求工作效率和效益，适应环境能力和团结协作精神有不同程度的提高，在法制观念不断增强的基础上更加追求高质量的生活情趣。四是他们在更为关注和保护自己切身利益的同时，视野更加宽阔，更加关心社会的进步与发展，更加关注国家大事，在扶贫济困、环境保护的活动中表现出关爱他人、维护环保的高度积极性。教师们在这些方面的种种变化，都是与现代文明相适应的可喜进步。

第三，也应当看到，教育工作的压力和市场经济的负面影响也对干部和教师队伍产生着重要影响，教师队伍中的思想现状确有不如人意和令人忧虑的问题，有些问题还比较严重。比较突出的问题有：一些党政干部的政治意识、责任意识和大局意识不是很强，一些年轻干部党性修养和牢记党的优良传统的思想基础，距离党对新时期干部的要求差距较大；有的党员教师组织观念不强，较少关心集体和他人，一些人存在"信仰危机"和"信心危机"问题，对前途悲观和对政治淡漠，一心只抓业务，少数党员教师不愿意做支委工作；一些人淡忘了"教书育人"的天职，教学注意力不专注，一些人对个人利益过分追求，甚至采取不正当的竞争手段；一些人职业责任心下降以至于出现教学质量下滑和发生教学事故的现象；一些人受利益因素影响，摆不正教学与科研的关系，教学投入少，不愿参与教学研究和参加基础与实践教学工作；一些人思想修养较差，而"自我感觉良好"，欠缺与他人合作及协调能力，严重影响了学科学术梯队的建设；有些人或是思想偏激，对国内校内的事情什么也看不惯，或是偏于保守，教育观念陈旧，不能适应逐步深化的教育改革；一些年轻学者因受自身非智力因素的影响，智力天分、业务素质虽高但学术发展和科研成果受限，反映了他们缺乏包括思想素质在内的综合素质，有的人还不很成熟，需要进一步培养和锻炼；从学校来讲，对中层干部的培训教育还不能满足工作需要，有的党员干部尤其是业务干部不太注重理论学习和思想政治工作；干部的文山会海现象严重，深入基层和深入群众较少；受传统工作思路影响较深，创新意识不强，我们还缺乏适应新时期思想政治工作新途径、新方法的理论研究和实践探索；有的党员干部工作视野不开阔，工作方法简单、生硬，工作效果还不尽如人意；学缘结构优化带来了学术交融新风，但学校优良传统教育如校风的继承和发扬有弱化的苗头或趋势，会对学校发展产生较大的影响，等等。这些问题如果不能逐步解决，必然会严重影响思想政治工作的总体形象和效果，更严重的是还会影响到我们培养的学生的质量和方向。

第四，我们的教育对象方面也发生了很大变化，这必将对教职工的思想认识和思想政治工作产生较大冲击。在校大学生的大多数来自独生子女家庭，仅此一点，就给我们干部、教师和德育工作者带来很多新的工作课题。招生规模扩大、上学费用的逐年提高、完全学分制的逐步实施、就业实行"双向选择，自主择业"政策、学校后勤实行社会化管理，等等，这些变化，对于在校大学生来讲，都是结构性的、革命性的、整体性的和连带性的巨大变化。社会生活和市场经济对学生成长的影响因素从来没有像现在这样广，在校学生面对的生活压力、学习压力、思想压力、心理压力从来没有像现在这样大，而他们快速成长、全面发展和可供选择的机会也从来没有像现在这样多。研究生招生的逐年增加，也给学科建设和师资队伍建设提出了许多新的问题。教育资源的紧缺与学生逐步提高学习、生活条件要求之间的矛盾也更加突出。信息传播的立体化、网络化和海量化，使学生接受教育的信息化、个性化、知识化程度大大提高，这些都对学校管理者和教育者提出了新的更高的要求。学生家庭生活条件的差异性，使在校接受同样教育的学生必须面对反差较大的学习和生活境况，学校必须拿出相当多的精力和财力去关注为数不少的贫困学生，等等。上述这些，还不是学生方面变化的全部，但又仅是这些方面，就足以提醒我们在新的变化条件下，要正确引导学生，做好新形势下的"教书育人、服务育人、管理育人、环境育人"工作。

第五，党中央、国务院对高校办学和思想政治工作采取的一系列重要措施，对高校教师队伍建设和思想政治工作提出了新任务、新要求。党和国家历来对高等教育工作十分重视。面对新世纪的高等教育发展新形势，针对高校的新情况和新问题，中央和教育行政部门在 20 世纪 90 年代以来对高等教育的改革、发展采取了一系列重大措施，也明确了新时期高校在思想政治工作方面的新任务。1993 年中共中央颁发了《中国教育改革和发展纲要》，1994 年中央召开了改革开放以来的第二次全国教育工作会议并下发了《中共中央关于加强和改进学校德育工作的若干意见》,1995年中央提出了"科教兴国"的发展战略,1998年《中华人民共和国高等教育法》出台并于1999年1月正式实施,1998年12月经国务院批准、教育部颁发了《面向21世纪教育振兴行动计划》,1999年6月中央又召开了第三次全国教育工作会议并颁发了《中共中央国务院关于深化教育改革全面推进素质教育的决定》。同时,江泽民总书记还多次就高等教育的改革与发展发表重要讲话。在这一系列重大措施中,都突出地谈到了在深化教育改革中加强和改进高校思想政治工作和师资队伍建设问题。1999年9月,中央下发了《中共中央关于加强和改进思想政治工作的若干意见》,2000年6月,中央思想政治工作会议在北京召开,江泽民总书记在会上就如何认识和做好思想政治工作发表了重要讲话。2000年在我校领导班子和领导干部中开展的以"讲学习、讲政治、讲正气"为主要内容的党性党风教育和"三讲回头看"教育活动,也都把加强和改进党建与思想政治工作列为主要内容与整改的主要方面之一。近年来,我们认真组织学习、宣传、贯彻中央的文件精神,结合我校实际,采取了一系列加强和改进学校工作的措施。转变教育思想和教育观念的大讨论,为学校2000版教育计划的实施和进一步深化教育改革,打下了良好的思想基础。

学习贯彻党中央关于教育改革和思想政治工作一系列重要指示精神,对于广大干部和教师提高认识、转变观念、深化教改,提高办学质量和效益,对于加强和改进学校的党建与思想政治工作,都起到了重要的促进作用。

上面谈到的四个方面的客观形势变化,概括得并不十分全面和准确,有些提法可能欠妥。但还是大致勾勒出了我们所处的时代环境和高校思想政治工作要适应的新形势和新变化。

马克思说过:"物质生活方式,制约着整个社会生活、政治生活和精神生活的过程。不是人们的意识决定人们的存在,相反,是人们的社会存在,决定社会意识。"我们生存环境的变化,客观形势的发展,必然要反映到人们的头脑中来,引起思想认识的相应变化。我们仍处在巨大而深刻的社会变革进程中。因此,在这一进程中,如何在完成学校中心任务的同时,不断适应新形势和新变化,探索新途径和新方法,做好思想政治工作,是摆在我们各级干部面前的一项十分紧迫的任务。

——原载于《探索与实践——北航党建和思想政治工作论文集》第181~189页,2001年6月,北京航空航天大学出版社出版

对我校思想政治工作进网络的思考

郑彦良　蔡劲松　王琪全
2001 年 6 月

江泽民同志明确指出,"各地各部门的领导干部,必须加紧学习网络化知识,高度重视网上斗争的问题。我们的党建工作、思想政治工作、组织工作、宣传工作、群众工作,都应适应信息网络化的特点,否则是很难做好的"(江泽民:《论科学技术》第180 页)。

随着信息技术的飞速发展,互联网作为信息传播的一种新媒介,已经成为了广大师生获取知识和信息的重要渠道,对人们的学习、生活和思想观念产生了广泛而深刻的影响。网络技术的发展和普及,也为高校思想政治工作拓展了新方法,开辟了新阵地,为我们加强和改进思想政治工作带来了新的机遇。

一

目前,一些高校在利用网络开展思想政治教育方面作了初步的探索和尝试,取得了一些成果,积累了一些经验。如清华大学、北方交通大学、北京工业大学、北京联合大学等一些学校开通了专门的宣传教育网站,学校的阶段性新闻、报刊信息摘编、闭路电视节目视频、重要报告的音频、校报电子版、校内改革与发展的重要举措和进展、重大科研成果、教学活动等内容都上网宣传,使广大师生及时了解学校的改革和发展状况,对学校的稳步发展和校园稳定产生了积极影响。我校已经按照市委教育工委的要求,成立了包含相关职能部门的网络教育工作领导小组,初步完成了宣传思想教育进网络的整体规划,有关职能部门也初步明确了网络宣传教育的责任。我校网络的物理环境已经基本构建,但距离网络宣传教育全覆盖的要求尚有较大距离。学生和教工宿舍区至今尚未开通校园网系统,学生上网主要是集中在网络中心提供的中心机房和部分院系的开放机房,这就限制了大部分学生通过网络了解学校信息的渠道。据调查,我校能经常在网上浏览信息的大部分是研究生,本专科生经常上网人数和上网时间都比较有限,而他们上网的目的十分明确:收发邮件,浏览和下载资料,或者与朋友聊天。对于新闻等我们意图宣传的信息比较漠然甚至从不在意,这就使思政教育效果大打折扣。教师们上网地点目前大多限于办公室或实验室,由于工作的原因,相当一部分教师并不留意校园网提供的学校信息。

目前高校网络宣传工作的弱点,集中表现为"三重三轻",即重网络在教学科研方面的应用,轻在宣传教育的应用;重对网络不良信息的"关""堵",轻利用网络主动开展正面宣传和引导;重对网络宣传工作提任务和要求,轻对网络宣传工作必要的投入。我校网络宣传工作的阵地建设严重滞后,正面塑造能力较为有限。各主要学校职能网站页面内容仅限于部门职能或文件、会议内容简单上网,面孔严肃而呆板,而且页面设计在视觉上美感不足,栏目规划网络特征不十分突出,内容更新也相对缓慢,这些都给网络宣传教育带来了不利影响。目前,我校网络宣传工作集中在对校园 BBS 的管理和疏导上,网络中心从技术上已经完成了 BBS 的使用及有关的管理规定,保卫处也出台了相关的信息安全管理办法。由于学生上 BBS 的时间主要集中在晚上和节假日,而从事专职工作的教师却因为缺乏上网环境而不能起到及时的引导作用,当前我们只能依靠以学生辅导员为骨干的兼职网络宣传队伍来发挥作用。但由于目前这支队伍在建设上缺乏相应的机制保障,网络宣传只能作为职业责任和单纯的任务要求提出来,这种办法在处理重大事件时和敏感期还是有明显效果的。但思想政治教育是一个长期的潜移默化的过程,引导和疏通必须也是长期的、全面的,一时一事的引导不可能解决思想和观念问题。对教师,我们还只能采用传统的办法来传达学校的有关信息,而教师反馈信息的渠道仍然是传统的,学校管理层与教师的相互沟通和交流不足,这对学校各项改革措施的推进和重大规章制度的执行是比较不利的,在快节奏的现代生活中显存缺憾。

<h2 style="text-align:center">二</h2>

随着网络技术在大学校园中普遍应用,网络观念已经深入到广大师生生活的各个方面。网络带来的不仅是信息传输和交流的全新形式,而且还蕴涵了深层次的文化形态和价值观念,它不仅改变了我们的学习、生活模式,而且也深刻地影响着我们的政治态度、道德观念和价值取向。网络使我们能更多地接触到人类文明的优秀成果,同时大量的不良信息也充斥其间。西方敌对势力也正通过网络兜售他们的世界观、人生观和价值观,实现他们西化、演变我们的政治图谋。这种在意识形态领域的斗争,使新时期的思想政治工作面临巨大的挑战。

传统的学校思想政治工作是通过思想政治工作者对信息的选择性传播来实现的,思想政治工作者的言传身教,其本身就是信息净化后的集中反映。网络环境对个人世界的虚拟扩张,带来的是个人信息触角的全面张扬,思想政治工作者对信息的选择环节被相对隔断了,影响个人思想政治素质的高低的主因,不再是传统特定信息获得的多少,而是建立在对海量信息的判断之上,而且这种判断必须存在某种先验的价值基础。德育的难点,就是在于形成这种先验价值判断的环境和过程控制。先验价值的形成,是各种信息在个人人格塑造过程中反复影响、强化的结果,正面的信息有助于形成主流的价值观,负面信息则可能形成反主流的价值观。随着网络使用者年龄的降低,他们对不良信息的鉴别力也相对较低。网络传播对教育者信息选择性环节的隔离,进一步带来了教育者作为传统信息权威地位的消解和弱化。

科学技术不断发展推动社会进步的过程,在一定程度上可以看作是不断为人们的生活提供更多"便利"的过程。以马代步,以车代步,最后发展到汽车、轮船、飞机等现代交通工具,给人们提供的是减少体力消耗,增加运动速度的"便利";笔、印刷术以及电子媒体到网络技术出现,给人们带来的是对信息传播速度的"便利"。人类追求"便利"推动了科学技术给我们带来的一个又一个惊喜。人们在初涉互联网时,就像一个生长在内陆的人乍见大海一样,惊叹于大海的壮阔和浩渺,当他们真正独驾扁舟在海中漂流的时候,他们开始感觉到迷失和茫然无措,他们需要灯塔和指南针,才能在信息的海洋里找到正确的航向。宣传教育的目的,就是为他们提供导向,为他们提供正确航行的"便利"。网络导向目标的实现,应当准确把握人们追求"便利"的心理,通过某种技术性、集成化的工作,完成个性化信息定制,与正面引导信息一起"打包",来响应来自广大师生的信息服务请求。这一完整的过程,是教书育人、管理育人、服务育人、环境育人目标的集中体现。

互联网经济,其实质是一种注意力经济,一种商家追逐用户"眼球"的经济,用户的消费不仅靠引导来实现,而且还要用引导来制造消费,这个机理在一定程度上与我们高校的思想政治工作有着相似之处。思想政治工作要进网络,要能在网络里扎根并发挥我们期望的作用,其首要前提就是要锁定上网者的注意力,要吸引他们接触特定的信息。当前多元化趋势的发展,在某种意义上正是信息多样化作用的结果。思想政治工作的目的,就是要在多元化社会中,强化社会指导思想的一元化,不言而喻这是有相当难度的。正因为如此,中央才强调"要充分应用信息网络技术,使思想政治工作提高时效性,扩大覆盖面,增强影响力"。网络这块新的思想政治工作阵地,我们不去占领,是失败;占领不好,同样是失败。

对比5年来互联网起伏发展的历程以及传统企业兴衰史,可以从中发现一个浅显的道理:一个企业的生死,取决于用户的选择。用户的选择是建立在对企业所代表的"品牌"效用认同的基础上的,也即是这种"品牌"为用户提供的"便利"程度的认同。当然,品牌的树立过程是艰苦而又漫长的,需要战略和策略。如当今中国互联网的三大"门户"(搜狐、新浪、网易)能从当年众多的门户网站中脱颖而出,它们品牌的确立来自他们为用户提供的海量信息和快捷的信息更新速度。又如超市和专卖店的繁荣,正是由于满足了对消费者某种"便利"需求。这种"便利"需求的满足,是思想政治工作进网络必须面对的真实。

三

中国互联网信息中心2001年1月发布的最新的《中国互联网络发展状况统计报告》表明,用户上网的主要目的是获得信息(68.84%)、休闲娱乐(51.37%)和学习新技术(13.32%),他们最常使用的网络服务是电子邮件(95.07%)、搜索引擎

（66.76％）和软件上传和下载服务（50.56％）。目前，他们从网上获得的主要信息是新闻（84.38％）、计算机软硬件信息（58.00％）和休闲娱乐信息（52.66％）。调查认为一个成功的网站必须具备"信息量大，更新及时，有吸引人的服务"，认为网上的"电子书籍（39.34％）、科教信息（29.25％）、计算机软硬件信息（28.70％）、新闻（24.85％）"还不能满足用户的要求。

前一阶段，高校思想政治工作进网络的主要战术，是去网上"跑马圈地"，开设"红色站点"和"党网"，但少谈"经营"，一开始轰轰烈烈，但由于缺乏对网络信息传播特点和受众接受信息特点的研究，一时之后，点击率下来了，上网者的注意力转移了，主动出击的效果不佳。这种现象有必要引起我们反思。考虑到学校特有的高知识用户群的特点，提出一种基于满足信息"便利"需求的信息传播过程控制的网络宣传模式。

1. 提高学校内部信息内容制作的数量和质量

从各种层次的调查可以发现，用户对网络提供的信息数量和质量都是不完全满意的。对于高校这样一个以教育和研究为主要任务的机构来讲，有效信息的需求更为迫切。对于某个特定的高校，在教学、科研、管理、服务等方面每天都要生成大量的信息，这些信息的公共化不仅有利于充分利用资源，提高效率，而且必将为学校的发展提供巨大的推动。但目前几乎没有一所国内高校的校园网可以达到这样一个标准，即为校内用户全面提供关于本校事务的公共信息。一些可能是很有价值的信息停留在文件上，停留在领导或事务人员的头脑中，或锁在某个可能数年甚至数十年也不会再去翻阅的文件柜里。大家在抱怨信息的严重不足的同时，很少有人去推动看似平常的信息制作工作。学校网络德育的实现，离开了内容服务无疑是空中楼阁。网络宣传目标的实现，宣传对象的相对集中是一个基本的前提，这正如传统的学校，如果不把大家聚集在一个特定的空间里，我们面对旷野发表的演说，除了给演讲者带来自我陶醉的自慰外，不能想象我们自认为感天动地的表白会使空空的原野变得高尚和纯粹。由于网络环境相对消除了现实人际交往中的"人"的社会化因素，如个人的地位、体态、表情，使网络使用者更专注于特定需求的实现，因此，网络中的"社团"带有明显的"功能化"特点。以 BBS 为例，栏目的划分就基本规定了特定的交流主题，如果你在"航空航天"栏目中大侃"足球"，你会招来一片"嘘"声。实践表明，思政教育不能像 BBS 划分栏目那样搞简单化，以为设几个"思政教育"栏目或建几个"红色网"就可以解决问题，这样很容易脱离思想政治工作的目标。建"党网""红色网"当然有必要，但它们面向的对象是党员或思想要求进步的入党积极分子。而思政教育的对象是全体公众。这就要求宣传教育必须借助于更艺术更策略的手段去达到目的。我们只有开发和拥有足够的"有效"的内容，才能迈出"聚集人气"实现宣传目标的第一步。

2. 建立以邮件服务为主的校园网络用户服务系统

调查表明，目前，上网用户最多使用的网络服务就是邮件服务。简单的邮件服务仅限于与特定个人的信息交流,作为一种最有"眼球"经济效应的信息传播方式,宣传工作应对此有足够的注意。要达到对信息传播的过程控制,学校首先建立全校师生员工基础数据库,开设个人唯一确定的邮件账户;学校成立专门的信息部门,负责制作每天用于网络传送的公共信息;根据公共信息的性质,按照账户的职能权限适时发送包含这些公共信息的邮件;在公共信息中确认包含宣传意图信息;学校设立相应的部门响应用户的反馈。在这种模式中,数据库的建设是一项基础性的工作,学校的人事部门和学生管理部门完全可以实现。在此基础上,为每一个校园网用户提供单一邮件账户是一件很容易的事。用户在第一次使用账户时,可以填写信息需求表单,以利于信息部门根据要求定制信息。学校信息部门的设置应该是跨部门的,即信息触角仍然在各职能部门,各职能部门指定专人负责本单位业务内公共信息的制作,并将用户的反馈作为该岗位考核的重要指标。信息部门必须研究用户接受特点和规律,实时完成信息分发;宣传信息作为首要内容包含在信息包中。我们可以通过加强信息包中的业务内容而使广大用户必须定时阅览邮件内容,如针对教师的教务管理信息、考试信息、学术交流信息、专业科研信息、实验设备信息以及涉及教师福利、晋升职级信息等;针对学生的学籍管理信息、考试信息、培训信息、活动信息等等。当用户觉得学校的信息包能带来相应的效用和便利后,宣传工作就可以通过信息接触-印象-强化循环机制来达到教育目的。

3. 设立跨部门的宣传信息内容制作中心

学校要在信息部门内设立专门的宣传信息制作中心,以宣传部、学生处、党政办、团委专职人员和"两课"教师为核心网络宣传教育内容制作队伍,专门制作宣传意图信息。如通过对党史、校史、历史事件、道德名言、修身格言、时事新闻、校内新闻、培训信息、重要评论、生活常识、体育娱乐等专题新闻的选择,制作出宣传信息。宣传内容制作中心实行跨部门制,设立专门的工作室,由与思政教育相关部门的专业人士组成内容规划小组,规划宣传信息的内容。我们只要注意到在内容选择上的质量以及仔细分析网络用户的接受特点,充分考虑到用户的认同,思想政治工作就不会变成单纯的说教而是通过看似平常的接触来取得渗透效果。

4. 搞好信息队伍建设

所有工作目标都要靠人的努力去实现,信息工作的推动,没有一支精干敬业的队伍是不可能实现的。宣传目标的实现,没有一支具有相当业务能力的队伍也是不行的。各个高校在实践中,都将网络宣传队伍建设放在一个不可或缺的位置,这也是现实的必然要求。不可否认,目前网络思政工作的滞后,很大程度上就是因为网络宣传队伍建设的落后造成的。很多高校校园网的硬件建设不可谓不先进,基础设施大多具备,但在思想政治工作进网络上迈出的步子不大,效果不佳,原因就在于此。由于工作的原因,大部分宣传工作者缺乏网络技术的相关知识,对网络传播特点的研究甚少,不熟悉电子媒介相对于报纸、杂志、电视、广播等传统的单向、静止更富交互、动态、多媒体形态的传播特点;相反,搞网络技术的又缺乏相应的专业媒体传播知识和信息制作技巧,才造成目前网络舆论导向相对薄弱的现状。因此,有关文件才要求"建立一支高素质、少量精干的专职网上宣传教育工作队伍""尽快开展对专职队伍的培训,特别是对宣传思想、学生工作部门专门负责网络宣传教育的同志,要定期进行专门的网络技术、网络传播、网络文化等方面内容的培训,使其适应网络宣传教育工作的需要"。

5. 不可忽视的网络管理

网络是自由和多样化的代表,在尽可能通过一些策略建设我们自己吸引对象"眼球"阵地的同时,还必须考虑到对多样化网络的管理,如制定相应的规章制度,在课堂开设相关的网络伦理和道德课程,从而尽可能地消除网络的消极影响,发挥其推动知识创新和社会进步的积极作用。

上述宣传模式的设想,是基于校园拥有成熟的信息化环境的前提,即生活在校园中的每个人都能方便地接入校园信息系统。离开一定的信息环境,网络宣传不仅成为另类的形式,而且必因巨额的公款消耗为人指责。

——原载于《探索与实践——北航党建和思想政治工作论文集》第190～197页,2001年6月由北京航空航天大学出版社出版

抓住机遇　适度发展

——人文学院院长郑彦良谈人文社科教学改革

2001 年 6 月

一、人文学院概况

我校人文社会科学学院(简称人文学院)是于 1997 年 1 月在原社会科学系、法学研究所和高等教育研究所的基础上合并组建成立的。现设有公共管理系、法律系、经济学系、社会科学教研部、高等教育研究所和文化艺术教育中心。人文学院学科较多、覆盖面广,涵盖了教育部学科目录中的几个科类包括管理、法律、政治、经济、哲学、历史、教育、文学、艺术等多个一级学科。承担的课题有国家自然科学基金、国家社会科学基金、航空基金、科技部项目、世界银行贷款、教育部学科规划、中国科学院知识创新工程项目等多项纵横向科研课题。与其他院系不同的是,人文学院的课题如有 3～5 万元,那就是大课题了;有的课题上面立了项,但没有课题费。现在全院有三个本科专业:行政管理、法学和经济学;有两个硕士专业:教育经济管理和教育技术学。在学校的大力支持下,我院 2000 年申报的四个硕士点均已获批准,它们是:科技哲学、行政管理、公共管理(MPA)和民商法学。这些新增学位点,将为人文学院的发展建设和提高学校人文社科水平提供更为有力的支持。全院目前共有教职工59 名,其中教授 7 名、副教授 25 名。教师中具有博士学位的有 14 名。

在北航这样理工科大背景下的人文学院,我认为应该主要有以下五项工作任务:

一是承担全校各类学生(包括本专科生、硕士生、博士生)的两课教学任务,为提高学生的思想政治素质服务;二是承担面向全校各类学生的文化艺术素质教育课程任务,发展和活跃校园文化,为提高学生的人文文化素质服务;三是办好几个有一定水平和影响,有北航特色,文理渗透,适应社会经济发展需要的文科专业,为国民经济主战场输送有一定理工科基础的行政管理、教育管理、经济与法律人才;四是承担学生辅修专业和"双学位"课程教学任务,为拓展理工科学生未来适应工作中心转移的就业面向创造条件;五是充分利用资源,发挥教师专长,较规范地为国家和地方的经济建设和社会发展服务,提高自身发展能力。

二、本科教学整改的进展

去年虽然学校专家组检查验收了人文学院的教学创优迎评工作,但我院的教学整改工作一直在持续,并取得了较大进展。

(1)通过转变教育思想和教育观念的大讨论,明确了学校办学指导思想和人文学院在全校本科教学中的地位和作用,首要任务是抓好全校以"两课"教学为中心的教学任务,为提高全校学生思想政治素质和人文素养发挥应有的功能和作用,同时办出几个有特色、有水平的专业。这个思想的基本统一,就为全院的教学改革打下了基础。在深化"两课"教学改革,突出自己"两课"特色方面,其教改成果已放在2000版培养计划中实施,充分体现了"减时不减压",课内与课外相结合,理论与实践相结合,校内与校外相结合,教师队伍与学生工作队伍相结合,确保"两课"教学"进头脑"的目标;在狠抓教学质量,争创优质课方面,"邓小平理论概论"课2000年上半年已被评为校优质课,"毛泽东思想概论"课的评优工作也有了较大进展,其他课程也准备了参评优质课的计划;在加强师资队伍方面,我们鼓励和支持"两课"教师参加全校性的教学培训和全国性的集体备课会,把具有博士学位的教师和青年骨干教师推上了"两课"教学一线,今年的教学岗位的聘任工作也向"两课"骨干教师有一定倾斜,并注重高层次人才的引进工作,去年以来已引进多位有博士学位的青年教师,同时鼓励教师在职攻读博士学位;在开设全校性人文类选修课程方面,充分发挥文化艺术教育中心教师们的作用,鼓励教师在课余辅导音乐、舞蹈、美术等艺术类社团的培训、参赛,在舞蹈、合唱方面的成绩在全国高校名列前茅。

(2)在明确本院三个本科专业办学思想的基础上,突出办学特色。面对新建专业,充分发挥我校工程科技背景优势,按照文理兼容,复合型人才模式培养,加强了文科学生的数学、物理等自然科学的基础教育和电子技术、机械技术、计算机技术等工程技术基础教育,使我们培养出的学生不同于文科院校和综合性大学的学生,知识结构在适应社会需求和工作转移方面有明显优势,并注重了三个专业的相互交叉渗透,使任何一个专业学生既懂经济,又懂管理和法律。在培养计划中参照工科学生的培养方法,增加了课程设计,以培养学生的实践创新能力。今年第一届法学专业本科生的顺利毕业就业,反映了理工科大学办文科的特色和优势,应在探索中坚持下去。

(3)在改进教学方法方面,也取得了一定成效。到目前为止,全院开设的所有课程都有了规范化的教学大纲;重视教学日历和教案、教材建设,对教师教学日志如何去写,何时上交存档备查都有规定;已有三部较有特色的教材,受到学校资助出版。今年以来,我们加大了鼓励教师开展科研和论文写作的力度,并在确定硕士生导师和应聘上岗条件中明确了具体要求,敦促教师通过课题研究丰富和充实教学内容,并制定了鼓励教师发表论文、争取课题的奖励办法。今年1—5月,科研课题费比去年全年的科研经费还多一倍多。

（4）在加强教学管理、改善办学条件方面，做了大量的工作。院里强化了教学质量的监控，配齐了教学管理人员。并在学校的支持下，通过多个教改课题的研究，提高教学管理水平。从今年毕业生的毕业设计来看，从开题到中期检查，从答辩到成绩评定，都在井然有序的进程中进行，反映出管理水平又上了新台阶。在人文学院经费十分紧张的情况下，尽最大努力改善教学科研和管理工作条件，集中资金配置了多台电脑和相关设备，购置了文档资料柜。同过去相比，也有了较明显的改观。但教师、学生们期盼的计算机机房和扩充院资料室图书馆的想法，尚在计划和建设中，这些都需要一定数量资金的投入，希望学校能给予支持。

三、几点思考

我主持人文学院工作还不到一年时间，现在还担负着宣传（统战）部的工作，只能说对人文学院的工作有了一定的感性认识。在这里冒昧地谈几点看法，以供大家讨论。在中国，在像北航这样以理工科为主的高校，文科的建设特别是人文社会科学的建设，常常被忽视。这种现象在高校比较普遍，有人称之为"人文社科地位失落状况"，但普遍的东西未必是对的。这里有一个能否用科学的态度对待人文社会科学的问题。

首先，人文社会科学与自然科学具有同等重要的作用和意义。邓小平同志曾说过："科学当然包括社会科学"。人文社会科学同自然科学一样，也是以事实为依据，以规律为对象，以实践为基础。人在自然的关系中认识和改造自然，形成自然科学；人在认识、改造自然和社会的过程中认识和改造自身，形成了人文科学；人在社会的关系中认识和改造社会，形成了社会科学。只有人文社会科学与自然科学的融合，才构成完整的，不可或缺的人类科学体系。我们平常谈到的革命理论、改革理论、建设理论，都属于人文社科理论的范畴。对于人类社会或国家的发展建设和社会进步来说，自然科学和人文社会科学，正如鸟之两翼，车之两轮，具有同等重要的地位和作用。十分遗憾的是，对自然科学的偏爱和对人文社会科学的偏见，被带到了 21 世纪，续演着用不科学的态度来对待科学（人文社会科学）的老故事。

其次，应当高度重视人文社会科学在高校的基础教育作用。在某种意义上，社会学科是"法治"的基础，而人文学科是"德治"的基础。江泽民总书记今年年初提出了"依法治国"与"以德治国"两翼并举的治国方略，其重要支撑之一，就是高等教育中的人文科学和社会科学。在改革开放的社会转型期，在科技进步带给我们的巨大利益的同时，也不可避免地衍生出一系列带有根本性的心得体会、人生问题，如信念问题、义利观问题、环保问题、生态问题等，人文社会科学面临着十分严峻的挑战和考验。高校中的人文社会科学担负着提高广大学生思想政治素质和人文社会文化素质的重要任务，应是学校基础学科建设中不可或缺的重点建设方面。据了解，国内一流大学都对人文学科给予了极大关注,在文科建设中投入了大量人力、财力,哈尔滨工业大学"九五"期间对人文学院仅投资就达到了 700 多万元。相比之下,我校在"九五"期间对人文学院的投入除了加层改造改善了工作条件外,对学科建设等方面基本上没有多少投入。令人欣慰的是,校领导已经认识到了这个问题,学校在制定"十五"计划时,已经把基础学科建设列为重点,对人文社科的建设计划也正在论证、制定中。

再次,在以理工科为主的高校,人文社会科学要采取适度发展,少而精、上水平的发展战略,办出自己的特色。这就要求我们在学科建设、教学科研条件和师资队伍建设等方面做好规划,有计划、有步骤地逐步发展,在深化教改、培训师资、引进人才、开展科研和学术交流等方面,扎扎实实地做好工作。经过几年的努力,使我校人文社会科学的发展能基本满足我校发展建设的需要。

最后,人文社会科学要担当新时期的历史重任,就必须用改革创新的精神不断加强自身建设,提高教学和科研水平,加强对外交流。无论是马克思主义理论课、思想品德课,还是文化艺术类课程以及三个专业的课程,都要一方面不断地吸收古今中外人类文明的丰富遗产,尤其是优秀的中国传统文化,从中精炼出文化营养;另一方面,也要在改革开放的总态势中不断发现和研究新情况、新变化,帮助广大师生从更广泛的视角去正确观察社会,加强实践体验,提高自身学术层次,尤其要加强改进教学方法、教学内容的经常性改革探索,以适应一流大学的办学水平。

——原载于《"创优迎评"资料汇编之二——院长(系主任)与教授论坛》,校本科教学工作与评价办公室 2002 年 4 月编发

关于起草北航党委向杨为民学习
《决定》的几点说明

郑彦良

2002 年 2 月 1 日

(1) 时间仓促,我用了一个夜晚和昨天下午赶出来的,不是很成熟。

(2) 决定中写了他的职务、主要贡献和几年来的典型宣传情况,一方面是向大家介绍杨为民先进典型的一贯性,一方面是想把杨为民同志的事迹在党的作风建设年里推到北京市和全国去作为重大典型宣传。因此,建议党委决定后,应把党委这个决定尽快一级一级报上去。

(3) 1996 年宣传杨为民时,我和申建军同志(时任主管宣传的校党委副书记)概括了前四种精神;1999 年中宣部通知宣传杨为民时,我又增加了崇尚科学、不断创新这一条,并应北京市委宣传部部长龙新民要求,写了一篇专论登在《前线》杂志上。这五条精神概括得是否准确,请领导们审议。

(4) 《决定》中加上了杨为民住院后情况的比较笼统的一种写法,具体情况还得深入了解,等 5 日后组织一些采访。

(5) 对杨为民事迹的宣传,1996 年有一个 8000 字稿,1999 年写了一个 1 万字稿并经杨为民审定,这次宣传是再重写,还是在原基础上加上去年以来的素材就可以了? 1999 年有一个翟光明同志的杨为民事迹报告录像,1996 年有 20 多块宣传杨为民事迹的展板(存在 14 系),以及各大报刊的报道 20 多篇。

(6) 《决定》的写法和讣告不同,没写得太满,如榜样前没有加"光辉"等字句。

(7) 加进去了一些关于"三个代表"思想和党的作风方面的内容,以利于在干部教育中通过典型对照,加强对"三个代表"内涵理解和作风建设、提高干部素质方面的教育。

(8) 建议开学后经过一些准备,组织一个 3～4 人的报告团,在全校和社会上宣传杨为民同志的事迹。

(备注:这是在 2002 年 2 月校党委常委会上汇报《决议》初稿时的几点口头说明。)

人文学院 2002 年建设和
发展研讨会会议纪要

郑彦良　雷　庆
2002 年 3 月

　　2002 年 3 月 2—3 日，人文社会科学学院领导班子全体成员、各系部负责人和部分教授及相关人员召开了以人文学院学科建设与发展为主题的研讨会议。院党总支书记李成智主持会议。常务副院长郑彦良首先向与会人员传达了刚刚结束的学校 2002 年工作会议精神，他指出：我校的"十五"规划已制定完成，人文学院经过 5 年的努力，在原有基础上取得了突破性发展，特别是近两年，随着教师队伍科研和教学整体水平的大幅度提高，在班子和全院教职员工的共同努力下，新增四个硕士点，又有近十位教师取得了硕士生导师资格；全国首批公共管理硕士专业学位 MPA 的招生工作也已顺利完成，我院不仅跻身于全国 24 个学位点，而且参加了全国联考部分科目的命题和阅卷工作，同时还承办了全国第二届公共政策研讨暨师资培训会议；"两课"中的《邓小平理论》课被评为校优质课；科研项目和科研经费的增长也超过了以往，仅 2001 年的到账经费就接近 100 万，是 2000 年的两倍多。我们正处于历史的关键时期，迫切需要根据自己的实际情况认真总结经验，调查研究同类院校人文学院的实际情况，紧紧跟上学校的发展步伐，创办出自己的特色来。杜玉波书记在工作会议上提出了学校的十六字工作思路，即"突出重点，规范管理，抓住机遇，加快发展"。我们人文学院在以"两课"教学为中心的情况下，如何搞好学科建设？今后我们的重点发展方向在哪里？基本建设应该如何搞？这一系列问题都需要我们进行认真讨论。我们的工作思路能否结合学校的提法，体现自己的特点，适应北航的整体发展战略，即"突出重点，规范管理，抓住机遇，适度发展"。郑院长还就这一思路进行了简要阐述，并希望大家群策群力，就拟定的几个议题广泛展开讨论，在总结经验的基础上，提出一些问题和解决问题的思路或方法。

　　这次研讨会历时两天，在李成智、马建臣、雷庆和郑彦良的先后主持下，与会人员就人文学院学科建设问题（本科、硕士和博士学科），人文学院人才引进和在职教师深造问题，如何提高教学质量，如何对教学质量进行考核，教学方法和考试考核方法的改进研究，2000 版培养计划运行中存在的问题及改进措施，人文学院科研工作（学术研究）如何开展，结合校庆搞好学院的院庆等问题，进行了热烈而又深入的讨论。大家畅所欲言，发表各自的观点和看法。即使是一些一时难以解决的问题，与会者也都予以了高度的关注。下面就会议主要观点按专题总结如下：

一、人文学院的学科建设问题

大家一致认为,学科建设是人文学院发展的龙头,无论是学校还是学院,对这个问题的重视程度都越来越高。而我们以往虽然取得了很大的成绩,但总体来看,步子迈得较小,胆子也不够大,很大程度上处于被动地位。因此我们首先要对学科建设发展有信心,变被动为主动,要明确学科建设究竟应该做什么。围绕学科建设主要有两种观点:一是大多数人认为学科建设是一个战略问题,关系到人文学院的生存和发展。对学科和专业未来的发展和走向应有比较清楚的判断,学科不宜分散,必须明确学科群是什么,并建立优势学科群。目前应以公共管理为重点学科,稳定已有的本科专业,提高硕士生质量,准备博士点工作。形成具有北航人文特色的"两课"、艺术教育、公共管理三大支柱,全院其他学科都可以向公共管理这个方向靠拢,打好基础,不断积累。同时在学科建设上应采取一些相应措施,如加强本科教学、提高科研能力和引进人才等。还有一些人认为不应单纯追求博士点,作为北航人文学科,应树立为工科服务的指导思想,在服务过程中找到自己的位置,在学科上采取本科紧缩,重点培养研究生,吸引工科生源,为全校多开设一些人文类课程,全面提高工科学生的人文素质;应将自己定位于一个非常重要的从属地位。

总之,与会者一致认为,现在正处于人文学院发展的最好时期、关键时期,我们应在现有基础上采取适度发展的方针,不应单纯强调规模,而应立足于提高质量;在学科布局上,向公共管理方向发展。公共管理作为一门新兴的学科,与许多传统学科都具有可交叉性,而且市场前景很好。此外,单纯使用人文学院的名称已无法适应学科建设的进一步发展和对外交流,建议今后能够使用人文社会科学学院和公共管理学院两个名称,实行一套人马两块牌子的灵活运行机制。

二、人文学院人才引进和在职教师深造问题

对于人才引进这一问题,与会人员都非常重视,认为我院现在师资力量严重不足,积极主张引进人才。围绕如何操作主要有以下三种观点:

第一种观点主张要大胆引进学科带头人和具有博士学位的中青年骨干教师,即使承担一定的风险也在所不惜;

第二种观点认为引进人才是必要的,但考虑到风险较大,所以应慎重,宁缺毋滥,主要还是应该立足于挖掘和培养现有的各层次教师;

第三种观点认为对于引进人才必须给予高度重视,因为这关系到我们的今后发展,既要慎重引进一些全职人才,又要采取外聘形式,不求所有,但求所用,同时还要加大现有教师的培养和深造力度,三方面工作必须结合进行,才能适应我院发展需要。

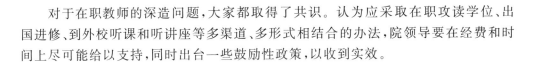

对于在职教师的深造问题,大家都取得了共识。认为应采取在职攻读学位、出国进修、到外校听课和听讲座等多渠道、多形式相结合的办法,院领导要在经费和时间上尽可能给以支持,同时出台一些鼓励性政策,以收到实效。

三、提高教学质量,改进教学方法,以及对教学质量考核和考试考核方法的改进研究

与会者认为,我们必须明确主要任务究竟是什么,人文学院应以"两课"为中心,为提高全校学生(本科、硕士和博士)的思想政治素质服务;提高学生文化素质,发展和活跃校园文化;办好几个有一定水平和影响、文理渗透、有北航特色的文科专业,输送有一定工程背景的人才;承担全校的辅修和双学位课程教学,拓展就业面。提高教学质量的关键在于加强本科教学。教师在教学过程中要深入研究教学内容,不断增加新的内容和新的教学方法。通过教学来推动科研,科研反过来提高教学水平,调动教师的积极性。人文学院的每个教师都应该围绕学科发展做一个个性化设计,对今后五年的自我发展进行分析定位,从而明确拟达到的目标;在对教学质量如何进行更科学更全面的考核问题上,大家一致认为应建立一个综合性考评体系,要有经常性的教学检查;在考试考核方法问题上,多数人认为学校制定的考试方法对人文学科限制过多,如考期内的闭卷形式就不完全适应部分专业课程的学习,能否在这一方面给我们更多的自主权。

四、关于 2000 版培养计划运行中存在的问题及改进措施

大家认为,2000 版培养计划确实充分体现了北航人文学科的工科背景,经过运行取得了一定成绩,但也存在一些问题。如一、二年级的平台课程中,"高等数学"和"大学物理"的设置确实是适应了对人才培养的需要,但类似"金工实习"这类专业性过强的课程,实际上对行政管理和经济等文科专业并没有多大意义,可考虑取消或改为如机电基础这一类普及性课程;另外,本科三年级的课程门类过多,也可考虑分散到一、二年级一部分;在人文学科开设的理工课程应有专门的教材和专人教学,以达到因材施教的目的。

五、科研工作(学术研究)如何开展

参加会议的人大都认为,高校科研所担负的任务是多样化的,现在教师们参加科研活动的积极性已经有了很大提高,作为一所研究型大学的教师必须将教学与科研相结合,才能使这二者相互促进,共同发展。结合人文学院的具体情况,主要应注

意以下几个方面：

第一，从应用型课题入手，为地方经济和社会发展服务，为工程应用型课题提供社会、环境以及伦理等方面的背景研究，挤进大型工程项目，通过横向课题来提高能力，积累经验，为申报基金项目打基础；

第二，课题的申报和研究应形成团队，以点带面，一方面提高课题水平与质量，另一方面扩大科研覆盖面，逐渐在课题组的基础上形成学术梯队，促进学科发展；

第三，科研工作与学科发展密切相关，从长远发展来看必须有核心产品，申报课题尽可能向研究方向靠拢，努力达到既服务于教学，又服务于社会的双重目的；

第四，科研工作未必一定局限于项目，一些基础性研究和我们在教学过程中遇到的理论问题都可以是研究重点，高质量的学术论文也是科研工作的重要成果；

第五，要消除学科之间的门户之见，各系部的划分只是一种行政形式，要扩展学术领域。有的与会人员还提出了科研工作需要经营的新观点。

在通过什么样的环境鼓励大家活跃学术氛围的问题上，大家取得了共识：一是继续完善已有的文件规定；二是在调查研究的基础上制定一些新的鼓励性政策，充分调动大家的积极性；三是借着公共管理专业在职硕士生的课程安排，在很短的时间里把人文学院的学术沙龙搞起来并形成一种制度，使之经常化，加强学术交流。

六、校庆 50 周年，人文学院的院庆如何搞？

会议还初步讨论了校庆和院庆的问题，由于时间关系，只是就一些基本问题进行了协调：人文学院的院庆与学校同步进行，一年一度的文化艺术月活动也推迟到校庆期间进行，以充分展示北航的人文精神；在校友信息的搜集工作中，要尽量做到完整准确，要充分挖掘校友资源，并建立起长期、广泛的联系；制作人文学院彩页，举办学术报告会，布置院史和成果展览等。具体操作另行安排。

这次会议还有一个突出特点，即强调规范管理，大家都认为要以一个开放的心态去进行管理，从抓制度、抓政策、抓凝聚力入手，采取对事不对人的工作方针，严格按制度办事，依靠各种政策激励和制约教职工，营造学术氛围，抓住机遇，求得发展。

——原载于 2002 年 3 月 5 日《人文社会科学学院工作简报》

关于人文学院启用"公共管理学院"
第二名称的申请报告

郑彦良执笔
2002 年 3 月 22 日

校领导：

　　人文学院在校领导的关怀下，在学校总体发展方向的指导下，近几年得到了较大的发展，已经有了教育经济与管理、行政管理、科技政策与管理等专业方向的五个硕士点，教育经济与管理博士研究方向，也是国家首批 24 所公共管理硕士（MPA）试办高校院系之一。目前有行政管理、经济学等本科专业，社会工作本科专业也被国防科工委正式批准。随着国家学科的调整和社会对公共管理人才的需求激增，我院的教学和科研任务也大量地向公共管理专业方向转移。经人文学院多次研讨，一致认为，公共管理一级学科基本涵盖了人文学院现有的博士研究方向、硕士和本科专业学科点，应确定公共管理为今后我院学科发展的主攻方向。但近一两年来，由于学院名称的问题，给对外交流、课题申报、学生就业和合作办学等方面带来许多麻烦和不必要的损失。为此，我们认为，人文学院应该及时启用"公共管理学院"名称，对外使用"公共管理学院"和"人文社会科学学院"两个名称。

　　（1）全国 24 所 MPA 办学单位，有 7 所学校是由经济学院或经济管理学院承办MPA 专业，其他由人文学院或行政管理系承办的，现已经有十三所更名为公共管理或政府管理学院。这已经成为一种趋势。

　　（2）国家教育部为了办好 MPA，要求各校必须有相应的办学实体，这是今后MPA 评估的一项重要指标。虽然我校成立了 MPA 教育中心，但中心是虚的。随着MPA 教学活动的展开和今后招生规模的扩大，必定会在教学资源上带来许多问题。成立公共管理学院，有利于更好地开发人文学院及全校在公共管理方面的资源。

　　（3）启用公共管理学院作为我院的第二个名称后，对我院申报公共管理方面的科研课题将会有很大促进。现在国家已经在管理学门类下设立了公共管理一级学科，而且在国家自然科学基金下设立了公共管理重点支持方向，这对于我校人文学科的研究是一个极好的时机。而且，从我院成立公共管理系（人文学院下属）以来，公共管理系的教师以公共管理名义，在课题申报上有突破性的进展，比人文学院其他所属单位有更大的方便和灵活性。去年，公共管理系的课题达到了 50 万元，今年势头更好，已达 100 万元。如果能以公共管理学院对外合作和申请课题，人文学院其他教师都可以参与到其中来，今后的科研工作必定会有更大的发展。

（4）公共管理、公共政策是目前国内外通行的专业名称，我院启用公共管理学院名称有利于对外合作交流。去年我校承办教育部 MPA 第二期师资培训班的组织工作，其他兄弟院校认为我校以人文学院发通知与他们不对等。另外，近年来，我院在与国外和境外高校进行各方面交流时，他们普遍把人文学院理解为纯粹的人文学科（文学、艺术、哲学、历史等），与他们相应的学科专业也有不对等之感。名称问题已经成为我院对外合作交流中的重大障碍。

（5）多年来，我院学生在毕业分配时，用人单位往往把我们的毕业生理解为纯"文科"的，与公共管理类或行政管理无关，而学生对此又很难解释清楚，给就业带来了很多不必要的麻烦。目前，社会对公共管理人才的需求增大，如我院对外使用公共管理学院名义，学生可以在更大的空间找工作，也会有更多的机遇进入国家公共管理部门。

（6）学院对内仍可使用人文学院名称，完全不影响我院目前承担的各类教学任务。人文类的教学任务，包括"两课"的教学、文化艺术类课程的教学以及各项活动完全可以正常进行，同时也不影响"两课"和文化艺术类教师的各种对外交流活动。

（7）启用公共管理学院新名称，可以不增加学校的投资。

请校领导根据现在人文学院各学科的实际情况和今后的发展方向以及我国专业调整后的办学要求，批准人文学院启用公共管理学院名称，在现有人文学院的基础上，使用"公共管理学院"和"人文社会科学学院"两块牌子。

人文社会科学学院

2002 年 3 月 22 日

附件：校学术委员会起草的决议初稿

会议听取了《关于人文学院启用〈公共管理学院〉第二名称的情况汇报》和校学术委员会的建议意见，原则上同意人文学院启用"公共管理学院"第二名称。会议通过了如下决定：

（1）鉴于我校已经被国家教育部批准为全国首批 24 所设立公共管理硕士（MPA）试办单位之一，首批学生已经开始正常教学工作，为促进公共管理学科的发展，同意人文学院启用"公共管理学院"的名称和公章，以便于对外开展工作。

（2）启用"公共管理学院"名称后，人文学院仍为一个实体，两块牌子，不再增加领导班子编制。建议公共管理学院院长一职由×××同志兼任，其他院领导由现班子成员兼任。

（3）同意人文学院（公共管理学院）把公共管理学科作为现阶段全院学科发展的主攻方向，在教育经济与管理、教育技术学、行政管理、科技哲学的科技政策与管理、经济学的城市经济学等方面要有重点突破；长远的学科规划、发展方向和机构设置，今后应组织有关专家进一步论证。

（4）启用"公共管理学院"名称后，人文学院除应加强 MPA 教育和公共管理相关学科的教学和科研工作外，要高质量地完成学院承担的教学工作，特别是要加强"两课"和文化艺术类课程的教学工作以及人文社会科学学科的规划和发展工作。

人文学院关于申请启用"公共管理学院"
第二名称的汇报提纲

郑彦良执笔
2002 年 3 月

一、申请报告的提出

今年 3 月初,围绕"十五"规划和学科建设与发展的主题,由人文学院党政领导班子成员和本院各系、部、所、中心主任书记以及部分专家教授参加,开了一天半的工作研讨会。会上形成了多个共识,其中启用"公共管理学院"第二名称问题,是与会同志的一致意见。在 3 月中旬院务会深入讨论形成意见的基础上,我们于 3 月 22 日向学校领导提交了《关于人文学院启用"公共管理学院"第二名称的申请报告》。其主要理由是:

(1)公共管理一级学科基本上涵盖了人文学院现有本科专业、硕士点和博士研究方向,应确定公共管理学科为今后一段时间内学院学科发展的主攻方向(目前人文学院现有行政管理、经济学两个本科专业,社会工作本科专业已获国防科工委正式批准,已有教育技术学、教育经济与管理、行政管理、科技政策与管理及 MPA 等专业方向的五个硕士点以及教育经济与管理的博士研究方向)。

(2)今年启动的全国首批 24 所公共管理专业硕士(MPA)试办学校,有 7 所是由经济学院或经管学院承办,其他 17 所都是由人文学院(文法学院)或行政管理系承办的,现已有 13 所高校已更名为公共管理学院或政府管理学院,这已成为一种趋势;而教育部为了办好 MPA,要求各试办校必须有相应的办学实体,这是今后 MPA 评估的一项重要指标。我校启用公共管理学院名称,有利于更好地整合全校在公共管理方面的资源,有利于 MPA 教学活动的开展和今后 MPA 招生规模的扩大。

(3)启用公共管理学院作为我院的第二名称后,对我校申报公共管理方面的科研课题会有很大促进。现在国家已在管理学门类中设立了公共管理一级学科,而且在国家自然科学基金下设立了公共管理重点支持方向,这对于我校开展这方面的科研是一个极好的时机。近年来,我院教师以公共管理的名义,在课题申报上无论是纵向还是横向课题都已有了突破性进展,比本院其他学科及单位有更大的方便和灵活性。去年仅本院公共管理系的课题费就已达到 50 万元,今年上半年已达到 100 万元。如果以公共管理学院名义对外合作和申报课题,人文学院多数教师都可以参加进来,对今后的课题申报和科研工作会有更大的促进。

（4）公共管理、公共政策是目前国内外通用的专业名称,启用公共管理学院名称有利于对外合作与交流。去年底我校承办了教育部第二期 MPA 师资培训班任务（第一期在清华大学,第三期是中国人民大学,第四期为上海交通大学）,其他兄弟高校认为我校以人文学院名义发通知与他们不对等;另外,近年来,我院在与国外和境外高校进行各方面交流时,他们普遍把人文学院理解为纯粹的人文学科（文学、艺术、哲学、历史等）,与他们相应的学科专业也有不对等的感觉。名称问题已经成为我院在 MPA 办学和对外交流中的一大障碍。

（5）启用公共管理学院名称,有利于我院学生就业。解决了用人单位对人文学院下设专业的理解问题,也便于学生向用人单位解释清楚,扩大了学生就业空间,会有更多的机遇使学生进入国家公共管理部门。

（6）学院启用新名称后,在校内仍可使用人文学院名称。完全不影响我院承担的各项教学任务,包括"两课"教学,文化艺术类课程教学,我们将一如既往将其视为人文学院的首要任务,认真抓好;公共管理学科发展了,我们将拿出相当一部分收益支持"两课"教学工作。

（7）启用新名称后,不会增加学校的投入。人文学院仍为一个实体两块牌子,不再增加干部编制,公共管理学院的工作由现任院领导班子成员兼任。

（8）人文学院目前涵盖的学科较多,对长远的学科规划,发展目标和机构调整,今后学校应组织有关专家进一步论证。而在现阶段学校应支持我院在历史的新机遇面前把公共管理作为我院学科发展的主攻方向。在我校以工为主、其他重点学科建立高水平博士点学科群的大背景下,我院以公共管理学科为主攻方向把五个硕士点的学科群发展起来,从现在起三年内实现我院硕士生超过本科生人数的初步目标,并力争在"十五"末期建立一两个博士点,是现实可行的,对提高学校的综合实力是有利的。

上述申请报告在征求了赵平、唐晓青副校长的意见后,3 月下旬分别呈送了杜书记和李校长审阅。

二、校领导的批示意见

杜玉波书记和李未校长在 3 月 27 日和 4 月 1 日分别在申请报告上作了批示。杜书记批示"请李校长阅示",并指出"学院名称变换要按规定程序审定,之前还应听一些专家教授的意见,包括学术委员会的意见,这样做更慎重一些。"李校长批示"同意杜书记意见"。

三、校学术委员会的意见

根据校领导的批示意见,4 月上中旬,在征求了赵平、唐晓青两位副校长和钟群鹏院士的意见后,我们把带有校领导批示意见的申请报告复印件送交各位校学术委员会副主任,分别征求意见。校学术委员会秘书把收齐的书面意见汇总交给了钟群鹏院士,钟院士曾分别打电话,直接听取几位副主任的意见。4月25日,在第六届校学术委员会成立大会后的学术委员会主任会上,就此议题进行了讨论,形成了三点基本意见:

(1)鉴于我校已被国家教育部批准为全国24所设立公共管理硕士试办单位之一以及社会需求,可由人文学院暂用"公共管理学院"名称对外使用以利于开展工作。

(2)由于"公共管理学院""人文学院"在学科上有较大差别,长远的学科规划、发展方向和机构设置应组织有关专家进一步论证。

(3)在人文学院启用"公共管理学院"名称之际,应继续加强原有学科的各项工作。同时,应高质量完成教学工作,特别是应加强"两课"和文化艺术类课程的教学工作以及人文社会科学学科的发展规划。

(校学术委员会意见的复印件附后)*

四、我们的四点建议

根据学院领导班子与教授们的讨论意见和校学术委员会的建议意见,我们的具体建议是:

(1)鉴于我校已经被国家教育部批准为全国首批24所设立公共管理硕士(MPA)试办单位之一,首批学生已经开始正常教学工作,为促进公共管理学科的发展,同意人文学院启用"公共管理学院"的名称和公章,以便于对外开展工作。

(2)启用"公共管理学院"名称后,与人文学院为一个实体、两块牌子,不再增加领导班子编制。"公共管理学院"工作由现任领导班子兼任。

(3)同意人文学院(公共管理学院)把公共管理学科作为现阶段全院学科发展的主攻方向,在教育经济与管理、教育技术学、公共管理、行政管理、科技哲学的科技政策与管理、经济学的城市经济学等方面要有重点突破;长远的学科规划、发展方向和机构设置,今后应组织有关专家进一步论证。

(4)启用"公共管理学院"名称后,人文学院除应加强MPA教育和公共管理相关学科的教学和科研工作外,要高质量地完成学院承担的教学工作,特别是要加强"两课"和文化艺术类课程的教学工作以及人文社会科学学科的规划和发展工作。

以上汇报,请各位校领导审议,不妥之处,请批评指正。

汇报单位:人文学院

(注:郑彦良同志于5月20日向校党委常委会汇报后获通过[详见常委会纪要],学校下发北京航空航天大学党政办字2002年43号文件,人文学院启用公共管理学院第二名称。)

---

* 本节中省略了此部分内容。

《赤诚——北航治学楷模群雕》序

郑彦良
2002 年 10 月

　　"教育是崇高的社会公益事业",而教师则是一个崇高而神圣的职业。人们常用"春蚕到死丝方尽,蜡炬成灰泪始干""智山慧海传真火,愿随前薪作后薪"等名言绝句,作为对为人师表的教师的称颂。在新的历史时期,党和国家更是赋予教师以更高的历史责任:"振兴民族的希望在教育,振兴教育的希望在教师。"

　　谈到教师的责任,唐代著名文学家、哲学家韩愈在《师说》中写下了这样一句名言:"古之学者必有师。师者,所以传道、授业、解惑也。"这说明从古代起,人们就已经认识到教师应该既是"经师",又是"人师"。"经师"当教学问,这责无旁贷;而"人师"则要教道德,教行为,教如何做人做事。一个高水平的大学教师,应该既是学术方面的专家,又是培养人才的行家。

　　建校 50 年来,在北航这方热土上,活跃着许许多多这样的教师。他们爱岗敬业、顾全大局,无私奉献、不计名利,敢于创新、善于进取,勇攀高峰、脚踏实地。正是他们,组合成一个弘扬传统、与时俱进、充满活力的学校生命有机体,通过一代代人的努力,把北航建设成了国家高水平人才培养和科技创新的重要基地。

　　本书选编了十几位北航教师的事迹。他们中,有中国科学院和工程院的院士,有"长江学者"特聘教授,有国家级有突出贡献的科技专家,也有在基础课教学岗位上坚持几十年教书育人的教师;他们中,年长者已近 90 岁,年纪轻者则尚未到不惑之年,也有几位已经永远离开了我们。他们的人生轨迹,可谓千姿百态;他们的教学科研经历,可能差别很大,但他们在求学做人、教书育人、开拓创新等方面都是人们特别是广大师生的楷模。他们的人生之路,他们所奏响的极富特色的航空航天心曲,无疑是学校精神文明建设的宝贵财富。

　　限于篇幅和编撰时间,很多优秀教师的事迹不能一一收入本书,这是令人遗憾的。由于时间仓促和水平所限,本书中尚有不足之处,欢迎批评指正。

　　在此谨向参与撰稿、编校和关心、支持本书出版工作的同志深表谢意。

编　者
2002 年 10 月于北航

　　——原载于《赤诚——北航治学楷模群雕》一书,该书为《走进北航》丛书之一,郑彦良为主编,2002 年 10 月由北京航空航天大学出版社出版

登高无止境　望远有豪情

——记中国科学院院士、北航新任校长李未教授

郑彦良
2002 年 9 月

引　子

想采访李未院士太难了，尤其是在他 2002 年初担任校长后——他更忙了。可这本书里又不能没有他：广大校友渴望了解母校新任校长的人生经历，在校师生也想更多地熟悉自己的校长，更何况他在求学做人、教书育人、科技创新诸方面又都非常出色。

时间已经不多了。因为今天已是 9 月 25 日，离 50 周年校庆只有一个月了，再不把书稿交给出版社，我的差事也就没法交代了。

我看了李未校长拿给我的由北京出版社出版、周光召和路甬祥作序的《李未院士文集》。这是一本中英文的专业论文集，其中"自述"部分引起了我的强烈兴趣，加上手头的几篇材料和头脑里回忆整理着的十多年来对他的一些了解，动笔的思路渐渐地开始清晰起来。

潜心——苦求学初尝胜果

李未，北京人，1943 年 6 月出生在一个革命干部家庭，在沈阳接受启蒙教育，读高中时已养成刻苦学习、勤于思考的好习惯。1961 年，他以优异成绩考入北京大学。由于他的舅舅 1946 年清华大学毕业后经台湾去了美国，报考大学时，他就成了社会关系不清楚的学生，不能选择国防和尖端技术专业。当时，他选择了数学专业，就读于北京大学数学力学系。

在北大学习期间，李未有幸聆听了时任外交部长的陈毅元帅给大学生作的一场形势报告，这给他留下了极为深刻的印象。他在日记中写道："一个青年为改变祖国面貌做出贡献，必须有一个永恒的动力，有一颗火热的心，必须同全国人民共同奋斗。"

本该 1966 年就大学毕业的李未，由于"文化大革命"的爆发，一直拖到 1968 年才

被分配到北京航空学院，做了一名普通的数学教师。到北航报到没多久，他和那个时代的其他大学毕业生一样，被送到河北驻军的农场劳动锻炼，直到 1970 年初才返回学校。

返校不久，幸运便第一次降临到李未头上。当时，著名数学家华罗庚教授正在北京市着手推广"优选法"和"统筹法"，需要助手帮助他在工厂搞试验。为此，航空部决定从北航借调两位教师，跟华罗庚教授一边学习，一边做助手。由于李未当时刚从部队农场回来，还没有正式安排工作，在大学里又是学数学的，顺理成章地就被选中了。

1970 年 10 月，李未来到了华罗庚的身边，开始了他大学毕业后参加的第一次科研活动。当时，到华老那里帮助工作的共有四位教师。他们的主要任务是跟华老一块儿下厂，华老给工人和技术人员讲解优选法和统筹法，他们则组织与技术员和工人们的座谈，并在厂里寻找合适的研究项目，在华老的指导下用优选法安排科学实验，用统筹法做工程计划。华老是位办事认真的学者，为了把这两个方法推广好，他专门给四位教师助手办了一个小班，讲授优选法理论。此外，国防工业出版社要为华老出版一本介绍优选的书，据说是该出版社"文化大革命"以来出版的第一本科技书籍，责任编辑让李未帮助校对，要求必须认真校好。李未认真负责地完成了任务。

华老给李未印象最深的是他的学术报告和讨论班上的讲课，这对李未后来的学术讲演和讲课影响很大。李未第一次听华老的报告，就被他精彩的讲演所折服。记得华老讲黄金分割方法时，用一个长纸条表示某个试验参数的取值范围，要从中找出一个能使试验效果最好的参数值。他先在纸条的 0.618 处用烟头烧个窟窿，表示做了第一个实验，然后将纸条对折起来，对着已烧好的窟窿穿过去，在纸条的另一半再烧一个窟窿，表示在 0.382 处又做了一个实验；把两个实验结果进行比较，如果 0.618 处的好，就撕掉 0.382 处以下的纸条，表示小于 0.382 的参数范围不予考虑；反之，则撕掉 0.618 处以上的部分。一条很长的纸条，用对折、比较的方法一段一段地撕下去，三四次之后，纸条只剩下了一小段，说明用这种方法选择参数值，可以用最少的试验次数，找到理想的参数值。他的讲演融语言、表情、手势为一体，折射出华老丰富的精神世界，洋溢着对人类精神财富的真诚赞美。他坚实广博的数学素养，使他能够把复杂的科学问题讲得直观易懂，由浅入深，由近及远；而他丰富的历史知识和深厚的文学修养，又使他的语言有血有肉，妙趣横生，赢得了每个听众的心。

李未在学术上得益最深的是华老在他家里为四位教师办的讨论班。每个星期他讲一个上午，主要内容是"黄金分割"和"局部搜索"方法（后者华老称之为"瞎子爬山"），这就是当时优选法的主要内容。华老用数论中的连分数来解释黄金分割的最优性。数论是华老"吃到心里的活计"（华老自己的话），他讲起问题来真是做到了高屋建瓴，一言中的，既直观易懂，又严谨缜密。在讨论班上，华老不但讲知识，更传授治学的方法。李未至今记忆犹新的是：华老明确地反对在教科书中用数学归纳法证明数学定理。他说用这种方法,容易使读者觉得这个定理及其证明仿佛是从天上掉下来的;数学归纳法既没有告诉人们这个定理是怎样被发现的,又没有说明定理的证明是怎么构思出来的,用这种方法来对付读者,不是一种负责的态度。

令李未遗憾的是这种终生难忘的学习生活只持续了不到半年。当时全国各行业掀起了学习推广"黄金分割优选法"的热潮。航空部决定让李未和另一个同志到沈阳市几个航空工厂去推广"优选法"。到沈阳后,李未开始遇到的是一些简单的科学试验问题,用优选法均能解决。没过多久,在松陵机械厂(现称沈飞公司),李未遇到了一个高温点焊胶配方的问题,必须找到一种配方,使胶的剪切和疲劳强度数值达到某个标准。在这个问题面前,"黄金分割"和"瞎子爬山"方法都不理想。为克服"黄金分割"和"瞎子爬山"的方法在这些方面的不足,李未想到了上大学时听说过一种"正交设计"方法,是北大概率教研室当时曾提倡的。李未从一位朋友那里借到了一本田口玄一的《实验设计与分析》中译本草稿,是用蜡纸刻印的油印本。按照书中介绍的方法,李未先组织技术人员对两年"会战"期间所做的大量试验进行了总结,从 20 多个因素中分离出 13 个对胶的粘合力有重要影响的因素,并对每个因素列出三个可选值。依据这些数据,他从田口玄一的书中选出一个三水平正交表,设计了27 个配方,结果试验一炮打响,找到了一个合格的配方,其剪切和疲劳强度都超过了规定的标准。

这次胶配方试验的成功使李未看到了正交设计的三大优点。一是它的并行性,可以安排多个试验同时进行,这对周期长、因素多的试验尤为有效,因为节约时间是最重要的。二是它使用了数理统计的研究成果,对试验数据的误差进行分析与处理,有效地使用了试验数据中包含的各种信息,这对确定影响试验结果的主要因素十分有用。三是根据正交表安排试验方案,可以从总共 a^n 个可选方案中,每次只抽取 n 的多项式个方案,从而大大减少了试验个数。

这些只是李未对正交设计方法及其特点的一些感性认识,还没有像黄金分割那样,能从理论上证明它在收敛速度方面的最优性。于是,从数学上给出正交设计的最优性并加以证明,就成了李未大学毕业后遇到的第一个理论问题。而在北大与张尧庭老师的一次巧遇,使李未找到了从理论上解决这个问题的途径。张老师是李未的大学老师,那时他已经找到了证明正交设计最优性的思路。在他的耐心指导下,李未从学习广义逆矩阵概念开始,一步一步地从数学上给出并证明了正交设计的最优性。这一研究结果后来刊登在 1978 年第 21 期的《数学学报》上,这是李未发表的第一篇学术论文。

李未在航空部推广优选法的工作一直持续到 1973 年。回学校后,教了几个月高等数学,不久就参加了我国用以货换货的方式从罗马尼亚引进计算机的谈判工作。这台计算机称为 Files - 256,是罗马尼亚仿制法国 Honeywell - Bull 公司的产品(法国称为 IRIS - 50),其体系结构和操作系统与 IBM - 360 系列的同类档次计算机水平相当,是当时我国能够引进的技术上最先进的计算机之一。1974 年底,这台计算机被安装在北航,李未被调到了学校为此组建的计算中心,分在系统软件组。从此,他便与计算机科学结缘。那时他的工作是保证计算机的正常运行和服务。为了把工作做好,他花了很多时间阅读和研究操作系统的内部结构以及各个子系统的实现细节。操作系统是用汇编语言写的,他不得不阅读和分析汇编程序,不得不记住各个二进制位的特殊作用,不得不关注每个问题的执行细节,而这些与他在大学里所受的训练鲜有共同之处。所以,开始时李未觉得这份工作十分枯燥,很不适应。但是为了完成任务,只好硬着头皮顶下来。在这段时间里,他逐步弄懂了进程的建立、运行、挂起和终止,进程间的通信控制,宏指令的设计和实现,系统资源和文件的管理以及输入/输出等实现细节。在后来回顾这一段比较琐碎、枯燥的工作经历时,李未深有感触地说:"现在看来,正是这个时期的工作经验和所学知识,建立了我对计算机及其系统软件的感性认识,为我后来进行计算机科学理论研究提供了一种价值判断的直觉,这使我终身受益。"这个体会对今天在校就读的年轻人来说应该是很有启示意义的。

当李未在1975年产生了设计一种实现操作系统的高级语言的想法时,这种语言早在1973年就已被美国的Ritchie设计并实现了,那就是C语言。不过,在当时国内封闭的环境里,李未对此并不知晓。为了设计这种语言,李未怀着欣喜的心情读了Dijk‐stra早期关于操作系统的论文,也曾带着这个问题参加过中科院唐稚松先生举办的关于Manna的《计算的数学理论》一书的学习班。后来,他又反复阅读过Hoare关于"通信顺序进程"(以下简称CSP)的论文,以及Scott关于"指称语义"的论文。1978年,他考取了出国进修学者,因为这段历史,他首选的导师就是牛津大学的Hoare教授。

然而,命运的安排却使李未1979年夏天来到了英国爱丁堡大学,三个月后转为该大学理论计算机科学专业博士生。该专业有四位博士生导师:Burstall、Milner、Plotkin和Valant。那时他们都已经是各自研究领域里有开创性贡献的学者,后三位在20世纪80年代后期都当选为英国皇家学会会员,Milner还获得了"图灵奖"。80年代初正是他们学术思想最活跃的时期,当时爱丁堡大学的学术交流活动也非常频繁。李未在读博士的三年半时间里,曾经见过许多著名的计算机科学家。他的同学们也都来自各国的著名大学,都是研究生中的佼佼者,现在他们大多已是国际知名的学者和学术带头人了,他的一个同窗Jerrom还获得了"哥德尔奖"。这样的学术环境极大地激发了李未学习和研究的热情。导师们做学问的严谨认真态度,深深地影响了他。有一件事对李未产生了终生难忘的思想震动,一次,他正为解决论文中的一个问题发愁,在校园里徘徊,遇到了Burstall,他听了李未的问题后,笑着对李未说,他和一位学者合写一篇论文,已经写到第22稿了,仍然觉得不理想,准备继续修改下去。他的话给李未很大的震动,真可谓"锲而不舍,金石可镂"。此前李未认为"增删五次"就已十分难得,从未想到一篇30页的论文要写22遍!此后李未写论文的时候再也没有畏难情绪了,不穷尽自己当时的全部智慧,决不罢休。十年后李未写关于开放逻辑的论文,也超过了二十几稿。

　　在李未的求学和科学研究过程中,他始终不满足、不迷信学科前沿已有的结论,而是在研究热点中找问题,从不同角度看问题,再研究解决问题的办法。问题往往会成为成功之母。能够发现问题、想方设法用不同思路去找出解决问题的关键,这种"不安分"和"跳跃式"的思考方法,举一反三地论证,使李未取得了一个又一个的研究成果。在他读博士期间,Ada语言是计算机领域的一个研究热点。Ada是一种高级语言,具有定义进程(在Ada里称为任务)的并行执行与通信、实时控制、异常处理、面向对象等许多功能;但李未发现,Ada的语法结构很复杂,而这些结构的数学语义是当时尚未解决的问题,并影响了编译程序的实现和应用系统的效率与质量。所以,解决Ada的复杂语法结构的语义问题既具有重要的实际意义,又是检验各种数学语义方法的试金石。一经掌握了归约系统的精髓,就看到了解决Ada语义问题的希望。李未立即着手对Ada中与并行和通信有关的语法结构进行了研究,设计了反映Ada特征的带标号归约系统,逐一解决了任务并行、同步握手通信、汇聚机制、程序例外处理以及程序模块的语义问题。后来,他又进一步解决了Edison语言中关于模块及临界区的结构操作语义问题,并通过在标号中引入同步向量,给出了COSY语言中并行中经表达式的语义。这些成果是李未在计算机科学理论方面取得的第一批研究成果。

　　在研究这些语法结构的语义的过程中,李未又注意到结构操作语义不同于指称语义和逻辑语义的另一优点,就是它在高层次上对语法结构操作行为的描述。这些描述为语法结构的实现提供了一个可行的指导性框架。因此,他在给出汇聚机制的语义之后,就顺理成章地给出了实现Ada通信和同步机制的方法。当李未研究Ada语言的语义问题时,在爱丁堡有不少同事正在研究CSP以及CCS。他发现这三者在并行执行、通信和同步行为方面有相似性,于是产生了研究这些语言在描述并发现象时是否等价的想法,以及它们之间是否可以彼此互译的问题;进而可以研究并建立系统的翻译方法,还可以讨论翻译的正确性问题,亦即翻译能否保持语义不变的问题。Plotkin十分支持他的想法。不久,他就取得了初步的研究成果,建立了一个并发程序语言的翻译理论。其主要内容包括:给出了一个对并发语言的"语法制导"翻译方法,即结构翻译方法;提出了一种基于结构操作语义的关于翻译程序正确性的概念;找到了一组保证并发语言翻译程序正确性的条件。他运用这一理论研究了Ada,CSP和CCS三种语言间的翻译程序,并证明了它们的正确性。李未又把这一理论应用于从COSY程序到集成电路结构的翻译技术,这是早期关于硅编译的研究。这些成果后来被Plotkin称为"并发语言比较研究的开创性工作",Millington称之为"第一个,而且也是最易被理解和广泛接受的理论"。

幸运——与改革开放同步

1998 年 12 月中旬,已是中国科学院院士的李未应邀参加了航空工业总公司纪念改革开放 20 周年的座谈会,并在会上发了言。他的发言摘要在 1998 年 12 月 22 日的《中国航空报》上刊登出来,题目就是"我这二十年"。这个发言摘要叙述了他在改革开放后二十年中每年的进步经历,字里行间表达了他对党的十一届三中全会以来改革开放政策的坚决拥护,记录了一个教育、科研工作者二十年的奋斗经历。这个发言的内容,或许有助于人们了解李未的人生经历,现将这个发言摘登如下:

党的十五大指出:1935 年的遵义会议和 1978 年的十一届三中全会在我国革命和建设的关键时刻拯救了我们党,改变了我国命运。

对前者,我是从党史课上学到的,从史书和回忆录中读到的,在电影和电视剧里看到的,没有切身体会。对于后者,我则是个过来人,有着自己亲身的经历。

十一届三中全会确定了改革开放的路线,极大地解放了生产力,激发了人民建设国家的积极性。大家的选择多了,路子宽了,发展的余地大了,青年人尤其如此。这 20 年中,年年有变化,年年有好事。以下便是我自 1978 年以来的简单经历:

1978 年,考上出国留学生,入语言学院进修,12 月被英国一所大学接收;

1979 年,加入中国共产党,到英国爱丁堡大学做博士生;

1980 年,开始系统学习计算机科学技术(15 门课);

1981 年,在国际会议上发表了第一篇论文;

1982 年,解决了计算机科学一个理论问题;

1983 年,成为 1949 年以来我国在英国获得的第一个计算机博士;

1984 年,被聘为英国科学工程委员会高级研究员;

1985 年,被聘为德国不莱梅大学教授级研究员;

1986 年,破格晋升北航教授、博士生导师,成为国家级有突出贡献的中青年科技专家;

1987 年,受聘担任国家 863 计划专家;

1988 年,受聘担任国务院学位委员会委员;

1989 年,在超大规模设计技术研究方面获得航空航天部科技进步二等奖;

1990 年,被聘为德国科技部祖思讲座教授;

1991 年,在计算机科学和人工智能基础研究方面提出新理论;

1992 年,在超大规模设计技术研究方面获第二个航空航天部科技进步二等奖;

1993 年,被任命为软件国家重点实验室主任;

1994 年,在高性能工作站的研究方面获航空工业总公司科技进步一等奖;

1995 年,在并发程序语言研究方面获国家自然科学二等奖;

1996 年,在计算机群研究方面获北京市科技进步二等奖;

1997年,当选中国科学院院士,获《光华奖》一等奖;

1998年,获何梁何利科技进步奖。

20年来,我发表了105篇论文,培养了45名博士、76名硕士。通过讲学、开会、访问,我先后到过15个国家、63个城市。

有人说,我是改革开放的幸运儿,每一步都踏在了点子上,是个直接受益者。我的确幸运,因为有了改革开放,我才幸运,否则我只能是一个天天都要接受"改造"的数学教师。我这些年的经历是我国社会经济调整发展的一个缩影。它折射出20年来我们国家重视教育、重视人才、执行科技是社会第一生产力这些改革开放的路线和政策的过程,以及这些政策对我国社会发展所起的作用。

我感到非常幸运,能赶上中国五千年历史中这一巨变期,也是最好的时期。我感到欣慰,因为我没有观望,没有逃避,义无反顾地投入到了改革开放的洪流中,为中华民族的振兴贡献了自己的一份力量。

确实,正如李未所说,他是幸运的,是党的改革开放政策给了他施展自己才华的机会,给了他为民族振兴贡献力量的机会。机会只属于那些勤奋努力、不懈追求的人们。早在20世纪80年代,当李未全身心地投入到计算机领域搞科学研究的时候,当时设备少、经费缺,李未和他的同事们从学校借了五千元钱,开始了艰难的起步。他们靠着对事业追求的坚定信念,瞄准学科前沿,面向社会需求,滚雪球般地壮大了自己的事业,建立起了一支高层次、高水平的学术梯队,赢得了社会和同行的肯定。经过十几年的奋斗,他们的实验室在1993年被命名为软件开发环境国家重点实验室,并于1996年12月通过了国家验收。

1995年,由于李未在"基于结构操作语义的并发和类型程序设计方法研究"方面取得了突破性进展,他获得了国家自然科学二等奖。这个奖项,来之不易。是他自1980年开始研究Ada语言以来15年不懈努力的成果。15年中,李未在该研究领域先后发表了几十篇论文,他的这些研究成果已成为该领域的重要文献,并被大量引用。这些研究成果的突出贡献在于:一是开拓了该方法对实用并发语言的研究,首次给出Ada等语言的并行、通讯及程序例外的语义,是并发语言的突破性进展。李未作为该方法的早期研究者,对它的发展,特别是开拓此方法起了重要的作用。二是提出了实现Ada语言关于并行和通讯机制的高效实用算法。这些工作受到英国皇家学会会员Plotkin教授等的高度赞扬,称为"实用并发语言研究的重要成果,是对结构操作语义方法的重大发展"。三是建立了国际上第一个基于结构操作语义的并发语言翻译理论,开辟了并发语言比较研究领域。四是给出了Petri网的超大规模集成电路的一种自动实现方法。五是提出了一种通用类型理论,设计类型语言ALT,给出了一种把模糊逻辑推理规则和程序开发策略和程序变换规则解释为类型的方法。德国慕尼黑大学Wirsing教授称:"李未是《结构操作语义方法》的奠基者之一。"他的获奖当之无愧。

李未不仅在计算机理论上造诣颇深,而且在工程上善于把握国际发展趋势。

1996 年初，国家"863"计划重点项目"可扩展并行机群系统"在李未的领导下顺利完成。这是通过聚合一组当时最先进、商品化、用户熟悉的 PC 机和工作站，形成高性能的异构的可扩展并行计算机群系统。专家认为，"这项成果技术难度大，居国内领先，并达到国际先进水平"。这套系统目前已用于多个领域。

2000 年 10 月下旬，著名物理学家、诺贝尔奖获得者李政道和中科院院长路甬祥微笑着站在国家自然科学基金委的计算机前，当画面进入到德国计算机科学家 Hotz 在我校讲课的网上直播情景时，李政道向 Hotz 教授打了招呼，询问他上课的内容是什么，Hotz 教授马上通过我校计算机系开发的远程教育系统回答说，自己正在为北航学生讲授"算法信息论"。这是我国高速互连试验网（NSFCnet）举行的汇报演示中的一幕。NSFCnet 是国家自然科学基金委有史以来资助最大的一个项目，加上各高校配套资金，项目总投资达 2600 万元。该项目 1999 年 10 月立项实施，时隔仅一年便成功开通。该系统使用密集波分复用（DWDM）光纤传输技术，用 2.5G－10G 的路由器连接，其技术指标是世界上最先进的。基于高速网络，李未主持开发了"典型示范应用系统"。该系统实现了具有自主知识产权的基于高速网络下的革命性应用，包括北航的远程教学，北大的数字地球，清华和北邮的 VOD、视频点播及中科院的大规模科学数据库等子项目。

2001 年 11 月 15 日，李未身穿深色西服，站在讲台上，通过高速网宣布："今天，我们参加的是国际上第一次正式利用高速网召开的大规模国际会议，我们见证了一个重要的历史时刻！"话音刚落，他所在的全球高性能计算和通信国际会议北航分会场上响起了热烈的掌声。

作为全世界第一次完全采用高速因特网技术召开的远程多媒体实时会议，有 10 个国家和地区的 60 多个国际科研机构多媒体会场共同参与，其中发展中国家只有我国和巴西。李未主持的中国高速互联研究试验网 NSFCnet 与美国的高速互联网实现了连通，李未指导研发的先进多媒体协同工作环境 Admire 系统支持了北航与清华的三个分会场的会议进程。我校在逸夫馆和如心会议中心同时开设了 2 个分会场，李未通过互联网发表了题为"海量信息系统带来的技术挑战"的学术演讲。

会议通过大规模分布式视频会议系统，将数十个分会场的声音、图像实况传送到其他分会场，实现了实时传送、接收和多路显示，声音和画面质量令人满意。提供平台的国产高速互联研究试验网和会议软件系统是在国家自然科学基金委及国家"973"重大基础研究项目支持下完成的，标志着中国下一代因特网的建设进入了世界前沿行列。

另据悉，Admire 系统在本次国际会议的前期排演中，其完整、清晰的展示获美国医学专家肯定。由于符合医学成像高清晰度的要求，该系统已在美国 Laurance livermore national. net 应用，反响良好。李未和他的同事们又一次站在了计算机学科领域的前沿。

师者——做学问追求至善

唐代著名文学家、哲学家韩愈在《师说》中有一句名言："古之学者必有师。师者，所以传道、授业、解惑也"。这说明起码从公元 8 世纪，人们就已经认识到教师应该既是"经师"，又是"人师"。经师当教学问，而人师则应教德行，教如何做人做事。李未非常欣赏和推崇韩愈的这句名言。他在长期的教学实践中认识到，一个高水平的教师，应该既是学术方面的专家，又是培养高素质人才的行家。

早在 20 世纪 80 年代，李未就开始了研究生培养教学改革的探索。

教室里坐满了人，大家都目不转睛地注视着前面的讲台。一位二十多岁的年轻人正在台上滔滔不绝地讲着。人们都被他那明确的阐述和娴熟的讲课技巧所感动。他是谁？他是李未的学生，而李未此刻正坐在台下聚精会神地听讲。这是一场别开生面的研究生专业课，这种不拘一格的教学形式是李未的"独创"。他把刚从国外寄来的最新版本的教材，分给学生及有关教师每人一章，大家都来当导师，互教互学，自教自学，师生平等。李未就是这样，让学生在教学和科研的具体实践中学习知识，增长才干，培养能力。他相信：学生一定会超过老师，就像计算机一代会胜过一代一样。

在李未的精心培养和指导下，一批德才兼备的计算机"软件"人才脱颖而出。李未不但在科研上取得了丰硕成果，而且在教书育人工作中也独辟蹊径。

李未在 30 多年的教学生涯中，始终坚持把培养"人"摆在首要位置；本着"把研究生带进计算机科学工程前沿"的精神，注重研究生创新能力和全面素质的提高。他的课很受研究生的欢迎，在他 20 世纪 80 年代开出的"并发式程序设计语言""超大规模集成电路的自动设计""程序语义理论"等课程上，听课的学生有时竟超过 300 人，连北京大学的计算机专业研究生都跑来听他的课。

在教学工作中，他始终把指导研究生和科学研究紧密结合起来。他认为，研究生阶段是学生创新能力的活跃期，应该是学科前沿课题研究的主力军，让他们在课题实践中摔打锻造，可以既出成果，又出人才。如今，他指导的几十名博士、近百名硕士毕业生中，有的已留校成为教学科研骨干，更多的则成为国内计算机软件开发领域的中坚力量。

为了搞好我校的博士生培养，1997 年研究生院召开了全校博士生大会，请李未教授以"关于博士生的自我培养"为题在大会上演讲。这个演讲，激励了在场的博士生，也引起了国家教育部门领导的重视。国家教委原主任朱开轩同志看到这个演讲稿后，立刻批转给了《中国教育报》，请教育报公开发表这个演讲稿。当年的 12 月 4 日，《中国教育报》在第三版头条位置摘要刊登了此稿，并配发了编者按。编者按指出："提高博士生培养质量，使博士生能够具备全面的科学素质、较强的创新能力和良好的职业道德，重要的是要创造一个严格自律、发奋成材的环境。其中，指导教师在做学问和做人上对博士生自我培养的垂范作用和严格要求,直接影响培养质量。北京航空航天大学博士生指导教师李未教授根据自己指导博士生的长期经历和切身体会,总结出博士生自我培养的几个关键因素,即德行、学问、素质,为提高培养质量作出了有益探索。"以下便是这个演讲稿的摘要。

博士生应从德行、学问、素质三方面严格自律

怎么培养博士生呢? 我认为至少应包括三个方面:一是德行,即道德情操;二是学问;三是素质。

德 行

一个高级人才,什么样的道德品质最重要呢? 我认为,一是献身精神,一是协作精神。没有这两点,怎么可以带领一批人共同奋斗呢? 就说做学术带头人,有些人业务、组织能力都很强,但管理一个项目,连课题组的人都拢不住,就是因为德行不够。

怎么培养这两种精神呢? 可以从下面两条做起:第一条是"己欲利而利人,己欲达而达人",第二条是"己所不欲,勿施于人"。怎么做? 只要自己不欺骗自己,常扪心自问,这两条是可以检查的。对自己要经常反省,要多和老师同学切磋,就可以不断地进步。作为导师,见到学生不足的地方,应随时指正,等问题成了堆,再解决就难了。

学 问

学问的问题可以归结成一句话:"理论研究要有创新,技术攻关要有突破"。在校这三四年时间是能有创新和突破的最重要的时间,创新是这段时间的使命。计算机科学有两个国际性大奖,分别以两位科学家命名。一位是图灵,一位是歌德尔。他们在科学上的主要贡献都是在攻博时期或在此前后做的。

要有创新和突破,选题很重要。目标定得太高太难,有可能三四年内出不了成果。我认为,查阅资料要迅速,与导师讨论要深入,与同学切磋要经常,但选题一定要慢,要慎重,三思而后行。题目一经确定,成果的档次和水平也就基本上跟着定下来了。

选题确定后,如何进行深入的研究,最重要的就是要"全力以赴",要花三倍于常人的努力。王选教授认为,在当前中国特殊的情况下,必须做到"顶天立地"。也就是在当前情况下,理论研究的创新,技术的突破,产品的研制和开发,这些环节不能割裂,要在一个集体里完成,一竿子插到底。

素 质

素质的培养有几个环节必须注意。

一是"说",就是要能把问题说清楚。承担一个项目,自己说不清楚,怎么能让招标人把项目交给你呢? 又怎么能统一意志,取得同事的支持,协同工作呢? 我的经验是珍惜每一次讲话和每一次课题讨论的机会,把自己的每一次发言和讲演严格限制在 20 分钟之内,因为国际会议就给 20 分钟报告时间,项目论证的发言也是 20 分

钟，向上级汇报工作，顶多给你 20 分钟，要养成在 20 分钟内把问题讲清楚的习惯。其次，每一次演讲前要反复练，至少自己要预讲三遍，不要大致想一想就上场，要准备到每个句子。

二是"写"，就是要把论文、报告、论著以及信件写清楚。我们自己写的东西，是希望别人读的，就要为读者着想，把问题写清楚。不论是写还是说，基本的要点是：要高屋建瓴，做切中要害的说明；要由近及远，由浅入深，要能触类旁通。

除了写论文外，还要学习写课题申请书。有些学生毕业后申请不到课题，重要的一点是不会写课题申请，不知道如何在一页纸内既要抓住重点，写清楚想法，又要能说服人。我从五年前开始，就试验与博士生写课题申请或合同协议，从酝酿题目开始，一直到写成、打印、上交，全部过程走一遍，他们就明白怎么申请课题了。

三是"组织能力"。工科院校的大多数毕业生以后要搞工程，组织能力非常重要，锻炼组织能力的最好办法就是积极参与，参与学校的活动，参与导师的课题。搞项目不是为老师干活，而是要从中主动地学习一个项目怎么组织运行，怎么领导一群人，增强自己的组织能力。

四是"循序渐进"。不要看不起小事。我们实验室培养学生办事能力的做法是：第一步做领材料、报账等事；第二步带领一两个硕士做些子课题；第三步可能帮助老师负责组织课题。其实，每个同学都有机会得到锻炼和学习，就看自己是不是主动，是不是给自己提出了明确的要求。

五是加强文化哲学修养，这是长远起作用的因素。在 21 世纪，一个高级科技人才，除了精通科技外，还要有很好的东西方文化修养。一个人生活在东方社会，不等于他就有深厚的东方文化哲学修养。学习东方文化的精华，需要我们像学科学技术一样努力钻研，有了东方文化哲学知识，还不等于能自觉地融入自己生活之中，这需要不断加强修养，现在整个社会对这个问题也重视得不够，介绍西方各种思潮的书不少，但面向搞理工的人介绍东方文化和哲学精华的书，特别是好书还不多见，我推荐冯友兰先生的《中国哲学简史》，可以由此书开始研究和学习中国文化和哲学。

作为一名博士生导师，要"传道"，自己应该是一个有德之人；要"授业"，必须是个专家；要"解惑"，应该是知者。要成为有德之人、专家和知者，着实不易。只有更加努力地学习、与同学们互相切磋，这样才能把博士生培养工作做得更好。

做这个讲演时，李未还只是个普通的博导，但他对研究生培养颇成体系的论述，从一个侧面反映出了李未对教育问题长期以来的思考与关注。其中尤其引人瞩目的，是内中蕴涵的人文精神。

李未注重文学和哲学方面的修养，或许是最鲜为人知的一面。他始终认为，理工科大学的老师和学生，特别应该加强文化哲学方面的修养，因为这是对人生、事业起长期作用的因素。他经常在各种场合，向学生推荐此类人文书籍，鼓励学生研习中国文化和哲学，加强自己的文化修养，做一个有文化品位、高素质的科技工作者。

一个偶然的机会，我听到了这样一个故事。人们很难想到，一个指导着那么多博士、硕士生,承担着那么多科研任务的学者,一个领导着一所有3万多师生的全国重点大学的一校之长,至今仍保持着一个良好的习惯:每天坚持看书。他看的书很杂,既有文化和教育方面的,也有哲学和文学等方面的。他几乎每晚临睡前都要看几页,长年不辍。今年上半年,刚刚上任的李未校长,正是利用数个晚上读完了曾做过多年美国斯坦福大学校长、现仍在该校执教的唐纳德·肯尼迪写的《学术责任》一书,他和杜玉波书记一起联名向全校处级以上干部和部分教师赠送了这本书,希望大家认真读一下这位学者兼大学校长撰写的如何办好一所大学的好书。

使命——领北航任重道远

2002年1月23日,在如心会议中心大报告厅举行的全校干部大会上,中共中央组织部干部三局张常韧局长宣读了中共中央、国务院的任免决定,北航党委书记、校长完成了新老交替。经中央决定,杜玉波同志任校党委书记(副部长级);经中央和国务院决定,李未同志任北航校长(副部长级)。经国防科工委党组决定,李未同志任校党委副书记。

李未1979年6月加入中国共产党,1986年破格从讲师晋升为教授,担任博士生导师,1988年任国务院学位委员会委员,长期担任软件开发环境国家重点实验室主任,1997年任校学术委员会副主任,同年11月当选为中国科学院院士。从这份简历看,他是一名学者,一名在国内外计算机学科同行中较有名气的科学家。

从学者到校长,这是一个很大的转折。李未在任职会上动情地说:"在受命接任北航校长之际,首先,我要感谢全校师生员工和上级领导对我的信任。同时,我也深感自己肩上的责任重大……我深知,发扬北航精神,创造北航新的业绩,将是我任内最重要的使命"。在论述了学校面临的形势与挑战后,他提高嗓门说:"老师们、同志们,我们已进入了一个'慢进则衰,不进则亡'的时代。我们只有鼓足勇气、转变观念、团结一致去迎接挑战,才能赢得竞争,取得生存和发展的自由,这也是在座每一位同志的首要职责。"带着浓浓的"北航情结",他充满感情地说:"我自大学毕业以来,就一直在北航工作。在北航三十多年的教学和科研工作,把我造就成了一个学者。进行创新性的科学研究,培养有发展潜力的优秀人才,既是我之所长,也已经成为我生活乐趣之所在。我和在座各位一样,早已把北航视作自己的归宿。然而,我缺乏对学校全局进行管理的经验。但全校师生员工和上级领导仍然把这样一副重担交给了我,从这一任命中,我深深感受到了大家对我的期望,看到了全校师生希望通过改革求得迅速发展的强烈愿望。我想,面对如此重托,我唯有全身心投入工作,在实践中老老实实向一切内行的人们学习,才能不辱使命。我将在党委领导下,积极支持杜玉波同志的工作,带领学校一班人,充分调动一切积极因素,增强全校师生员工的凝聚力……去迎接各种竞争和挑战!"

李未校长的就职演说,掷地有声,令人振奋。短短6分钟的讲话后,全场响起了长时间的热烈掌声。

党委书记杜玉波是国防科工委"511人才工程"高级优秀管理人才,校长李未则是有着院士头衔的著名学者,他们在长期从事高等教育的工作中体会到,"团结至关重要,团结出凝聚力,团结出生产力。人心齐,万事合,凝聚力强,是学校实现快速发展的关键问题。只有一条心、一盘棋、一股劲,握紧拳头,才能形成合力,要靠事业凝聚人心,靠发展赢得氛围"。他们宣讲的这一理念,成为了他们实际工作中真正的指导方针。

上任伊始,便是寒假。他俩利用春节前的时间,一起拜访了上级有关部门的领导,一起看望了我校老领导、老同志,给节日期间坚守工作岗位的教职工拜年,广泛听取意见;领导班子成员之间通过谈心谈话、交换意见,沟通思想、统一认识,明确分工、通力合作,经过一段时间的努力,很快就打开了学校工作的新局面。

3月1日,召开了学校2002年工作会议,会议明确提出了2002年的整体工作是:一个目标,两条主线,三大任务,四个重点。一个目标是:创建"国内一流、世界知名"高水平大学;两条主线是:把学习、宣传十六大,贯彻、实践"三个代表"重要思想,转变党的作风作为主线,把落实、细化学校"十五"规划,启动、实施建设项目作为主线;三大任务是:50周年校庆、校园规划与基本建设、重点型号研制与生产;四个重点是:加强领导班子作风建设、深化教育教学改革、提高教学质量,调整和完善学科布局与结构,加强师资队伍与师德建设。会上,李未校长作了题为《振奋精神,奋发努力,勇于创新,扎实工作,全面实施"十五"计划,加快推进学校的改革和发展》的报告。在他的报告中,关于"发展是硬道理,慢进则衰,不进则亡"的紧迫感,关于"面向国民经济发展主战场,瞄准国防科技的战略需求,强化基础性前瞻性科学研究,实现关键技术的自主知识产权,造就高水平的创新人才"的发展战略等思路,给与会同志留下了深刻印象。

3月26日,调整成立了以杜玉波和李未为主任的50周年校庆筹备委员会,学校提出了"弘扬传统、开拓创新、凝聚校友、激励师生、展望未来、再铸辉煌"的校庆指导思想和"以校庆促建设,以改观促发展"的工作方针,拉开了大规模的建设、改造和筹备工作的序幕。半年来,全校师生员工看到了日新月异的变化。9月26日,筹委会过渡为校庆组委会,召开了倒计时30天的动员大会。同时从3月份开始拉开了长达半年时间的学校办学战略发展的若干理念问题的全校大讨论的序幕。进入4月份,为了抓好学科规划与建设这项高校重中之重的工作,成立了学科规划与建设领导小组及其办公室,成立了第六届校学术委员会。为了做好学科规划、学校规划与基本建设并制定其实施方案,校领导们分工负责,深入调查研究,外出参观学习,多次认真论证,并组织了六家国内外著名规划设计单位对北航校园进行专业化设计。李未校长还利用参加中外校长论坛的机会,与国内外著名大学的校长们交流办学观念和经验。5月17日,学校召开了院长、系主任扩大会议,李未在会上从学科建设、学风建设、学校规划与基本建设、50周年校庆和下一阶段学科建设的任务等五个方面阐述了学校近期的工作重点及下一步的发展计划。在学校暑期工作会上，李未校长做了学科建设"十五"规划实施方案的主题报告。与会同志围绕学科建设"十五"规划实施方案、校园规划与基本建设实施方案、关于学校办学与战略发展的若干理念三个问题进行了两天认真讨论，进一步统一了思想认识。

对于学风建设，李未校长从上任开始就给予了极大关注。在校学术委员会的建议下，学校成立了专门的小组，根据教育部《关于加强学术道德建设的若干意见》的精神，起草了北航《教师道德行为规范》初稿，经过几上几下的全校讨论，形成学校文件下发执行。李未校长在有关会议上，多次强调指出，学风建设是与学科建设同等重要的一项工作，各单位和个人都要认真学习教育部《关于加强学术道德建设的若干意见》的精神，遵守我校的《教师道德行为规范》；要在广大学生中开设有关法律法规的公共基础课，加强相关的法制教育；同时对于违反学术道德的行为，学校将依据相关程序和规定妥善处理；对有学风问题的教师和学生，要以教育为主，与人为善。

对学校师资培养、人才引进和管理工作，他同样予以极大关注，并提出了加大力度做好这些工作的思路；为了落实教育部关于加强本科生、研究生教学工作的 4 号、5 号文件精神，他除了提出"进一步深化教学改革，优化教学资源配置，加大教学建设力度，全面提高人才培养质量"的思路外，还采取了兴办高等工程学院等多项改进措施，并响应教育部"大力提倡教授上讲台，加强本科基础课教学"的号召，带头坚持走上讲台，为本科生开设了"计算引论"的讲座，受到学生的热烈欢迎。

为了解基层工作和群众疾苦，更好地掌握学校具体情况，他给自己规定了每周至少和一位院长、系主任或总支书记谈话，每月安排一个下午接待教师、学生来访，直接掌握第一手情况，并将这个规定在全校干部大会上做了公开宣布，请大家监督……

从 1 月 23 日就任校长至今，在只有短短几个月的时间里，看着学校日新月异的变化，听了李未校长的多次讲话，人们对新校长刮目相看：一个长期从事教学、科研工作的学者，一个还"缺乏对学校全局进行管理的经验"的新校长，办学思路是那样清晰，工作是那样努力。为了学校"国内一流，世界知名"的发展目标，人们对学校领导班子充满了期望，对李未校长充满了期望，对学校发展的美好前景充满了期望。

在人们期望的目光中，李未深知：使命重大，任重道远！

——原载于《赤诚——北航治学楷模群雕》第 53～74 页，由北京航空航天大学出版社于 2002 年 10 月出版

杨为民的人格魅力

——一个宣传组织者的内部报告

郑彦良

引 子

阴差阳错,当了6年半体育部主任的我,一下子又换到了党委宣传部部长的位子上。1995年10月,刚上任没几天,就在北航逸夫科技馆门口碰上了杨为民老师,我主动向他打了招呼,他问我:"听说你换岗位了,什么?宣传部?这活儿可不好干。"说这话时,他一脸的真诚和严肃。我忙回答:"可不是嘛,我也不知道怎么搞的,跨度太大了。朱书记硬做了我两个下午的工作,干部大会上还不点名地批评了我,没法子,先干干看吧。""我给老弟一句忠告。"我洗耳恭听。"少说空话多办实事。""谢谢杨老师的忠告,我一定记住这句话。"并告诉他我打算干的第一件事就是赶快把住宅区有线电视网建起来。"好!"杨为民老师情不自禁地竖起了大拇指。没想到,这样的一次偶然相遇和对话,竟使我和杨老师又续上了不解之缘。由于工作关系,从1996年初开始我先后参与了杨老师先进事迹报告材料、展览资料、新闻稿件的组织工作,随后的几个月又担当了各新闻单位采访他的直接组织者。在三个多月里,我目睹了老记们(不少还都很年轻)一批批、一次次采访杨老师的酸甜苦辣遭遇,看到过他们或兴高采烈,或摇头叹息,甚至愤愤不平的表情——要知道,在"无冕之王"们的采访生涯中恐怕还没受到过如此待遇。

本人笔拙,只能白描一番。站在我的特殊视角,记录下采访过程中的一些真实情况,或许对人们了解杨为民老师的为人有所帮助。

记者百态

——最幸运、下功夫最大、收获也最多的是北航校报记者秦艳。秦艳是一位博士后的夫人,早在去年底为完成领导交办的采访任务,曾在杨老师所在的系孤军奋战,蹲了一个来月。和其他记者相比,她占尽天时、地利。起初杨老师对她也"不理不睬",可这个湖南妹子有股韧劲,就是"赖着不走"。虽然有一次杨老师拽着秦艳的胳膊要找朱书记"去说说",但对这么一位本校的女宣传干部,杨为民是说不得、骂不得、轰不得。有一次,秦艳也急了,拖着哭腔对杨为民说:"杨老师,你的工作重要,太忙,我理解,但我的工作也是党委交给我的任务,你也理解理解我,总得支持一下我的工作吧。"杨为民沉默了,他无奈地看着这个湘妹子,一句话也没说。一天后,或许是被她的韧劲所感动,或许是想让在他身边整天晃来晃去的秦艳赶快离开,反正是满足了她单独采访的要求。据我所知,这是杨为民老师为数极少的一次接受单独采访。经过不懈的努力,秦艳以她特有的优势,挖出了不少其他记者很难挖到的基本素材。秦艳由此和王应德老师共同完成了《一个共产党员的人生追求》的长篇通讯,国家教委就此颁发了全国好新闻评选二等奖。正是由于有这段经历,秦艳也成了近期各新闻单位竞相要求合作的伙伴,甚至被当作"富矿",成了记者们采访杨为民事迹的追踪对象。

——最倒霉的是一位某报记者。他是 1996 年 6 月初就来采访杨老师的记者之一,如果当时成功,他将成为较早报道杨为民的幸运记者。几次拒见,他不灰心,坚持"扫周边""打外圈"。一次,在我对他谈起若干记者被拒(不只你一人待遇)时,他突发奇想:我就写一篇"从杨为民教授拒绝采访谈起",他一拍大腿,从沙发上站了起来,"就这么定了。"当晚他就此灵感奋笔疾书,第二天还写了其他几位被拒绝接见的记者的遭遇。可当他把文章交上去后,不知什么原因给"枪毙"了,有人说可能是"不能从这个角度写先进典型",也有人说可能是……,看着无可奈何、可怜兮兮的年轻记者,我心里突然升腾起一股"怨恨"杨为民老师的情绪米。

——最惨的是一次联合采访叫杨为民给搅得泡了汤。1996 年 6 月份,《中国高等教育》和《中国教育报》的记者张鹰、刘继安先后来校采访,想在"七一"之前完成一个长篇,向全国教育界推出杨为民这个先进典型。曾参加杨为民本人为全校 5000 多学生做报告并想从中搞点新闻的刘继安,会后带着失望与不满足的心情直奔杨为民,"对不起,我不接待记者。"一句话,把刘继安顶了个目瞪口呆。事后,记者向学校提出,能否创造点条件,采访不到本人,采访他身边的人也行。考虑到该系工作十分紧张,经请示校领导,我和该系党总支联系,安排了有 14 个采访对象的联合采访座谈会。为不让杨老师知道,定在 6 月 17 日(星期一)下午在远离该系的一个接待厅,由包括一家电视台在内的三家新闻单位联合采访,并通知每个与会人员提前做好发言准备。6 月 14 日(星期五)下午 4:00 工程系统工程系党总支沈承钰书记打电话给我:坏了,让老杨知道了,他看见了名单(准备给记者的 14 个与会人员名单),老杨把这些人召集到一块儿,半开玩笑半认真地威胁他们:"这么忙,有时间赶紧干活,啊!干点儿正经事儿!谁去参加座谈会我可整谁!这事得听我的,我就这么定了!"老杨还说:"剩下的事我负责,我要紧急约见校领导去。"就这样,一个精心准备、记者寄予厚望的采访座谈会让老杨给冲掉了!现已退下来的原系党总支书记陈翠娣老师当时也火了,她对杨为民说:"老杨,你这么做不对!不能听你的,座谈会是党委部门安排的,你不能就这么给冲了!"并找党委领导反映了自己的意见。杨为民紧急约见校党委朱书记后，朱书记让步了，打电话给我，"尊重老杨一次意见吧，你赶快通知新闻单位，采访以后再说吧，"这时，已是星期五的下午5：00多，带着对杨老师的不满与无奈，我又紧忙活一通，一个又一个地打电话向新闻单位道歉。

——动作最利索也较早成功的是《中国高等教育》记者张鹰和《中国教育报》的刘继安。1996年6月中旬的几次"碰壁"，他们毫不灰心，挖空心思找材料。他们的想法是，教育界的典型理应由教育报刊先推出，一心想搞个长篇，碰个"头彩"。他们边请示领导边赶紧动作，甚至把秦艳也请过去，不分昼夜地在微机上讨论和整理稿子。经校党委领导同意，还让他们阅看杨为民的档案材料，也挖出了些很有价值的素材。他们把稿子两次送到北航审阅，并及时反馈。文章的标题，在我们的坚持建议下，仍用了"一个共产党员的人生追求"，并很快在6月25日的《中国教育报》头版头条刊出，并编发了评论员文章。这是一篇1.2万字的长篇通讯，写得很好，在全国教育界产生了很大的影响。1996年7、8期合刊的《中国高等教育杂志》也全文刊登了这个通讯和评论员文章，并在封面上刊登了杨为民的大幅照片。前几天，他们还组织了学习杨为民同志事迹的座谈会，写了两篇综述发表在《中国教育报》上，其中一篇的题目是《谢谢你，杨为民》。谈到这段经历，张鹰不无自豪地说："太紧张了，值得。"匆忙之余，该报配发的北航谭典元同志拍摄的照片连姓名都没署上，这不能不说是该稿的一点遗憾。

——最不张扬却经历了几年努力，拍出了一批杨为民的照片的是我校宣传部谭典元同志（笔名谭天）。很多新闻单位来采访时，希望配发照片，谭典元找了他几年来所摄的所有杨为民的照片，经过筛选，加印了300多张，随时提供给记者。有的新闻单位需要杨的近照，特别是近镜头特写照片，理想的还没几张。怎么办？专门去照，杨为民肯定不干。我在和组织部部长王瑾玫同志讨论工作时，她提到杨为民所在系副处以上党员干部第二天晚上要开民主生活会，我知道机会来了。为了不引起杨老师的注意，我俩商量由王瑾玫同志以组织部部长的身份参加他们的生活会。再请谭典元同志以反映基层干部民主生活会的名义去拍照。那天，谭典元挺"惨"的，刚一到会，杨为民一看他背着相机来了，嚷嚷着就不干了，"你来干嘛？"争执了10多分钟，老谭一声不吭，就是不走，有同志抗议了，"还开不开会了？"杨为民无可奈何坐了下来，"拍可以，既然是拍民主生活会，只能拍集体的、拍场面，不许照我一个人。"对着坐在角落里的杨为民，谭典元那个难呀，只好趴在地上对镜头，真不容易——这才有了《中国高等教育》杂志封面那张杨为民神形兼备的特写照片。顺便说一下，各报刊发表的署名谭天的一批照片，均出自老谭的镜头。后来在1996年9月9日杨为民同志事迹报告会前，在首都剧场贵宾室，我向杨老师"坦白交代"了我们安排拍照的"策划经过"。我知道，在杨老师面前，最好的办法是讲真话、讲实话，"做错了，就如实交代。"

——最老实、最省事走了捷径的是《北京法制报》记者杜新达。早已听闻老杨拒见记者的杜新达，按电话约定时间来办公室和我见面。我向他介绍了几批记者采访杨为民的"悲惨遭遇",他无奈地一笑:"看来,我也别费劲了,你把你校写的稿子给我,再给我两张照片,我回去和领导讲一下,实在不行就照发吧。"他很理解杨为民,没见着杨为民,还说了不少钦佩杨为民的话。他先后来了北航两趟,就在 1996 年 8 月 25 日《北京法制报》上以《欲与天公试比高》为题,刊发了近万字的介绍杨为民事迹的文章,从文章标题和内容的改写情况看,他下了不少功夫。可作者署名,仍是北航的秦艳、王应德。就像他钦佩杨为民一样,我也很佩服他的文风和人品。

——孙玉山信心十足,这是有道理的。早在 1989 年 12 月 4 日,资深记者孙玉山就在《北京日报》头版头条发表了长篇通讯《他从延河边走来——记北京航空航天大学教授杨为民》,这可是他在北航前后蹲了一个来月"淘"出来的心血之作,写得相当不错。在那时,他第一次充分体验到杨为民的不合作态度。"这次不同了,我和杨老师接触过多次,采访十四大时,我也见过他,对我挺客气的,这次他总会给我一点面子的。"1996 年 9 月 3 日下午他打电话找我,在电话里听得出孙玉山对采访杨为民显得颇有信心。"孙老师,"我对老记者都按学校习惯,尊称为老师,"联合采访已安排过了,他绝不可能再接待你。"我在电话里提醒他。他还是坚持谈了他的采访计划,因他来得太晚,时间紧迫,应他的要求,我安排秦艳同志协助他。由于我忙于日渐吃紧的本职工作,他来学校时我没见到他,事后秦艳告诉我:"杨老师连座也没让,嘴里说着对不起,双手握着老孙的手就给推出来了。"真不知孙老师当时是一种什么心情。不过,他毕竟是写过"大手笔"(譬如,"江总书记心系北京"就出自他之手)的老记者,他一连苦干了几天,还是挖出了一些新鲜的素材,从接手任务到完稿只用了 6 天。9 月 12 日,《北京日报》头版头条刊登了他的长篇通讯《做共和国的脊梁》。标题是由书法家庞希泉题写的,非常醒目。

——败走麦城的是某电视台记者宋小姐。她是电视台记者中最早介入杨为民事迹报道的。为了了解杨为民同志的事迹,在我的安排下,她曾随车陪同翟光明教授到北京市科学技术研究院党员干部大会上去听杨为民事迹报告,对他的事迹了解一些。连着来了北航两趟,就是没办法采访,可我帮她和杨为民老师疏通的结果是,"告诉你,彦良,让她们走,采访的事儿,没门儿!我没这闲工夫!"无奈,加上她其他报道工作任务很重,只好不了了之,悻悻地走了。临走前,她眼睛里明显地愤愤不平,"郑老师,我绝不放过杨老师,没见过这么不配合的,有机会我们还会来的。"

——最紧张的恐怕就是北京电视台新闻部的记者张帆、王烨他们了。没赶上联合采访,面临着教师节前播出的任务,他们真急了。1996 年 9 月 4 日,王烨一天四次打电话找到我,要求务必安排采访。"台里领导交代的任务是连续三天,《北京新闻》节目必须天天有杨为民。两天后第四天是教师节,还要有一个《今日话题》的专题片。"我很为难,但也得安排,因为这是市委宣传部下达的任务。杨老师是不能再正面打扰了,我请工程系统工程系石荣德教授安排,四五个人在 9 月 6 日下午接受采访,并告诉石老师,每人讲 10 分钟左右,要有思想准备,听凭记者们"折腾"(电视报道有时对一些画面有特殊要求)。6 日下午,不太放心的张帆、王烨他们知道我们到市委宣传部汇报工作去了,就追到了市委,在市委宣传部的一个会议室里,把我们带的一些展览图片一通狂拍。当天下午,记者们一进工程系统工程系办公室,就感到一种紧张气氛。原来系里刚接到国防科工委一项紧急任务,正在开会布置工作。"真有点儿像战场上的指挥部。"我和记者们小声调侃着,只有老杨那高昂有力的声音穿过走廊,送到我们耳中。半个小时的会,只有紧急布置工作,没有讨价还价,没有抱怨声。会一散,老师们带走任务,各忙各的去了。"杨为民出来了。"记者们眼睛一亮,但紧跟着又暗淡下来,眼看着杨为民在走廊尽头抽烟(老杨抽烟是一大毛病),近在咫尺,可按着我们事先的约定,也没敢前去打扰他。采访了该系几位教师后,采访对象中本来没有安排老杨的助理杨崇颐。事先老杨曾警告她,"别理记者,不许瞎说。"可架不住张帆等记者的生拉硬扯,给拽进了资料室。"跟着杨老师干真是太累、太累了。"刚一张嘴,杨崇颐就禁不住眼圈红了,"可杨老师的人格感化得你不得不努力干。"说到这里,她哽咽了,采访现场静悄悄的,只有摄像机那轻微的沙沙声,站在一旁的我,鼻子一酸,差点儿掉下泪来。采访组事先还提出了采访校主要领导的要求,当时沈校长出国访问没回来,我赶紧找了朱万金书记。按约定的时间,记者们从工程系统工程系一出来,就扛着摄像机直奔朱书记的办公室。讲明来意,记者话题一转,开口就问,"您怎么评价杨为民?"朱书记沉思了一下,"在他身上有一种为了国家民族的利益奋勇拼搏,永无止境的精神,他看得远,干得实,对事业执着追求,对生活甘于淡泊。他从事的学科,也要求必须大兵团作战,集体攻关。他能以身作则,把大家凝聚在一起,这种集体攻关的团队精神,在今天、在高校特别值得学习和提倡。""你作为党委书记,能不能站在全局的高度,概括一下应该怎样学习、宣传杨为民?""我知道你们的意思,但宣传杨为民,要实事求是,不能拔高,他也是普通人,我是非常了解老杨的,"说到这儿,朱书记笑着说,"我要瞎说,老杨也不会放过我。"采访结束了,记者们又开车去航空馆拍素材。看着他们匆匆"赶场"的身影,我不禁又感慨起来,都说记者是"无冕之王",经常出镜头最风光,其实他们也是够苦、够累的,一下午扛着机器,要提出各种对路子的问题,再一通推拉移摇,拍了一两个小时的素材,回去再剪辑出三个小专题和一个大一点儿的专题片,也就播出十几分钟的时间,真不容易。9月7日到9日北京电视台《北京新闻》连续三天播出杨为民事迹系列报道。9月10日教师节这天,《今日话题》栏目播出了杨为民专辑,9月10日、11日两天,北京电视台还播出了杨为民同志事迹报告会实况录像。在社会上产生了很好的反响,这是后话。送走他们,我回到家,连饭也不想吃。9月7日是星期六,我在床上躺了整整一天,发着低烧。"全是这几天让记者们折腾的",我不由得心里又"怨恨"起了记者们。

——最有钻劲也最困惑的是《北京青年报》的记者刘东胜。9月5日《北京青年报》发表了他采写的长篇通讯《"五顾"杨为民》。在文章中他写道:"杨为民是个谜。……其中最让人不解的是他一而再再而三地拒绝记者采访。带着许多疑问,也带着几多感慨,我开始了长达半个月的采访。"这是个非常敬业,很有斗志的年轻人。

他对我说："我就不信采访不到他本人,总得让他说点什么,几句话也成。"为此,他精心设计,一顾办公室,二顾杨家,三顾教研室,四顾研究所,五顾杨为民,锲而不舍,甚至夜里 12 点多还往杨为民家打电话。最后在市委宣传部领导和学校领导的疏通下,系里开研讨会、通报会、研究课题会,讨论工作计划,研究设备问题,整个活动对记者开放了半天。杨为民忙了一下午,记者们也忙了一下午,但他始终没有回答记者一个问题。对于拒绝回答,不愿见记者的事,他对我说过,一是"太忙,你高抬贵手饶了我吧,别添乱好不好? ——我请你吃饭?"二是他实在不愿把原本是大家共同努力取得的成就,"噢,一报道全成我的了,这叫什么事呀。工作是大家做的,功劳也应该是大家的,你写我们集体我支持你。个人的贡献放在天平上是绝对不能与集体相比的。我是个普通人,你放过我一马行不行?"刘东胜在文章最后加了一个"后记","这是一次奇特的采访,在我的采访生涯中是第一次。一是如此拒绝采访,二是在采访过程中记者没有从他口中'捞'到只言片语。对于我而言杨为民至今仍是一个谜。"

——最聪明的记者恐怕要数《北京晚报》的年轻记者冯瑞了。接到采访任务后,他马上和我联系上了,"郑老师,晚报跟其他报纸不一样,文章得短点儿,长了不行,你看这活儿怎么干?"我请来校报主编王应德老师和编辑秦艳,与冯瑞一同商量策划,最后确定了"杨为民教授系列故事"的办法,根据晚报的特点,"用老百姓的语言,讲讲大教授的故事",聪明的冯瑞立刻邀请秦艳和王老师加盟,"咱们一块儿干。"从 9 月 6 日头版版头到 9 月 13 日,《北京晚报》以《杨为民教授的故事之一:见好事就躲》《杨为民教授的故事之二:两袖清风的富翁》《杨为民教授的故事之三:一团奉献的火焰》《杨为民教授的故事之四:乐为大厦做基石》为题做了连续报道,每篇讲几个小故事,四篇展现了杨为民的人格魅力。我最欣赏的是,每篇的结尾都是一句很精辟的结束语。四篇故事的结束语分别是"当党员干部的,这种好事就不要靠前了;因为忘掉了自己的人,人们永远记住了他;杨为民人如其名;中国多一些杨为民,则是全社会的福气"。把这些话记录在这里,我想无论留给别人看还是留给自己看,都是很有意义的。看看记者冯瑞,聪明不聪明?

联合采访实录

1996 年 9 月 2 日下午,北京电视台社会新闻部、《北京日报》《北京青年报》等单位的记者齐聚北航,搞一次对杨为民的联合采访,已经发表了长篇通讯的《中国教育报》《中国高等教育》的记者闻听此事,也赶来凑一凑这难得的"热闹"。这是一次奇特的联合采访,奇就奇在一直拒绝采访的杨为民破例接待记者了,特就特在采访全过程杨为民没有回答记者提出的任何问题。为什么会有这次采访,采访的过程如何? 其实,这一年杨为民事迹的宣传声势是由一个比较偶然的报告引起的,这话还要从 1995 年年底说起。

为做好我校"三观"教育的对比先进找差距工作,1995 年年底,党委宣传部组织编写了杨为民、胡继忠和熊璋等同志的先进事迹材料，其中秦艳和王应德同志合写的长篇通讯《一个共产党员的人生追求》在北京市委教育工委主编的《北京高校工作》刊出后，在首都高校中反响很大。1996 年 1 月 10 日，为搞好全市高校的"三观"教育活动，市委教育工委在平谷县召开了高校领导干部会，布置这方面的工作。会上，为搞好典型引路，就市委教育工委掌握的情况，让 6 个学校各推荐一个典型在会上做事迹报告，再从中选出二三个高校的"三观"教育典型，这其中就有杨为民老师的典型事迹。当时，工程系统工程系的翟光明教授受命于校党委的安排，带着匆匆准备的报告稿就上了讲台。作为和老杨共事 30 多年的老同事，他的报告深深打动了在场每一位高校领导的心。会后各高校竞预订了 100 多盘报告录像带，杨为民的名字随着党员"三观"教育的深入也越传越广，翟光明老师也上讲台容易下讲台难，很长一段时间成了各高校竞相邀请的报告人，不少学校的领导直接打电话给我校领导"走后门"。"请关照一下，务必请翟教授给我们安排一场报告。"最后校党委不得不决定翟老师外出报告由宣传部统一控制安排。这可苦了翟老师，一方面他有着自己的本职工作，一方面又得赶场似的按照我们安排的学校去做报告，有时候一连三天，天天一场。杨为民听说后也跟他急了，"你累不累？干点儿正经事儿好不好？你听听你的嗓子，都什么声儿了？你给我打住。"翟光明老师也曾就此苦笑着对我说："你饶了我吧，我有我的一摊子事儿，每次出去还得背着老杨，这是干嘛呀！"

我曾专门就宣传杨为民的事迹找过当年的校党委宣传部部长项金红同志，1988 年他曾在北航报上发表了报道杨为民事迹的第一个长篇通讯《为民不为名》。项金红感慨地说，要采访杨老师太难了，他本人不配合，但他的事迹和精神是这个时代的宝贵财富，所以我就想尽办法采写了这个报告。他还给我提供了很好的意见和建议。我也曾就此向朱万金书记、沈士团校长汇报，听取他们的意见。他们多次指出：既要宣传杨为民同志的事迹，又要尽量尊重他本人的意愿，体谅他的工作压力，适可而止。甚至在《中国教育报》《光明日报》刊登了长篇通讯后，他们对郑重其事来紧急约见的杨为民老师拍了胸脯，"老杨，你放心，对外宣传到此打住了！"并把此意见迅速打电话告诉了我，让我"逐步收场"。但"瑕难掩瑜"，事情没有如杨为民所愿的那样发展，学校领导的保证也左右不了宣传的热潮。继 1996 年 7 月 10 日市委宣传部召开宣传杨为民同志事迹的新闻吹风会后，整个暑期，一个个新闻单位接踵而至，使我连我校南区有线电视工程都顾不上，全交给了其他同志负责，我的相当一部分精力只能放在和记者打交道上了。

8 月下旬，几家媒体的记者把杨为民不见记者的事儿"告"到了市委宣传部。请求市委宣传部做一下协调工作，不然他们没办法完成任务。市委宣传马上打电话给我校，请校领导出面，做做杨为民的工作，同时提出，为不过多地打扰杨为民工作，可以采取媒体联合采访的方式。我只好请朱书记、沈校长出面做杨老师的工作。杨为民勉强同意了接受采访。

老杨是一个组织观念很强的人，也是一个办事极为认真的人。凡是定下来的事情,哪怕是他很不愿意干的,他都是当作工作任务去认真完成的。怎么安排联合采访,杨为民打电话给我,"彦良,这方面你是专家,你过来咱一块儿商量商量?"我请申建军副书记和我一起到了工程系统工程系,一进会议室,杨为民和系领导班子成员正在商量,每人手里已有一个"活动流程表",这也让我见识了他们的工作效率。整个下午,安排了7项活动,杨为民真刀真枪地干了一下午,有系里研究工作,专题通报和讨论工作,研究生如何参与预研与技术基础研究课题的讲话,和几个室的同事研究具体工作,"专家系统"软件演示汇报,检查实验室的工作,等等。事后,他对我解释说:"今天对记者是一个机会,对我也是难得的机会,有一段时间没这么走一圈了,我也得抓住机会。"在系里研究布置工作时,围着一圈采访记者。听了会儿杨老师讲的内容,全是"正经"内容,不能报道出去。在杨老师讲话的间隙,我打断了他的讲话,"各位记者朋友,杨老师讲的全是保密范围的内容。注意电视不能出声,文章里不能落字,这是新闻纪律。"记者不由得愣住了,那脸上的表情分明告诉我,拍的东西不让出声,写的东西不让出字,这叫什么采访? 但为了这难得的机会,谁也没有和我争什么,等往外走的时候,杨为民拍了我的肩膀,"不错,保密观念挺强,配合得挺好。"我心里想,不好? 坏了,这么下去记者们的任务怎么办? 我几次提醒他,"记者们对你有意见,你回答他们几个问题行不行?""不行!"一脸的"没商量","有言在先,咱谁也别坏规矩。"他对记者解释说,"出了点儿成绩,本来是集体是大家干的,你非要从中拔出个典型人物来宣传,这不公平嘛!"面对记者和镜头,老杨谈笑风生,应付自如,只讲工作和集体,不谈个人和家庭,任凭记者们"穷追猛打",他始终坚守着"自己的阵地"。当然记者们也不是吃素的,他们自有他们的办法,"你不张嘴我找别人去",一项活动一完,他们立刻把杨老师的同事围住,连珠炮似的提出一个又一个的问题,还是挖到了不少素材。采访过后,我笑着对杨老师说:"你今天下午是自编自导自演。""怎么样,还可以吧,这回你也好交差了吧!"整个下午,杨老师的情绪一直很好。他几次笑着对记者说:"你们看还有什么没拍够,使劲拍,过了这村可就没那店了。"下午4:00多,朱书记赶来陪同采访,看到可怜兮兮的记者们,朱书记慷慨了一把:请记者们吃晚饭,让老杨陪着,并亲自打电话做了安排。在饭桌上,杨为民对记者说:"我毛病多了,坏脾气,动不动就训人,你们不知道吧? 我是普通人。"还再三向记者强调,多宣传别人,宣传集体,一个人离开集体将一事无成。一位年轻记者问他,"您和您的集体这么干,图的是什么?"杨为民说:"可靠性发展到今天,不容易,任务越来越重,是一个前景非常看好的事业。我60都过了,还能干几年? 就是想在不多的时间里,把一批年轻人带出来,为可靠性工程在21世纪的中国打个好点儿的基础,为年轻人搭建一个好点儿的工作平台。"这可是杨老师的心里话,反应快的记者把这段话记了下来,后来在文章里发表了出去。坐在一旁的朱书记听着笑着,脸上一副满意的表情。

我的内心独白

在组织对杨为民事迹的宣传工作中,我内心一直十分矛盾。时代需要宣传杨为民,领导的要求不完成好不行,我欲罢不能;但一想到杨为民疲惫的神态、承受的巨大的工作压力以及他坚决反对宣传他个人的态度,我又于心不忍。这几个月的时间,我一直是这么一个心态。唉,宣传部部长的活儿也不好干啊!

在组织、采访和改写审定新闻报道稿的过程中,我每每翻看着稿件,都一次次地被打动着,有时翻着稿子竟潸然泪下。杨老师身上那种永无止境的开拓精神,那种为国家富强拼死拼活工作的民族气节,那种淡泊名利、大我无我的高尚境界,都深深地打动了我,教育了我。其实,我和杨老师已相识20多年,有10多年时间又都在五系工作,我还经常请他给学生做个讲座、开个座谈会什么的。有两年时间我也不住在校内,吃饭常和杨老师在南操场南边小吃一条街上"打食儿"。应该说,我对杨老师的为人是早就了解的。但这近半年时间组织宣传采访的过程,给我留下了更深刻、更深入,甚至是撕心裂肺般的那种感觉和印象。在这段日子里,有时我真想哭,——为杨老师的人格魅力,为同事们讲起他时的激动表情感动得想哭;有时我又真想笑,——为我们党有这么一位令人钦佩、令人尊敬的楷模而自豪地笑。有时我是真心想爱护他,不忍心再一次次地安排记者采访去打扰他;有时我也真有点儿"恨"他,对记者的采访、对宣传部的这些工作他竟是这么不配合,有时连老朋友的面子都不给。

1996年5月份,市委教育工委通知申建军副书记和我到中宣部宣传教育局去汇报杨为民的事迹,同时汇报的有六七个北京市的先进典型。在此之前,市委宣传部龙新民部长曾明确讲,首善之区,理应推出一个高层次的典型,北航杨为民老师就是这样一个典型。并在宣传计划中明确9月份在全市先推出杨为民,10月份再推出李素丽。在去中宣部之前,申建军副书记和我先后请示了沈校长和朱书记;鉴于杨为民的特殊情况,我们到中宣部汇报的调子怎么定,朱书记和沈校长的意见是一致的:把杨为民的事迹讲足讲够,把杨为民的态度讲清点透。在汇报时,我们也是照此办理的,也正因此,李素丽、苏俊栓、许国富等典型事迹被通过,先后在全国做重点宣传报道,而杨为民的事迹因本人反对宣传自己和担心宣传采访时他"不配合"的态度,而没有定为在全国推出的重大典型。会场上出现了这样的现象,在人家各单位都使劲推荐自己的典型时,我们虽有过硬的事迹和材料却因本人不配合宣传的态度,等于自家把自己人给拿下来了。这是杨为民本人的态度所致,也是我们两难的心态所致。

根据北京市委的安排,9月9日即教师节前一天,市委教育工委、市委宣传部和北京市教委联合在首都剧场举办杨为民事迹现场报告会。市委有关领导明确要求杨为民一定要到会,还要讲话,希望学校领导做好工作,"千方百计、万方千计也要把杨为民同志请到场。"8月底一天下午的半个小时里,我竟接到市委宣传部、市委教育工委的三个同样内容的电话,传达了不同领导的同样意见。因为市委副书记李志坚同志在出席党的十四大时曾和杨为民同志住在一起,对杨为民同志的为人和脾气十分了解。接到市委某部门领导电话的沈校长,放下手头的其他工作,当即约见杨老师,两个人从上午11:00一直谈到中午1:00多。杨为民终于答应参加会,可以考虑接待一次记者,但不想在会上讲话。朱万金书记出差返校后马上又找杨为民谈话,两人谈了两个小时。杨为民答应参加会,可以讲几句话,但他给朱书记出个难题,"吹乎我的会,你让我讲什么呀,非让我讲,你给我稿子。"谈完话,朱书记把结果告诉了我。"你和申建军商量一下,给他准备个讲话稿。"按照约定时间,9月4日下午,申建军副书记和我到工程系统工程系去送杨为民老师讲话稿。这个稿子是我根据杨老师的多次发言和几次谈话中的真实想法起草的,几百个字的稿子也就用了不到一小时时间。朱书记看完后说,行,是老杨的话,并指示一定要经过杨老师看了以后再定稿。下午5:00,当我们送去稿子时,我想让杨老师看完后立马拿走打印,然后电传市委宣传部,因为市里已催要多次了,"领导要看。"没想到杨老师看完后,坚持要把稿子留下,"容我再看看,明天一早给你们,如何?"我们只好从命,让我没有想到的是,他竟扣下当时在场已退休多年的陈翠娣老师和他一块儿修改讲话稿。一篇几百字的讲话稿,他和陈老师竟一直改到晚上9点多!这又一次让我领略到了杨老师的认真劲儿。当晚心里一直不踏实的我,先给陈翠娣老师家打了电话,他女儿说,从中午上班去还没回家。我正在焦急时,电话响了,是陈老师打来的。她说,你先别着急,稿子改好了,改得看不清楚了,她先抄着,让我随后去取。我放下电话就赶到教学区。当陈老师把她和杨老师改的稿子递给我看时,我不禁心中一颤。两位老师把我只花了个把小时写的稿子竟字斟句酌地改了四个小时。稿子上密密麻麻,红笔黑字都有,连线上移下挪,已面目全非。陈老师坚持要抄一遍(怕我连不起来),当我知道她和老杨都没吃饭时,我说:"你给我念一遍,我拿回去抄。"陈老师说:"这没什么,跟老杨一块儿,经常这样,早已经习惯了。"当我们临出办公室时,陈老师轻轻走到走廊里头,看了看老杨的办公室,对我低声说:"老杨还在,正打电话安排出去开会的事儿,咱们悄悄走吧。"看着杨老师屋里透出的灯光,听着他打电话的声音,我不禁心中又感慨起来:杨老师,真对不起,又给您添乱了。同时对自己在杨老师不配合采访时的"恨"意懊悔不已。

第二天一早,杨老师又打电话来,"打好的稿子我再看一下,再报上去,你看行不行?"他认真看完稿子后,满意地点点头,还郑重其事地签下了"杨为民"三个字和"1996年9月9日"的用稿时间。然后,他抬起头,用布满血丝的眼睛真诚地看着我。"彦良,快坐下,我还有点儿时间,咱俩抽根烟。你们的工作也真不容易呀……"我俩聊了半小时的天,我突然意识到,不能再聊了,拿着稿子起身告辞。陈老师后来告诉我,杨老师的病其实很重,不仅有肩周炎,他沿脊椎骨的部位都脱皮了,有时太疼了,让她捶他的背,以解除疼痛,还让她"使劲,使劲,再使点儿劲……"我听着,想着,心

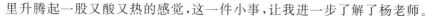

里升腾起一股又酸又热的感觉,这一件小事,让我进一步了解了杨老师。

9月9日的报告会,我真担心杨为民老师能不能来。真来不了,我的罪过可就大了,也承担不起。在首都剧场,坐着一千多位首都各校领导、教师代表、科技工作者代表,北京电视台三台摄像机架在那儿,要全场录像,在北京电视台播出,市里的领导也到了。离开会时间还有10多分钟,我坐不住了,走出接待领导的贵宾室,到大门口去等杨为民老师。刚才在贵宾室,市委宣传部龙新民部长问:"唉,杨老师还没到,他是从哪儿出发的?"我赶忙回答:"从香山饭店来,正在路上。"虽然我知道杨老师是极守信用的人,但人没到,心里有点儿发虚,万一路上堵车怎么办?我知道他8日(星期六)在香山主持一个重要会议,到首都剧场是学校派车直接从香山饭店接来,会后再直接送回香山去。离开会还有8分钟,杨老师终于来了。

报告会由北京市政协副主席、市委教育工委书记陈大白同志主持。我在剧场后台侧面看了看主席台上的杨老师,他穿着深色西服,打着领带,正襟危坐。杨老师注意着装我是了解的,尤其是正式场合,他肯定是西服领带,也要求同事们这样做,"这是起码的礼节,也是对别人的尊重。"看着他正襟危坐的样子,我的心里又不安起来。杨老师是见过大场面的人,但参加这种会恐怕是第一次,真是难为他了。一个少先队员上台向他献花了,看着带着稚气、满脸笑意的小女孩可爱的样子,杨老师不苟言笑的脸上露出了真诚的笑容,还站起身弯下腰很认真地握了握小女孩的手。谭典元同志不失时机地抓拍了杨老师和小女孩进行笑容"交流"的镜头,当陈大白同志宣布"下面请杨为民同志讲话"时,全场响起了长时间的热烈掌声。这是发自内心的掌声。在场不少人都看过介绍杨为民事迹的报告录像,在"三观"教育中认真学习过《一个共产党员的人生追求》的文章,也知道一些杨老师不愿意宣传自己的传闻,今天见到了杨为民本人,这掌声表达了现场上千人"久违了,杨老师"的心声。我看到,杨老师有点儿紧张,他欠起身调整了两次坐姿,然后清了清嗓子,一字不差地念起了讲话稿:

"同志们,今天我出席这个会议,心中非常不安,作为一个普通党员和科教工作者,我只是做了自己应该做的工作。

我们所从事的可靠性理论研究与工程实践属当代重要发展学科,也是我国高科技发展中的一个重点项目。为此,需要大兵团作战,多学科配合,大力协同,共同奋斗,才能有所前进,有所突破,靠我一个人是干不出来的。如果说我们的教学和科研工作取得了一些成果,为国家做出了一点贡献,那是一靠上级正确领导,二靠北航党政领导的全力支持,三靠兄弟单位大力协作,四靠全系、全所同志奋发拼搏。我认为,工作是大家做的,功劳应该归功于大家,个人的贡献是绝对不能和集体相比的。我深信,党和国家对我的表彰就是对我们战斗集体的表彰和嘉奖,所以,荣誉应该归功于大家。

这几十年来,我只是做了一个共产党员应该做的工作,距离党的要求还有较大的差距,我自己也有不少缺点和错误,有待于改进和提高。

当前,我们面临的任务艰巨,时间紧迫,需要全力以赴。让我在有生之年,继续努力奋斗,为我国科学技术和国防事业的发展做出新贡献。"

台下一片寂静。只有杨老师那高昂有力、发自内心的讲话回荡在剧场里。我发现,没念几句,杨老师不紧张了,因为稿子是他精心修改的,讲的都是他发自肺腑的心里话。他刚讲完,会场上,又是一片热烈的掌声。当陈大白紧接着宣布,"由于杨老师非常忙,正在香山主持一个重要会议,刚才他是从香山直接赶来,现在得马上回去开会,现在我们欢送杨老师离场"时,全场又响起了长时间的热烈掌声,很多同志都鼓着掌站了起来。电视台的记者急了,一溜儿小跑扛着摄像机追了过来。在开会前的几分钟,电视台记者在贵宾室缠住了杨老师,非要采访。"说几句话就行。"杨老师坚决地摆着手,"现在我不说话,会后再说"。把记者打发了。当杨老师快步走向汽车时,就差几步没赶上的记者望着他的背影,懊悔不已。事后我得知,正往香山赶的杨老师走到半路,又被一个传呼调头回城,赶往人民大会堂参加教师节座谈会去了。

介绍杨老师事迹的仍然是杨老师的老同事系副主任翟光明老师。说实话,翟老师的普通话一般,还带着明显的乡音,搞了大半辈子的专业,现在来当报告人,真是难为他了。此前的8月21日,在市委第二会议室,翟老师就给市委机关的同志做过一次杨为民事迹的报告。当时翟老师并不知情,那是一次试讲。那次报告会后,龙新民部长等领导在一个小范围的会上讨论了报告会的情况,指出,在党的十四届六中全会前,市委决定在全市范围推出几个有重大影响的先进典型,首推的是杨为民,一定要宣传好杨老师的事迹,这些都是北京市的精神财富。当时也有人指出,事迹是感人的,材料也足够,但一个人讲有满堂灌的感觉,最好三四个人分开讲,再找几个口才好的,认真准备一下,讲就不能平铺直叙,要抑扬顿挫,语言要感人,等等。龙部长当时就指出,杨为民一定要出来亮相,还要讲话,一定要让他讲,北航的同志一定要千方百计、万方千计地动员杨老师来,只要他在北京,再忙也要来。可我们回到北航,几次商量,也曾让口才好的同志到市委宣传部试讲过,效果不很理想。朱书记找来翟老师。"天降大任于斯人也,就你一个人讲了。"翟老师说:"这不是硬赶着鸭子上架吗?"我半开玩笑半认真地说:"翟老师,别推了,上架就上架呗,现在是上也得上,不上也得上了,现在再找谁也来不及了。"

从翟老师的报告效果看,非常好。报告讲到一半时,我曾悄悄从后台溜到会场中去,看台下的反应,剧场里听众全神贯注,许多人的眼里噙着泪花。在《中国教育报》就此写的《谢谢你,杨为民》的一篇特写里,记者写道,"我们坐在首都剧场,聆听着杨为民事迹报告,一种熟悉、亲切的感觉油然而生,杨为民和以他为代表的一批甘于淡泊、无私奉献的教育工作者,是我们教育战线最可爱的人。……人们再一次被杨为民的人格力量所震撼,许多人的眼中噙满了泪花。……"北京化工大学女生郝佳非常动情地说:"杨为民老师是当代中国共产党人高尚品德最完美的体现者之一,是我们当代青年人的人生楷模。"

市委宣传部部长龙新民同志在报告会上代表市委讲了话。他说：

"刚才，北京航空航天大学的翟光明同志详细地、生动地介绍了杨为民同志的先进事迹。杨为民同志本人十分谦虚，不愿意宣传自己，经过主办单位一再地邀请，他才答应来出席报告会，同大家见见面，让我们以热烈的掌声对杨为民同志和翟光明同志表示衷心的感谢。"

"杨为民同志是我国可靠性系统工程方面有突出贡献的著名专家，高级知识分子。他几十年如一日，淡泊金钱、荣誉和地位，把全心全意为人民服务，把对党、对人民的无私奉献当作人生的唯一追求，把全部精力献给祖国的科学事业，表现了一个共产党员的崇高思想和精神境界。"

"从今天的报告中我们可以看出，杨为民同志的事迹是很感人的，他不愧是一个优秀的共产党员，他用自己的一贯行动实现了一个共产党员的高尚的人生追求。今天，我们召开杨为民同志事迹报告会，向全市推出杨为民的先进事迹和崇高精神，并号召全市党员、干部，特别是科教战线的同志们向杨为民同志学习。"

"当前，向杨为民同志学习，首先要学习他矢志不渝、无私奉献的崇高理想。杨为民同志作为一名党员，他始终不忘党的全心全意为人民服务的宗旨，一心扑在祖国的科研事业上，在科研领域取得了一个又一个丰硕成果。在他面前事业永无止境，国家的需要，人民的需要，就是他前进的动力。他以实际行动做到了把自己的岗位和个人的事业融进党和人民的事业之中，把自己的命运同党和人民的命运紧密联系在一起。"

"第二，要学习他知难而上，奋力拼搏的革命精神。杨为民同志被人称作'拼命三郎'，在从事科技事业中，他不畏艰险，不怕困难。他在身体不好、浑身病痛，长期超负荷工作的情况下，照样夜以继日地搞科研。在他身上总是保持一种无私无畏、奋勇拼搏，人民的利益高于一切，不攻克难关决不罢休的革命精神。正是这种精神激励他取得了一项又一项科研成果，为祖国为人民做出了突出贡献。"

"第三，要学习他淡泊名利，克己奉公的高尚情怀。杨为民同志对待各种荣誉、奖励从不伸手。对待公私界限，他严格得近乎苛求，总是把'私'这一块划得很小，看得很轻；把'公'这一块划得很大，看得很重。对自己他甘于清苦，以苦为乐，严格要求，而对同志、对他人则满腔热情，一片爱心。他时时刻刻把集体和他人挂在心上，为群众、为周围的同志办了大量好事、实事，受到群众的赞扬，为党赢得了荣誉。"

"同志们，杨为民同志是北京市共产党员、科技工作者的优秀代表，在改革开放和社会主义现代化建设的新形势下，我们需要大力弘扬杨为民同志的这种崇高精神。让我们在以江泽民同志为核心的党中央领导下，以杨为民等先进人物为榜样，振奋精神，努力工作，为推动全市经济建设和社会主义精神文明建设做出新的贡献！"

报告会后，随着北京电视台的两次实况转播，杨为民的事迹广为传播，翟光明老师也"火"了起来，火得也让他受不了了。不光是各大学请，中学请，社会上各行业都有人请他去作报告，校党委不得不采取措施由宣传部出面严格控制，翟老师的"日子"才稍稍好过些,这在前面有过交代,不多说了。

与此同时,北京市委正在紧锣密鼓地筹办一个"群星璀璨——北京市先进人物事迹展",地点定在劳动人民文化宫。这个展览,共展出改革开放以来北京市涌现出来的先进人物的突出代表八位,除杨为民外,还有公交口的李素丽、木城涧煤矿党委书记黄祖望、韩村河建筑集团总公司党委书记田雄、中国外运北京空运公司总经理乔景、六部口交警苏俊拴、隆福大厦售货员黄文改、颐和园邮电局投递员许国富等。上半年,也正是学校开始"三观"教育的繁忙时刻,但接到任务也不敢怠慢,请示了领导我们就一通忙活着准备上了。

为了筹备好这次展览,除了做好每人的 20 多块展板,市委有关领导希望多找一些实物丰富展览内容。杨老师的航空金奖证书、奖章等是必不可少的,甚至宣传介绍杨为民事迹的报刊都可以展出。我们还想到他的父亲杨秀峰同志留给他的已用了几十年至今他还在用的单开门电冰箱,想到他的母亲直到 1994 年去世前一直收看的那台 14 寸黑白电视机,想到了他那补丁摞补丁的一床褥子。市里有关领导听说后指示,都拿来,这些展品对年轻一代会很有教育意义。朱书记在和他谈话时,对杨为民提出了这个要求,杨老师说什么也不干,我在电话里听到(当时朱书记正在给我打电话),朱书记也火了,"你得支持宣传部的工作! 100 平方米的展区,容易吗?你痛快点儿,快拿出来吧!"杨老师也急了,"这不对!这些都不能拿!我告诉你,我在学校里的住处只是临时住的地方,我的家里女儿早就装修过了,这也不符合事实嘛!""褥子上有几个补丁算什么,老百姓不都是这么过来的嘛,我也是老百姓,铺上一个床单不是挺好用的吗,有什么好张扬的。"事后,沈承钰同志告诉我,当时杨老师对朱书记说,绝不能有半点虚假。"一个普通人做了假可能影响不太大,一个党员干部做了假就会给党抹黑,把一个人树为典型做了假,那就会给党带来不可估量的损失!"听了这话,朱书记默然了,我也不再坚持要这些东西做展品了,并向市里有关领导汇报了我们的看法。

这个展览 10 月 10 日开展,10 月 26 日闭幕。17 天中有 15 万人参观了展览,在社会上产生了很大的影响。中央各部委和北京市委政府、人大、政协四套班子负责人都参加了开幕式。在开幕式上,杨为民成了媒体追踪采访的焦点,面对记者们连珠炮似的发问,杨老师坦诚地说:"今天领导让我来,没有交代采访任务,功劳是集体的,今天我是来向大家学习的。"根据事先安排,杨老师得陪同领导们参观展览,他总是磨磨蹭蹭地跟在后面,市委副书记李志坚点名喊他,我几次拉他,他都不肯到前面去。几位参加布展的有关同志和其他先进人物的讲解员发现了杨老师,都纷纷上前和杨老师合影留念,杨老师都很大方地满足了他们的要求。应我的邀请,他还高兴地和北航的一些同志照了相。眼看着好多记者又围了上来,他着急了,冲着我比画了几个手势,又指了指外面,那意思是说:"我的任务已完成了,我就先走了。"见我没有反对的意思,他立马冲出记者的包围圈,消失在人群中。李素丽在现场曾对我说,我们这几个人,杨老师对国家的贡献最大,他的人品我是最佩服的。北京电视台的记者在杨老师的展区抓住了我,非要我讲几句话,我推脱不了,就说了几句心里话,"时代需要杨为民同志的精神,他不仅是物质文明建设的典范,更是精神文明建设的楷模。在市场经济的大潮中,继承和发扬党的优良传统,关系着党和国家的前途,人民的福祉。人们敬佩杨老师的人格魅力,正反映了人们对党的优良传统的真情呼唤。"

10 月 26 日,是展览闭幕的日子。市委宣传部要开一个展览的小型总结会,应韩村河田雄同志的盛情邀请,总结会定于当天下午在韩村河山庄召开。会议事前通知,各单位来个领导和宣传干部,八位先进人物必须到场,还特别希望他们都带上自己的家属,在山庄住一两天。参观一下石花洞、藏经洞等,放松一下。到了韩村河,我看到李素丽带着丈夫和孩子来了,而许国富则带来了自己的老妈。杨老师呢,他的陪同"家属"则只有申建军副书记和我。在去赴会的车上,杨老师就和我俩商量,"会是躲不了了,还让我发言,讲什么,你们给出个主意;饭也是要吃的,田雄盛情,估计是拿农家饭菜招待,这个好,不吃白不吃;至于住嘛,就没这个必要了,给人家添这个麻烦干嘛!吃了饭咱打个招呼,就说明天一早都有会,咱就开溜,你们看行不行?"申建军和我异口同声,"我们是陪您来的,一切安排全听您的,您说走咱就一块儿走。"

龙新民部长在总结会上,称赞这个展览是六中全会前献给全市人民的一个礼物,是首都精神文明建设的重要成果。他还特别提到杨老师等同志在工作那么繁忙的情况下,所给予的支持和配合。李素丽在发言中特别提到,论贡献没法和杨老师比,论思想没有杨老师境界高,一定要不辜负党组织的希望,把自己的工作做得更好。杨老师在发言中则表示,自己做了应该做的事,党和人民给了这么高的荣誉,心里不安,回去后,一是要学习其他同志的好思想、好经验,和同志们一起把工作干好。而我则利用这次难得的聚会,请八位先进人物在我事先准备好的展览请柬上签名。对于我这个收藏爱好者来说,这应该是一个非常难得的藏品。当晚,我们就谢绝了田雄同志的一再挽留,陪同杨老师返回了学校。

曾有不少记者都问过我一个同样的问题:你能不能用一两句话概括一下杨老师的事迹?我都是这样回答:概括起来看,杨老师既是物质文明建设的一个开拓者,又是精神文明建设的一个楷模,一句话,他是新时期一个共产党员怎样做人做事的榜样。可惜,那么多的记者问了、记了,但谁都没有采用这句话。我以为,这不是大话、空话,更不是拔高,而是我几十次翻看、改写新闻稿、报告稿和组织宣传采访工作过程中的真实感受,是我和杨老师 20 多年交往的内心体验。

我曾就记者们常问的"图什么"和杨老师聊过,他说:"你说我图什么?图当官?我不是当官的料,父母不让我当官,我也不想当官;图钱?钱够花就行了,要那么多钱干什么;父母生养了你,国家培养了你,你得为父母争点气吧?你得为国家干点事吧?还有什么好图的。""人来世上一遭,不容易,总得干点事吧,留什么都行,就是不能留遗憾!"

我曾看见北京电视台《今日话题》记者胡晓琳问一位年轻老师一个问题,"听说杨老师平时挺严厉,好训人,那你怎么看杨老师?"这位年轻教师略加思索后说,"理由可以说很简单。一是杨老师带我们干的是大事业,都是国家急需的课题,年轻人干事业总想为国家出点儿力,就跟他干了;二是在这个系里干,对自己的业务发展是有利的,杨老师对我们每个人的业务发展都商量过规划过,我们觉得在这儿有前途、有奔头;三是杨老师要求我们是严,有时脾气不好,但他是为了工作,为了尽快完成国家下达的任务,我们也理解他,何况他平时对我们挺关心的,你看他严厉,可接触多了,其实杨老师挺有人情味的。再者说,更重要的是杨老师的人品、人格对我们影响太大了。"朴实的话,令记者唏嘘不已,感叹不已,我也很受教育。

为了工作,他可以拼死拼活;可对自己,却是能凑合就凑合。比如说,看病吧,他就经常自己给自己看病。一次我陪他去开会,回来时已是中午,他在车上和我与司机商量,"12点多了,我请大家吃饭?"我忙说:"不用了,赶快回学校吧。"他有些歉疚地说:"那我还想耽误你们一会儿饭,咱拐个弯去买点儿药再回学校。"车开到北医对面的药房,他不让我们下车,他径自快步进了药房。十几分钟后,他乐呵呵地提着两大塑料袋药品上车了,"哎呀,瞧瞧,这些药又够我挺一个月的了。"我说他不该不去看大夫自己瞎买药,"不能说瞎买,我自己的病自己清楚,这些药也是大夫经常开的,久病成良医,这个道理你还不明白?"而我十分清楚,任务越来越重的他,舍不得或者说不愿意把时间用在看病拿药上,而这一次次地掏钱买药,我还没听说他报销过。

清晨5:00,窗外已开始大亮。写到这里,我的心情稍好一些。我总觉得这些事应该记载下来,也应该告诉大家,让大家更了解更理解杨为民。我也知道,这些东西是任何刊物也不可能登出来的,但我总觉得不写下来、不说出来,如鲠在喉,不吐不快。姑且作为一个宣传组织者的内部报告吧。

初稿写于1996年10月某夜/整理于2002年5月

补记:

这可以说是"尘封"了五六年的一个稿子。1996年10月底,当时在做宣传杨为民的总结工作的背景下,一个个感人的场面经常在脑海里闪回、涌动。索性不睡了,一个夜晚就赶写了一万多字,很潦草。当时也没想有什么用,反正有一种冲动,一种先写出来再说,不记载下来觉得对不起谁的冲动,写了整整一夜。天亮了,停笔了,但总觉得还没写完。1999年在中宣部通知宣传杨为民时,有几位同志曾看过这篇东西,其余时间就一直放在我办公室抽屉里。杨老师病逝后的第三天,在为党委起草《北航党委关于在全校开展向杨为民同志学习活动的决定》初稿时,我曾和工程系统工程系总支的同志交换过意见,我无意中说了手里还有这么一个多年没用的稿子。系党总支书记刁怀军反应很快,说麻烦你再忙也要抽时间整理出来,你这个角度和别人的肯定不一样,我们系里准备出个杨为民同志的纪念册,应该放在里面,拜托拜托。"五一"长假,时间宽裕了,我把底稿拿回家,辨认着自己当年潦草的字迹,回想着发生在1996年那一幕幕的故事,还翻看了自己在1996年的工作日记以及有关资料,修正和补充了一些内容情节。这次用了五个夜晚,把文字稿重新整理了一遍。文字是多了一点儿,但考虑到以后机会不多了,就不管长短了。

　　笔拙真情在,长文寄哀思。谨以此文表达我对杨老师的深深怀念和敬意。

　　——原载于航空工业出版社 2002 年 10 月出版的《功在蓝天　碑立心中——纪念杨为民教授》一书,第 82～108 页。

民族精神在危难中迸发
(弘扬民族精神·系列谈)

郑彦良

2003 年 5 月 18 日

战国时期的思想家、教育家荀况曾经说过,"岁不寒,无以知松柏;事不难,无以知君子"。在我们抗击非典的斗争中,重温荀况的这句话,教益颇深。

在这场没有硝烟的战争中,邓练贤、叶欣等勇士倒下了,成千上万个白衣战士又前仆后继地冲了上去,这是何等动天地、泣鬼神的壮丽画面。"我是共产党员,让我先上",一批批优秀的医务工作者们,以他们无私无畏、科学防治的斗争精神,谱写出新一代最可爱的人的颂歌。

电视画面上,人们对两个镜头记忆犹新:4 月 14 日,胡锦涛总书记在视察广东"非典"疫情时说,"我们为一些群众的身体健康和生命安全受到严重威胁而感到揪心",讲这句话时,人们分明看到了总书记的表情凝重;4 月 18 日,温家宝总理在北航阶梯教室里对学生讲话,无限深情地说:"总之,我惦记你们! 我惦记全国的孩子们! 我惦记全国的同学们!"人们也清晰地看见了总理眼中晶莹的泪光。这两个经典的镜头,一个"揪心",一个"我惦记",使全国的普通百姓都深刻地感受到我们的党不愧是代表最广大人民利益的党,我们的政府不愧是对人民安危真正负责任的政府。近一段时间,哪里疫情最严重,哪里就有中央领导的身影,这对人们树立战胜"非典"的信心是多么大的精神力量!

面对突如其来的灾难,伟大的民族精神在危难中迸发。短短几个月的时间,人们经历了过去从未有过的体验。

这是一次人们精神世界的洗礼。人们从最初的恐惧中解脱出来,随着紧张有序的抗"非典"斗争的深入展开,人们看到了希望,树立了信心,增强了勇气;广大医务工作者可亲可敬的工作精神,鼓舞着人们万众一心、和衷共济,共渡难关;党和政府的各项决策,在这次抗"非典"斗争中得到快捷、顺畅的贯彻,包括隔离、封闭管理这样人们很少体验过的措施,都得到了普通百姓的充分理解和支持配合,人们面对人类灾难的社会责任感有了新的升华和思考。

这是一次社会面貌的更新。"非典"疫情极大地影响了人们的学习、工作和生活,改变了人们的吃、住、行和消费方式。我们的工作和生活环境的卫生清洁情况有了前所未有的可喜变化。勤洗手、勤通风、不随地吐痰、乱丢垃圾,过去不良的生活习惯改观了,人们从来没有像现在这样拥护政府出台的改变不良行为习惯的各项法规。这些变化,无疑对全面建设小康社会特别是精神文明建设产生积极深远的影响。

这是一次政府工作效率的检验。新一代中央领导集体以过人的胆识和果断的决策,迅速扭转了抗击"非典"工作的被动局面;疫情公开、透明、全面、准确地发布,非但没有引起大的恐慌,而且稳定了人心,北京小汤山医院的建设速度和"非典"病人的快速集中,使人们看到了政府加强危机管理的效率;《突发公共卫生事件应急条例》的公布实施,既反映了党和政府依靠科学、依法办事的决心和态度,也为今后及时有效地处理类似事件建立起"信息畅通、反应快捷、指导有力、责任明确"的法律制度奠定了基础,在对"非典"病因、病源还不太了解的情况下,政府迅速组织专家联合攻关并积极寻求世界各国专家的合作,为攻克这一威胁人类安全的难题开展了有益的探索;一手抓抗"非典",一手谋发展,向世人展示了中华民族伟大复兴的前景;政府各部门通过对处理疫情工作的举一反三,更加重视社会公共事务管理的建设和发展。

从某种意义上说,经历"非典",是对人们意志品质的锻炼和磨砺,是人生难得的一次体验,是中华民族的一笔宝贵的精神财富。面对"非典",最难得的是从容面对,最关键的是信心、勇气和科学精神。中华民族历经磨难的历史说明了这一点,1998年的抗洪斗争说明了这一点,今年的抗击"非典"的艰苦斗争也说明了这一点。

"万众一心、众志成城、团结互助、和衷共济、迎难而上、敢于胜利",正是中华民族几千年来饱经风霜、生生不息的伟大精神的高度概括。在夺取抗击"非典"斗争胜利的征程中,这一伟大的民族精神,必将得到进一步的展现和升华。

——原载于《人民日报》(海外版)2003年5月20日第三版(思想理论版)/北京航空航天大学出版社出版的《坚城——北航抗击"非典"纪实》第137~138页

人文社会科学学院(公共管理学院)学科建设与发展专题汇报提纲

郑彦良执笔
2003 年 8 月

一、历史沿革

——1953 年 10 月,成立政治教研室(隶属基础课部),开设了中国革命史、政治经济学课程,第二年又增加了马克思主义基础和哲学等课程。

——1960 年 3 月,政治教研室下设哲学、社会主义、政治经济学、中共党史四个教研室,从事政治理论教学教师最多达 78 人。

——1978 年始,面向全校开设马克思主义理论课、政治教研室下设哲学、政治经济学、中共党史、自然辩证法等教学组。

——1982 年,在老院长武光支持下,政治教研室从中科院、社科院、北大等单位聘请了一些知名专家做我校兼职导师(如中国社科院的吴敬琏、赵凤歧,中科院的范岱年等),并与上述单位联合招收和培养自然辩证法、哲学和政治经济学三个专业的硕士研究生,至 1988 年共招收 7 届 27 名硕士生。

——1982 年 10 月,教务处高等教育研究室成立,1986 年 7 月成立北航高教所。(1985 年 7 月经国务院学位委员会批准,设立了"教育经济与管理"硕士点,成为我国第一批该学位授予单位。)

——1983 年 12 月,根据我校"理工文管相结合"的办学思路,撤销政治教研室,建立社会科学部(系),下设哲学、政治经济学、中共党史(后为中国革命史)、自然辩证法四个教研室和一个资料室。

——1985 年,设立思想政治教育与行政管理本科专业,开始招收本科生;增设了思想政治教育、文史、艺术、科学社会主义四个教研室。

——1988 年,社科系八个教研室调整,设有哲学、政治经济学、中国革命史、法律、思想政治教育、自然辩证法、文学艺术七个教研室。

——1997 年 1 月,在原社科系、高教所、法律系的基础上,调整组建人文社会科学学院,下设行政管理系、经济学系(1998 年 12 月成立)、法律系、社会科学部、文化艺术教育中心(1999 年成立)和高等教育研究所。

——2000 年,先后获行政管理、法学、科技哲学、公共管理(MPA 专业学位)四个硕士点。

　　——2001年,法律系从人文学院划出单独组建北航法学院。

　　——2002年5月,人文学院启用公共管理学院第二名称。

　　——2002年底,申报教育经济与管理二级学科博士点,2003年6月获专家复议通过。

　　——2003年,增列高等教育学和国民经济学两个自主评审的硕士点。

二、学院简况

　　(1)机构:现设有行政管理系、经济学系、社会科学部、文化艺术教育中心、高等教育研究所、MPA教育中心、院机关等七个实体。另有一个60机位的学院计算机教学实验中心和一个藏书2万余册的图书资料中心。还设有北航-中国工程院高等工程教育研究中心、校发展战略研究中心、邓小平理论研究中心、科技与社会发展研究所、知识产权研究所、公共政策研究所、国际事务研究所、社会学研究所、台湾问题研究所等研究机构。目前,计划启动若干教学实验室和研究实验室建设。

　　(2)师资:现有教职工54人,其中教授11人,副教授28人,讲师10人。专任教师41人中,其中博士学历12人(约占1/4强),硕士学历29人,本科学历14人。教师年龄结构大致合理(30～50岁占79％);教授数偏少;学历层次偏低;教师编制缺口较大;缺少在国内有较大影响的学术带头人。

　　(3)本科专业:现有两个专业,行政管理和经济学,两专业本科生共435人(2001年批准设立社会工作本科专业,但近两年未招生);2002、2003两届毕业生就业率均为100％。

　　(4)硕士点:目前有7个,即教育经济与管理、教育技术学、高等教育学、科技哲学、行政管理、公共管理(MPA专业学位)、国民经济学,在读硕士生共340人。

　　(5)博士生:在经管学院管理科学与工程博士点设有教育经济与管理博士研究方向,现有14位博士在读;教育经济与管理二级博士点已获批建立。

　　(6)公共课教学:目前人文学院承担了全校政治素质基础和文化艺术素质教育的教学任务。具体为本科生的毛泽东思想概论、邓小平理论概论、马克思主义哲学、马克思主义政治经济学四门"两课"教学任务(共104学时,其中毛泽东思想概论、邓小平理论概论两门课为校优质课);全校学生的文化艺术教育课程(均为限选课或任选课);还承担全校每年2300多硕士生的自然辩证法(40学时)和科学社会主义(20学时)课程以及博士生的马克思主义政治理论课(32学时)。承担这些教学任务的教师约占全院教师的一半以上。

　　(7)科学研究:2000年全院科研经费24万元,2001年88万元,2002年达到214万元,两年增长了近8倍。承担的20余项课题包括有国家自然科学基金、科技部、教育部、国防科工委、北京市级重点课题,纵向和横向课题数、课题费约各占一半。

（8）科研排名：从网大排名看，2000 年以前，我校社会科学研究以 0.11 分左右排名全国高校 300 名以后；今年公布的 2003 年全国大学 100 强排行榜的分值中，我校社会科学研究得分以 1.26 分上升到 55 位，这个分值占全校科研总得分 30.47 分的 4.1％；在国防科工委七所院校中，排名上升到第二位（哈工大第一：1.94 分，北航第二：1.26 分，南理工第三：0.68 分，北理工第四：0.52 分，南航第五：0.43 分，哈工程第六：0.26 分，西北工业大学第七：0.11 分）；但与国内同类型重点高校相比，差距仍较大。

（9）运行经费：以 2002 年为例，全年学院教学和行政开支共 170.7 万元，其中 30.4 万元为校拨经费（本科教学经费 13 万元，缺编费 12 万元［至今未拨付］，研究生 5.4 万元），其余 140.3 万元均为学院自筹。

（10）办学思路：经多次研讨、论证，明确了学院"以公共管理学科为龙头加强学科建设，整合巩固硕士点学科群，力争'十五'实现博士点'零'的突破；确保'两课'教学和文化素质教育上水平"的办学思路。这个思路突出强调了抓住机遇（首批试办 MPA）、突出重点、协调发展、重在建设，今年申报的教育经济与管理二级博士点在公共管理一级学科类评审中以暂列第一的通讯评议结果进入复评，2003 年 6 月复议通过，这是人文学院博士点"零"的突破；计划于 2004 年底，将开始申报行政管理学科二级博士点。

三、地位作用

1. 高水平大学的高素质人才培养必须有高水平文科教育支撑

自 1995 年教育部强化学生文化素质教育工作以来，各重点大学的文科建设发展很快。尤其是江泽民总书记几次重要讲话，强调了"四个同样重要"（即哲学社会科学与自然科学同样重要，培养高水平的哲学社会科学家与培养高水平的自然科学家同样重要，提高全民族的哲学社会科学素质与提高全民族的自然科学素质同样重要，任用好哲学社会科学人才并充分发挥他们的作用与任用好自然科学人才并充分发挥他们的作用同样重要）后，各重点大学更加重视大学应该充分体现先进文化的前进方向。

◆ 一所大学要有自然科学和技术文化，还要有社会科学和人文文化。自然科学技术文化与社会科学、人文文化的发展融合，是推动新兴学科、交叉学科、边缘学科创造性发展、增加学校综合性影响因子的重要途径。

◆ 一所大学应有很高的文化品位和文化底蕴。像 MIT 这样的以理工为主的大学在学生总学分中，文史哲类学分占了三分之一，清华大学已"照方抓药"并突出了清华大学特色，这说明新世纪的大学教育更加注重以人为本，更加关注"培养什么样的人"。

◆ 一所一流的大学，应有一流的理科和工科，也应有一流的文科和管理学科与

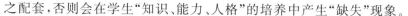

之配套,否则会在学生"知识、能力、人格"的培养中产生"缺失"现象。

2. 北航的发展目标,决定了文科院系不可或缺的地位

◆ **多科性**:目前北航工科强大,管理一般,理科较弱,而文、经、法、教、哲等学科门类尚处于萌芽阶段。应突出文科建设重点,协调发展,为多学科的综合交叉发展和学校多科性的厚实做贡献。很多理工科大学在确定学校多科性发展目标时,都把公共管理、经济管理等学科作为学校学科建设的增长点,加大投入超常规发展,更利于全校学生的人文素质培养,增强学校办学实力。目前哈工大、北理工、西北工业大学等校的一级学科点数量已超过我校,再不增加新的学科点,我校有被边缘化的危险。

◆ **理工文管相结合**:这是迈向综合性、研究型高水平大学目标的必由之路。如清华大学就是看到了学科过于偏于理工对培养全面素质人才不利的状况,近几年投入了几千万加强文科高层次人才引进和条件建设(主要是公共管理学院、人文社会科学学院、法学院、新闻与传播学院和美术艺术学院),大力改善学校文化素质教育和两课教育环境,一、二级文科博士点近几年申报了十几个。

◆ **教学要求**:人文学院承担了大量各层次学生的公共必修课教学任务,主要是"4321"(即本科生四门"两课"课程[毛泽东思想概论、邓小平理论和"三个代表"重要思想概论、马克思主义哲学、马克思主义政治经济学]、本科生三门文化类限选课[大学语文、中国历史与传统文化、哲学与当代社会思潮]、研究生两门必修课[自然辩证法和科学社会主义理论课]、博士生一门必修课[马克思主义政治理论课]),以及相当数量的公共选修课和人文讲座。而这些课程教学水平的提高,必须依托一定数量和质量的学科点作为支撑。

◆ **人才素质**:在"知识、能力、人格"的培养模式上,学校不仅要传授知识,还要加强学生各种能力的培养,更要重视学生品格的养成教育。(现在社会对重点理工科大学学生评价,公认度较高的优点是:专业基础、外语能力、计算机应用能力、对社会的适应能力以及创新能力都有提高,而公认的主要缺点是:有些问题更加突出,如不讲诚信、缺乏团队精神、过于关注个人利益、社会责任感下降,还有的同学处理个人问题和突发问题的能力较差,而面对经济全球化和文化多样化的趋势,学校和学生的思想准备和知识储备不足。在"做人做事做学问"这三个方面,做人的问题最突出。换句话说,当代大学生出现的问题,主要是我们的教育还没有完整覆盖精神层面。)2002 年 5 月,教育部在《教育战线学习贯彻江总书记在中国人民大学重要讲话精神的通知》中,向高校提出了"五个深入思考和研究"重要课题(即深入研究和思考如何进一步加强本校哲学社会科学学科的建设和发展,大力推进哲学社会科学教育与研究工作;深入研究和思考如何进一步加强哲学社会科学的基础课程、重点学科和重点研究基地的建设;深入研究和思考如何调动各学科的力量,围绕经济社会发展的重大理论和现实问题,组织集中攻关,为理论创新做出贡献;深入思考和研究高等学校人才培养,特别是理工科人才培养中,如何进一步提高人文素质;深入研究和思考如何加强哲学社会科学队伍建设,改善哲学社会科学研究和人才培养的条件,营造支持科学探索、鼓励学术创新的社会环境)。2003年3月,教育部以今年1号文件颁布了《关于进一步发展繁荣高校哲学社会科学的若干意见》,明确提出了实施高校哲学社会科学繁荣计划的六项具体安排和三项明确要求。

3. 北航人文社会科学学院的建设与发展

作为承担对学生进行政治素质和文化素质教育任务的基础教学单位之一,人文学院的作用是不可替代的,责任是重大的。

◆ 学术氛围和人文环境:一所高水平研究型大学,必须有浓郁的学术氛围和人文环境,高素质人才的培养也要求我们注重全面素质的人才观,在开阔学生视野、塑造健康品格、提高政治素质和文化艺术素质、陶冶情操方面,人文学院的发展和学科建设可以也应该做出更大的贡献。

◆ 学科建设:人文学院(公共管理学院)的教学、科研,涉及学科众多(覆盖了国家颁布学科目录12个学科门类的政治、哲学、经济、教育、文学、艺术、法学、史学、理学、管理学等10个门类),学科建设不宜全面开花。从全校学科发展大局出发,应本着"少而精、上水平"的原则,突出重点,协调发展,重在建设。

四、规划目标

1. 制定学科建设规划目标的主要依据

制定学科建设规划目标的主要依据有《北京航空航天大学学科建设"十五"规划实施方案》《北京航空航天大学关于办学理念与战略发展的若干意见》、2001—2002年人文学院学科建设研讨会纪要、2001—2002年教师赴西北、华东、西南、东北等地重点高校调研材料、人文学院现有资源和学科优势等文件材料。

2. 学科建设的两点基本考虑

在学院发展上,以公共管理学科为龙头,加强学科建设,"十五"期间实现博士点"零"的突破;在基础教学上,以"两课"教学为重点,确保"两课"和文化素质教育上水平,确保若干门课程进入精品课行列。

这是人文学院(公共管理学院)建设和发展的两个基本点,也是学院发展思路的主要内容。

3. 学科建设的规划目标(至 2005 年)

(1)突出重点:学科建设上,确保教育经济与管理博士点今年的申报成功,行政管理博士点力争在"十五"末或"十一五"初申报成功;"两课"教学建设有新的进展。

(2)协调发展:整合巩固七个硕士点学科群和"两课"教学建设,硕士点保持稳定并上水平;"两课"建设加大力度,2004年力争达到北京市规定的水平以上,力争"毛泽东思想概论""邓小平理论和'三个代表'重要思想概论"两门优质课尽快成为精品课,"马克思主义政治经济学"和"马克思主义哲学"两门课力争在两三年内成为精品课,文化艺术教育课要办出北航特色。

(3)统筹兼顾:完善高等工程教育中心和校发展战略研究中心基本条件建设,制定两中心工作重点和运行模式;完善本科专业培养的基本条件。

(4)重在建设。

① 师资队伍建设有明显改善。人员编制到2005年为80人左右,其中教授17～18人(约占总数22％,含博导5～6人);重点学科和"两课"教学骨干通过引进和在职培养,教师中博士学历力争达到三分之一以上(现为四分之一);围绕重点学科研究方向,初步形成了若干精干的学术团队。

② 条件建设有重大进展。在2～3年内建成5个左右国内处于先进水平、具有北航特色的教学实验室和研究实验室(包括公共管理技术实验中心、艺术素质培养综合训练中心、文科图书信息中心、现代政务管理研究实验室和高等工程教育评价技术实验室等),改进和完善已有的计算机实验机房,并实现联网运行。

③ 人才培养有新的发展。本科生:2年内稳定现有招生规模(两个专业共90人/年),2005年拟再增加1～2个本科招生专业(社会工作或社区管理等);硕士生:6个全日制硕士点年招生60～70人,MPA专业学位硕士点年招生100～150人,2005年再增列3～4个硕士点(政治学,社会学,科学技术史等);博士生:年招生10人左右;博士后:每年1～2人。

④ 科学研究上新水平。围绕公共管理一级学科,形成有一定优势和在国内外有较大影响的研究方向,结合我校综合优势,积极开拓若干有特色的新的研究方向(目前,我院在航空航天与高技术发展战略、教育经济与管理、知识产权宏观管理、非营利机构管理、项目管理、科技与公共政策、知识经济、新增长理论、科学思想与方法、政府绩效评估等方向上,有自己的特色,多数在国内有一定影响和地位);积极申报各类基金课题,巩固和发展院科研基金资助项目(现在年均4万元并支持8个左右自选课题项目,已进行两年),为申报基金项目打好基础;积极面对市场,争取横向课题。

⑤ 学术水平有新的提高。继续办好"人文学术沙龙",营造学术氛围,活跃学术气氛;加大教师国内外进修、学术访问、参加学术会议的支持力度;每年主办1～2个国内学术会议,主动跟踪学术前沿问题;积极支持教师在教材、专著和高水平论文的出版发表与成果的评审、鉴定;力争在2年再出版4～6部公共管理类论著;提高日趋增多的研究生培养水平,进一步扩大我校公共管理学科的对外影响和社会知名度。

⑥ "两课"教学条件有重大改善。按照北京市关于"两课"课程建设评估要求和已达标学校做法,加大投资力度、改善基本条件,争取2004年基本达到申请评估的标准,并采取具体措施,在师资队伍、图书资料及其他软硬件条件上达到北京市"两课"教学示范先进校的要求。

⑦ 文化艺术素质教育基地基本建成。计划到 2005—2006 年,在沙河新校区基本建成我校文化艺术素质教育训练中心。

五、建设主要内容

1. 师资队伍

① 引进 1～2 位高水平学科(学术)带头人,聘任多位兼职教授,为形成重点学科研究方向学术梯队和申报行政管理博士点打基础;

② 2～3 年内,在公共管理、国民经济学、"两课"教学与研究、教育经济与管理等领域选留 10 余名博士和博士后充实一线教师队伍;

③ 支持教师在职读博士学位 4～6 人。

2. 条件建设

① 院本科与研究生教学实验室建设:2003 年内建成公共管理技术实验中心,包括政务管理实验室和教育技术实验室两个子项目,已通过校级论证开始建设,总经费 60 万元(其中自筹 6 万元);

② 院学科建设关键项目:共三项,论证报告 2002 年底已报学校,两年内建成。

一是现代政务管理研究实验室,论证报告总经费 283 万元(其中含院自筹 100 万元),分两期建设,2005 年初步建成。规模上达到与我校同类型理工科大学的水平,详见该项目论证报告。

二是工程教育评价技术研究室,论证报告总经费 118 万元(含自筹 17 万元)分两期,2005 年底完成。建成国内领先、开放型的工程教育评价技术、系统分析科研基地,详见该项目论证报告。

三是人文社科图书信息中心,需经费 175.8 万元(含自筹 25.8 万元)分三期完成,2005 年底基本建成。规模上达到清华大学人文分馆藏书量 15 万册的一半,由现有 2 万册增至 8 万册(仍未达到哈尔滨工程大学人文学院资料室 10 万册的水平),功能上基本达到清华大学人文分馆的水平,以基本满足本院专业教学、科研和"两课"、文化艺术教学及全校学生文化素质教育的需要。

详见学院"十五建设和发展规划文件汇编"。

③ "两课"教学条件:多年来学校是欠账的,投入很少。近年来北京市组织"两课"教学评估,我校差距太大(只有我院二年多投了 10 万元左右),不能达到申报评估标准,根据教务处认真调研其他高校的建议,自 2003 年始维持每门课(共 7 门课)每年 8 万元的投入,列入学校预算,此项经费主要用于改善办公条件,购买必需的仪器设备、图书音像资料、教师考察进修及课程建设和"两课"教学改革等方面,争取 2004 年秋申报达标评估。

④ 校文化艺术素质培养综合训练中心:初步设计方案已报学校,建在沙河新校区,教务处已拟安排 100 万元投入。该中心除为土木建筑系、汽车系、计算机学院艺

术设计专业、机械学院工业设计专业等学生提供美术等基本训练外,可面向全校本科生开设的实验和训练内容有器乐入门、声乐演练、临摹写生、演讲辩论、音乐美术赏析及训练、摄影与摄像采编、形象设计等 7 项实验训练内容和一个文化艺术欣赏网站。该中心的基础建设已列入新校区建设规划,配套设施建设拟与新校区教学设施同步建设。

以上四方面建设内容粗略匡算,共需 700 多万元,与哈工大"九五"期间 211 工程建设投入人文学院的 700 万元基本相当。到 2005 年实现上述学科建设目标后,我校人文社会科学(含艺术教育)的整体实力将接近一流学科边缘,我校人文与社会学科在重点理工科大学里的排名将在现有基础上有大幅度的前移。这与我校"国内一流、世界知名"的发展目标是一致的。

六、需要学校支持的主要问题

1. 对文化建设、认识上的沟通和理解至关重要

在以工为主的理工科重点大学,普遍存在着对人文学科的"不认识、不了解"的"误区",这是文科建设不能在学校准确定位的根本原因之一。美国的 MIT、中国的清华大学已将自己理工科学生总学分的三分之一放在了文、史、哲类课程,并加大投入加强这些课程的建设,提出了"健全的人格比才能更重要"的"人才观"。

今年的 SARS 证明,在重视国家经济建设的同时,必须重视社会协调发展和社会公共管理,这也证明很多重点大学把公共管理学科作为学校新的学科增长点是正确的。

认识和沟通是理解的基础。具体建议:我们多汇报,领导多了解。在做法上可采取学术讲座、专题学科汇报等形式,也使我们在学科发展上能更多地听到学校领导和专家的指导意见。

2. 保证一定的经费投入是关键

筹足学科建设的经费,要求学校支持和学院自筹两个途经。自筹部分主要是 MPA 学费返还的 25%,作为学科建设的专项自筹经费,专款专用(约占学科建设总经费近三分之一);学校应在"十五"、"211"和"985"工程经费中切出一小块儿,用于我院学科建设项目经费(约占我院学科建设经费三分之二)。

而在"两课"教学条件建设上,长时间里思想上重视而经费上不投入,以至于今年不能达标评审,这是无论如何也说不过去的。应在学校教学基础建设费中每年拿出 60 万元左右(北工大、首师大两所达标学校均为每年 70 万元作为"两课"教学建设和运行费用)支持"两课",平均每门课年均 8 万元(其中四门课在我院,一门在法学院,两门课在学生处品德教研室)。

学科点建设经费支持。哈工大对每一个新增硕士点都给予一次性 20 万元的建设经费,而我院近年来新增一个博士点和五个硕士点,学校都未投入一分钱用于学

科点建设,这对学科建设是极为不利的。最近我院对新增博士点、硕士点,用院长基金分别给予 5 万元和 3 万元的启动建设费,但仅靠这些搞学科点建设是远远不够的,学校能否从学科建设经费中给出一点钱,对新增的文科博士点、硕士点给予一次性建设经费支持。

3. 关于师资队伍建设方面给予相关倾斜政策支持问题

(1)高层次人才"引进"和"引智"。至 2005 年,拟引进高水平博导 1～2 人,作为公共管理学科带头人;关于智力引进,拟从中国社科院或国家行政学院选聘 1～2 位国内著名学者作为公共管理学科责任教授或课程主讲教授,以提高学科建设水平,这需要人事政策方面的配合支持。

(2)增列博导和在职读博。我院目前只有一位博导,属教育经济与管理学科(兼职博导的徐枞巍、张彦通亦是这一学科),行政管理学科各方向已有 8 位教授,但都因没有博士学位而难以增列博导,这也是明年申报行政管理二级博士点的一大障碍。希望学校在增列博导时,对我院具体情况适当放宽学位上的条件。

我院教师有硕士学位的占一半,而学校办的骨干教师在职读博,因学科问题无法实现我院教师的进修愿望。学校人才部门能否每年支持我院 2～3 人到外校在职读博的费用(每人 3～4 万元),以提高在职教师的学历层次?

三年内,每年需引进 6 位左右的博士或博士后,以解决日趋严重的缺编问题(新增博士点、硕士点和全校本科、硕士扩招翻番,造成教学任务过重等带来教师严重缺编压力)。

4. 在办公用房上给我院提供发展空间

由于我院近几年学科建设发展较快,办公用房日趋紧张。到 2004 年,研究生做毕业论文将难以保证每人一个座椅,教师办公和科研用房十分紧缺,拟建教学实验室和研究实验室已无房源,缺口在 1000 平方米以上。同时,建议在学校东南区建设八大学院、院系搬迁时能提前做好我院办公用房预案,以便于我院在安排学科建设和基本建设时能早做准备,避免浪费。

(备注:这是 2003 年 9 月向北航学术委员会汇报的内容。)

深化教育改革　　注重全面素质

——北航人文学院毕业生连续两年就业率 100%

郑彦良

2003 年 9 月

今年 7 月上旬，当最后一名毕业生恋恋不舍地离开学校，北航人文社会科学学院已连续两年实现毕业生就业率 100%。在文科毕业生就业难、女生就业更难的今天，北航人文学院文科毕业生（女生占 58%）如何做到全部一次就业？记者就此赶到北航，采访了该校人文学院暨公共管理学院院长郑彦良教授。

"两年'百分百'，这不是偶然的，因为我院只比全校 98.5% 的平均就业率高了不到两个百分点，"郑院长笑着说，"说到原因，归根到底，是学校主动适应社会需求、注重人才全面素质、不断深化教育改革的结果。"

从学科的角度看，北航是一所以航空航天为特色，有着雄厚的工科实力、以工为主、理工文管相结合的重点大学。在以工为主的重点大学里，如何培养文科学生？早在 20 世纪末，北航就以培养 21 世纪高素质人才为目标，制定了 2000 版的教学计划，其中就提出了文科要为社会培养懂管理、懂法律、懂经济和具有较高人文社科素质的人才，按学科大类设置课程平台。也就是说，文科学生不仅要有人文社科专业知识，而且具备工程技术背景的知识；不仅具有文理兼容的科学素质，而且是创新能力工作适应能力要强的复合型人才。围绕这一目标，近几年来，北航及其人文学院在深化教育改革上进行了扎实而有效的探索实践。

在课程设置上，他们适应社会需求，突出了"基础、能力、实践、素质、个性发展"五个环节，并注意反馈社会和往届毕业生的信息，及时调整和更新教学内容，加强了文科学生的数学、物理、课程设计等基础课程学习；以从事公共管理为主的公务员、职员为具体培养目标，在扩大学生专业知识面和外语、计算机能力等方面采取了改进措施。教学改革的不断深入，使老专业常办常新，新专业基础扎实。

在培养过程中，他们按照"素质、能力、人格"的人才培养模式，坚持以学生为主体，注重提高学生的综合素质，锻炼学生的工作适应能力。第一，他们特别重视学生的政治素质，在业余党校，院领导经常为要求入党的积极分子讲党课，并就理想、信念、素质等问题和学生谈心。该院要求入党的积极分子占学生总数的 95% 以上，两届毕业生中党员比例超过了 60%。第二，采取各种措施鼓励学生参加社团活动，让他们在活动实践中经受锻炼,增长才干。该院相当多的同学都是学校文化、艺术团体的骨干,多数同学都有参加学生社团活动的经历,北航每年的文化艺术月活动也全由该院学生承办。学生的自信心和工作适应能力在四年的培养过程中得到显著锻炼和提高,这一点在就业面试时的明显优势充分展现出来。第三,他们鼓励和支持学生参加社会调研和公益活动,按照学校"三年、三类、三层次"递进式的暑期社会实践体系的要求,通过认识实践、工作实践、专业实践,更深入地了解了国情和社会工作环境,培养了社会责任感,为毕业后适应工作奠定了较扎实的基础。第四,鼓励学生结合专业知识开展学术探讨,院里每年拿出 6000 元支持学生自办学术刊物,由教师指导学生开展学术交流,了解学术前沿动态,有的学生还比较早地进入教师的课题研究。第五,"育人要育心",他们在全校率先建立了学院大学生发展咨询中心,为学生提供心理咨询和发展建议服务,引导和帮助学生解决成长与发展过程中遇到的各种问题,提高了学生的社会适应能力和心理调适能力。

在学科建设上,他们明确了"以公共管理学科为龙头加强学科建设"的发展思路,四年来硕士点由两个增加到七个,并新增了一个博士点。在具体做法上,一方面为教书育人尽力创造良好的硬件条件和育人环境,一方面在师资队伍建设上下了较大功夫。在积极引进高层次师资的同时,他们采取各种措施鼓励和支持教师在职进修、社会考察、参加学术交流和开展科研课题研究,逐步提高师资学术水平,及时更新和丰富教学内容。以科研经费为例,该院一线教师2002年人均科研经费达到 5 万元,这对文科教师来说,是相当不易的。

在就业指导上,他们坚持了领导重视、常抓不懈、专人负责和调动各方面积极性的一贯做法,积极应对就业挑战。今年该院毕业生由于扩招,比去年增加了一倍多,尤其是经济学专业是首届毕业生,女生占了 61%,就业形势相当严峻。院领导班子经常专题研究毕业生就业工作,学生辅导员和班主任在就业工作中发挥了重要作用。针对部分学生就业心态不实际、择业期望值偏高的情况,他们有针对性地在毕业生中加强就业教育和指导,引导学生面向基层就业。院党总支书记李成智教授多次和毕业生面对面地讲解与交流,收到很好的效果。他们还调动一切可能资源为学生就业找出路,品学兼优的张文同学就是通过在本院读 MPA 硕士的一位海淀区干部的介绍,通过面试到海淀区温泉镇工作的。

多年教育教学改革的深入,培养了学生综合素质高、文理兼容、知识面宽、自信心强的特点和适应工作能力的明显优势。高质量不愁没出路。除一部分学生考取了清华大学、北航、中国人民大学、北京师范大学、中国社会科学院、上海交通大学、中央财经大学等重点大学的研究生(其中两名被清华大学免试录取为直读博士研究生)外,其他同学都在毕业离校前落实了比较满意的工作单位。

在今年的北航毕业生中,有几十人参了军,几百人支援了西部建设,"这里面也都有人文学院的学生",郑院长介绍说。

据记者了解,该院2000级学生中的大多数同学放假后并没有急于回家,而是充分利用暑假抓紧学习,参加各种补习班充实提高自己,"同学们主动应对就业挑战、刻苦努力学习的精神,是一种成熟的表现。"郑院长透露,今年上半年北航进一步扩大院系办学自主权,在学校统一安排下,已对今年入学的新生课程又做了较大幅度的调整,"目的只有一个,通过不断深化教育改革,为国家和社会输送更多高质量的复合型人才"。

　　——原载于《中国教育报》2003 年 9 月 25 日第二版,题为《两年百分百的背后》,有删减

从教授杨为民到话剧《杨为民》

郑彦良
2003 年 7 月

　　话剧《杨为民》从彩排起,我连着看了三场。作为曾和杨为民交往 20 多年、多次宣传介绍杨为民事迹的一个组织者来说,观看话剧《杨为民》,更有着和其他观众不同的深切感受。

　　话剧《杨为民》撷取了杨为民一生中几个平凡的场面和小故事,体现了文艺作品"三贴近"的要求,经过艺术家们对故事冲突、悬念的二次创作,展现了杨为民一生为民的优秀共产党员的光辉形象。

　　杨为民是一个在精神世界、思想内涵、人格品质和工作业绩各方面都很出色的先进典型,他是"三个代表"重要思想的忠诚实践者,为人们树立了一个如何做人做事做学问的榜样。北京市曾在 1989 年、1996 年、1999 年和 2002 年四次突出宣传介绍杨为民的事迹,这在北京市先进人物的宣传中是不多见的。我在北航担任过 7 年宣传部部长,亲自感受了长期以来中共北京市委对杨为民这个先进典型的充分肯定和重视,也切身体会过杨为民坚决反对宣传他个人的"不配合"态度。

　　用话剧这个艺术形式再现当代英模杨为民的形象,这无论是对编剧还是对北京人艺,都既是一个创举,也是一个挑战。我很佩服编剧的胆识和不懈努力。去年初杨为民同志刚刚去世,根据市委副书记龙新民同志的批示意见,北京支部生活杂志社的同志深入北航,和很多同志座谈、交流,看了很多介绍杨为民的资料,掌握了杨为民事迹的大量素材,他们几易文稿,广泛征求意见,最后以《杨为民的人生透视》为题完成了一篇上万字的高质量的长篇通讯。去年在《北京支部生活》刊登后,在社会上产生了很大反响。当时,我从字里行间读出了作者对杨为民发自内心的敬意和充沛的创作激情,这为后来编写剧本奠定了坚实的基础。

　　今年初,北京支部生活杂志社敏锐地看到,用话剧形式宣传先进典型在兴起"三个代表"重要思想学习新高潮中不可替代的特殊作用,决定把杨为民的事迹搬上话剧舞台。在北京市委组织部、市委宣传部的大力支持下,他们再次深入北航,搜集素材、征求意见,并在较短的时间内"感受着杨为民的精神,写出了《杨为民》的剧本"。

　　我很欣赏北京人艺艺术家们的精彩演出和敬业精神。人艺就是人艺,水平确实很高。在他们同时演出多个话剧、档期十分紧张的情况下,用这么短的时间赶排出这样一台大戏,难度可想而知。为了排好这个戏,演好《杨为民》,导演丛林和演员们秉承人艺的优秀传统,多次到北航体验生活,连年事已高的老艺术家周正都来了,这很令我感动。杨为民的扮演者、著名演员吴刚"用杨为民的精神排戏",每场大段大段的台词他下了多少功夫我不知道,但每次演出高潮时他眼含的热泪告诉我,全场热烈的掌声告诉我——他成功了。据我所知,剧中何老师的扮演者张万昆等演员,都是话剧《赵氏孤儿》的主要演员;我曾在五月份观看任鸣导演的小剧场实验话剧《我爱桃花》,剧中戏份很重的吴珊珊,这次在《杨为民》中成功扮演了杨为民的女儿澜澜……正是艺术家们对艺术的执着追求和高超演技,才有了催人泪下的演出效果。

话剧《杨为民》的演出是成功的。在首场演出结束后,我看到应邀观看演出的杨为民夫人潘教授和女儿澜澜与市领导一起走上舞台,向艺术家们表达衷心的谢意。在后台,我曾分别向潘教授和澜澜征求对该剧的意见,潘教授真诚地说,在这么短的时间,又有"非典"的影响,排出这么一部反映老杨的戏,很不容易,感谢艺术家们。专程从美国赶回北京观看首场演出的澜澜则仍沉浸在观看演出时的激情里:"演出非常成功,剧中生活化、艺术化的表演很感人、很真实,谢谢艺术家们让我再一次见到了爸爸。"说到这里,她哽咽得没有说下去。

从细处看,剧本和演出仍有尚需完善之处,但瑕不掩瑜,从教授杨为民到话剧《杨为民》,剧组的全体艺术家们无疑完成了一次成功的艺术创作的飞跃。《杨为民》的成功演出,也帮我了却了一个夙愿——再向人们展示杨为民的风采。

我由衷地感谢编剧和北京人艺的艺术家们。

(作者系北京航空航天大学人文学院院长)

——原载于北京《支部生活》杂志 2003 年第 10 期

走近大师——丁肇中报告会花絮

郑彦良

2003 年 11 月

走近大师,是种精神享受;走近丁肇中,切实感悟到了大师风采。10 月 22 日下午,只有 200 多个座位的如心大报告厅挤进了 500 多人,大厅外还有许多急着想听报告的学生。一个半小时的报告,丁先生把他大半生所从事的实验物理研究讲得深入浅出,条理分明。他的谦虚真诚、幽默谈吐,他的思维哲理、科学理念,引导着笑声和掌声。我整理了丁先生演讲和其后参加的学术探讨会的几个片段,奉献给读者。

"科学是没有国界的"

应唐晓青副校长的请求,丁先生首先介绍了他在获诺贝尔物理学奖仪式上的演讲内容。他说,当时(1976 年)中美关系不是太好,美方希望他在仪式上用英语演讲。他回答说,科学是没有国界的,用什么语言讲并不重要,最终用中、英两种语言做了演讲。演讲中,丁先生说,中国有句古话,叫"劳心者治人,劳力者治于人",这句话是不对的。他自己是做物理实验获的奖,不是光研究出来的,而是实际做出来的,这也说明只有被实验反复证明的东西才是对的。

"这是一个小实验"

丁先生介绍了由他领导的全世界几十个研究机构和大学合作进行的阿尔法磁谱仪实验项目,这个重 7 吨的实验设备将于 2006 年乘航天飞机上天在空间站上安放三年,主要检测暗物质、反物质粒子,以验证宇宙大爆炸成因学说是否成立。"这是一个小实验,用的都是很简单的道理,只不过是放到空间去,稍微有一点儿复杂。"丁先生真诚而谦虚地说。

在座谈会上,钟群鹏院士问道:"你所说的小实验,其实有 15 个国家四五百位科学家同时参与运作,对这么庞大的一个实验工程,你是怎么进行管理和决策的?"丁先生沉思片刻,回答说:"我没有搞项目管理,也没有那么多管理人员,就是靠大家在一起开会讨论决定,有时候会上争论很激烈,凡是一时难下决心的,需要再次讨论,但最终是我个人说了算。"钟院士感慨地说,"这才是首席科学家的科研机制。"

"有一点儿怀疑就从头做"

"不管是在哪个国家哪个研究机构,每个项目三个月我准跑一次,到现场听介绍、看进度、看质量、议问题。开会讨论时谁都可以发言,要让大家充分发表观点,不搞统一意见,最后我拍板,认为对,我就决定干。如果验证说明错了,就推倒重来。"

在讨论会上,双方谈了合作的可能性问题,当问到最近一次综合讨论会的时间时,丁先生说,"请稍等,我打个电话联系一下",说完就拿起电话联系瑞士方面核实时间。他的这一举动,让我们见识了丁先生的办事认真和工作效率。"上空间站的东西,绝不能有一丁点儿问题,都必须反复检测"。他介绍了有一次做几百根三米管的故事。第一批不错,第二批有一根检测时出现漏气现象。"我立刻打电话过去,告诉他三百根扔掉重做,没有任何商量余地"。"一件不行,一批报废,必须符合空间站实验要求,绝对马虎不得。"

"我的项目从来没有出现过资金问题"

对实验的国际合作问题,丁先生说:"选择实验项目要使项目能够引起各国科学家的重视和兴趣。对贡献大的国家,要有优先的认可,这样才能得到这些国家和政府的长期支持。我的实验项目,从来没有出现过资金上的问题。美国 NASA 特批我免费使用三次航天飞机,一次就是 4 亿美元。"丁先生的这一体会,无疑在其庞大的实验工程中起了决定性的作用。换句话说,实验项目的科技创新性,足以引起各国科学家的重视,政府也会舍得投入。

"幻灯片就送给北航了"

我校工作人员把丁先生演讲的幻灯片交给他的随行人员时,丁先生立即说:"这样吧,把幻灯片就送给你们了","这些东西应该由大家分享,送给北航了。"唐副校长忙说:"那您再演讲时,没有这些幻灯片怎么行?"丁先生用手指着自己的头,风趣地说,"这些东西全在我的脑子里,没问题!"就这样,凝聚着丁先生多年心血的 100 多张精美的幻灯片在感谢声中留在了北航,成为了丁先生大师风范的见证。

——原载于北航校报,2003 年 11 月 1 日第三版

人文(公共管理)学院三年工作专题汇报

2004 年 1 月 6 日

听了李校长《"十一五"教育事业发展规划思路》报告后,很受鼓舞,也深感我院所肩负的责任重大。

自 2000 年 10 月,因"三讲"和"三讲回头看"中学院领导班子三次评议投票均未通过,学校重新调整组建新班子,至今已满三年。三年来,在学校党政领导的关怀支持下,我院工作发生了很大变化,为实现学校"十五""十一五"发展规划目标搭建了一个学科建设快速发展的基础平台。现将我担任人文学院负责人这三年来,人文(公共管理)学院工作上的主要情况总结汇报如下:

一、学科建设——有了新发展

三年来,我们确立了公共管理一级学科为学科建设的主攻方向并且制定了一系列相应的政策和促进学科快速发展的配套激励制度,取得了明显成效。

1. 标志一:博士点从无到有

2003 年,公共管理一级学科下的教育经济与管理二级博士点的获批,实现了我院博士点建设零的突破。

2. 标志二:硕士点迅速增长

三年前,我院仅有教育经济与管理和教育技术学两个硕士点,经过多方努力,现已增加到七个,新增硕士点为行政管理、科技哲学、国民经济学、高等教育学和公共管理(MPA)专业硕士学位。

3. 标志三:启动了行政管理二级博士点的申报准备工作

(1) 出台了学院《关于支持新学科点建设的决定》,在院长基金中设立新学科点建设启动基金,首批已投入 14 万元(博士点 5 万元,硕士点 3 万元),支持新增学科点的启动建设;

(2) 出台了学院《关于公共管理学科有关研究活动的奖励办法》,对高水平论文、获国家基金项目(每项目按 100%配套资助)、出版高水平专著给予奖励资助,已资助 8 万多元;

(3) 制定了学院《科研基金管理规定》,两年来已按规定由院长基金资助了二批共十六项(8 万元)院级科研课题,还支持了多位教师参加国内外学术会议;

(4) 制定了学院《关于科研经费管理的规定》,对由学校政策性支持返回学院的

经费再拨出 50％返回课题负责人,激励大家去争取课题;

(5) 建立了对新引进博士或博士后暂时无房户给予补贴的制度,每人每月补贴 800 元;

(6) 加快了高层次人才和博士学历教师的面试引进工作,一位高层次人才已报学校审批,引进博士学历教师 5 人。

4. 标志四:师资队伍有了新变化

三年间,教授净增 5 人(现共 10 人,占一线教师 43 人的 23％),副教授净增 9 人(现共 25 人,占一线教师总数 43 人的 58％),博士学历教师共 12 人(占一线教师 43 人的 28％),另有三位教师读在职博士,年龄结构趋于合理,除一人外均为 30～55 岁中青年教师。

5. 标志五:学科基础设施建设有新改观

三年间年年有新项目、新进展,共投入上百万元自筹经费完成了实验室、多媒体教室、会议室、图书资料室等的改扩建工作,为进一步安排学科项目建设打下了基础。

二、全院工作——上了新台阶

1. 标志一:办学实力大大增强,有三个"四百万"可以说明问题

(1) 三年累计科研经费到款共 498 万元,这比三年以前的每年一二十万元前进了一大步,按年均约 160 万元计算,也翻了七、八番(2000 底是历史最高纪录 24 万元;这三年 2001 年 88 万,2002 年 214 万,2003 年 196 万元)。

(2) 三年累计自筹经费共 450 多万元,极大地改善了办学条件,也积累了一些良性发展的资金。

(3) 争取到"十五"和"985"一期建设立项经费近 400 万元。其中:

① 人文科学计算机实验中心:近 60 万元(其中校投 34 万元,自筹 25 万元);

② 公共管理技术实验中心:2001 年建成投入使用,两个子项目共 60 万元,其中自筹 6 万元,正在建设中;

③ 公共管理研究实验室:共 93 万元(其中自筹 53 万元),已获批启动建设;

④ 工程教育评价技术实验室:共 88 万元(其中自筹 8 万元),已获批启动建设;

⑤ 大学生文化艺术训练实验中心:100 万元,已初步立项,将建在沙河校区。

2. 标志二:教学工作上新水平

两次修订了教学培养计划,进一步完善了课程建设和制度;尤其是"两课"教学,取得了较大进展,三门次课分获校奖教金一等奖和校优秀教学成果一等奖,两门课被评为校优质课,两位教师被评为首批校优秀主讲教师,最近三门课进入校精品课复评。

3. 标志三:科研工作有了重要突破

在三年 498 万元科研经费中,无论纵向还是横向课题,无论是课题数量还是课题经费,都有了长足的进展;学术专著和科研论文都有较大增长。我校文科学术地位已由三年前高校排名 300 多位大大前移,在国防科工委七所高校中已居第二位(哈工大第一)。

4. 标志四:毕业生一次就业率连续两年实现 100％

在我院女生占 60％、文科就业形势严峻的情况下,取得这一成绩确实不易。这既反映了我校文科人才培养教学改革的成果,也反映了我校就业工作的水平。

5. 标志五:基本建设和管理工作有了新进展

三年来有计划、有步骤地用自筹经费对人文学院所在的图书馆西配楼办公区分期装修改造,现已基本建设完毕,并更新了部分办公设备,改善了教职工办公条件和环境;先后建立了本硕教学管理、勤政廉政、财务管理等制度,全院管理工作走向正轨。

6. 标志六:全院教职工凝聚力显著增强

与三年前院领导班子"三讲"期间三次投票均未通过的情况相比,这三年院党政班子团结协作,全院教职工心气儿较顺。精神面貌变化大,是一个根本的变化。

三、学科发展——创出新思路

人文学院学科涵盖了 12 个学科门类中的文、法、哲、教、管、经、艺等学科门类。前些年由于发展目标不太明确,各学科都要发展,其结果是相互制约,哪一个也进展不大。这三年我院工作之所以取得较大进展,主要是领导班子集思广益,在广泛调查研究的基础上集中全院教师的智慧,逐步论证、统一认识,明确了"抓住机遇(MPA试点)、以公共管理学科为龙头加强学科建设,同时确保两课和文化素质教育上水平"的新思路,这一思路得到了学校领导的充分肯定和支持。

这个新思路,前后经过两轮调研(全国十余所同类型学校)、两次研讨论证,才确定下来的。为了实现这一新思路和新目标(五年内用教育经济与管理和行政管理两个二级博士点去冲击公共管理一级学科),修改制定了学院"十五"发展规划和实施方案,明确提出了"确保重点、协调发展、深化改革、重在建设"的工作方针,突出强调了用改革的办法建立激励机制来扎扎实实搞建设、抓发展。

应该特别指出的是,学校领导对我院这三年的工作给予了较大的关心和支持,尤其在学校政策和具体措施上都给了我们明确而有力的支持,这是我们能取得一些成绩的根本保证。

综上所述,学院三年发展虽已有了一些变化,但面对现状与发展需求,我们也清楚地知道,我校社会科学学科的建设发展由于历史的原因,底子很薄、基础很差,纵然三年有了一些变化、发展,但距离学校发展目标差距很大,潜力也很大。师资队伍平均水平不高、缺少高水平高层次的学科带头人,是制约学院快速发展的关键。

三年的努力,初步搭建了我院学科建设快速发展的一个基本平台。今后的根本问题是如何按照学校"十五""十一五"规划的思路,进一步明确学院的发展目标,扎扎实实搞建设,聚精会神谋发展,为学校拓展新的学科点做出我院的努力。

　　以上是对我院三年行政工作的一个小结汇报以及个人的一点看法,不妥之处,请校领导指正。

人文社会科学学院
公共管理学院　　郑彦良

人文社会科学学院本科学生
综合素质教育的目标与措施

郑彦良执笔
2004 年 6 月

培养目标

本科教育,以培养从事公共事务管理为主的公务员、职员和继续学业深造为具体目标,按照"宽口径、强能力、高素质"和"知识、能力、人格"的人才培养模式,注重提高学生的综合文化素养;在教育过程中,要突出"基础、能力、实践、素质、个性发展"五个环节;主动适应社会不断发展对人才素质的需求,不断深化教育教学改革,注重人才文化素质和社会适应能力的提高。

主要措施:搭建五个教育平台

1. 课程教学平台

注重社会发展和往届毕业生信息反馈,按照学科大类设置课程平台,及时调整、更新教学内容,确保学生知识结构合理,基础扎实;两个本科专业学生都要熟练掌握管理、经济和法律知识与基本技能;必修数学、物理、金工实习等基础课程,力求文理兼容,扩大专业知识面;提高外语和计算机能力,力求外语和计算机教育在本科四年不间断。

工作要点:

(1)每学年各系负责人都要为学生做一至二次学科前沿报告;

(2)学院要两年更新一次专业课程设置和教学大纲;

(3)充分利用好本科教学实验室机房;

(4)逐步增加双语教学的课程。

2. 政治素质教育平台

培养高素质的公共管理人才,政治素质是第一位的,必须高度重视学生政治素质的提高,采取措施,鼓励学生在做好学问的同时,学会如何做人做事。

工作要点:

(1)办好人文学院党校、团校。完善和规范党校培养教育机制,加大入党积极分子的培养力度,在确保入党标准的基础上,本科毕业生党员人数要达到40%以上;坚持院领导为党校和党员上党课、办讲座的好传统;坚持每学期对学生党支部书记和支委的培训制度。

(2)加强党支部建设和党员教育工作,充分发挥党支部和党员在班集体建设与各项工作中的作用。

(3)抓好学生骨干队伍的建设。关心和支持院团委、学生会、社团和班级干部工作,注重发挥他们在建设和谐、上进、团结、互助的集体中的骨干带头作用;鼓励和推荐学生骨干到学校团委、学生会、研究生会和学生社团任职锻炼,增长才干。

(4)注重先进典型的教育作用。

3. 社会实践平台

调查研究能力是人文社科专业学生的一项基本功。要创造条件和机会,激励学生参加社会实践活动,使学生从中了解和把握基本国情、社情,增强社会责任感、人文关怀意识和环境友好观念,提高调查研究、团结协作能力和学术水平。

工作要点:

(1)学院设立人文社科研究基金(每年2万元),制定基金管理办法,完善并运行立项评审、期中检查、结项报告等课题研究程序。

(2)每年举办人文杯课外科研项目竞赛,并从中选拔优秀项目参加校冯如杯科技竞赛,较大范围奖励人文杯获奖项目。

(3)拨专项经费支持学生办好《管理学》和《经济学》两个学报类刊物。

(4)鼓励学生参加校院两级学生社团活动和公益性社会实践。

4. 文化素质教育平台

(1)承办每年校文化艺术月活动,举办戏剧、音乐等艺术演出和讲座,开办专题竞赛和沙龙活动,为丰富和活跃北航校园文化做贡献。

(2)支持学生参加学校各类文化、体育、辩论等比赛和先进集体答辩评选,在活动中提高学生的表达能力、组织协调能力和文化修养,树立自信心。

(3)学院每年举办各类高层次讲座不少于8次,扩展学生视野。

5. 职业生涯规划激励平台

(1)针对文科就业难、本院女生多的情况,从新生入学开始进行四年不间断的职业生涯规划教育活动,指导学生做好发展规划并实施,在就业面试时显示出我院学生培养特色与优势,确保就业率的高水平。

(2)建立和完善学院大学生发展咨询中心工作,为学生提供心理咨询和发展建议服务,引导和帮助学生解决成长与发展过程中遇到的各种问题,提高学生的社会适应能力和心理调适能力。

在以上培养目标和措施的执行过程中,要及时总结经验,鼓励开展相关课题研究并发表论文,多出研究结果,不断提高教育和管理服务水平。

在北航首届 MPA 毕业典礼上的讲话

郑彦良

2005 年 4 月 2 日

各位领导、老师、同学们：

大地回春，万象更新。三年前的春天，我们在北京和石家庄分别举行了北航首届 MPA 的开学典礼；三年后的今天，我们在这里隆重举行毕业典礼，祝贺我国首届 MPA 92 位北航研究生顺利完成学业。

本届 MPA 研究生共 100 人，其中 1 人退学，1 人出国，2 人因援藏等原因随下一届学习。在参加学习全过程的 96 人中，除有 4 人推迟到今年 10 月答辩外，其余 92 人在去年 10 月和今年 3 月均顺利通过了硕士论文答辩。其中有五篇论文被评为优秀毕业论文，31 篇论文入选即将正式出版的《北航首届 MPA 优秀论文集》，15 名同学被评为院优秀研究生。这些成果，集中展示了首届 MPA 的水平和风貌。在这里，我们向这 92 位获得我国首届公共管理硕士学位的同学们表示衷心的祝贺，向一贯关心他们的全国 MPA 教育指导委员会、河北省人事厅、学校党政领导和他们的任课教师、论文指导教师，表示衷心的感谢。

在三年的时间里，同学们克服工作、家庭和学习的矛盾，在双休日、节假日集中时间和精力投入学习，其间的甘苦，同学们心中非常清楚。你们克服困难的坚强勇气，珍惜深造机会的学习态度，认真刻苦的良好学风，分析问题时全面理性的科学精神，同学间团结协作的集体主义观念，都给我们留下了深刻的印象，也成为我们学院共同的精神财富。

在三年的时间里，学院的老师们在校领导的直接关怀下，和同学们一起积极探索中国特色 MPA 的办学之路，逐步完善 MPA 培养方案和教学管理体制，在打造 MPA 课程品牌上下功夫，老师们在教学内容、教学方法和教学手段等方面都作了不同于全日制研究生的教学改革的探索。可以说，首届 MPA 学员完成学业，为我们今后培养 MPA 积累了丰富的经验。

回顾首届 MPA 三年的办学历程，总结师生共同探索的办学经验，我认为至少有以下几点可供今后借鉴。

1. 有了比较明确的办学思路和教学理念

在杜玉波书记和其他校领导的讲话中和校党委常委会、校长办公会议及校 MPA 教育指导委员会的专题研究时，都多次明确指出，北航的 MPA 培养要针对我国 MPA 学位教育的特点，要坚定"两个必须坚持"的办学思路，一是必须坚持两个紧密结合,即紧密结合中国具体国情和公共管理的实际,紧密结合学员在职学习的具体实际;二是必须坚持以质量求发展,以特色上水平,注重学生创新意识和应用能力的提高。三年来,我们在教学内容和教学组织上都贯彻了这个办学思路。按照这个办学思路的精神,我们结合北航的理工科优势,初步提出了 MPA 教育要"注重基础、文理兼容、拓宽视野、应用创新"的办学理念,为培养政府和非政府公共机构所需要的复合型、应用型的高素质专门人才,进行了积极的探索。

2. 重视目标管理与过程管理相结合

学校党委常委会和校长办公会多次对 MPA 教育进行专题研究,并成立了校 MPA 工作领导小组,后来调整组建了校 MPA 教育指导委员会。在学校多次会议上,对我校 MPA 教育培养目标、培养方案、课程建设、教师队伍、教学条件、教学管理、学位论文等主要问题进行了研究,形成了比较完整的教学管理文件。研究生院也每年对 MPA 的教学都进行专题研究,提出明确的指导意见。因此,学校领导和主管部门的高度重视,为我们办好 MPA 提供了坚实的基础。

在校研究生院的直接指导下,我院 MPA 教育中心加强了教学过程的严格管理,加上老师和同学的共同努力,使大家在读期间在基础课程、基本技能方面和论文开题、写作、答辩过程中都得到了严格的学习训练,分析和解决问题的视野和能力都有了明显的提高。

3. 要在课程建设和改善教学环境上下功夫

在师资队伍建设方面,三年来我们安排了我院主要骨干教师为大家授课,并先后引进了十来位与 MPA 教学相关的高层次教师;同时注重教师的学术交流、培训和提高,很多教师不止一次参加全国性的课程培训、学术交流,我校还承办了第二届全国 MPA 师资培训,一些教师还到美欧国家和港台地区访问交流,还同国内外同行保持了广泛的联系,参与了全国 MPA 教育指导文件的制定、联考出题、阅卷。这些措施为 MPA 教师队伍的壮大与提高起了重要作用。

在课程建设方面,任课教师大都能认真备课,结合我国国情,丰富和更新教学内容,充实案例,精心制作课件和讲义,使 MPA 的各门课程特别是核心课程的质量有了明显提高,有的课程已在兄弟院校产生较大影响。

在改善教学环境方面,按照全国 MPA 教育指导委员会关于"教学条件要求"的内容,我们改造了三个多媒体教室,建立了 MPA 专用机房和书库,基本满足了 MPA 教学硬件的需要。

4. 充分开拓各种教育资源,为提高办学层次服务

为方便教学,在河北省人事厅领导的关心支持下,我们建立了河北工作站,河北省人事厅领导对办学点的工作极为重视,为教学工作的顺利开展给予了极为重要的指导和帮助;在师资方面,我们还利用北京的地缘优势,想方设法聘请国内外知名专家学者和政府高层领导为学生授课,仅 2002 年我们就安排了高层次讲座 12 次,这些讲座开阔了学员视野,受到学生的普遍欢迎。我们还聘请了校内外多位教授参与

MPA 教学工作；在学位论文指导上，还为相当一部分学员配备了双导师，使学生的论文在应用研究上得到了方向更明确的指导。

5. 充分发挥学员的优势，共同探索办学经验

MPA 学员都来自工作一线，有着丰富的政府等管理经验，这正是我们老师在理论教学中所欠缺的。因此，在课堂上，在案例讨论中，同学们充分展示了自己的聪明才智和案例经验，使教学相长，相得益彰，这成为办学经验中十分珍贵的内容。三年里，我们的学生还和北京、天津等兄弟高校的学生进行了广泛的交流，学生之间相互关心，互相帮助，共同提高，也结下了很深的友情。在教学过程中，同学们在课程教学评价表反馈的意见和书面、口头反映的教改建议，为我们改进教学工作提供了很大的帮助。

关于首届 MPA 的办学经验，远不止我讲的这些，而我讲的这些内容，表述得可能不很准确，更不一定全面。我们在工作中还有很多不足和缺憾，衷心希望同学们对我们的工作提出批评和建议，以利于我们总结经验教训，提高 MPA 的教育水平。

同学们，你们是首届 MPA 硕士，是我国推进政府机构改革、建设高素质专业化国家行政管理干部队伍的先行者，必将在贯彻落实科学发展观、建设以人为本的和谐社会的伟大事业中发挥重要作用，我们特别希望看到我们的首届 MPA 硕士在各自的工作岗位上做出更大的成绩，取得更大的进步。

首届 MPA 的共同探索，我们取得了初步成功，这是我们师生共同努力的成果；但这绝不是终点和句号，而是一个转折、一个新的起点。让我们在不同的岗位上，为中华民族的伟大复兴，为国家的物质文明、精神文明和政治文明建设做出我们各自的贡献！

最后，再次感谢河北人事厅领导、学校领导对 MPA 教育工作的关心和支持。欢迎同学们今后常回学校看看。

——北航新闻网 2005 年 5 月 8 日全文刊载

在 2004 级 MPA 开学典礼上的讲话

郑彦良（公共管理学院党总支书记）

2005 年 4 月 30 日

各位领导、老师、同学们：

本月初,我们刚刚送走了我校首届 MPA 毕业研究生;本月末,我们又迎来了 2004 级 MPA 的开学典礼,可喜可贺。现在我简要介绍一下公共管理学院的情况,并向同学们提出几点要求。

在北航,公共管理学院和人文社会科学学院,是一个实体、两块牌子。在学院里,设有行政管理系、经济学系、社会科学部、高等教育研究所、科技哲学研究所、文化艺术教育中心等教学科研实体。目前,有一个教育经济与管理的博士点,七个硕士学位点(包括有教育经济与管理、教育技术学、行政管理、科技哲学、国民经济学、高等教育学和公共管理专业学位)。本科是只在行政管理和经济学两个专业招有学生,在校本科生 400 余人,普通研究生 280 多人,MPA 硕士 350 多人。全院有 61 名教职工,在教师中,教授 12 人,副教授 32 人,具有博士学位的教师占 1/3 以上。师资力量和水平还是不错的。近年来全院承担的科研项目年平均有 20 多项,人均科研经费处于全国高校文科院系前列。随着落实十五规划的学科建设,学校投入几百万元建设多个教学、研究实验室,公共管理一级学科已列为学校"十一五"重点建设学科,公共管理学院的学科建设有了一个较好的基础和发展前景。

我国 MPA 试点工作起步于 2001 年。在此之前的 2000 年 8 月,我院教师就编写出版了中国第一套 MPA 系列教程一套六本。通过首届 MPA 顺利毕业,已初步探索了 MPA 培养试点的工作经验。当然是作为试点工作,就要在 MPA 教与学的实践中不断总结经验,逐步探索适合中国国情的公共管理硕士培养模式和办学模式,这不仅是教师的职责,也是学员的义务。

大家来自不同省市、不同单位、不同岗位,多年的工作经验为你们的在职学习打下了很好的实践基础,你们从众多考生中,经过层层筛选,考前准备,最后脱颖而出,机会来之不易。许多单位的领导和同事从培养人才的大局出发,克服人少事多等困难,支持你们在职学习。真应该好好珍惜这三年难得的学习机会。为此,我代表学院对大家提出三点希望和要求。

一、克服工学矛盾，确保学习时间

在职读学位，工作和学习就是摆在大家面前的一个不能回避、必须处理好的矛盾，在座的每个同志都在单位里承担着比较繁重的工作，不少还是领导干部，平时工作压力就很大，现在又加上了在职学习的压力。从学校来讲，我们提出了"坚持两个结合，以质量求发展，以特色上水平"的办学思路，就是从教学内容上坚持紧密结合中国基本国情和公共管理的实际来组织教学，从教学方式方法上紧密结合学员在职学习的基本特点来安排，确保办学的质量，让大家通过三年的学习，学有所成。从在座的学员来讲，就要从今天开始，在规定的学习时间里，把精力集中用到学习上，严格遵守学校的学习规定和纪律。具体要求会后还会给大家具体讲，我这里只是提醒大家，要有三年时间里处理好工作和学习矛盾的思想准备。

二、克服各种困难，刻苦勤奋攻读

除了工学矛盾，在职读学位，还会经常遇到各种困难。双休日学习，家庭里的矛盾就少不了，我们今年的学员中，工作时间长、年纪比较大的学员比较多，家庭负担较重；还有的学员离学校较远，来回经常坐火车、汽车辛苦不说，路费也是一笔不小的开销；有的学员离开学校时间长了，现在坐下来学习可能还不很适应，年纪大的，记忆力也差了，等等。在学习生活中可能会遇到很多很多困难，我希望大家要有强烈的责任感和使命感，要有很强的学习毅力，把三年的学习坚持下来。这里还需要强调的一点，就是不论你来自哪个单位，担负什么样的工作，也不论职务高低、年龄大小，坐在一起就是普通学员，大家能聚到一起成为同学就是一种缘分。就要像你们读本科时一样，大家互相关心，互相学习，团结互助，共同努力，充分利用好大学的学习条件，以优良的成绩完成学业。

三、师生共同探索，促进教学相长

中国的 MPA 教育起步较晚，首批 24 所高校的试点工作刚刚三年多，而在 MPA 教学中，从培养高层次应用型人才的角度出发，案例式、讨论式和实践性教学在教学中要占较大的比重，你们有丰富的从事公共管理方面的工作经验，这对教学相长、共同探索适合国情的 MPA 培养模式和办学模式，很有好处。

进了大学门，就是学校的主人。希望你们在三年的学习过程中，多提好的改进意见和建议，帮助我们做好这方面的工作。从我们来讲，将安排组织学术水平高、教学经验丰富的教师给你们讲课，还要组织国内外的知名专家学者来作讲座，并精心组织每一个教学环节，为大家提供较好的学习条件和环境。

最后，祝同学们在北航学习顺利，三年后向社会和国家交出一份满意的答卷！

良师·挚友·情谊

郑彦良

2005 年 5 月

　　《前线》杂志复刊十周年,我打心眼儿里表示祝贺和敬意。细说起来,我和复刊后的《前线》还真是有缘分:《前线》1995 年 7 月 5 日恢复刊名,两个月后,同年的 9 月我担任了北航党委宣传部部长,从此与《前线》结下了不解之缘。校党委宣传部部长一干就是七年时间,近三年虽然先后担任北航人文社会科学学院院长和党总支书记,但由于学科性质和研究兴趣,我与《前线》的朋友们始终保持着联系。读《前线》,用《前线》,一直是我这十年工作中不可缺少的内容之一。对我来说,《前线》是良师,是挚友,我与《前线》有着割不断的情谊。

良　师

　　我第一次知道《前线》,是在"文革"期间,源自对北京晚报副刊《燕山夜话》的批判。当时我知道北京有个《前线》杂志,杂志主编叫邓拓,而他是反党"三家村"的"村长"。当年还是 17 岁中学生的我,出于对毛主席革命路线的忠诚,曾用警惕的阶级斗争眼光审视过当时所能看到的部分供大批判用的"夜话"。作为文学爱好者,我对"夜话"的深邃历史感和流畅的文字很感兴趣,可马上就有人警告我,越是这样的东西越有欺骗性,毒害就越大。我才 17 岁,当时看得听得懵懵懂懂,但《燕山夜话》及其批判活动和邓拓的名字给我留下了深刻的印象。

　　十一届三中全会后,党中央拨乱反正,也为邓拓、吴晗、廖沫沙同志平了反,恢复了政治名誉。后来我重读再版的"夜话",不禁感慨万千,也更加敬佩《前线》主编邓拓同志的胆识和文采,这是我对《前线》间接的初步印象。

　　对《前线》有了深刻印象是在我当了校党委宣传部部长后。我这个人不是搞政治理论出身的,而是毕业于北航有翼导弹设计专业。毕业后服从党的安排,一直"不务正业",先后担任过学生辅导员、系党总支副书记、校体育部主任、宣传部部长(后兼统战部部长)、人文学院院长、院党总支书记等,人家开玩笑说这个学有翼导弹的可真是到处"有意捣蛋",还居然干出了些名堂。这绝不是我本人有什么天分或本事,而是按照党的一贯要求,干一行爱一行,干一行钻一行,认认真真地学习自己所从事工作的基础知识。当时我的压力相当大,由于是从校体育部主任的岗位上调任校党委宣传部部长的,校内很自然地有了是否合适和能否胜任的议论。为了做好宣传工作,我抓学习到了废寝忘食的程度。那时,一个《红旗》(后改为《求是》),一个《前线》,是我担任宣传部部长后每期必读的刊物。这十年来,《前线》杂志的几任领导,始终坚持党性原则和不断创新的意识,从封面、栏目到内容、版式做了很多改革的探索,使杂志越办越好。每当我读到杂志上那高质量的文章、有新意的思路、广而博的信息、可借鉴的经验时,我不禁为作者和编者的聪明睿智所折服。应该说,《前线》是我当好宣传部部长的理论助手之一。也正是这初期紧张的边学边干,我当宣传部部长的胆子壮了,底气足了,能力强了。1997年,刚当了不到两年宣传部部长的我,在当时校党委副书记申建军的怂恿和"逼迫"下,我战战兢兢地把自己第一次校内近6000人现场直播的《当前国际形势与我国对外政策》的报告录像带,上交到市委教工委,参加北京市第八届灵山杯优秀报告的评选。经过专家评审,我的报告竟然在进入复评的45个优秀报告中,和萧灼基、厉以宁、杨启先、杨春贵、吴建民、周南、杨洁篪等名人同获一等奖。《前线》杂志的几位朋友比我先得到消息,他们打电话向我表示祝贺,我对他(她)们说的都是一句话,"谢谢你们帮助了我,谢谢《前线》成就了我。"这确实是我的心里话。一直到近几年,我在学校讲课和举办讲座时,《前线》上的一些文章、观点、信息都是我备课的主要参考资料。说《前线》是我的良师,这一点儿都不为过。

挚 友

在我担任校党委宣传部部长的七年期间,我曾去过前线杂志社二十几次,有好几次就是为了去取一趟杂志。杂志社所在的和平街砖角楼南里,路不太宽,交通不是很方便。为什么我老愿意往那儿跑?因为那里有吸引力,有那么多满腔热情愿意帮助我们这些宣传干部的编辑朋友。

我忘不了,《前线》领导和通联部的同志们每年都诚恳地向我们这些基层的同志反复征求对杂志的改进意见的场景;我也忘不了每当党中央有重要会议精神,他们急我们所急,帮我们所需,在事先听取我们的建议后,用最快的速度出增刊,并出车把学习资料送到学校,确保我们学习教育活动得以顺利进行的负责精神;我更忘不了他们多次深入学校,交流信息,总结经验,加班加点,为党的事业奔波忙碌的前景。记得是1999年6月20日,中央宣传部理论局来函,要在"七一"期间在全国集中宣传三位优秀共产党员的事迹,其中就有我校的杨为民同志。杨老师是一个老典型,1989年就是北京市优秀共产党员十杰之一,1996年是北京市委重点宣传的八位先进人物之一。这次任务难度较大,时间紧、任务重不说,事迹通稿、采访脚本等都得换角度重新写——总不能把1996年的稿子再拿出来"炒"一遍吧?在其他稿件经过紧张工作都完成后,市委副书记龙新民同志提出,光是新闻稿还不行,还得有一篇评论文章,重点放在向杨为民同志学习,学什么,明确列出几条。看到我疲惫的脸上面露难色,龙新民同志马上说,北航郑彦良同志辛苦一下,你们整理出初稿,我和《前线》杂志社联系一下，请他们帮忙，就登在《前线》上。根据龙新民同志的指示精神，我在和同事接待十几家首都媒体采访宣传杨为民的间隙，起草了这篇文章的初稿，传真给《前线》的史继中同志，又交给毛海同志具体负责。在几天的时间里，我多次修改来回传真，他们那个认真劲儿令我感动不已，最后还坚持以我个人的名义发表在当年的第八期《前线》上。这篇文章只有三千多字，但高度概括了杨为民同志的事迹，并提出了学习杨为民同志的五种精神（矢志不渝、无私奉献的崇高理想，知难而上、奋力拼搏的革命精神，淡泊名利、克己奉公的浩然正气，热爱集体、向党负责的高尚情怀和崇尚科学、不断创新的人生追求）。这篇文章的发表，在第二年的"三讲"教育活动中发挥了重要作用。2002年1月30日杨为民同志不幸逝世后，我在起草北航党委《关于开展向优秀共产党员杨为民同志学习的决定》时，就是在这篇文章的基础上加工完成的，在杨为民同志去世后的第三天，校党委常委会就通过了《决定》的文稿。

像这样的及时帮助，还有多次，我真从内心里感谢这些实实在在帮助我们基层干部的编辑朋友。我对《前线》常怀感激之情，也有深深的歉疚。《前线》的同志曾几次约我为《前线》写点儿国际热点问题的分析文章，我虽然答应过但由于工作太忙一直没有交稿，直到今天我一想起来就有歉疚感。由于在校外有了点儿影响，请我做国际形势报告的单位多了起来，《前线》的同志们也多次推荐我到市属单位办讲座，还帮助我认真分析听讲对象的身份、层次、工作性质，这对我有针对性地备课、提高讲座效果起了重要作用。直到后来，我还应邀到我们的领导部门——市委教育工委做过讲座。应该说，在我所接触的同事朋友中，《前线》的同志们是那种可以推心置腹的挚友，对我的提挈和帮助极大。

情　谊

回顾《前线》的十年，我认为杂志社的同志们一直在做着搭桥的工作。一是搭建了读者——作者——编者沟通之桥，二是搭建了党建和思想政治工作者的联谊之桥。通过沟通之桥，杂志社凝聚了一批高水平的作者，文章质量始终保持着较高水准，读者认可、爱看；通过联谊之桥，加强了广大党建和思想政治工作者的横向联系，使大家能经常在一起交流经验，碰撞出工作新思路的火花。《前线》每年都组织经验交流会和外出学习考察活动，这是很受我们欢迎的一项活动，非常有利于我们开阔视野、理清思路，还能学习到兄弟省市和市内各单位开展工作的好经验、好方法。所以，我每年只要工作上能安排开，都尽可能地去参加。2002年11月，党的十六大胜利召开，江泽民总书记在大会报告中提出要"增强党的阶级基础和扩大党的群众基础"，"要把承认党的纲领和章程、自觉为党的路线和纲领而奋斗、经过长期考验、符合党员条件的其他社会阶层的先进分子吸收到党内来，增强党在全社会的影响力和凝聚力"的新思路。为了加深对这一新理念的理解，《前线》的同志们除组织一篇篇有分量的理论文章外,还及时组织了首都各行业上百名宣传部部长到中央组织部先期试点的浙江省去考察,深入到民营企业车间去了解这方面工作的进展、经验和存在的问题。我们边看边问边议,再加上路途上大家的讨论交流,这些充满鲜活内容的考察,进一步加深了我们对党的十六大精神的理解。年年组织这样的经验交流、学习考察,工作量是很大的,但《前线》的同志们坚信这是沟通读者、作者、编者的好方法,对丰富稿源、贴近基层办好刊物有利,因此每次活动他们都投入了大量的人力、物力、财力,精心组织,做好每一细节的服务;而这些举措,对我们基层干部的帮助,特别是开阔视野、交流工作经验、提高理论水平起到了非常重要的作用。在活动中、在旅途上,他们对基层干部的精心呵护、对年老生病同志的细心照顾,为大家提供热情的摄影等服务,让我们看在眼里、暖在心上,体味到了同志情谊的真谛。

在平时,我和杂志社的同志们也保持了经常的电话联系,有时互相了解情况,有时互致问候。特别是我们工作中取得一些成绩和进步时,往往是《前线》的同志最先打电话过来,几句祝福,几句鼓励,让人心里暖暖的,升腾起要把工作做得更好的欲望。作为北京市委的理论刊物,他们不仅仅是拉近了读者、编者、作者之间的距离,更重要的是增强了全市各行业党组织为实现首都发展目标的凝聚力。

在我们眼里,复刊后的《前线》,一直战斗在高扬主旋律、坚持理论创新的前线,一直坚守在为实现首都发展目标摇旗呐喊的前线,一直坚持在贴近基层、服务广大思想政治工作者的前线。衷心地祝愿《前线》在党中央和北京市委的领导下越办越好。

(作者:北京航空航天大学人文学院院长)

——原载于党建出版社 2005 年 6 月出版的《前线》丛书之《我与前线》第 93~99 页

有为才能有位　把握每个机会

——在《走有特色的文科发展之路——全国理工科高校繁荣哲学社会科学研讨会综述》中的发言摘要

郑彦良

对此,北京航空航天大学人文社会科学学院书记郑彦良说,在目前的情况下,光抱怨是不行的,文科要想引起大家的重视,一定要踏踏实实地去干,要做出成绩来,让大家认识到你的价值,有"为"才能有"位"。校领导的思路、学校的文化氛围很重要,但关键还是自己奋发有为。他说,北航人文社会科学学院这几年一直埋头苦干,以建设有航空航天特色的科学文化为目标,踏踏实实,千方百计地寻求发展。学院支持教师出版著作、参加国际会议,在学术上有所成就,并拿出 100 万元组建创新团队。学院所培养的学生,也得到了多方的赞誉。在就业形势比较严峻的情况下,本科生、研究生的一次就业率,连续四年达 100%。人文社会科学学院的科研经费,从2000 年的 24 万元,增加到 2004 年的超过 400 万元。

郑彦良坦言,和理工科相比,文科积累、沉淀所需的时间较长,它的建设不可能一蹴而就,特别是在理工科大学,要全面发展繁荣文科还有很长的一段路要走。就目前来说,最要紧的就是抓住机遇,加快发展。

——摘自 2005 年 11 月 11 日光明日报《走有特色的文科发展之路——全国理工科高校繁荣哲学社会科学研讨会综述》

推动大学生文化素质教育向纵深发展

武立勋　郑彦良　蔡劲松
2006 年 1 月

多年来,北航充分发挥多学科的综合优势,大力加强大学生文化素质教育,工作思路明确、重点突出、措施到位、特色明显,校文化素质教育领导小组统筹推进全校文化素质教育工作,教务处、学生处、人文学院、宣传部、团委、艺术教育中心等部门认真组织落实,广大学生参与文化素质教育活动的积极性得到了充分的调动和发挥,在教学研究、人文课程建设、第二课堂和校园文化建设等方面进行了积极的探索。

一、充分认识加强大学生文化素质教育的必要性、重要性和紧迫性

进入新世纪,学校提出要牢固树立科学发展观,从前一阶段重在办学规模发展,坚决转到提高办学质量上来,突出办学重点和特色,始终把培养高素质、强能力的人才放在第一位;把北航建校以来培养科技专业人才的目标坚决转变到培养科技创新型人才上来,突出培养学生的科技自主创新能力。无论是突出办学特色,还是培养创新型人才,加强大学生文化素质教育、坚持以提高培养质量和素质为核心的教育改革,都是不可或缺的基本内容。"弘扬品行为首,将道德和品行作为立人之本、育人之基,""追求品德高尚、人格完善始终是全体师生共同的愿望和要求,"作为学校办学理念的经验总结和育人目标,写入了《北京航空航天大学文化建设规划》。学校要求,自然科学基础课、技术基础课和专业课的教师,在教书育人的过程中不仅要鼓励和引导学生根据个人及专业的特点,有计划地选学一些人文、经济、管理选修课程,更希望广大教师不断地在原有基础上提高自身的人文素质,使自己的专业教学活动渗透人文精神,教育引导学生成为社会需要的素质全面的创新型人才,并建立了一系列引导和激励学生重视自身文化修养的培养制度。

二、制定并实施大学文化建设六年规划,推动文化素质教育向纵深发展

在认真总结建校 50 多年来学校文化素质教育经验的基础上,通过全校上下一年多的研讨,2004 年底学校确定了《北京航空航天大学文化建设规划(2005 年—2010 年)》,

成为北航五个重要的发展规划之一。这个规划的制定,受到了教育界的广泛关注,《人民日报》等多家媒体都做了充分报道。该规划提出北航文化建设要以邓小平理论和"三个代表"重要思想为指导,坚持科学发展观,坚持以人为本、育人优先、重在建设、协调发展的原则,努力建设内容丰富多彩,格调健康向上,既充满生机活力,又有深厚底蕴和鲜明特色的大学文化。分别从精神文化、学术文化、制度文化和形象文化四个方面开展建设,着力"尚德务实、求真拓新"的办学理念,"艰苦朴素、勤奋好学、全面发展、全面发展、勇于创新"的校风和"勇于创新、敢为人先;艰苦奋斗、百折不挠;笃行诚信、严谨求实;团结奉献、爱国荣校"的北航精神。为了确保文化建设工作取得实效,学校每年投入100万文化建设专项经费,同时发动校友和社会各界的力量共同支持学校文化建设,初步形成了全校师生和广大校友共同促进学校文化建设的局面,这为深入开展文化素质教育活动创造了良好的环境和氛围,也丰富了文化素质教育活动的形式和内容。这个规划的制定和落实,充分体现了大学作为传承先进文化基地的重要作用。

三、文化素质教育系列课程建设和教材建设成果丰硕

1. 在人才培养方案中,把文化素质教育放在重要位置

1999年以来,开设人文教育必修课程和选修课程52门,其中必修4门、选修48门。6年来,共有1.9万多名学生选修这些课程。学校重点加强以大学语文和中国历史与传统文化为代表的文化素质教育核心课程建设,从有利于人的全面发展和综合素质提高特别是思维品质和创新品质养成的角度,构建了以大学语文和中国历史与传统文化为代表的文化素质系列核心课程体系。此外,学校还设置了关于文化素质的自选式套餐,如大学语文、中国历史与传统文化、哲学与社会思潮、经济管理等四门课程中学生可以任选其二。

2. 突出加强研究型大学创新人才培养的选修课程体系建设

(1)学校公共选修课程。依据学校本科教育实行"通识教育基础上的宽口径专业教育,强调大学生的素质教育和能力培养,突出创新教育和良好个性发展"的基本原则,学校对公共选修课进行统一规划,提出公共选修课引导性设课方向,有关文化素质课程的类型与范围为:有利于扩展学生物理、化学、生物、地理、天文等自然科学知识的新型课程;有利于扩展学生文化、社会、政治、历史、地理、世界、民族等方面知识与修养的课程;有利于扩展或提高学生语言应用知识与能力,如写作、创作、应用文写作、演讲与口才、外语听说、翻译等方面的课程;有利于增长学生文学、艺术方面的知识、技能与修养的课程。

(2)学院路"教学共同体"选修课程。学院路"教学共同体"成立六年多来,成功地开设了涉及文学、艺术、体育、自然科学等学科领域的600门次校际公共选修课,跨校选修的学生已超过8万人,以加强学生综合素质培养,造就"厚基础、宽口径、高素

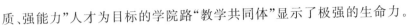
质、强能力"人才为目标的学院路"教学共同体"显示了极强的生命力。

3．将文化素质教育同专业教育有机结合起来

在课程建设和课堂教学中,体现与渗透文化素质教育的精神和要求,全校性的课堂教学评价中引入学生对教师文化素质的评价。在优秀主讲教师的评选中,对于在课堂教学中有机地运用和渗透文化素质教育的教师给予充分肯定,并汇编"教学经验"供全校教师参考学习。1999年以来,我校教师出版文化素质教育研究专著、教材约40本,其中由省部级以上出版规划或精品教材编写规划出版的教材及专著3项,列入学校规划出版的16项。获北京市优秀教学成果一等奖二项、二等奖6项,1人获全国文化素质教育先进个人。

四、以"五大节"为核心的校园文化活动丰富多彩

学校每年5月份举办学术文化节、6月份举办科技文化节和毕业文化节,7月份组织全校学科竞赛,10月份举办体育文化节,11月份举办航空航天文化节,12月份举办文化艺术节,全年开展学术论坛讲座,形成了一年不断线的系列活动,不断提高文化素质教育活动的质量和效果。

（1）连续开展十五届"冯如杯"学生课外学术科技作品竞赛,共有七千余人直接参与竞赛,培养了一批以中科院研究员唐世明为杰出代表的拔尖人才。连续九届获得"挑战杯"全国大学生课外学术科技作品竞赛"优胜杯",成为全国唯一一所获此殊荣的理工科院校。

（2）经过多年的努力,我校大学生艺术团发展成为包括舞蹈团、合唱团、民乐团、管乐团、室内乐团在内的优秀艺术团体,共有团员300余名,多次参加教育部、国防科工委、中央电视台主办的各种演出,先后赴奥地利、德国、荷兰、比利时、法国、新加坡、马来西亚等国家和我国香港地区进行访问演出,受到一致好评。马来西亚当地报纸《光明日报》刊登了《庆建交30周年纪念马中谱奏情谊乐章》的整版报道。在历届全国、北京市大学生文化艺术展演活动中,获得舞蹈、合唱、民乐、管乐、书法绘画等项目的一等奖共计60余项。2005年排演的舞蹈《飞天之梦》,以讴歌载人航天工程为主题,获得全国大学生艺术展演活动一等奖,受到广泛好评。

（3）近三年来,共有700余名学生在市级以上学科竞赛中获奖,并多次在国际大赛中获得金奖。如2000年获得NET亚太区比赛第一名,比尔·盖茨亲自为我校学生颁奖;2004年在法国举行的第五届全球GSM和Java智能卡应用开发大赛中获得冠军等。

（4）积极开设文化素质教育讲座。1999年以来开设人文教育讲座726次,听讲座学生达10.9万人次,其中"让艺术之光洒满大学殿堂"等系列讲座受到了学生普遍欢迎。

（5）以各类社团、协会为依托,加强指导,使学生在参与感兴趣的活动中,受到教

育,得到提高。现在,我校共有学生社团 74 个,并涌现出了一批诸如航模协会、小飞机协会、摄影协会、游泳协会等精品社团。学生社团"百团大战"活动成为每年学生活动的一件盛事。

(6) 充分发掘、利用各种资源,提高文化素质教育的效果。我校大学生体育馆落成以来,教育部、国防科工委、公安部、文化部、团中央、中央电视台等单位多次来我校举办各种形式的演出活动,北航学生作为主要观众,受到了很好的文化艺术熏陶。

五、以制度保障文化素质教育广泛深入开展

(1) 文化素质类课程全部纳入学分制教学管理机制,下发执行了系列文化素质类奖励学分制度:为鼓励和倡导学生积极开展科技、文化、艺术、体育以及各类社会实践活动,我校从 1997 年起在培养计划中实施了奖励学分的要求,将"8 个奖励学分"作为北航学生毕业的门槛值,规定每个学生在四年中,需要累计取得 8 个奖励学分方可毕业。包括各类文体活动和竞赛、课外科技活动、学科竞赛、社会实践活动等。

(2) 星期日讲座制度化:学校 1998 年 9 月正式恢复了"星期日讲座"计划,旨在贯彻北航本科新版教学计划德智体全面发展的方针,体现培养计划中五天上课、七天学习的指导思想,利用星期日学生充足的时间和闲置的教室资源,将校内外的学者、专家及名流请进"星期日讲座"学堂,为学生开辟全面素质培养的第二课堂。每周周末或双休日的适当时间,在固定地点,组织丰富多彩的、有利于学生扩展文化、人文、艺术、社会、政治、道德、法律、科技等方面知识的讲座、报告、讨论等活动。

(3) 对在文化素质教育活动中表现突出并取得优异成绩的学生,实行免试推荐硕士研究生制度:对于文艺特长生、体育特长生或其他文化素质方面有突出成绩的学生,分配一定的名额,结合学习成绩进行免试推荐研究生录取。

(4) 充分发挥教师对学生文化素质教育的指导作用,建立有效的激励、评价、奖励措施,把教师对学生文化艺术活动的指导纳入教师考核体系,在定岗、评职称、选研究生等方面实行倾斜政策。

六、积极营造浓郁的大学生文化素质教育氛围

近年来,我校切实加大了校园人文环境建设的力度,整体、系统地规划了校园人文景观,建设了一大批园林文化景点、主题纪念雕塑和文化走廊等,使校园人文景点建设主题突出,特色鲜明,具有深厚航空航天特色、北航精神与传统文化底蕴。校园环境优美、绿树成荫,学校的建筑风格统一协调,色彩凝重大气,具有较好的文化素质教育氛围。目前,校园内的主要园林及广场景点有绿园、静园、晨读园、荷花池和图书馆求是广场、主楼五四广场、体育馆文化广场等多处;建成的主题雕塑有载人航天精神雕塑《铭》、"两弹一星"精神纪念碑、"北京一号"客机纪念雕塑、"北京二号"探

空火箭纪念雕塑、大型纪念雕塑《智慧·源泉》和《岁月·星空》、不锈钢主题雕塑《支点》、航空航天主题雕塑《飞向未来》、北航体育精神雕塑《永恒的搏击》、钱学森铜像、杨为民纪念铜像、冯如纪念铜像、校风石雕塑等近20座；学校还在主要教学楼内专门设置了院士墙、北航精神与学校文化专题图片走廊等文化场景。校园人文景点建设在阐释北航优良传统、弘扬人文精神和科学精神、营造浓郁的校园人文氛围上下功夫，做到了每处景点都是精品，每座雕塑都精雕细刻，每处景观都有故事，对加强大学生的文化素质教育起到了良好的作用。

学校还高度重视大学生校外人文教育基地的共建工作，近年来与西柏坡纪念馆等多家革命传统教育单位合作，挂牌建立了北航学生传统教育基地；分别与航空工业011基地(贵州)、012基地(汉中)、沈阳飞机制造公司、航天第五研究院等单位合作，建立了北航学生社会实践基地；以北京航空馆、中国航空博物馆、中国科技馆等展馆为基地，结合北航特色组织大学生参观实践并开展科普活动。此外，学校还充分利用李大钊纪念馆、焦庄户地道战遗址、西山北航绿化基地、炎黄艺术馆、自然博物馆、圆明园、中国抗日战争纪念馆等场馆、场所，经常性地组织学生参观和进行社会实践，对大学生进行文化素质和革命传统教育，取得了较大实效。

"十一五"期间，我校将按照2004年12月公布的《北京航空航天大学文化建设规划》的目标和要求，继续坚持以人为本、育人优先、重在建设、协调发展的原则，巩固已有成果，创新机制平台，紧紧围绕研究型大学创新人才培养的需求，努力营造学术氛围浓厚、创新意识强烈、学科交叉融合的优良学术环境，系统规划、整体推进、分步实施文化素质教育工作，注重继承与创新相结合、科学精神与人文精神相结合、发展共性与突出个性相结合，努力形成一批有全国影响、具有北航特色的文化品牌，进一步推动大学生文化素质教育向纵深发展。

——原载于《北京教育(高教版)》2008年第1期第33～35页

培养创新型人才,应倡导研究型学习方法

——在全国思想政治理论课教学改革研讨会上的发言

郑彦良

2006 年 7 月 3 日

（清华大学马克思主义学院根据发言录音整理）

作为像北航这样的理工科大学,培养创新型人才,必须倡导研究型的学习方法。

北航在校学生是 26000 多人,其中本科生约 14000 人。我们两课教师非常少,只有 20 几个,工作效率非常高。这支队伍就像刚才刘老师谈的,是非常可敬可爱的一批教师。我们学校的领导统统都是工科出身,对文科不很了解。我觉得我们老师可爱就在这一个地方,用自己的努力打下了一片天地,得到了学校领导的认可。比如说,学校开始搞优质课的时候,我们的"中国革命史"就进入了第一批优质课名单中;学校第一批优秀主讲老师一共评了 10 位,两课老师就进去 2 个。到目前为止,学校优秀主讲老师全校评了 41 个,两课教师占了 5 个,超过 10%。全校评了四届学生海选的我爱我师、我最敬爱的老师、十佳老师,一共评了四届,两课教师占了 5 人次,也是 10% 以上。现在学校精品课有 30 门,有 3 门是两课,而且课程建设投入比较高,一门课程建设费是 10 万块钱。今年 4 月份,我们也通过了精品课的课程验收。虽然是理工科的教授们来验收,我们也通过了,而且他们的评价非常高。特别是理工科的资深教授听了我们的两课后,认为这么几个老师能够讲得这么精彩,这么受学生的欢迎,给他们的感触非常深。北京市讲课比赛,拿到北京市讲课第一名的,也是两课的教师,有的还获得全国的还有北京市的各种荣誉称号,包括精品课。要靠自己的努力,有为才能有位。特别是在理工科为主的这样的学校,你要想在学校占有一定位置,不靠自己的努力干出成绩,是不可能的。

按照学校的要求,我们四门课,全按照精品课来建设。三年之内,首先全部要建成精品课,每一门课我们都有了网站,点开北航的校园网络就可以点到我们课程的网站,内容也非常丰富。所以,在理工科大背景下,北航这所国防科工委的院校,党性原则非常地强,中央说什么就按着什么办,有这个传统。就贯彻中央 16 号文件、5 号文件、9 号文件来讲,到目前为止比较顺利。今年启动经费是 40 万元,列入预算,如果不列入预算就违反 16 号文件精神了,16 号文件规定在预算里要有专项经费。所以,与清华大学、武汉大学、中山大学等教育部属综合型大学比,我们理工科高校

跟它们有不太一样的地方。但是到目前为止，学校领导对这个工作非常重视。就两课问题已经下发了三个文件，包括对中央文件的具体落实的学时学分，党委都专门下发了文件。

刚才像武汉大学提到一些教师的问题和困惑，在我们那儿也同样存在。有一点，我们学院里面的教学氛围非常好。去年评职称只过了一个教授，就是两课教授；去年学校给了学院两个在职读博的名额，我们都给了两课教师，其他学科博士多些，也没什么意见。有时候，就是要靠学院集体一块儿去做、去努力。所以，我们对落实中央16号文件，特别是两课，我们还是非常地有信心。

还有一个小问题：将来这个课的名称为"概论""基础""原理"等，我们文科的学生将来出国，用人单位要学生的哲学和政治经济学的学时、学分怎么办？这是一个现实问题。我们的学生出国要读硕士和博士，我们的课程名称和学时、学分怎么样给呢？

在这里，我要特别强调，培养创新型人才，必须要在学生中组织他们开展研究型学习。因为从国家来说，科学发展观，和谐社会，特别是在两院院士大会上胡锦涛总书记提出来要建设创新型国家，大学要培养创新型人才。我们以前本科要培养创新意识，研究生要培养创新能力，博士生得有一些创新理论。按照现在的要求，要全部前移。还有，我认为人才培养模式也要有变化。两年之前，我们要求的学生人才培养模式应该是知识、能力、素质，确实我们过去也基本上是这样要求的。按照创新型人才的培养要求，我觉得人才培养模式得做调整，第一是素质，第二是能力，第三是创新。在素质里面，政治素质是最关键的、第一位的。通过全校老师的努力，要把一部分理工科学生培养成坚定的青年马克思主义者，少量学生得向政治家方向去努力，因此，思想政治理论课教师的责任重大。

创新型人才，首先要有国际眼光、政治眼光，这是最基本的一些东西。我们最近一直在做一项工作，总结两课的教学经验，看看有哪些好的经验在今后是要继承和发扬的，有哪一些是需要改进的，还有哪一些是需要去改革探索的。其中我们在"毛泽东思想概论"课教学方面，把研究型学习的新尝试坚持搞了三年，就是组织学生制作专题多媒体小课件，我们已连续做了三年。理工科大学生对政治理论这方面了解得不多，由于社会习惯的影响，他们对政治理论也不太感兴趣，怎么样调动起他们的学习兴趣和情绪，就是一个主要问题。毛泽东思想离他们比较远，不像邓小平理论、"三个代表"重要思想离他们比较近，他们也有感受。所以，我们选择基于问题出发，调动他们的积极性，让他们提出问题、分析问题、解决问题，最后在课堂上展示交流。效果我觉得出奇地好，我们已经坚持三年。总结的时候，我们不光写了总结材料，还积累了学生展示视频的资料做成光盘。现在要把两课名称改成思想政治理论课之后，我们还要坚持这个行之有效的做法。

已做成的光盘里，我们收了有60多个学生做的小课题，涉及了40个学生课题小组，这只是其中一部分。怎么样做？因为学生积极性有了，理工科学生嘛，应用能力、动手能力非常强。让他自己在听课过程当中，就开始思考，让他自己发现问题，提出问题，根据自己感兴趣的题目自由组合，3～8个人，不能一个人搞，因为要培养他的团队精神和协调能力，还有分工合作，学会当领导和被领导。课题小组凝练出题目之后，内部进行分工，自己分工搜集资料。动手能力、电脑能力强的，最后来做编导。在做小课题过程中，有的人可能负责搜集资料，有的人负责写脚本，有的人做编导，有的人做汇报主演主讲。最后的结果是，尽管"毛泽东思想概论"课学时比较少，我们还是拿出两到三个学时，来做展示交流。每一个课件，让他们各班同一学号的同学来打分，最后分数占总考分的20～30分，期末考试只占60分，而且期末考试我们是开卷的。这么做的结果是学生的积极性非常高。评分标准按照主题鲜明、内容丰富，材料翔实、技术精湛，包括可读性强、逻辑性强来区分，现场统计出分数来，公开透明。有一些学生积极性很高，下来之后，不仅仅是做一个，有的还做了三个课件给老师看。展示评分，也都由课堂上随机选出的10个学生负责组织评分，这时候任课教师的作用主要是引导和点评，这一点也很重要。

用研究性学习方法，让学生在课堂上自选题目、自组小组，就定一个专题，就"是什么、为什么、怎么办"做成一个专题小报告，在课堂上展示交流，学生评分小组打分。这一研究性教学方法，经过三年实践现在已经比较完善，收到了几个效果：

第一，是培养了学生善于提出问题的习惯和能力。爱因斯坦说，不会提问不会创造，因为任何创造都是从提问开始的。现在课堂上的气氛比以前活跃多了。培养学生的问题意识，让学生敢于提问，乐于提问，是非常重要的，特别是对理工科学生是非常重要的。

第二，激发学生的兴趣。学生在探索问题的过程中，既享受到了成功的喜悦，又激发了浓厚的学习兴趣。学生到图书馆、到解放军报社、到网上查资料，做得非常认真、漂亮，还配了背景音乐和动漫。所以，浓厚兴趣是创造性思维的催化剂。

第三，提高了学生分析问题和解决问题的能力。在制作小课件的过程中，增强了学习、探究、研究方法这方面的能力，还有沟通协调、分工协作的能力。

第四，促使学生知之，信之，行之。学了之后，是不是信，能不能按照这个去认识、分析社会现象。通过比较、分析、综合、演绎、推理，整个过程学生都参加了。对他们自己得出的结论，不但知之，而且信之，行之，这正是我们要的结果。他们还都刻成光盘，自己留作纪念。所以思想政治理论课，关键是学生在知之的基础上，要信之、行之。

第五，培养了学生的团队精神、共同协作。

第六，在展示中激发了学生再创造的能力。

第七，通过做小课件，教学相长。学生搜集的资料，很多是老师没有看到的资料。我们绝不能低估学生的学习能力，从这个角度讲，我们从学生身上也学到了很多的东西，也提高了老师们制作课件的水平，增加了搜集资料的途径，更为老师一年年积累了丰富多彩的教学案例和素材。

这里面也有不足和过程中的一些问题：

一个是打分有一点不太合理，本班给本班同学打分都高，当然大家都这么做也没有关系，去掉最高分和最低分即可，都比较平均。还有，小组间的不平衡问题，一部分课件，显得比较稚嫩或粗糙，有的还有差错。学习过程中，这都是正常现象，通过老师引导，逐步提高就是了。现在两课学分多了，我们学校除了课内外要求，理论方面特别地强调学生对马克思主义原著的导读，有的学生开始做这方面的展示课件，我们也鼓励。

还有，就是学生课外的社会实践活动。一年级到三年级学生，每一个学期拿出12～14天，由两课教师出一些题目，学生从中自由选题，然后组队去社会实践，回来之后要提交社会实践专题调研报告，这项工作北航也已经连续做了三年。这个课题还获得了北京市优秀教学的一等奖。另外，学生搜集资料的完整性和深度比较欠缺，如果我们让他们多花一些时间，这样坚持做下去，有好处。我们想利用课外的那部分学分，加大这方面的改进力度。

（全国思想政治理论课教学改革研讨会由清华大学马克思主义学院主办）

研究型学习的新尝试：制作多媒体小课件

郑彦良

2006 年 7 月归纳整理

我国著名教育家叶圣陶先生提出："教是为了达到不教。"他主张素质教育应该以教材为载体，引导学生学会发现问题、提出问题、解决问题。让他们走出教材，致力于在获取知识过程中提高研究能力。为此，我们在"毛泽东思想概论"教学中尝试研究型学习的新途径，让学生制作多媒体小课件。

在教学中，教师引导学生发挥主观能动性，让他们自己发现和提出问题，由他们自由组合课题组（3～6 人），内部进行分工，就"毛泽东思想概论"课中的某个问题进行深入探讨，在学期末借助多媒体课件在课堂上向同学们讲演、展示。展示成绩由随机选出的学生（共 10～15 人，每班 2～3 人，各班学号相同者）评委打分，分数约占课程总成绩的 20%。

学生通过表层研究，发现问题；深层研究，选出问题；拓宽研究，讨论问题；质疑研究，解决问题。通过几年的试验，收到了很好的教学效果：

（1）培养了学生善于提出问题的习惯和能力。爱因斯坦说过："不会提问，就意味着不会创造，因为任何创造总是从提问开始的。"可见，培养学生的问题意识，使学生敢于提问，善于提问，乐于提问是非常重要的。正如陶行知所言："发明千千万，起点在一问。"

（2）激发学生学习兴趣，培养学生创新能力。学生在探究问题过程中既享受到成功的喜悦，又激发了学生浓厚的学习兴趣。浓厚的兴趣是创造性思维的促进剂。学生常会在愉快、欢乐的氛围中，迸发出创造性思维的火花。

（3）促使学生知之、信之、行之。课题组在探究问题过程中，大量占有资料，并调动各种已掌握的知识，经过比较、分析、综合、演绎、推理等多种方式求证出结论。对于他们自己得出的结论，不但知之甚深，而且信之、行之。政治理论课，关键就是要让学生在知之基础上，信之、行之。

（4）培养了学生的团队精神。课题组成员既明确分工，各司其职，又互相交流，共同探索。在这种合作氛围下互相激励，互相促进，拓宽了思路，避免了偏激，培养了团队精神。

（5）在展示中激发学生再创作的能力。再好的作品也有不足之处，他们在希望得到别人赞同时，也很想知道自己作品的不足。课堂展示给课题组提供了相互交流的机会，他们看到了别人的长处，也找到了自己的不足，在同学、教师的点评建议中，找到了继续完善的灵感,于是他们再一次开始新的创作,各方面能力又得到一次升华。

（6）教学相长,互相促进。青年学生丰富的想象力和研究活力,对教师很有启发;教师也能从诸多学生身上学到很多鲜活的东西,对开阔教师思路大有裨益。

（7）课件的收集积累和更新迭代,为不断提高的教学能力与内容,提供了一个逐步丰富的课件案例库。

思想政治理论课研究型学习的探索与实践

郑彦良　黄建华

2006 年 10 月

（北京航空航天大学　人文社会科学学院　北京 100083）

[摘　要]　本文总结了我们在大学思想政治理论课"毛泽东思想概论""邓小平理论和'三个代表'重要思想概论"等课程中开展研究型学习的具体操作过程和积累起来的经验，认为这种方法有利于改变学生被动式的学习方式，有利于培养学生的各种素质、能力和创新精神。

[关键词]　大学；思想政治理论；研究型学习

近年来，我们以大学思想政治理论课如"毛泽东思想概论""邓小平理论和'三个代表'重要思想概论"等课程为载体，进行了研究型学习的探索与实践，收到了很好的教学效果。目前我们正把这些研究性课程积累起来的经验加以总结，逐步向其他思想政治理论课推广，以期推动我校思想政治理论课学习发生范式的根本变化。

一、缘　由

改革开放特别是党的十三届四中全会以来，党中央根据国际国内形势正在发生的深刻变化，提出"加强和改进大学生思想政治教育是一项重大而紧迫的战略任务"*。胡锦涛也指出：全国高校要"充分发挥大学生思想政治教育主阵地、主课堂、主渠道的作用，全方位推进大学生思想政治教育，多方面促进大学生全面发展。"**然而在传统的大学政治课教学中，偏重单纯的知识讲授，理论性很强。尽管多媒体教学普遍应用于大学政治课堂，但其基本形式仍是"我讲你听"的"注入式"或"填鸭式"的教学模式，难以充分调动广大学生学习的主动性和积极性，教学效果不好。

近几年来，我们尝试将研究型学习引入大学政治课教学。所谓研究型学习，是指学生在教师指导下，从一定的情境出发，以研究的方式来学习新知识，并相应地使研究意识、能力和精神得到提高。开展研究型学习的目的在于培养学生提出问题、

---

* 《人民日报》社论：《进一步加强和改进大学生思想政治教育》，《人民日报》2004 年 10 月 16 日。

** 胡锦涛在全国加强和改进大学生思想政治教育工作会议上发表重要讲话，强调进一步加强和改进大学生思想政治教育工作，大力培养造就社会主义事业建设者和接班人，《光明日报》2005 年 1 月 19 日。

研究问题、解决问题的能力,核心是要改变学生的学习方式,强调一种主动探究式的学习方法,以创新的学习来取代标准性的学习,以参与性的学习来取代被动式的学习。为此,我们让学生在课堂学习的基础上,通过课题研究并将研究成果制成课件的形式,倡导学生在教学中自主质疑,探究和合作,从而实现教师教学方式的转变、学生学习方式的转变、教学内容呈现方式的转变和师生互动方式的转变,使学生在主动、积极的学习环境中,全神贯注,饶有兴趣地学习,成为学习的主人。

二、选　题

大学思想政治课研究型教学的尝试,关键在于教师在教学过程中创设一种类似学术研究的情景,引导学生运用学术研究的方式,去发现和确定问题,即选题。选题是开展好这一活动的重要前提。我们在教学实践过程中逐渐形成了一个选题的大致原则:

(1)课题的结论不是预设的而是开放性的。在教学过程中教师要给学生丰富的信息量,不仅让学生知道是什么,更重要的是要让学生知道为什么,不仅要让学生知道一种观点,而且还要让学生多知道几种观点,让学生在思考、比较和分析不同观点时,拓展思路,启迪智慧,增长见识。与传统的思考题不同,学生得到的不是事先规定好的答案,教师不重视结果,而是重视过程。

(2)课题要具有探究性。这种选题要让学生在课题活动中的学习方式,不是被动地记忆,或是单纯理解教师传授的知识去无条件接受课本给出的结论,而是在教师的指导下关注和发现新的思考点、新的问题,或者启发学生从一个新的角度或新的层面去观察和分析问题,或者用所学的基本理论和观点去分析现实问题。这些问题不是教师布置给学生的,而是让学生在不断思考、初步分析的基础上主动提出的。学生提出问题并确定为研究目标后,就要积极地寻求解决问题的方法,独立地探求出问题的结论。

(3)课题要具有实践性。实践性是指学生在这样的课题活动中获得知识和能力的途径主要是通过自身的社会生活实践和科学研究活动。在所开展的研究课题活动中,都需要学生阅读、查找、分析、归纳、考证有关资料,包括文献资料、网络资料、音像资料等,甚至要作一些社会访问和调查。他们自己动手,自己制订研究规划,自己推导、求证出结论。

(4)课题要具有现实性。即课题要与社会现实问题有着紧密的联系。如我们在学习《毛泽东思想概论》中,研究中国先进分子抛弃资本主义的建国方案,选择马克思的科学社会主义来指导中国革命问题时,引导学生探讨通过社会主义革命和建设的实践,特别是改革开放以后的实践,论证中国人民所选择的社会主义道路的无比优越性和正确性。又如我们在学习"邓小平理论和'三个代表'重要思想概论"过程中,引导学生把党的建设理论与当今中国共产党长期保持先进性的制度建设结合起

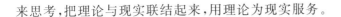

来思考,把理论与现实联结起来,用理论为现实服务。

三、教师指导

　　研究进入实施阶段后,主要由学生自主开展研究。但学生刚开始进行独立研究,由于缺乏科研经验和专业知识,会遇到一些问题,因此教师要给学生及时的指导。教师的指导主要体现在以下几个方面:

　　(1)知识层面的指导。教师在知识层面的指导,侧重于对学生进行科研基础知识的指导、专业知识的介绍及相关学科知识的拓展、渗透,侧重于指导学生如何获取知识、如何运用所学知识开展研究活动,而不是把课题所需要的有关知识或现成的材料直接提供给学生。只有这样才能引导学生通过亲自实践、参与,将这些基础性知识从外显的陈述性知识,转化为经过个人经验和活动整合的个人化的内隐知识。

　　(2)方法层面的指导。方法层面的指导包括科学态度、科研方法的指导。如在科学态度方面的指导,要告诫学生研究态度要客观,不能主观地下判断,或者先入为主;研究有一定的程序和规范,要按照科学的程序进行,严格、规范地按要求操作,这样获得的结果才是可信的、客观的;要对资料进行一番去粗取精、去伪存真的辨析考证工作,并非任何资料都是真实的、可信的。再比如研究方法,要让学生了解各种研究方法,如社会调查法、文献研究法、比较研究法、思辨研究法、实验观察法,等等,任何研究都需要一定的研究的方法,甚或是多种研究方法的综合应用,要根据不同的研究内容和形式以及学生的自身素质来决定采用不同的研究方法。比如关于毛泽东思想的形成研究,应主要采用文献研究法;关于社会主义新农村的建设,应主要采用社会调查法;性格外向的学生比较适用社会调查法,性格内向的学生比较适宜文献研究法;驾驭材料能力强的学生适宜比较研究法等。

　　(3)思维方法的指导。开展研究型学习的目标之一就是提高学生的思维能力,而思维能力直接关系到研究的角度和方式,关系到研究的展开和结果。教师对学生思维方法的指导,主要表现在帮助学生打开思路,完善研究,培养学生善于观察、发现问题、分析问题、解决问题的思维能力,培养学生的批判能力、想象能力、发散能力和创新能力。还要鼓励学生在课题研究中尝试并应用各种思维方式,最后将各种思维方式内化为他们自己思维方式的一部分,使他们的思路更开阔、更深远、更灵活、更严密、更科学、更完善。

四、课件制作方法、展示与评价

　　研究型学习课题往往不是一个学生凭个人力量就能完成,大多数情况下需要学生之间积极合作来共同完成。我们让学生按照自己的兴趣自由组成专题研究小组,人数依据课题工作量的大小而定,一般有 3～5 人。组内成员进行分工,有的负责收集文字资料,有的负责社会调查,有的负责文字工作等。在分工的基础上大家相互协作,平等交流与讨论,共同克服遇到的各种难题。最后,小组将研究成果制成多媒体课件,向全班同学展示。实际上有些小组完成一个课题后意犹未尽,又选择一至两个课题进行研究,制作了多个多媒体课件。

展示会一般在结课前夕举行。各研究小组将自己的成果在课堂上展示。展示步骤如下:首先由主讲人介绍课题名称、课题组人员构成和分工;接着由主讲人和计算机操作人员通过课件形式,向大家演示课题的研究过程和研究成果,其中包括课题研究的目的、研究方案的设计、资料的取得、成果的产生、课题研究中涉及的科学术语以及研究体会等内容;最后由课题组成员回答学生或教师提出的问题。

评价工作完全交给学生自主完成。具体做法是:由每个教学大班中的 7～10 个小班,每小班推举 2 人组成评委会;评分标准由评委会集体讨论拟订,一般有选题得当、主题鲜明、内容丰富、材料翔实、逻辑严密、可视性强、课件技术含量高、正确回答问题等项目组成;以对小组的整体评价为主,小组评价与个人评价结合起来。评委会给出的分数直接计入学生成绩,分数约占该课程总成绩的 20%～30%。

五、教学效果

通过几年的教学实践,我们感觉使用这种教学方法,教学效果显著:

(1)培养了学生善于提出问题的习惯和能力。现代心理学家认为质疑是思维的火花,思维总是从发现问题开始,以解决问题告终的。因此,学贵在疑,思起于疑。借助于研究型学习方式,可以培养学生的问题意识,使学生敢于提问,善于提问,乐于提问。

(2)激发出学生学习的兴趣。学生在探究问题过程中,既享受到成功的喜悦,又激发了学生浓厚的学习兴趣。浓厚的兴趣是创造性思维的促进剂,学生常会在愉快、欢乐的氛围中,迸发出创造性思维的火花。比如有学生在"邓小平理论与'三个代表'重要思想概论"课上,了解到"四人帮"诬陷邓小平没有参加遵义会议而硬说自己参加了遵义会议,便对邓小平是否参加过遵义会议的课题充满了兴趣,他们组织了一个 3 人课题小组,查阅了各种文献资料,找到大量的确凿证据得出结论:邓小平参加了遵义会议! 他们的研究成果在整个学术界的研究中,都是比较全面比较具有说服力的。

(3)在动手实践中培养了学生的创新能力。我国著名教育学家陶行知先生提出了著名的"手脑相长"的观点,他认为脑与手联合起来才能产生力量。为此我们充分发挥工科学生动手能力强的特长,把课题研究的成果制作成多媒体课件,让学生在运用理论解决实际问题中体验探索的滋味,在实践中掌握知识,在实践中求得成功,在实践中尝试成功,在实践中发展创新能力。

(4)促使学生知之、信之、行之。思想政治理论课的重要目标就是要提高学生的思想政治觉悟,为树立马克思主义的世界观、人生观、价值观及实现有中国特色的社会主义而奋斗的远大理想奠定科学的理论基础。学生在课题研究过程中,大量阅读相关理论书籍,大量占有材料,并调动已掌握的各种知识,经过比较、分析、综合、演绎、推理等多种方式来解决问题。他们在解决问题的过程中获得亲身的体验与感悟,在体验和感悟的基础上认同与内化马克思主义的基本理论和相关的社会科学知识,并用以指导自己的行为实践。

(5)培养了学生的团队精神。当今世界科技不断发展,科学分支越来越多。人们的智力、能力都是有限的,不可能方方面面都通晓,加强团队精神无疑是取长补短的最好方法。学生在课题研究中可以培养团队精神,促使他们为了共同的目标学会相互交流和合作,学会相互尊重、理解以及批评和自我批评,学会彼此之间分享资源、信息和研究成果,学会有效地表达自己、真诚地倾听别人以及循循善诱地说服他人的方式和方法,学会制定和执行合作研究方案的习惯和能力等。

(6)在展示中激发学生再创作的能力。再好的作品也有不足之处,他们在希望得到别人赞同时,也很想知道自己作品的不足。课堂展示会给各个课题组提供了相互交流的机会,他们看到了别人的长处,也发现了自己的不足,在同学、教师的点评和建议中,找到了继续完善的灵感,于是他们再一次开始新的创作,各方面能力又得到一次升华。

(7)给教师很多新的启示。学生的选题涉及的领域和范围非常广泛,无论教师有多么扎实的基础知识、深厚的理论背景,都不可能对每一个课题了如指掌,这就促使教师不断拓宽自己的专业研究领域。此外,学生在一定科学方法指导下所进行的自主探索,往往会发现新的材料、视角和方法,形成新的思路乃至观点,这些都会给教师很多新的启迪。

——原载于《清华大学学报(哲学社会科学版)》2006年第21期第115~118页

开放的美学空间

人文学院教授　郑彦良

2008 年 5 月

　　北航艺术馆自 2006 年 5 月以"20 世纪中国文学大师风采"作为首展正式开放以来，已走过了两年的路程。两年来连续策划举办了 37 次高品位的文化艺术大展，为推进学校文化育人工作、加强学生德育美育，艺术馆发挥了不可替代的积极作用。

　　我为自己曾参与艺术馆的议题和方案设计讨论而感到高兴，更为北航拥有这样一个美学空间而自豪。两年时间里，我一次不落地看过全部 37 次展览，有的展览竟吸引我进来了七八次。看展览，是享受、是熏陶，是放松、是沉醉，每次看完都感触良多，收益很大。我以为，北航艺术馆的两年展出，起码有以下特点：

定位准，起点高

　　艺术馆着眼于文化育人理念，促进学校文化艺术与科学精神的融合，确定了"灵感需要空间，想象插上翅膀"的办馆宗旨，定位于"公益性、专业化、高品位"，为校内外观众提供了免费开放的美学公共空间，充分反映了北航先进的办学育人理念和高品位的追求。

专业化，效果佳

　　艺术馆力求专业化、高品位，追求新机制、新模式，设计了标识系统，建立了独立的网站，尤其是连续不断、风格迥异的专业化展览，吸引了数十万人次走进艺术殿堂，并积累了珍贵的历史资料和观众留言。展览对我校广大学生潜移默化的熏陶和艺术素质的教育作用是巨大的，影响是极为正面的。

有特色，影响大

　　在媒体喋喋不休地议论大学应不应该和怎样对社会开放之际，北航作为一个以理工科为主的高校，开辟出这样一个开放的公益美学空间，其清新、亮丽的形象，引起了媒体的广泛关注。目前艺术馆也是北航对外交流的一个重要窗口、一个不可多得的亮丽名片。

——原载于北航校报 2008 年 5 月 1 日第四版

政府应急管理中的政府形象塑造

——从新闻宣传角度分析

邢书茵* 郑彦良

2007 年 2 月

（北京航空航天大学 公共管理学院 100083）

[摘　要]　当今世界是一个突发事件频频发生的时代,媒体作为一种重要的社会力量,在政府应急管理中发挥着不可替代的作用。如何及时、有效地处理突发性事件,做好与媒体、与公众的沟通,直接影响到政府的形象以及社会的稳定。本文从政府的新闻宣传制度、与媒体沟通等方面进行分析,并结合案例研究论证政府在应急管理中应该塑造怎样的形象。

[关键词]　政府形象;应急管理;媒体

一、引　言

应急管理对于一个政府或其他组织来说,既可能是灾难,也可能是挑战之后的转机与形象的提升。因为突发事件的到来,破坏了组织系统的稳定与常态,迫使其进行一定的作为,减少损失,树立新形象或不让自身形象受损。在政府每一次的应急管理中,媒体的作用,就在于按照新闻传播自身规律对突发事件的处理过程进行干预和影响,促使事件带来的影响向好的方向转化。媒体介于政府和公众之间,它既受政府制约,又在一定程度上影响政府;既引导公众,又需要满足公众需求。媒体一方面代表公众,时刻关注、监视突发事件处理的进展,另一方面,又作为党和政府的喉舌,传达其声音,树立其形象。因此,政府能否处理及时地与媒体沟通,利用媒体在公众中的作用将突发事件处理好,是塑造良好政府形象的一个重要着手点。

二、政府应急管理及相关理论

应急管理作为一门新兴的学科,目前越来越受到人们的关注,尤其是近年来各

---

* 邢书茵,郑彦良指导的硕士研究生。

国突发事件不断发生,应急管理更是成了一门热门的研究课题,虽然很多人都在研究,但至今还没有一个普遍被接受的定义。不过大家普遍认为应急管理一般和突发事件紧密联系在一起。突发事件,一般是人们对出乎意料事件的总称。通常,突发事件包括各种自然灾害、严重事故灾难、公共卫生事件、社会安全事件等。突发事件作为一个被人们一种约定俗成的名词,并不规范,所涵盖的时间外延也过狭窄,因为突发事件对社会的影响不是转瞬即逝,而会持续一个过程。因此笔者认为,突发事件是指在一定区域内突然发生的,规模较大且对社会产生广泛负面或不利影响的,对生命财产及其他利益构成严重威胁或潜在危害性的一切事件。不过,目前国外更多地使用"危机"这个概念。

鉴于对突发事件的理解,我认为,政府应急管理便是政府在应对突发事件的过程中,为了降低突发事件的危害,达到优化决策的目的,对突发事件的原因、过程及后果进行分析,有效组织集成社会各方面的相关资源,对突发事件进行有效预警、控制和处理的过程。从政府与媒体的关系角度来讲,政府应急管理的过程始终离不开媒体。由于意外突发事件所造成的状态构成了对现有正常社会秩序的威胁,不仅使公众和社会蒙受极大的损失,而且还会使政府的形象和声誉受到严重的损害,直接影响着一国政治经济的稳定和发展。因此,对突发性事件的应急管理也几乎成了每一个政府必须具备的能力。

形象是人对某种事物认知的印象,具有客观性、外显性、多样性和多面性多种特征。一般意义上是指能引起人的思想或感情活动的具体形状或姿态,是指人们对客观事物的主观看法。政府形象是政府的总体特征和实际表现在社会公众中的反映,即政府在社会公众中的总体印象和总体评价。笔者认为政府形象是指对政府的生存和发展具有一定影响力和约束力的社会公众(包括外部公众和内部公众)对政府客观实在的主观认识,是对政府各方面要素总体的、抽象的、概括的印象和评价。应急事件处理得是否及时、有效,都在很大程度上影响着政府形象。

三、媒体在政府应急管理过程中不可或缺并发挥着重要作用

(一)政府应急管理的过程是与媒体、公众积极沟通的过程

在政府应急管理的过程中,政府有责任和义务在应急管理的各阶段向公众提供必要的相关信息,将人们所面临的危险和威胁明白无误地告诉公众,这就离不开新闻传媒。应急管理的过程在一定程度上可以说就是密切联系传媒、有效传播信息的过程,正如里杰斯特(Regester)(1989 年)所言:"对交流的有效管理如同处理危机本身一样重要。"特别是在突发事件爆发的初期,更要积极地与媒体和公众通过正式的沟通方式进行交流。早在 1959 年广东受灾,全国畏难的时候,毛泽东同志就在写给胡乔木和吴冷西的一封信中,说"广东大雨,要如实公开报道。全国灾情,照样公开

报道,唤起人民全力抗争。一点也不要隐瞒。政府救济,人民生产自救,要大力报道提倡。工业方面重大事故灾害,也要报道,讲究对策。"

在任何政府的应急管理中媒体都不可以缺席,如果没有媒体的参与和监督,不公开突发事件情况,对信息没有做出正确的处理,各种流言甚至谣言就可能通过非正式的沟通渠道乘虚而入,后果将不堪设想。以英国为例,进入21世纪以来,英国传媒对突发事件的反应速度越来越快,尤其对具有全国乃至国际新闻价值的突发事件,记者和卫星电视直播车往往能够在十几分钟之内就赶到现场,这给政府和直接处理有关事件的各部门也带来很大压力,因为往往他们还没弄清楚状况,初步调查还没完成就已经必须举行第一场记者招待会和发布消息。但英国警方认为,"再有限的事实,再简单的声明也比谣言强"。这个例子也说明了谣言的严重危害性。

(二)政府应急管理需要正确的舆论导向,媒体是政府应急管理中的"方向盘"

政府机构在应急管理过程中需要有正确的理念舆论作指导。这就需要充分利用和发挥媒体的积极作用,特别是主流媒体,让他们充分运用自己在公众中的影响力,对社会的认知、态度和行动进行全面的引导,使舆论朝着有利的方向发展。

新闻传媒作为社会舆论的工具,具有反映舆论和引导舆论的功能,在现代社会中无疑是最强大最有影响力的舆论机构。新闻媒体作为政府和公众的一个中介,在政府应对突发事件时起到了稳定民心,最大限度地减轻突发事件带来的负面影响的作用。很多情况下还可以激发人们的意志和热情,鼓励人们去奋斗拼搏。新闻媒体就好像方向盘一样,如果政府在应急管理过程中把握好了,突发应急事件所造成的不利影响就会减小,甚至有可能扭转不好的局面。因为媒体的影响、文字的力量等在特定的年代和时间上比其他方式要更有力、更有效、更能影响人们的心志。2003年"非典"时期,政府大力宣传和倡导"万众一心,众志成城,团结互助,和衷共济,迎难而上,敢于胜利"的伟大民族精神就是在广大大众传媒的大力宣传下,一次次地激励着我们的战士、我们的白衣天使、我们每一个普普通通的公民坚定意志,团结奋进,努力战胜"非典"。同时,很多报道和书籍都以"坚城"等类似的字眼为题,不但增强了广大群众战胜困难的信心、团结意识和奉献意识,也为政府和媒体如何建立完善应急机制提供了宝贵的经验。

四、从新闻宣传角度探索政府应急管理中的政府形象塑造

(一)突发事件爆发时,第一时间与媒体沟通合作,充分调动媒体的力量,形成正确的舆论导向,塑造政府高效权威形象

任何突发事件的发生对人们的影响都是"意外性"的,在这种情况下,莫名的事

件、未知的影响和结果都会使人们的心理产生不安,甚至恐慌。政府,是社会公权力的代表,代表人民管理社会公共事务;媒体,是社会公器,代表公众行使社会守望的职能。媒体在应急过程中作为政府和公众的代言人,完全可以沟通信息、疏导情绪,起到积极的作用。因此,在突发事件发生的初期,政府就要及时地、第一时间向公众讲明真相,避免小道消息的传播,进行正确的舆论引导,减轻人们的恐惧心理,以保证社会的稳定。2006年2月19日,牡丹江市自来水取水口发现不明絮状物,这一罕见现象引起了牡丹江市政府以及相关部门的高度关注并立即组织大量科研人员进行科学检测,48小时之内获取检验结果,在确认无误后,牡丹江市政府通过当地主要媒体公布了检测结果,说明此絮状物不会造成自来水污染,避免了可能因水污染导致的恐慌,将危机扼杀在了初始阶段。

新闻作为一种社会力量,只要和政府形成一种良好的互动,就会产生巨大的力量和影响。如果通过媒体及时传达权威的主流消息,就会稳定社会心理,不至造成公众的恐慌。事实上,把媒体排斥在应急管理之外,不利用媒体解决突发事件,是不明智的。在社会透明度日益增强的今天,媒体作为推动社会进步的力量,不应该、也不可能被排斥在突发事件应急管理之外,这是政府对待媒体、对待人民必需的态度和义务。

(二)建立信息披露机制,如实向公众公开危情,塑造政府诚实负责的形象

突发事件发生以后,公众享有对危情的知情权。信息披露机制的建立要避免两种倾向:一种是对危情采取隐报瞒报的做法,对公众需求的相关信息采取"无可奉告"的态度,致使"小道消息"当道,流言、谣言猖獗,造成人心浮动;还有一种是报喜不报忧,把事故当"故事",掩盖事故发生的真相,帮助事故的责任人推卸责任。

政府新闻发言人应该代表政府设置议程,掌握主动权,发布权威精准的危情信息。新闻发言人在新闻发布会上要表明政府的态度,说明应对工作的开展情况,杜绝流言;要坚持原则,只发布经过核实授权和核实的信息。"如果屈从于这种'信息压力',发布一些未经核实的信息,只会给政府的工作带来负面的影响。"

2006年3月,中国传媒大学舆论研究所副所长胡百金在教育部第三期司局级干部新闻发言人培训班上提到:"政府在危机事件中公开信息,澄清真相是必须的,但不等于澄清所有真相,信息要有选择、有节奏地公开。""有选择地公开"是要向公众介绍危机事件的一些本质特征,适当地说明目前危机事件的发展情况,提供及时的应对方案和自我保护的行动性信息,让公众提高自我防范意识,并表明政府的积极态度;"有节奏地公开"旨在说明信息公布的时间、顺序要与危机事件同步进行,不要过度沉默,更不要过多地做出承诺,而之所以这样做的目的是顾全大局。

此外,笔者认为,所有参与发布会的人员必须口径一致,不能提供互相矛盾的信息;在同一事件中主要的新闻发言人最好是同一人,以便建立可信度和一致性;要定期发表最新情况,对过去发表的不准确信息要立即纠正,等等。

（三）巧用媒体传播政府应急主管个人形象，通过领导巨大的人格魅力提升政府可敬可信的形象

"9.11"事件发生时，尽管美国政府声称为了国家完全起见，需要隐瞒总统的行踪，但是布什的身影还是时常在媒体中出现，一会儿"离开佛罗里达，正在'空军一号'上"，一会儿"将前往路易斯安娜的空军基地发表讲话"，一会儿出现在教堂，一会儿出现在救灾现场。布什政府深知应急公关的精髓，随时通过媒体把自己的形象展现在公众面前。这样的精心设计，获得了极好的传播效果。

除了总统，纽约市长朱利安尼"在公众需要时表现勇敢，不为包围着他的伤痛而退缩"，被《时代》周刊评为第76位年度风云人物。成为媒体眼中的重要传播符号，树立起了政府的良好形象，比如还有纽约市消防局局长殉职的报道，显然代表了政府对救灾工作付出的程度。这样的报道感动了很多人，也得到了人们的认可。

五、结　论

政府为了进行有效的管理，必须争取广大公众的信任、支持与合作，而争取这些，就要求政府与公众、与媒体之间能进行快速有效的沟通。媒体能够有效地引导舆论，创造良好的舆论氛围，以赢得公众的理解、认同和支持，为提高政府的公信力和美誉度发挥重要的作用。政府只有积极地调动媒体的积极性，充分发挥媒体的巨大力量，使公众能够及时地、准确地了解到政府的作为和为人民服务的态度，才能得到人们的信任和支持，才能树立起在公众中的良好形象。[*]

——原载于《安全应急管理研究》第170～173页，胡象明、黄敏主编，北京航空航天大学出版社，2010年2月出版

　＊　本文有删节。

青年教师培养专题调研报告

研究生督导专家组综合组

（郑彦良执笔）

2010 年 6 月

[摘　要]　青年教师的水平和质量是一所大学可持续发展的关键所在;青年教师是一所大学未来的主体,他们的水平将是大学未来水平的体现。因此如何调动、激励他们的热情,培育他们,扶持进步,是学校制定规划、制度时必须给予重视的事情。学校的制度和政策是引导青年教师发展的"指挥棒",应精心规划设计并运行管理到位。我们认为,学校应高度关注和着力解决青年教师成长过程中面临的主要困惑问题;学院应承担培养青年教师的主要责任。

[关键词]　青年教师;培养机制;制度政策;各级责任

一、背　景

1. 形　势

我国从 2011 年将开始启动"十二五"发展规划。《国家中长期教育改革和发展规划纲要》的即将实施,为高等教育提出了"提高教师整体素质"的要求。一方面,高等学校承担着为国家经济建设和社会发展培养输送优秀合格人才的使命,人才培养模式、深化教学改革和提高教育质量面临着诸多新的课题;另一方面,高校自身建设与发展也面临着严重的人才竞争和更多挑战。师资队伍建设的水平是衡量一所大学的核心要素,也是高校核心竞争力的根本体现。

青年教师培养工作是高校师资队伍建设中的一项重要任务。学校培养高素质人才和拔尖创新人才,既应包括教育主体——广大青年学生,也应包括教育主导——学校师资队伍;没有高素质、创新性强的师资队伍,大学就难以生存和可持续发展。因此,重视教师人才的培养,这也是大学高水平建设和可持续发展的根本任务;提高青年教师的水平和质量,必须从青年教师入校抓起,建立学校青年教师培养培训管理机制和规范有效的常态化运行机制。这是确保高校办学水平的一件大事,也是确保今后博士生导师和硕士生导师水平的一件大事。

2009 年北航召开的第十五次党代会,提出了学校"十二五"发展规划和空天信融合特色的航空航天一流大学的发展目标,这些都为学校师资队伍建设特别是青年教师培养工作提出了新的更高的要求。

2．趋　势

高校青年教师的培养培训工作，是人力资源建设的一部分。教育部、地方教育部门和不少高校都加大投入力度，认真贯彻落实《高等学校教师培训工作规程》，在青年教师培养培训管理机制和运行机制方面采取了很多措施，积累了丰富的经验。

随着学习型社会、创新型国家、学习型政党等目标任务的先后提出，随着经济、教育、文化的全球化碰撞融合，以及科技进步、知识更新的日新月异，终身学习和终身职业培训的理念在高校中将越来越深入人心。

现代大学已全面承担起时代赋予的教育责任、学术责任和服务社会的责任。教育责任要求大学必须坚持人文、科学和创新的统一，坚持通识教育与专业教育的有机结合，全面推进素质教育；学术责任要求大学必须大力开展基础科研和技术开发，提高广大教师和青年学生发现提出问题与分析解决问题的能力，充分发挥高校在国家创新体系中的基础性、源头性作用；服务社会的责任要求高校为国家经济建设和社会发展培养具有可持续发展理念的高素质人才与拔尖创新人才，大学要以新思想、新知识、新技术和新文化引领社会的可持续发展。高校和教师作为大学实现其教育、学术与服务社会责任的重要载体和实践者，必将不断提升自身在层次性和专业性方面的可持续发展水平。可以预见，我国高校教师特别是青年教师的培养培训工作，将随着"十二五"教育发展规划的启动，步入一个新的发展阶段。

目前，随着"完善培养培训体系，做好培养培训规划，优化队伍结构，提高教师专业水平和教学能力"任务的提出，高校教师的培养培训工作正由重学历、学位培训轻非学历、非学位培训现状，逐步向终身需求知识性培训、学术性培训和教学性培训三者并重转变。其中知识性培训、学术性培训以教育部门、所在学院和教师个体为主，而教学性培训即教学业务培训则主要由教育培训部门和学校相关业务部门承担。

二、现　状

就我校而言，从我们了解和调研涉及院系的情况，分析如下：

1．优　势

据不完全统计，我校 2006—2009 年共招聘教师 580 多人，每年引进 145 人左右，其中青年教师占百分之七八十，大多来自国内名校和国外高校，大都具有博士学位，相当一部分还有博士后经历。"十一五"期间人才引进的重大举措，大大缓解了多年来居高不下的生师比，为不断提高学校办学水平提供了人力资源。为把这一批批新引进的青年教师培养好、使用好，学校和学院两级想方设法，下了很大功夫。

（1）在青年教师培养问题方面：

在学校层面，学校制定了一系列有利于青年教师健康成长与发展的制度和政策，建立了激励青年教师尽快成长的运行机制和规范措施，比如"蓝天新秀""蓝天新星"的多年运行，青年教师科研启动费的历年支持，青年教师教学业务的系统培训，

"优秀青年教师奖"的评选,青年教师课堂教学比赛的连年举办,每年举办的青年教师外语(出国)培训,青年教师有计划地国际化培养,等等。这些都为青年教师的健康快速成长,提供了学校层面制度和政策的基本保证。

在学院一级,大都非常重视青年教师的培养问题,为此各学院针对院情采取了不同的培养措施,总的效果也是好的。从我们这次调研所涉及的学院来看,已见到不错的成效。

1) 能源与动力工程学院:注重在打造国际化学术团队建设中有针对性地发挥青年教师的作用,各团队提出并构建了"现职教师交叉听课体系"。要求老中青教师交叉听课,相互学习,取长补短,共同提高。具体做法是:① 年轻教师听精品课(优秀主讲)教师或老教师的课:学习为主,兼顾考评;② 优秀主讲(精品课)老师或老教师听年轻教师的课:考评为主,兼顾学习;③ 听课意见汇总反馈相应老师。此外坚持实行青年教师新开课试讲制度、定期举办年轻教师讲课竞赛、优秀主讲兼精品课教师举办教学经验讲座等活动。

经过多模式多层次的教师队伍优化实践,目前所有核心专业课程都形成了以老教师为指导顾问、中年教师为带头人、青年教师不断成长为骨干教学力量的局面。他们还推出了"一对一、一对多、多对多"多模式年轻教师队伍培养模式,如在北航精品课和北京市精品课程建设中,不断探索出一整套 TJPG(听、讲、评、改)帮带年轻教师短期内快速提高教学水平的方法。

几年的实践证明了该方法是非常有效果的,得到了同学和专家的好评,其中李秋实老师 2006 年获得了北航青年教师讲课比赛一等奖,被评选为"北航十佳"教师,2008 年获评北航优秀主讲教师,2009 年获第六届北京市青年教师基本功大赛二等奖、最佳教案奖。在教学团队核心课程的国际化建设中,要有意识地把团队中优秀的青年教师送出国,与国外同行学习、交流,在帮助他们进一步提高教学和科研水平的同时,逐步实现专业课程的国际化。

2) 计算机学院:加大对青年教师的培养力度,采取一系列措施:① 着力推进青年教师在职攻读博士学位和出国学习进修,学院出台了相应的管理办法和支持措施,2000 年以来在职获得博士学位的教师 13 人,2003 年以来出国进修半年以上的青年教师有 16 人;② 以国家、省部级重点实验室、工程中心和创新基地为依托,组建优势团队,承接国家重大、重点科研课题,通过传帮带压担子和实践锻炼让青年教师得到快速成长,使一批优秀青年教师脱颖而出。自 2003 年以来学院获国家科技进步二等奖 6 项、国家科技发明二等奖 2 项,很多青年教师都是主要完成人,有 11 名青年教师被评为国家新世纪人才;③ 实行教学岗位聘任,引进教学岗位遴选竞争机制,将教学任务、教学手段、教学效果与岗位评聘相结合,让能力强、教学效果好的青年教师有竞争上讲台的机会;④ 鼓励青年教师开展教学研究,承担教改项目,发表教学论文;⑤ 学院每年组织教学比赛、教学交流、学术沙龙、专家讲座等活动;⑥ 组建了以学科责任教授、学术带头人负责以青年教师为骨干的教学课程团队,形成课程体系建设与青年教师培养的长效机制,青年教师逐步成为国家级教学成果奖的主力;⑦ 学院每年召开表彰大会,单独为在科研、教学、指导研究生等方面业绩突出、进步快的青年教师设立奖项。

3)经济管理学院:2008 年开始,学院制定实施了为期三年的"青年教师培养计划",培养内容包括师德教育、联系导师带教、教学能力培养、科研能力培养、学位/学历培养、培训进修、学术交流等方面,构筑加强青年教师成长的重要载体与平台。其主要举措包括:① 2008 年以来入院的新教师都有联系导师,并按学院"青年教师培养计划"规定要填写《北京航空航天大学经济管理学院青年教师培养计划书》;② 每学期进行培养计划的制定、考查与总结,由联系导师、教研室、学院三方提供支持;③ 为新进青年教师提供科研启动经费,保证基本科研条件建设;④ 为青年教师提供良好的工作和生活平台。

院党委提出"和谐凝聚力工程",学院经费支持、组织各种活动,促进教师间学术成果的交流和传帮带,不仅形成浓厚的学术氛围,而且为青年教师拓宽学术发展空间搭建平台;凡教育部系列培训课程班和研讨班,学院都提供经费让教师参加,每年有 10 人次左右,受益者 80% 以上是青年教师;对于参加双语教学的青年教师均有奖励并得到国内、外优先培训的机会;经费支持青年教师邀请国外学者来院讲课,促进年轻教师的国外交流面。

院工会牵头组织各项活动:① 青年教师论坛,设定不同专题,从 2005 年开始,每年一次专题论坛;② 不定期举行学术午餐会,从 2009 年开始,每次有一两位青年教师主持,已进行过七次;③ 定期茶歇,2010 年上半年开始,每周二和周四下午 3:30 到 4:15 共 45 分钟。实际上,茶歇是提供教师跨系之间的交流、新老教师之间切磋、领导听取意见的一个宽松的场所。事实上参加这些活动的以青年教师居多。上述措施产生的效果:一是极大地促进了凝聚力工程,使青年教师们热爱工作、热爱管院;二是论文数量直线上升,如 EI 从 2005 年十几篇到 2008 年达一百多篇;三是促进了以老带新,青年教师重视教学,愿为提高教学作出努力。

4)生物与医学工程学院:2008 年成立学院,全院现有专任教师 40 人,其中半数以上是青年教师。

该院在青年教师培养方面主要做了四方面的探索。① 在基本素质方面:该院是生物、医学、工程三个学科门类的交叉学科,为了使青年教师更快速地融入交叉学科环境,提高教学水平,学院一直非常重视学术交流,目前学院主办的"三个讲堂"(生物与医学名家论坛、教育与文化讲堂、学术沙龙)已经固化为学院的文化品牌,平均每两周至少一次,学院要求每位教师参加(特别是青年教师),国内外著名专家的讲座及本院教师经常性的交流内容涉及国内外学科前沿、产业发展前景、基金申报指导、交叉学科的课程设置及研究、精品课程建设、课堂的组织技巧、敬业精神的养成等诸多方面,通过这样的活动青年教师从学术素质和教学素质上得到较大提升;② 近年来,该院青年教师获得国家自然科学基金和发表高水平国际期刊论文(Q1、

Q2 区)的水平名列全校前列,学院鼓励青年教师将这些研究成果带入课堂,鼓励将科研中的问题转化成教学的实践环节和综合实验;③ 特别重视从国外著名高校或研究机构引进优秀人才,鼓励和帮助没有留学经历教师出国进修、参加国际会议或通过国际合作项目与国外研究机构建立联系,实质性的国际学术交流与合作成为学院工作的常态,教师的国际视野得到提升,在教学中尽可能地将国际前沿问题引入课堂,并经常请国外教师讲授部分课程;④ 学院制定了一些鼓励教学的政策,鼓励青年教师重视教学和公益精神的养成。目前,该院的青年教师学历层次高,28 人中 27 人具有博士学位;科研层次高,人均国家自然科学基金一项;国际化视野宽阔,一半以上有国外留学经历,青年教师参加国外学术会议 21 人次,出国访问交流 80 人次。这些具有国际化视野的青年教师是推动该学院快速发展的"潜力股"。

5) 材料科学与工程学院:培养举措主要包括组织青、老教师教学交流会、组织青年教师座谈会,交流教学经验、科研基金等课题申请经验等;组织全院青年教师讲课比赛;率先实行了责任教授团队负责制,新进教师除了在团队内担任科研任务外,还必须担任教学任务,而且先任助教,然后由负责人根据其业务和教学水平决定其上讲台的时间;组织各学科内教师互相听课约 50 人次/学期;组织全院青年教师参加学术报告:包括院士大师论坛、本院学科带头人报告等;制定"材料科学与工程学院教师发表论文奖励办法(试行)",鼓励青年教授发表高水平文章。效果:通过培训、交流、比赛、奖励等措施,提高了青年教师的教学责任感和授课水平;近年来材料学院每年发表 SCI 论文 150 余篇,SCI 检索总数已位列全校第一名。

6) 数学与系统科学学院:这方面有较好的传统做法,工作抓得比较细。主要包括:① 讲好一门课,新进的青年教师一律随主讲教师听课半年,同时资深教师为青年教师传授讲课技巧,如李尚志教授 2009 年就为青年教师讲过两次;② 参加一个团队,把青年教师按其专业特长推到相应的学科梯队中去,由梯队带头人指导他们阅读学术专著及综述文章,定期在梯队的学术讨论会上轮流宣讲阅读心得,这对青年教师迅速提高学术水平并进入学术前沿,奠定了坚实的基础;③ 学院经常邀请国内外数学名家来举办高层次学术讲座,开阔大家的学术视野。该学院还注重发现和重点培养梯队带头人的后继人选。

7) 物理与核能工程学院:该学院刚组建时间不长。对青年教师参加学术梯队活动,参加哪个,何时参加,无硬性规定。如对某个梯队研究方向感兴趣,可先参加梯队活动,发表学术见解,若见解被认可,即算作梯队正式成员,否则他就自动退出。因而该学院学科梯队有较大的流动性。这种竞争机制使梯队有了活力,与欧美大学的情况相类似,也不失为一种大胆的尝试。

(2) 在青年教师培训工作方面:

我校青年教师的培养培训工作,认真贯彻落实《高等学校教师培训工作规程》精神,有多年工作积累的经验,已进入系统化、科学化、规范化的基本轨道。按照岗前、岗位培训的分类,我校的岗前培训主要是由人事处每年主办的新教师入校教育培训班,要求所有新进北航的教职工必须参加,一般每学年第一学期进行,已坚持举办多年,积累了丰富的经验(主要培训内容详见人事处培训计划,此处不再赘述)。目前我校举办的岗位培训大概有如下四类:

一是由教务处、人事处、研究生院共同主办,教务处每年具体承办的青年教师教学业务基础培训班(以下简称基础班)。每学年第二学期(春季学期)进行,从 2007 年开始,已办四期,培训结业 484 人(其中 2007 年 99 人,2008 年 93 人,2009 年 121 人,2010 年达 171 人),结业总数与我校这四年新进青年教师总数基本持平甚至略多一点儿。要求青年教师在入校两年内参加基础班培训,每期培训时间为一个月。前两周为集中培训,讲授与交流相结合以讲授为主,请教学名师、教学管理专家、优秀主讲教师讲授办学理念、教学规章制度、怎样进行课堂教学、考试考查考核规范要求、学生心理特征、现代教育技术、精品课建设、教学实践环节、扩展视野与教书育人、如何指导毕业设计等内容;后两周为分散听课时间,要求听至少 6 节精品课或优秀主讲教师的课(本专业相关课和跨学科课程各占一半),有正规的培训手册(66 页)、开学与结业典礼,颁发结业证书与优秀学员证书。2009 年 5 月,还组织第三期基础班 120 多名学员现场观摩了一堂如何进行研究型教学的研究生课程,使青年教师对研究型教学有了印象深刻的感性认识。

二是由教务处、人事处、研究生院共同主办,教务处每年承办的青年教师教学业务提高培训班(以下简称提高班)。每学年第一学期进行(秋季学期),已办二期,结业学员 98 人。青年教师二至五年内根据工作安排自选时间参加提高班培训,每期 30～60 人,培训时间为一个月。该班培训内容主要是如何提高教学质量与水平、研究型教学与师生互动、如何建设与讲授精品课、个人如何在团队中发展、高质量的教学与高水平的科研关系、教师如何全面发展等。讲授与交流相结合以交流为主,名师交流、讲课交流、座谈交流、展示交流这四个交流为提高班的特色;每位学员都要上讲台进行教学展示,并有名师进行现场点评和学员互评;名师讲座交流时讲授与问答对话各占一半时间,同时要求学员听至少 4 节精品课(理工和文管类各一半),有正规的培训手册(40 页)、开学与结业典礼,颁发结业证书与优秀学员证书,在结业典礼上通过学员 PK 展示交流,民主投票产生四个"最佳"奖项。

三是研究生院举办的新博导培训班,主要围绕提高博士生培养质量和创新能力问题展开,已于 2009 年 10 月开始实施,已办一期。

四是由校工会、教务处等单位举办的"青年教师课堂教学比赛",每年举办,有具体的比赛规程和操作程序,也颇有规模和声势,聘有资深教授现场点评与指导。这应该算是一种形式新颖的青年骨干教师深层次培训方式。

上述四类培训,由于目标明确,组织得当,成效显著,学员普遍反映较好,也受到各学院和资深专家的普遍好评。

另外,校党委党校(组织部)每年还举办党员后备干部培训班、处级干部培训班、出国教师干部培训班,教师入党积极分子培训班等,都已开办多年,积累了丰富经验。

应该说,我校青年教师的培养培训工作,已进入系统化、科学化、规范化的基本轨道,有些方面还走在了全国高校的前头,如教学业务基础培训班和提高班的做法,在青年教师中如此大范围、全覆盖地连年坚持举办,在全国高校中是不多见的,受到了国内高校的关注,但目前尚未认真总结这方面的经验。当然,按照《高等学校教师培训工作规程》要求的精神,特别是从学校的发展目标和可持续发展的角度来看,我们依然还有较大的差距。

2. 不 足

从这次调研中了解的情况看,问题主要反映在以下几个方面:

(1)学校层面:

① 尚缺乏全校整合、统一的培养培训规划和实施方案,以形成分类分层级培养培训方案和对学院的指导性意见;目前青年教师培训的系统化、科学化、规范化水平不很高,主办、承办的各培训部门间的工作内容界面也不很清晰、明确,对优化培训成本也不利。

② 在学校制度和政策的"指挥棒"问题上,较普遍的反映,一是对教学和科研的要求方面很不平衡,如在职称晋升考核中教学业绩未得到充分体现,尤其是教学质量被弱化(只有教学时数指标),不利于激励青年教师在教学和教学改革上投入更多精力,又如学校在肯定和激励青年教师教学业绩的基本措施偏少;二是对成果申报全由领导牵头才能胜出的现象反映较多,青年教师越来越难独自或牵头主持项目在各类成果奖中胜出,他们的积极性受到严重影响;而把理工类成果与大文科类放在一起评选,不利于调动文科类教师的积极性。

③ 学校领导对精心培育高素质、高水平师资队伍的重要性认识尚不到位,体现在精力(包括亲自授课)和财力支持上投入不足,这也是培训班虽得到普遍认可、但水平和层次没有逐年提高甚至形成培训品牌的主要原因。

④ 在青年教师目前关注的困惑问题中,住房问题和收入矛盾是最主要的困惑,虽然这也是社会难点,但对青年教师教学科研注意力的影响不容忽视。

⑤ 随着越来越多的青年教师进入北航,具有北航特色的优良传统、校风校训等办学理念有被弱化和边缘化的倾向;一些老学院的历史沿革、特色传统和前辈经验,也很少被青年教师了解和谈及。

(2)学院层面:

① 缺乏青年教师的培养培训工作计划。虽然各学院做了一些工作,也有一定成效,但缺乏学院培养青年教师的统一规划和实施方案,凭着感觉走,做到哪儿算哪儿,恐难以持久和上水平。

② 各学院间存在参差不齐的现象。有的学院对青年教师培养工作还未真正引起高度重视;有的措施不力,流于形式,成效不显著;有的新建学院还尚未纳入工作议程。

③ 学院层面也存在"指挥棒"偏颇的问题。一些学院促进科研提高的措施大大

超过促进教学提高的措施,久而久之,一定会影响教学质量,这对青年教师的引导会有很大影响。

④ 学院进人政策的问题。有的计划性不强,进人忽多忽少;有进人考核把关不严的现象,有的博士实际水平不理想,有的不适宜做教师;有的学院本院毕业博士留院任教者偏多,师出同门,有"近亲繁殖"现象,等等。这些现象不利于师资可持续发展,尤其对青年教师发展影响较大。

三、对策建议

35 岁以下青年教师在我校教师队伍中已占有相当大的比例。作为高校教师,必须具备扎实、先进的专业知识和宽广、优化的知识结构以及学生认可的优良教学能力,对这些要求他们还有不少差距,而青年教师入校后的3~5年时间最为关键,这一段时间的培养培训工作做好了,发展基础就打好了。为此建议:

(1)由校主管领导牵头,人事处、组织部协调教务处、研究生院、校工会等部门共同制定北航青年教师培养培训规划和实施方案,明确培训的指导思想、工作目标、主要内容、类别与层次、部门分工与培训内容界面、培训结果使用(考核)、经费保障、组织与领导等等;校领导应投入更多的精力(包括亲自授课)和财力,提升培训层次,通过整合与努力,把其中1~2项培训项目做成具有北航特色的品牌项目;培养培训规划和实施方案制定时,要把重点放在青年教师入校后打基础的5年时间内;学校适时组织经验交流和教学的现场观摩等活动。

(2)在制定制度和政策时,注重对教学、科研业绩评价的平衡,用好"指挥棒",突出教学质量的权重和量化值,引导青年教师对教学水平和教学质量的重视,激励他们在教学中投入精力;设计建立更多鼓励青年教师健康快速成长的 PK 项目;随着学科布局的进展,适时对理、工、文等大类学科的成果奖项按适当比例分类评审;建议是否建立并逐步推行青年教师课堂教学评级(如 ABC 三级)制度,由学校制定配套的指导性文件,BC 级由学院组织评定,再由学校组织专家组每年抽查复审,B 或 C 等级者二年后可申请升级,A 级由学校组织专家评定,为稳妥起见可先在一两个学院试点,完善后再在全校推开。

(3)学院是培养青年教师的主体,应承担主要责任。各学院均应制定符合院情、具有本院特色的青年教师培养培训规划和实施方案;除组织好青年教师参加上级和学校培训外,协调所属各系和学术或教学团队,采取具体措施做好青年教师成长成才的培养工作;在评定教师业绩时,注重质和量的均衡,适当突出教学水平和教学质量的权重(如,将不同级别的教学奖项、精品课、教改项目、教材、教改论文等成果按不同权重纳入业绩评定指标)。

(4)住房问题和收入矛盾是青年教师最主要的困惑和关注焦点,虽然这也是社会难点问题,但学校应尽量采取措施,下大力气偕同青年教师一起,共同解决好这一安居乐业的关键,这对青年教师解除后顾之忧,集中精力搞好教学科研至关重要。

(5)注重继承、发扬北航的优良传统,对校风、校训等办学理念和各学院的历史沿革、特色传统和前辈经验,注意及时总结和提炼,利用一切可能的场合和机会,在青年教师中加强宣传教育工作(包括制作宣传卡等媒介经常发放等)。

(6)学校的师资流动机制,应发挥更大的作用。

后记:本组专家共7人:陈祖明、张琦、过梅丽、邓小燕、杨念梅、李养龙、郑彦良;本次调研涉及7个学院和学校研究生院、人事处、教务处等部门;在调研和讨论交流的基础上,由郑彦良执笔,并经多位专家修改后完成本报告;由于时间仓促,调研广度和深度不够,加上执笔人水平有限,本报告仅供参考;衷心感谢本报告完成过程中上述学院和学校相关部门的支持与配合。

——刊载于《北京航空航天大学研究生教育创新论坛论文集》,2010年6月由研究生院主编

华东六高校考察调研报告

校本科督导专家组赴华东高校考察团

（郑彦良执笔）

2011 年 5 月

2011 年 5 月 3—9 日，教务处组织本科督导专家组 10 位专家赴华东六所高校调研，先后在浙江大学、上海交通大学、复旦大学、同济大学、东南大学和南京大学新老校区，通过现场听课、参观考察实验室、对口座谈交流等方式，实地了解几所高校（尤其是新校区）的教学现状，学习借鉴华东地区高校教学改革经验。在六所高校，专家们现场听课共 18 门次，所听课程涉及文、理、机、电四大类，既有量大面广的基础课，也有部分专业基础课；我校教务处和督导组在东道主的精心安排下还召开对口交流座谈会 5 次；现场参观考察了三所大学的实验室建设和运行情况。

本次考察调研，是教务处贯彻落实胡锦涛总书记重要讲话"全面提高高等教育质量"的精神，坚定教学改革步伐，不断提高我校教育教学质量而采取的一个重要举措。其目的就是通过实地听课和考察调研，学习借鉴兄弟高校的教学改革理念和好的做法，为在"学分制"条件下加强课程教学团队建设，不断加强和改进我校保障课堂教学质量的机制。专家们还就如何提高本科督导工作水平问题，与多所高校的督导专家们交流了做法与看法。

本次考察调研，围绕提高教学质量这一核心，主要调研两方面内容：一是在"学分制"条件下，课堂教学和课程教学团队建设的现状；二是本科教学督导组工作的学习交流。

本次考察调研，教务处负责教学质量和教学运行的两位副处长、教学质量科科长自始至终随同专家组一起调研，并及时联系、努力协调六所高校的教务部门，确保了考察调研的顺利进行；督导组成员抓紧时间、努力工作，确保了考察调研任务的完成。

一、考察团工作概况

根据出发前充分研究的意见，本次考察调研主要抓了三个环节的工作：

1. 听 课

在东道主的安排下，我们先后在浙江大学、上海交通大学、复旦大学和东南大学四所高校（除复旦外均为新校区），共现场听课 18 门次。其中：

在浙江大学,听了高等数学、英语、有机化学、工程图学四门课;

在上海交通大学,听了理论力学(C类)、结构力学(B类)、电子技术基础、侵权法和系统工程五门课;

在复旦大学,听了高等数学、生命中的化学元素、社会学导论和法学基础理论四门课;

在东南大学,听了数学分析、大学物理(电磁及应用)、电工电子基础、程序设计和工程合同管理五门课。

在听课过程中,每位专家都边听课边做记录,并与我校同类课程做了比较。在课下,就课堂教学问题与部分讲课教师和听课学生大都做了短暂的访谈交流。

2. 座　谈

我们先后在浙江大学、上海交通大学、同济大学、东南大学、南京大学五所高校,与学校教务部门有关同志和督导组专家代表就调研的两方面内容,均进行了一个单元的座谈交流;教务处的同志则每到一校均与该校教务部门进行对口座谈交流。

3. 参　观

我们重点现场参观考察了浙江大学、东南大学新校区的电工电子中心(国家级实验教学示范中心)、机电工程训练中心、物理实验中心等等实验室建设和运行情况,并详细询问了我们所关心的有关问题;应邀参观了上海交通大学闵行校区的建设沙盘模型,听取了校办负责人的相关介绍。

通过这三个环节的考察调研,我们基本了解了几所高校的课堂教学、实验教学、教学改革以及督导组工作现状,也拿到了一些教学改革和教学管理的文件资料。经过几天对六所高校的访问,比较圆满地完成了原定目标的考察调研任务。

二、六所高校的教学现状

考察访问中我们看到各校教学管理部门(本科生院、教务处)为提高人才培养质量,达到国际一流高校的目标,做了许多有益的工作,有的已远远走在我们前面,其中印象深刻的有以下几点:

1. 关于学分制

受访的各校均声称已实行学分制,时间长的学校如浙江大学已实施十年,有的较晚如南京大学刚两年多。尽管正如浙江大学本科生院的同志所说的那样,他们现行的学分制受我国高校体制、用人环境、教学资源及后勤保障条件等制约,还有不少问题有待探索解决,中国今后"真正的学分制"现在恐难以说清楚,还有"现代大学制度""世界一流大学"……但毕竟已经跨出最重要的一步。在学生按大类培养、学生自主选择(转换)专业、自主选课以及自由选择听课教师等方面,做了很多有益的探索,学分制改革逐步向以学生为主体选择的培养模式方面靠拢。在所述的这些方面虽然各校在具体实施的深浅程度上和具体办法上有所不同,但目标是一致的。学制大都定为 4~6 年,160 学分。

上海交通大学为所有学生精心设置了各种基础课程与通识课程,也给学生提供了贯穿于本科学习中自由"选课"与"选师";学生在规定的时间段中可以试听老师讲课,并自主地调整任课老师;一年级第二学期给学生提供一次自主"选科"的机会,尽可能让所有学生能在适合自己的专业学习;在第四学期,学生还可以根据自己的学习情况和兴趣爱好选择第二专业辅修,促进自己成为"复合型"人才。

学分制、选课、选择教师等,已将原有体制如学生班级彻底打破,有的按学院大类招生进来的学生一二年后已分流到不同的学院,现在班级的概念已经模糊,在学生思政教育和日常管理方面,有的学校已开始探索按学生住宿楼层管理的办法。学分制的实施,给教学管理和日常运行带来了日趋复杂的挑战,新的问题层出不穷。有的学校虽然也搞了学分制,但似乎仍没有完全放开,比如班级仍然存在、基本限制在大类中选择专业、上课选择教师时有一些约束条件。但不管怎样,我们考察的这六所高校是学分制改革的先行者,有很多值得我们学习借鉴的东西。一个突出的感觉是,学分制改革实施后,一方面对教师的教学质量提出了更高的要求,另一方面,对学生的到课率更难操控(再没有班级建制,只有选课的学生个体)。

尤其引起我们关注的,是浙江大学的本科生院的建制。本科生院的建立和运行,对于改进学校教育教学管理和适应学分制改革,似乎是一个好办法。浙江大学本科生院的院长、书记由校主管副校长和主管副书记兼任,设立专任常务副职。本科生院紧紧围绕教育教学育人中心工作,下设五个处级单位,包括有招生就业、学生工作与管理、教务处、质量办、教学保障办。本科生院下设求是学院和竺可桢学院(校长兼任该院院长),普通学生通过求是学院的基础、通识教学的培养经双向选择流向全校各学院专业大类,而选拔出的优秀学生则通过竺可桢学院的培养后分流,目前竺可桢学院已囤积有 500 多名学生仍未决定去向,学院压力很大。

2. 关于课堂教学

我们听课的安排,基本上是每校 2~5 人同听一门课,随时机动调整,有的是一类课一听到底,有的则更换频繁横向比对。经过听课比较,对我校的课堂教学质量心中有了底。

从听课情况看,总体上与我校差别不大。有的很好("讲课好"的标准在我们与各校督导组交流时可以看出大家是一致的),有的一般,有的(少数几位)还坐着讲,没有板书,不与学生交流、互动。

但这次我们收获最大的一点(也有点儿意外)是,受访学校的数学类一年级课程(有的还包括物理课)均不用或很少用 PPT,而主要是靠板书。复旦大学数学系明确规定不允许一年级数学课用 PPT;浙江大学数学老师和听课学生一致拒绝上课用 PPT,都习惯和喜欢板书推导,学生反映板书推导使包括对数学符号的印象都很深刻;上交大则主张一年级数学、物理课尽量少用 PPT;东南大学也规定数学、物理等一年级课程不能用 PPT,在东南大学听的两门数学课,一门高等数学 A 全靠板书。

一门工科数学分析,大部分靠板书,仅有的两页 PPT 也只标注了本节的内容名称和基本概念公式,而讲课教师和蔼可亲、声音洪亮、概念清晰、肢体语言丰富,再加上开课前的起立坐下、互相敬礼,是较完美的一节课。上述这些课的规模大都在几十人至一百人左右。这一点,印象很深。

关于学风问题,几所高校比较而言,浙江大学和东南大学的学风、教风更好一些,学生的到课率、抬头率和教学效果都比较好。谈到关于学生到课率的问题,在与各校交流座谈中提到普遍存在的约 75％到课率时,有的学校说这就不错了。现实也证明了这一点。我们在上海交通大学听的理论力学课(同时听课的还有该校督导员),应到学生 117 人,我们数出来的是 78 人,到课率是 66.66％;上海交通大学的系统工程课,应到 77 人,实到 42 人(包括迟到的 11 人),到课率是 55％;复旦大学的法学基础理论课,应到 180 人,实到 99 人,到课率是 55％,还包括迟到的 27 人,其中最晚一女生迟到 40 分钟(45 分钟一节课);复旦大学的社会学导论课,110 人选课 66 人听课,到课率是 60％,教学过程中认真听课的学生不太多,其中有 11 人在玩电脑。东南大学的同行说他们二年级的到课率有 90％(经听课统计证实,东南大学的学风确实不错),三、四年级的到课率较低些。学分制改革后,令人头疼的学生逃课现象依然存在,包括学风比较好的浙江大学,也有“必修课选逃、选修课必逃”的说法(座谈会介绍)。有的课,相当多的学生虽然到课但不注意听讲,在几所高校还经常看到教室后排少部分学生在课堂上玩笔记本电脑,当然也有玩手机的、睡觉的、说话的和个别谈恋爱的。

至于授课情况,则与我校大同小异。大部分教师对教学内容熟悉,讲述有条理,语言清晰,节奏适中,重点难点突出,概念交代清楚,课堂气氛活跃,与学生有互动,多数学生能认真听讲和对提问做出响应,注重教书育人,教学效果较好;但也有相当一部分课程,课堂气氛沉闷,师生间没有互动,讲课的节奏感差,有的板书较乱,有的声音较小,语调平淡,个别的还有概念失误和遗漏。强调数学课板书推导是对的,但有的一小节课竟然写了 13 黑板,教师很卖力,但内容有重复,重点不突出,效果感觉不是很好。

3. 关于课程教学团队建设

各校均已意识到我们面临的同样问题,纷纷采取了一些措施,有的已实施多年并取得成效,有的已做出计划和实施方案。

比如,同济大学说,过去有教研室,现在各自为政。结果教学、科研水平都下降,必须在教学运行机制方面努力,从根本上解决问题。所以在教学团队建设方面同济大学制定了《卓越课程计划的实施方案(2011—2013)》,依托“985 工程”三期建设项目经费,计划用三年时间建三类团队:一是校内外合作改革 42 门基础课、通识课,从中新产生涵盖 20～25 门课程的 20 个校级教学团队、涵盖 6～8 门课的 6 个上海市教学团队和涵盖 3～5 门课程的 3 个国家级教学团队(原已有 2 个国家级教学团队、3 个上海市教学团队);二是专业基础课和专业核心课,三年内改革 400 门(含全英文课程 100 门)课程,从中新产生 80 个校级教学团队(每个团队至少负责 3 门课程)、20 个上海市教学团队(每团队负责 3～5 门课程)和 10 个国家级教学团队(每个团队负责 3～5 门课程,原已有 4 个国家级教学团队、6 个上海市教学团队);三是对现有 100 门全英文课程进行改革,从中产生 50 个普通课程团队(每个团队人数不少于 3 人,负责 2 门以上课程)、20 个高级教学团队(每个团队至少 6 人,负责 4 门以上课程)和 5 个课程包(每个课程包负责 8 门以上全英文课程)。他们认为这样做与教研室相比各有优缺点,教研室人员固定便于管理,而团队则人员交叉,一个教师可能参加不同团队,比较灵活。学校的支持标准为:校级每团队 5 万元,市级团队 10 万元(5+5),国家级团队 20 万元(10+10),同济大学三年教学团队建设的经费是 2100 万元。

对于高校跨学院的同一课程质量难题,东南大学则跨学院组织了一个全校计算机课的指导委员会,由计算机学院牵头,各院系上该课程的教师都要去该委员会报到,委员会负责培训、组织讨论、统一考试试卷、组织教材编写等,学校给予该委员会一定的经费支持。

关于双语课教学,这六所高校做法比较一致。强调课堂教学的国际化,适应留学生越来越多的需求,主张在条件成熟的课程实行全英文教学。上海交通大学还制定下发了《上海交通大学全英文教学课程规范》,成立了全英文教学指导委员会,并由校工会、教务处、人事处牵头,每年组织全英文教学比赛。

4. 关于教学督导组的工作

督导组的人员组成,各校有所不同。人数有 20～40 人不等,有的督导队伍非常庞大(同济大学有 120 多人),六校大都分成理、工、文、管或机、电、文、理等小组开展工作。有的从原先退休人员加在职人员,后来改为全部是退休人员,年龄一般限制在 70 岁。也有的学校还尽量少用退休人员,以免承担劳动保障风险(各校都有分校区,往返路途普遍较远)。

工作任务也有所不同。首先随机听课是各校普遍要求的,他们认为这一点是很有意义的,可以使教师不放松,树立质量观,也是保障质量的重要环节。各校督导听课量则差异较大。如有的要求一周听四节课,而有的是一周一次,一学期大于十次(他们的口号是健康第一、快乐第一、别太指望我们)。有的和我校差不多,例如有东南大学一位督导组老师(兼院系督导)说他本学期已听了 22 次课。他们也搞专题研究,但好像不如我校督导重点更加明确。相比之下受访学校的督导组承担任务似乎更加繁杂,他们也有开学巡视、期末巡考。但除此之外,一般还要兼顾督导毕设检查、实践性环节检查、实验报告抽查、试卷抽查、首次开课的教师培训、评选学校优秀教师(亦即讲课竞赛,有的与教师培训相结合)、理论课比赛、实验教学比赛、教学资源检查等,有的还参与我们认为应属于教学指导委员会的工作,比如课程设置、学时数规定等。

给我们留下深刻印象的是东南大学本科教学督导组 18 年创新、探索的资料积累

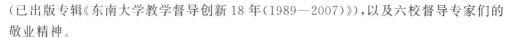

（已出版专辑《东南大学教学督导创新 18 年（1989—2007）》），以及六校督导专家们的敬业精神。

5. 关于实验室建设与运行

在浙江大学和东南大学，我们现场考察了一些实验室，包括电工电子中心、物理实验中心、机电工程训练中心等。特别值得一提的是这些实验室的规范性、开放性和管理的现代化程度大都比较高。当然能做到这些，除了实验室教师努力工作外，经费和硬条件也是基本保障。这些中心的编制人数、学生人均实验室面积、台套数，都远大于我们。

（1）浙江大学电工电子中心：

共有教师 32 人，其中主要负责实验室工作的教师 15 人。教师中教授 3 人，副教授 8 人，高级工程师和高级实验师 5 人，其他为中级或以下职称。该中心共有 25 个实验室，平均每个实验室，200 m²，占独立的实验楼（不包括理论课教学部分）。

电工电子实验教学中心，作为全校电类基础实践性环节的教学中心，是电气学院、信息学院、生医学院、计算机学院、机能学院和竺可桢学院等工科学生进行电类基础实验与创新实践的基地，同时，还面向全校的文、理、经、管类学生开设相关的通识课程和有关实验，并面向远程及成人教育学院开设实验课。总体上，中心面向全校 53 个专业开设 25 门实验课程（独立设课 18 门，非独立设课 7 门），实验项目总数达 290 余项，中心实验课程每年接纳学生总数约 7000 人，年实验总量超过 27 万人时数。

实验室分组管理，分为电路组 3 人管理 4 个实验室；模电 4 个实验室，数电 4 个实验室，EDA3 个实验室由 6 名教师管理；电子工程训练、PLC、电磁场 6 个实验室有 3 名教师管理。创新组（参加各种竞赛）出 1 名教师管理。

实验教师主要负责实验室的管理，包括简单设备维护、值班等，占工作量的 1/2～2/3，其他工作主要是带实验课（一般 100 学时/年）。

中心教师大部分为博士（除 1 名年龄大的教师），分两种情况：一是学校要求 50 岁以下的教师必须读在职博士，二是学校要求连续两年博士后提不上副教授就要转岗，充实实验教学。

学校共定了 100 个教学关键岗，该中心就有 6 个名额。实验室有关键岗 2 个，岗位津贴 4 万元，骨干岗岗位津贴 2.5～3 万元不等。该中心隶属于电器学院。

（2）东南大学电工电子中心（国家级实验教学示范中心）：

实验中心现有专职实验教师 32 人，承担实验中心的日常实验教学、教学改革和学生课外创新指导工作。中心有教授 3 人，副高级职称 6 人，中级职称 9 人，初级职称 9 人；实验技术人员 4 人，从事实验室管理、实验仪器设备维护工作；行政人员 2 人，负责实验中心的行政、人事、财务等工作。

实验中心的实验、实践教学面向全校 7 个电类院系、4 个非电类院系、职业教育学院、吴健雄学院等共 14 个专业：信息工程、电子科学与技术、自动控制工程、计算机科学与技术、生物医学工程、电气工程及其自动化、测控技术与仪器、软件工程、应用物理、光信息科学与技术、材料成型及控制工程、机械设计制造及其自动化、动力工程、热能工程等。

实验中心课内实验教学服务的对象,主要是二年级和三年级本科生。其中二年级共计约 2100 名学生,在电工电子基础课实验平台完成 4～6 个具有独立学分的实验教学模块共 110 学时左右的实验;三年级电类院系和职业教育学院约 1400 名学生在电子信息实验平台完成平均约 85 学时的实验。

中心的实验室包括基础实验平台:电工实验室 2 个,每个 125 m²,电子实验室 8 个,每个 125 m²,工程训练实验室 2 个,每个 125 m²,掩饰实验室 2 个,每个 80 m²;专业基础实验平台:高频实验室 1 个,通信原理实验室 1 个,传感与测控实验室 1 个,嵌入式系统与 DSP 应用实验室 1 个,每个实验室 80 m²;创新实验平台,2 个实验室。

学生在二年级进入实验室,每人获得一个工具包,成本在 25 元左右,包括小工具、晶体管、集成芯片等完成实验所需的实验元器件。若元器件丢失、损坏,影响实验,需花钱购买。发放的元器件学生毕业时不收回。

重点参观的电子技术实验室,每个实验工位设备费用在 2 万元左右,包括数字示波器、信号源、直流电源、毫伏表、实验箱等,该中心这样的试验工位有 300 套。中心每年的建设费用在 50 万元左右,用于设备维护与少量更新;运行费用为 30 万元。

(3)东南大学机电工程训练中心(国家级实验教学示范中心):

该中心有 47 个编制,其中工人师傅占多数,另有一名中心主任由机械学院的一位教授担任。每年的运行费为 10 万元。服务对象是一年级的认知课和二、三年级的工艺课(约 800 人——分为三周和两周的),还有远程教学(华东区的数控培训——每年三期)服务。我们主要参观了供一年级学生"工艺系统认识实践课"(即认知课,东南大学每年招收 3900 多名本科生)。

该中心现有数控机床 48 台,使用北航的"数字化网络制造 DNC 系统"。认知课共 16 学时,分为 4 个阶段:① 参观;② 材料制备(其中包含讲解设计流程,演示铸、锻、焊);③ 冷加工(车铣刨磨);④ 机械学院老师讲专题。最后学生交一份综合报告(强调一定要手写,不得使用电脑)。

值得关注的是,浙江大学、东南大学实验室与课堂教学的紧密联系。一些经典的理论验证的基础性实验图文说明,都做成精美的展框或挂在室内墙上,或布展在靠近门口的走廊墙面。

6. 关于各校有关教学的特色内容

虽然我们看到的有些有特色的东西,不一定是代表该校主要特色的内容,但被我们碰到了,感受到了,而且印象深刻。譬如:

(1)浙江大学的本科生院的建制和学分制教学改革的 10 年探索及成效,每年一本 250 多页的《浙江大学本科教学年度报告》,良好的学风,学生的自信与自觉;

(2)上海交通大学的学分制教学改革过程管理中,质量管理工作做得实,逐步形

成了较齐备完善的管理文件(如《上海交通大学全英文教学课程规范》《上海交通大学本科教学督导工作细则》等);

(3) 同济大学的"大学本科教学质量保证体系研究"课题组完成并由高等教育出版社 2004 年出版的同名专著与该校《关于卓越师资行动计划和卓越课程行动计划的实施方案(2011—2013)》;

(4) 东南大学本科教学督导组 18 年创新、探索的资料积累(已出版专辑《东南大学教学督导创新 18 年(1989—2007)》)和迁往新校区不靠口舌动员而靠学校自建 4000 多套住房吸引教师主动要求到新校区工作的做法;

(5) 复旦大学数学系明确规定一年级的数学课禁用 PPT 的做法;

(6) 南京大学面对学分制改革挑战,两年来的艰难探索经历和坚持;

(7) 浙江大学、东南大学对实验教学的重视和资源投入,实验室建设的规范性、科学化和管理的现代化,等等(已带回一部分研究成果和文件资料,不再赘述)。

各校均有分校区,而且有的不止一个,地点大多比我们的分校区更远。但他们把学生主体及管理部门大都一起放在一个校区,这样管理起来比较方便。不过教师大多不住在分校区,所以同样带来一些交通、往返问题。教师比较辛苦,下课后教师便陆续离校,留下的主要是学生。

三、几点体会和建议

这次考察调研,虽然只有短短几天时间,但大家收获颇多,体会很深。

1. 各校对教学建设的重视和投入,给我们留下了极深刻的印象

这些高校在教师的绩效评估、设岗定编等政策和在学校基本建设投入中,都对教学建设给了很大很实在的倾斜。

浙江大学在岗位设置上,设置了一批教学特殊岗位,如年薪 10 万元的特聘教学岗、年薪 20 万元的求是特聘教学岗、年薪 10 万元的实验教师关键岗,实施效果十分明显。该校的教学改革成效比较突出,从事基础课教学教师的主要精力大都集中在课堂教学方面;该校教务处同志谈到,虽然本科教学运行学校有 3000 多万元投入,但还没达到学生所交学费的 25%,首先要达到这个数。浙江大学扎扎实实办本科教学的很多方面给我们的印象很深刻。

而上海交通大学明确规定,一个教授一年至少完成本校本科 72 学时(58 个学生)的教学任务。并将教师岗位分为三类:教学(为主)岗、教科并重岗和科研岗(同济大学还有第四类岗—工程型岗),二级教授教学、科研岗待遇都一样,都是 15 万元,所不同的是教学为主的全由学院支付,而科研岗还有 25%要靠自己挣出来,教师大部分是教科并重岗。上海交通大学对教师 SCI 论文的要求已"贬值",有即可,5 篇和 1～2 篇待遇一样,这样做主要是为鼓励教学,大学的本科教学教书育人功能愈加强化;

同济大学现有本科生 1.9 万人,除教学运行 1900 万元、教改专项 1000 万元外,该校去年至今制定的"卓越课程行动计划的实施方案(2011—2013)",仅课程教学团队建设,学校就依托"985 工程"三期建设项目拿出 2100 万元,专项投入来建设课程教学团队(分为国家级、省部级和校级三级),足见其气魄和力度。设岗定编比例,30％为教学为主岗,60％为教学科研并重岗,10％为科研岗和工程岗,对教学为主岗的支持力度很大,这对保障优秀人才培养极有好处。

从考察看,我校与华东六高校相比,日常本科教学运行经费投入的差距也很大,可能有千万元量级的数额差距。

这次调研,加深了对"教学质量是立校之本"的认识。我们感到:校领导核心的高度重视,教师教学积极性的充分发挥,足够而切实的经费投入,以及为确保教学质量而进行的制度建设和组织建设等,都是"立本"的基本保证和应有之意,缺一不可。而在教师绩效评估和设岗定编等人事改革方面,采取明确(对教授要有量化的本科教学要求)且坚定地强化基础课和通识课教学的举措,则是适应学分制改革的迫切需求。

2. 加快学分制改革的步伐

早在 20 世纪 80 年代,我校曹传钧校长、陈孝戴教务长主持的《北航优化本科教学过程的改革》(即弹性学分制改革),获国家首批教学成果一等奖。当时我校与浙江大学是全国高校公认的教学改革先行者、领头羊。20 多年过去了,浙江大学的学分制改革稳扎稳打、步步深入,已走在我们的前面,这是不容否定和忽视的事实。

高等教育实施学分制改革,是我国大学教学的一个重大的变革,是一个很复杂的系统工程。学校有关各方面都有一个转变观念、做好备案、逐步适应的过程。为此建议:

(1) 做好准备,适时开展适度规模的深化教育改革和学分制建设的学习、讨论活动;

(2) 在认真调研的基础上,提前做好学分制实施方案的设计工作和管理软硬件的建设,开发或引进安全性好、方便快捷的学分制教学管理软件;

(3) 有方案、有计划、有步骤地开展学分制方案及运行管理方面的培训工作。

3. 加强基础教学建设

考察过程中,还有三点给我们留下了很深的印象:一是上课的课堂规模都在适度缩小,教学小班化是个趋势;二是实验教学条件建设的规模与质量;三是大部分数学、物理课教师对待 PPT 的拒绝态度。

六所高校新校区的教学设施建设和大教室改造,已充分注意到了控制规模、确保质量的要求,百人左右及以下规模的中小教室已占了教室的多数;而我校的新老校区大教室偏多、中小教室偏少的现状,对学分制改革来说,是一个不小的挑战,应提前充分论证,逐步加以解决。我校从事基础课教学的师资偏紧,不足以应对学分制改革的需求,应由教务处牵头通过量化论证,协同人事部门加快解决的步伐。

实验室的建设和实验教学,对优秀人才培养影响很大。我校的实验教学条件建设,在科学性、规范化和管理现代化方面,仍有较大差距;实验教学师资编制偏小。这些都应抓紧论证和解决。我校新校区的实验大楼正在建设中,应参照上述高校的建设经验,把基础打好。

数学、物理等基础课,是否或怎样使用PPT问题,建议参照华东高校经验请相关学院组织教学讨论解决。

4. 扬长避短,发挥我校优势与特色

通过考察对比,我们对我校的教学情况心中更有底了。总的看,我校的教学情况是好的,质量是有保障的,我们采取的一些措施有我们自己的优势和特色。我校青年教师的教学业务系统、持续培训,在高校中是走在前面的(但缺研究成果);我校督导组工作的主要任务明确(听课和专题调研),不像有些高校督导任务有些过于繁杂。我们把青年教师讲课比赛、优秀主讲教师评审、青年教师培训、毕业设计督导等项目内容,进行专题项目管理,效果显著且突出,有我们自己的特色,应予坚持。当然,我们督导专家的平均年龄和几所高校相比偏大些,应在下届成员调整时根据具体情况予以适当考虑。

走马观花,略闻其香。短短几天的考察访问使我们开阔了眼界,学到了一些具体经验,比较出了我们的优劣。经常在本地区和外省市高校走一走,看一看,取取经,大有益处,很有必要。

本次考察调研,只是蜻蜓点水般地走过六所高校。由于受时间和能力所限,可能有不深入、不细致、不全面的偏差。此调研报告仅供参考。

一个北航普通学生的璀璨人生

——悼念我们的学生罗阳

郑彦良　王学仁

2012 年 12 月 6 日

11 月 25 日,包括中央电视台在内的几乎所有媒体都在滚动播出歼－15 战机在"辽宁号"航母上成功起飞、着舰的壮观画面。这一传遍全国的重大新闻,令西方震惊,令国人振奋!

可就在当天晚些时候,一个更令人震惊的消息快速传开:歼－15 战机研制现场总指挥罗阳殉职! 当天我们和大多数国人一样,对此噩耗却浑然不知。尤其作为北航人,仍沉浸在为校友们成功万般高兴的状态中,甚至想"要不给罗阳打个电话,祝贺一下?"转念一想,还不定有多少领导、同事、同学、朋友要和他分享这一喜讯呢,还是别添乱了。

11 月 26 日,星期一。早晨,当我们分别习惯性地打开电视和电脑时,不禁被惊呆了:画面上的罗阳遗像! 依然是那么熟悉的脸庞,依然是那么熟悉的微笑。他,他就这么走了?!

这一天间的大喜大悲,足以动天地、泣鬼神!

匆忙给罗阳就读过的现航空学院(当时是飞行器设计与应用力学系,简称五系)领导及朋友打电话。当年近八旬的蔡德麟老师(时任五系党总支副书记)听到这一噩耗并再三核实后,竟难过得痛哭失声!

上午,我们不约而同地相聚在校友总会白明同志的办公室里,述说着他们班的往事,唏嘘着北航学生"就知道玩命傻干",历数着罗阳们为国防事业做出的贡献,一谈就过了 12 点。临走前,蔡老师委托我们以三个老师个人的名义给沈飞发个唁函,并请白明给发过去。中午,我们就拟完了唁函并发给了白明:

"立志祖国航空事业三十载踏实苦干鞠躬尽瘁

开创舰载战机首飞新伟业莘莘学子一代楷模

罗阳,你是最让我们骄傲的学生!

罗阳,你是最让我们心疼的学生!

　　　　　北京航空航天大学　你的师友　蔡德麟　王学仁　郑彦良"

实际上,原稿上的最后一句(心疼语),思考再三,怕给他家里和更多的人带来更多的伤感,临发出前还是拿掉了。

媒体人永远是那么敏感。26 日当天,首都媒体记者蜂拥而至,都想跟上这一系列重大新闻:在罗阳就读的北航,到底有过他什么样的成长故事。党委宣传部副部长邓怡很快就联系上了我们。面对着提问的记者,我们一遍遍地告诉他们:罗阳就是一个普通学生,只做过班体育委员,既没有在学校入党,也没有当过班长、团支书,在班里就是一个小弟弟。面对记者连珠炮似的不甘心的提问,我们的回答当时也过于感性,话赶话,根本也不成系统。

静下心来一想,还真是个问题:一个普通学生,其生命之花何以能如此璀璨绽放?

由于保密需要,罗阳的生前情况基本上不为人所知。可作为他的老师和兄长,我们非常关注自己学生的成长进步,比较了解他们的一些情况,尤其是从熟悉他的同学口中,了解得就更多更真实一些。但他们班离校毕竟已经 30 年了,我俩也已退休多年,就尽量找找当年的记录,尽力回顾吧。

罗阳所在的班,是 1978 级五系高空设备专业,序号 8551 班。全班 30 人(其中 1 人在读期间因病去世),年龄跨度较大,最年长的马长发同学,1947 年出生,都 31 岁了,年纪最小的 16 岁。入学那年,罗阳比现在大学生们的平均入学年龄还小,刚满 17 岁,是班上的 7 个十六七岁的小弟弟之一。

1978 级是"文革"结束恢复高考后的第二届大学生,普遍存在年龄跨度较大的现象,同班同学年龄能相差十几岁。1978 级比 1977 级多了半年的高考复习时间,因此,他这个班一下子有了 7 个十六七岁的同学,就不奇怪了。他们中,年龄最小的祈建新,1962 年 9 月出生,刚刚 16 岁。

该班大学四年,先后发展党员 4 人(按入党时间顺序分别是:张武,时任系学生会主席;陈震,时任系团总支副书记、团支书;刘健强,时任团支部副书记、书记;方玉峰,曾和罗阳长期在沈阳搭档工作,现已调入北京在中航工业飞机有限责任公司工作),入学前就已是党员的有 2 人,马长发和陈舒霍,其中马长发入学时已有 9 年党龄,在本科生里绝对是空前绝后的老党员了。百分之十几这样的党员发展速度和比例,与当时全校同步,没什么两样。从当时的情况看,如果再发展三两个同学入党,恐怕基本上也轮不到罗阳,因为他年龄偏小,况且在四年的大学时间里有很多要求进步申请入党的同学,受当时学校党员发展比例小的限制,有些像罗阳这样综合素质好的同学没有实现在大学入党的愿望。

罗阳大学期间是怎样一个学生,他是如何成长起来的呢?

细想起来,罗阳所在的 8551 班,还真是一个朝气蓬勃、积极向上、充满温暖的班集体,给人们留下过深刻印象。罗阳在这样一个班级里长大,成才是必然的。

这个班是五系 1977、1978 级中最活跃的一个班。排球是北航的传统强项,20 世纪五六十年代的校队水平就很高,曾有过代表国家与若干国家队交手并获胜的历史。刚入学的 8551 班同学,一下子就喜欢上了排球这个项目。班里组建了排球队,罗阳和姜志刚、陈震等是排球队的主力队员。不少同学们没有排球基础,练呗!罗阳是班上的体育委员,年轻气盛,在学业繁忙的课余,组织大家从基础动作练起,从一对一的垫球练起,很快就打出了名堂。他们班排球队先是年级冠军,后来是全系第一,最后几乎是打遍全校没对手!该班不仅有班队,还有啦啦队——打比赛时不上场的同学都是有组织的啦啦队。班里有几个1.80米以上的高个子,如姜志刚、陈震等打主攻,罗阳是打副攻或组织进攻。后来干脆就让该班队再加一两个人代表系里参加全校排球赛,罗阳和姜志刚等人仍然是主力队员。毕业之后,同学们把排球爱好都带到了分配的工作单位,姜志刚到成飞后很快拉起了以北航学生为主的成飞排球队,据说比赛成绩多年一直不错,姜志刚后来每忆及此时总是兴奋得合不拢嘴;罗阳则在分到601所后很快参加了排球队,居然还打上了主攻手,甚至给所里人们留下深刻印象。这是后话。在20世纪80年代初,大学处在要振兴中华、实现四化的时代,为振兴中华而努力读书是那一代学生的基本生态,而学生文化生活相对较单调。在这种情况下,能组织一个班队,不间断地训练、约球、比赛,对丰富大学四年学习生活、激发班级凝聚力、提升集体荣誉感起到了多么大的作用,留下了多少令同学们津津乐道的回忆话题!作为班里体育委员的罗阳可以说功不可没,也锻炼了他自己作为体育委员对排球技战术配合和组织协调的能力。还有每年的篮球赛、越野赛冬季长跑等丰富多彩的体育活动,罗阳都下了很大功夫去组织,这对年轻的罗阳都是一个锻炼。记得系里开运动会,好像是罗阳、姜志刚、方玉峰、药刚这四个人吧,两次拿过4×100米接力的第一名!

班里的学习积极性高,政治上要求上进的氛围很浓。当时,年轻时周恩来"为振兴中华而努力读书"的振臂一呼,给了年轻学子们以极大振奋。学生们的学习热情空前高涨。505专业的老师们,也以饱满的热情,拾起荒废多年的专业知识和技能,全心全意投入到教书育人中去。在学习上,"不让一个阶级兄弟掉队",是当时流行的口号。班里的学习风气浓郁,比学赶帮的学习劲头很足。你可以经常看到罗阳和同宿舍的李兆坚同学在宿舍、在草坪、在路上的"争吵",其实都是在讨论学习中的问题;即使在全班男同学轮班到医院看护重病同学的几个月时间里,同学之间互相补课、补听课笔记,居然没有一个同学学习上掉队,最后考试成绩都很不错。那时互帮互学的情景,班里的学习劲头,至今同学们聚会时都常常提起,感慨万分!回想起来,罗阳是聪明孩子,在学习上很刻苦,舍得下功夫,学习成绩一直很优秀。他善思考,爱质疑,虽然喜欢辩论,但不偏执,也不钻牛角尖儿。当时,五系也非常重视学生的全面成长。时任主管学生工作的党总支副书记蔡德麟老师动了很多心思,下了很大功夫。她亲自给学生入党积极分子上党课,讲理想,讲信念,讲奉献;请各学科带头人给学生开"如何做人做事做学问"的讲座,还请现代流体力学奠基人普朗特的关门弟子、我国著名流体力学家陆士嘉教授与学生座谈"如何自尊、自爱、自立、自强"。她还组织辅导员们与学生广交朋友,促膝谈心。班里的党员和班干部,在班集体建设中发挥了非常好的作用,班里开展批评与自我批评的风气很正。在班里组织的各项活动中,都能看到罗阳活跃的身影。也正是在这样的氛围中,年龄偏小的罗阳逐步成熟起来,向党组织递交了自己的入党申请书。在读本科期间,虽然罗阳没有从组织上入党,但他注重党的基础理论的学习和从思想上入党,始终没有放弃对入党愿望的追求。1986 年,罗阳在 601 所入了党。他是走上工作岗位后入党比较早的工程技术人员之一。应该说,北航的本科学习和历练,为他坚定理想信念和后来做人做事做学问,奠定了非常好的基础。

8551 班的班风好,充满温暖。班长药刚是北京人,典型的北京人性格,热情大度,很关心人,把班里的小兄弟们照顾得很好,他一直做了四年班长。副班长马长发,有个党员大哥哥样儿,始终关心呵护着班里的弟弟妹妹们。团总支副书记兼团支书陈震和后任团支书刘健强,把班里的活动搞得红红火火。张武同学,是班里发展的第一个党员,一直担任系学生会主席,对班里的同学也是关怀备至。同学之间始终弥漫着互相关心、互相爱护的风气。一个突出的例子,是全班同学对脑部突患疑难重病住院直至不幸去世的黄宏同学的精心看护。为了照顾好黄宏,在系领导的指导下,班干部精心组织,全班男生两人一组,一组半天,轮流到医院看护。进病房前,为预防传染,每个同学都要吃一片大拇指盖大的白药片。几个月时间的坚守中,所有同学毫无怨言,罗阳当时也是最积极的同学之一;而且所有同学的学习通过互补笔记、互相补课,竟然全没落下。虽然黄宏病重去世,但同学们之间的兄弟情谊,一目了然。送走黄宏后,他的舅舅流着泪拉着系里老师和同学的手说:"黄宏走了,我们全家非常难过;但我们最欣慰的是,他人生的最后时间是在一个这么温暖的班集体度过的。谢谢五系,谢谢同学们!"应该说,对黄宏同学的看护,就是对罗阳他们班同学如何关爱他人、如何组织协调、如何坚守的一种难得锻炼。班风正,还可以从他们对待班里仅有的两个漂亮女生身上印证。那时,班风那个纯呀。大学四年,甚至都没有人敢和这两个女孩子谈谈恋爱,大家一心都用在学习和成长上。后来同学们的聚会上,这也常常是一个话题,"唉,咱班同学当时怎么那么不开窍,好花都让人家摘走了",然后一场哄笑。哄笑过后,大家还是非常怀念和肯定那时的纯粹,班风的纯粹,同学间的纯粹。在同学们的心目中,罗阳在班里就是一个很阳光、肯学习、身体棒的普通男孩儿。

这个班还有一个特点,出于对国家和振兴航空的责任,毕业后大都留在国内工作。在 20 世纪 80 年代恰逢出国大潮,和同届相比,该班出国留学的最少。这也体现了这个班级对国家责任的集体坚守! 很自然,这个班的同学现在担任领导干部的比例也是那几届中最高的。

有意思的是他们班有三个同学在沈飞集团工作,且都身居重要岗位。比他大一个月的方玉峰曾长时间和罗阳搭档,一个任党委书记,一个任总经理,配合默契,后来方调入北京在中航工业飞机有限责任公司工作;祁建新,这个全班年龄最小的学生,这次也出来介绍罗阳的事迹,从屏幕上打的字幕看,他已是沈飞集团的副总经理,罗阳的助手。还有一个北航人值得关注,罗阳出事后最早露面介绍罗阳工作情况的关键人物之一,是歼-15 的总设计师孙聪,他也是北航毕业的学生,二系的本科,

五系的硕士、博士毕业。如果不是这次突发事变,他总师的身份估计也不会曝光。

罗阳的"坚守"精神

我们始终认为,一个人的求学与成才之路,大学本科四年最为关键。这四年学到的知识技能和形成的精神与行事风格,会在人的一生中起到基础性和决定性的作用。

罗阳在本科学习阶段,在探求知识与技能过程中的较真劲儿和韧劲儿,让同学们佩服。有一年寒假,春节他没有回家。大年三十晚上,他和同宿舍的李兆坚同学,和平常上晚自习一样,来到教室学习。这也是一种坚守,是对学习态度的坚守。想想看,现在还有多少同学能在大年三十晚上坚守在教室里学习呢?

轮流看护黄宏同学和绝不落下功课,连续坚持好几个月,也是特殊情况下的一种坚守。1982年7月,四年大学学习生活结束了。罗阳主动要求到沈阳的航空系统工作,表示要把自己所学的知识技能服务于振兴我国的航空事业。他如愿地被分配到了沈阳601所,他认为这是能让他实现理想的地方。离校前,他一再向系里表示,会珍惜机会,坚守岗位。

罗阳在沈阳601所工作的20年中,经历了航空工业不景气、军工日子不好过的十多年岁月,有的人走了,有的人跳槽,甚至还有国内同行成功后的压力,但罗阳一直咬牙坚持着,始终坚守在601所,一干就是20年!

到了沈飞后,整整10年,他同时担任几个重大项目的负责人,面对西方的技术封锁和项目研制倒计时的要求,他凭着一股韧劲儿,把巨大压力变为攻关的动力,始终坚守在研制一线!对军工人来说,连续攻关加班十天、二十天,太平常了!

"辽宁号"航母上8天7夜,虽然身体不适,他依然在岗位上坚守,直至首飞成功,自己倒下!

这种坚守精神,感动了所有国人。这就像京剧表演中的亮相谢幕情景:罗阳以歼-15的舰上成功起降惊艳亮相,一个急转身就从此谢幕了!给人们留下了非同寻常的深刻印象!我相信,国人都会永远记住屏幕上这张憨厚微笑的面孔的!

罗阳是一个纯粹的人

同学们认为,罗阳从学生时代就是一个责任感极强、低调自信的人。他的性格绝不是外向的,但似乎又不是纯粹内向之人,恰当地说他应该是比较内敛的性格。他善于听从内行人和专业人士的意见与建议,也敢拍板。遇重大事项经充分论证后,他做决定很快,而且一旦决定就绝不回头,并坚持在一线"亲自抓亲手干,"所以做事的效率较高。在他心里,航空报国,淡泊名利,真抓实干,是他毕生的信念。沈飞人都知道,罗阳的座右铭是"真抓实干"。他真是一心一意为了研制一代、装备一代、预研一代而"真抓实干",为实现国防现代化而"真抓实干"。同学们说,其实他的性格和行事风格,"上学打排球时也那样","好商量,也敢拍板",他现时的行事风格中大都能找到当年上学时的影子。

在同学们的眼里,罗阳是一个单纯的人、纯粹的人。后来的30年工作中,他"不吸烟,不爱喝酒,不喜欢官场的应酬,一身正气",这可能与他成长中的班风有关,更与他工作30年一直对自己严格要求有关。

他是踏踏实实而不事张扬的人。同学们毕业后近年来聚会那么多次,很多同学并不知道他的具体职务、工作业绩,不知道他还获得过航空金奖。直到从他突然去世后的报道中才知道"这个班里的阳光男孩为国家做出了这么多、这么大的贡献!"罗阳本科毕业设计的指导教师是王浚院士。王浚院士回忆说,记得在班上罗阳属于年纪比较小的,但他学习非常踏实认真。罗阳的毕业设计从第一稿开始就完成得非常出色,他设计的图纸基本上都能直接应用到工程实际上,工作后取得了那么多的业绩就很正常了。几次会上接触,他总是那么忙。"王老师,国家有这么多任务,忙是应该的;不过,您永远是我的老师",这是罗阳留给他印象最深刻的一句话,每每想起,都使王院士感到心疼。工作两年后,他又考入北航在职读飞机设计(可靠性方向)研究生。其间,我们在校园里多次碰到他,也就是说上几句问候的话,匆匆地来又匆匆地分手。他和同学、老师感情很深,但都是淡如水的君子之交,不是吃喝玩乐的关系。可这次罗阳突然去世,全班同学不约而同地从全国各地都赶到沈阳为他送行,有几位同学甚至是几天之内两赴沈阳!

李敏老师是8551班后两年的班主任。受她先生钟群鹏院士的提醒,她在家里翻箱倒柜找出了已珍藏30年的《教师工作手册》和班里同学毕业时手绘刻印的毕业纪念册。她把这些东西带到了27日北航召开的学习"航空报国英模"、杰出校友罗阳同志精神座谈会上。当她翻看着这些记录有罗阳学习成绩和罗阳当年照片的册页时,禁不住难过得抽泣不止。略显简陋的毕业纪念册扉页上,当时505教研室主任朱东明教授和李敏老师联合题写并签名的毕业临别赠言,历历在目:"希望你们今后10年、20年、30年……,为振兴中华,实现四化,做出好的成绩。"媒体记者们对着这些珍贵的册页一通狂拍。李敏老师抽噎着说,罗阳取得的成就已经远远地超出了我们希望的成绩,甚至出乎我们的意料,是值得北航和全国人民为之骄傲的。他的精神确实值得大家学习!

当年的罗阳,学习认真,成绩好;爱好体育,身体棒,是一个典型的阳光男孩。他是班里进步和被提拔最快的同学之一,也是承担国家重任最多、贡献最大的同学,也最早离开了我们,这对我们的刺激太大了!

罗阳去世的第二天,习近平以中共中央总书记、中央军委主席的名义作出重要批示。习近平总书记指出:"他的英年早逝是党和国家的一个重大损失。要很好地总结和宣传罗阳同志的先进事迹,广大党员、干部要学习罗阳同志的优秀品质和可贵精神。"

"党和国家的一个重大损失",是对英年早逝的罗阳的一个很高的评价,也是对罗阳贡献和其精神的恰如其分的评价。罗阳的事业贡献,何止是一个歼-15！从罗阳身上体现出来的优秀品质和可贵精神,在当今浮躁的社会背景下,不正是 21 世纪一个优秀共产党员和高级领导干部的典范么！他的理想,他的信念,他的追求,他的奉献,他的纯粹,他的实干,不正是需要我们认真对照和学习的吗！

罗阳的英年早逝,让我们心疼,更令我们骄傲！我们希望北航再接连不断地培养出一批批、一代代的"罗阳们"来,为祖国的航空航天事业增光添彩！以告慰罗阳的英魂！

郑彦良(原北航五系团总支书记)

王学仁(原北航五系 1978 级辅导员)

——原载于 2012 年 12 月 11 日《中国组织人事报》头版头条、2012 年 12 月 11 日北航校报第三版(整版)

美，无处不在

——我的网上摄影展开展有感

郑彦良

2013 年 3 月

我们在生活中常常可以看到：一个小孩子，当他蹲着、站着，看、玩没几分钟，就会扑向身边的家长，"累，抱抱"；而同一个小孩子，当他蹲在地上专注地盯着"蚂蚁搬家"时，十分钟、半小时过去了，他依然蹲在那儿看，实在支撑不住，就一屁股坐在地上，仍然聚精会神地看，而当家长拉他走时，他会恋恋不舍，甚至大声哭叫表示抗议！这说明什么？好奇心使然。

好奇心是人之天性。可惜的是，孩子们的好奇心和兴趣，在成长的历程中被家长"关心"得"七零八落"。

我是新中国同龄人，新中国成立 60 周年，就是我退休的日子。当时有学生采访我，这 60 年人生之路"你最主要的体会是什么"。我的回答毫不思索，"一是始终充满了好奇心，对啥事都感兴趣"，"二是一定要有点儿爱好"。好奇心使我很快地学习、适应并喜欢上一项项具有挑战性的新工作，好奇心也使我通过钻研在不同岗位都能发表一些较专业的论文，更重要的是好奇心使我热爱生活，对生活充满激情；而摄影和收藏的爱好，则伴随着我几十年的工作历程，对工作有所裨益，并对繁忙与劳累更是一种调剂和精神放松。

至今，我这个人始终还是顽童心态，对各种事物都充满了好奇心。几十年来，我带着好奇的眼光和镜头，走山水，看民生，逛神州，转境外，把诸多瞬间尽收镜头。很多转瞬即逝且令人回味的画面，记录下那一个个让人难忘的瞬间，激励着我对美的坚持不懈的追求。

在生活中，美是无处不在的。有时候，一个很普通的物件或场景，就能让你触景生情，浮想联翩，甚至感动得潸然泪下。为什么？因为其中蕴含了生活的哲理或点明了生活的真谛。对于自然中、生活中、社会上的美，关键在于你是否长了一双会发现的眼睛；你能否发现，怎么去看，从什么角度去看。只有热爱生活的人，才会经常发现生活中的美；即使是在苦不堪言的雾霾天，也能找到让自己笑起来的乐子。

在拍摄生涯中，我常常遭人白眼，甚至讽刺挖苦。尤其是拍枯枝败叶、卫生间招牌、垃圾桶这些东西时，就会时不时听到一句"这人有病"。我的反映，常常是面对该人，付之以很真诚的一笑。

无论干什么事儿，只要坚持和日积月累，就会出成效。北航年年冬天有雪景，不足为怪。但在我眼里，能拍出好片子的雪景还真没几次。2009 年 11 月 9 日那场大雪就很有特点，初雪早、温度高、雪量大（我量过，积雪厚度 17 厘米），树叶大都绿在树上还没有落叶的准备，真是拍摄的好条件。那天上午我拍了 3 小时，中午匆匆吃了口饭又抓紧时间拍了 2 个多小时。说实话，搞拍摄是非常辛苦的。我得和时间赛跑，雪地里有了越来越多的脚印，调皮嬉戏的学生踹落了一树又一树的雪型，我得和他们抢时间！我兴奋而不知疲倦地满校园转，拍摄了我所见到的 40 多个雪人，还拍摄了几个雪人的堆砌过程。我的原片库里，就有北航雪人专辑。这一天，我在学校东西南北疯狂地转了四五圈，踩着积雪走得很累，但收获也大。这次展出的雪景照片，大部分是那天拍的。

实际上，我们所目击到的美，常常是残缺的。因此，在拍摄过程中，我从不刻意追求所谓圆满的美，意境有了即可。所以我下手较快，举手就拍，常能抓住别人还忙着对镜头时的瞬间即逝的镜头。这些年，随着人生的积淀和对文化、民生的感悟，我把镜头更多地对准了很有文化内涵的普罗大众和自然景色，对环保和民生给予了较多的关注。镜头视野也更开阔了起来。

收藏的经历，使我对历史感比较敏感。我常常对准那些非常普通但即将消失的画面，若干年后对比照片中的变化，常能令东人唏嘘、叫西人欣喜、令南人感叹、让北人惆怅，放大了摄影的画面感。

在快节奏的今天，大家都非常忙，忙生计、忙工作、忙养家、忙升迁。但不管多忙多累，别忘了忙的精神追求，学会忙中偷闲、累中取乐，整点儿爱好来充实累死人的生活，否则活着还能有啥意思？我多亏有了摄影和收藏的爱好，使自己的大半生生活丰富多彩。

这次网上摄影展，是一次尝试。欢迎大家品头论足，提出批评。

郑彦良"观"系列之一:《北航印象》摄影展

——玩儿主自述

2013 年 3 月

这是我"观"系列之一的网上摄影展。忙里偷闲,网上办展,赶个时髦,尝个鲜儿,挺有意思的,况且还没什么成本。除了这"北航印象"外,看看大家的反馈,以后或许还有"逛北京""转神州""看境外",等等。

我搞摄影纯粹是玩儿,既不专业,也不太懂摄影技术。因此,大部分照片都是用傻瓜相机拍的。我从几大箱子照片和储存 U 盘中 150 个 G 的原片库里筛选出了几百张照片,完全是阿 Q 式的自我欣赏,有时间就看着玩儿呗!偶尔也给朋友和家人瞅瞅。

什么事儿都怕坚持和积累。喜欢在繁忙的工作之余到处(尤喜山水之间)跑跑看看的我,拍照片也 30 多年了,所拍的人、事、物、景,都浸润着我的心劲儿,是工作忙累时的一种精神调剂;尤其是伴随着我漫无目标的多年收藏经历,使我看事物的视角慢慢开始独特了起来。

至今,我这个人始终还是顽童心态,对各种事物都充满了好奇心。几十年来,带着好奇的眼光和镜头,我去过美欧、我港澳台地区,转过国内很多地方,去年还和几个退休的同学及老伴组团去了一趟西藏。

玩儿的心态是最自由的心态。这些年,我相机不离身,随时随地举起相机就拍,甚至连境内外的一些垃圾箱、卫生间都收入镜头,还拿出其中的若干照片在博士生前沿课堂上讲过其所蕴含的当地传统文化。

说远了,谈谈正题。这"观"系列之一"北航印象",照片的时间跨度大概有 15 年吧,均按春夏秋冬四季的拍摄时间分组,分别是"春到学院路""炎炎之夏日""天凉好个秋""大约在冬季"。每组 20 多张,拍摄水平一般,但记录的都是北航的人、事、物、景,其中景多一些,有的还有点儿历史感,定格了过往的瞬间。

——不说了,看照片吧。

摄影者:郑彦良

于 2013 年 3 月 15 日

附个人简历：

新中国同龄人，毕业于北航五系导弹设计专业，曾先后在五系、体育部、宣传部、统战部、人文社会科学学院任职，已退休；现在校本科督导组和研究生督导组"玩儿活儿"，偶尔在校内外作个讲座什么的；身体好，爱好多，瞎忙一玩儿主。

对人文学院公共管理学科研究生培养质量的专题调研报告

校研究生督导组文科组　（郑彦良执笔）
2014 年 6 月

一、基本情况

公共管理学科是北航人文学院公共管理学院新增设的一级学科。在公共管理一级学科下,设有教育经济与管理、行政管理两个二级学科点。根据研究生院安排和督导工作计划,在人文社会科学学院的密切配合下,我们用了一年多时间,对人文社会科学学院教育经济与管理、行政管理两个学科研究生(含博、硕士生)培养的主要环节点进行了跟踪调研。

2013 年全年和 2014 年上半年,我们在教育经济与管理、行政管理两个学科点上完成了以下调研工作:

(1) 听课:旁听了 7 门课程,共 71 学时。其中博士生课 2 门,硕士生课 5 门(2 门专业硕士生课,1 门 MPA 课,其中新开课 3 门);7 门课共有 9 位任课老师(教授 4 位,副教授 2 位,讲师 3 位);分别召开了 7 门课程学生座谈会和 6 门课程主讲教师座谈会。

(2) 旁听中检和硕、博士答辩:共 6 次(中检 1 次、硕士生论文答辩 2 次、博士生论文答辩 2 次、博士生开题 1 次),涉及两个学科的学生 55 人;学院负责人座谈 1 次;教师个别访谈 5 次,人数 5 人;MPA 问卷调查 1 次,参加学生人数 40 人;硕士、博士论文事后评价 25 份(博士生论文 12 份,硕士生论文含 MPA 23 份);查阅人文学院资料若干份。

另外,就上述调研情况,先后完成了 16 个专题分报告(详见附件*)。

具体工作内容见表 1。

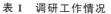

表 1　调研工作情况

调研内容			调研时间	调研地点	参加督导人员	调研结果
听课	课程名称	任课教师	听课学时数/学时			
	教育经济与管理专题(博)	郑晓齐 雷庆 马永红	16	2013 年 3—5 月	高教所 214	郑彦良、李养龙、杨念梅	分报告 1
	社会科学研究方法(博)	方卫华	10	2013 年 3—4 月	人文学院 411	郑彦良、李养龙、杨念梅	分报告 2
	科学教育效果评估(专硕)	任秀华	17	2013 年 3—5 月	高教所 214	郑彦良、李养龙、杨念梅	分报告 3
	人力资源与社会保障实务(硕)	代懋	8	2013 年 5—6 月	主 A218	郑彦良、李养龙、杨念梅	分报告 4
	决策理论(MPA)	李丹阳	6	2013 年 5 月	人文学院 411	李养龙、杨念梅	分报告 5
	公共管理理论(硕)	涂晓芳	6	2013 年 10 月		郑彦良、李养龙	分报告 6
	青少年心理发展与教育(专硕)	汪航	15	2013 年 11—12 月	主 B121	郑彦良、李养龙、杨念梅	分报告 7
旁听中检和硕、博士生答辩	旁听专业	学生人数	论文阶段			
	行政管理及 MPA 双证	35 人	中检	2013 年 4 月	人文学院 202,讲堂	郑彦良、李养龙、杨念梅	分报告 8
	教育经济与管理	4 人	硕士论文答辩	2013 年 6 月	高教所 214	杨念梅	分报告 9
	行政管理	7 人	硕士论文答辩	2013 年 6 月	人文学院人文讲堂	郑彦良	分报告 10
	教育经济与管理	2 人	博士论文答辩	2013 年 12 月	人文学院 202	郑彦良、李养龙、杨念梅	分报告 11
	行政管理	3 人	博士论文答辩	2014 年 6 月	人文学院 202	郑彦良、杨念梅	分报告 12
	行政管理	4 人	博士开题	2014 年 6 月	人文学院 202	郑彦良、杨念梅	分报告 13

续表 1

调研内容			调研时间	调研地点	参加督导人员	调研结果
学院负责人座谈	4 人		2013 年 5 月 8 日	人文学院 211	郑彦良、李养龙、杨念梅	
学院教师个别访谈	5 人		2013 年 12 月	人文学院 211	郑彦良、李养龙、杨念梅	分报告 14
MPA 问卷调查	40 人		2013 年 4 月			分报告 15
硕、博士生论文事后评价	学生姓名	答辩成绩	专家事后评价成绩	2013 年 9 月—11 月	郑彦良、李养龙、杨念梅	分报告 16
	王晓飞（博）	良 5	良 3			
	胡文龙（博）	优 3 良 2	优—2、良 1			
	郝战红（博）	优 1 良 4	良＋2、良 1			
	邢丽（博）	良 4 中 1	良 3			
	张轩（硕）	优 1 良 2	优 2、优—1			
	向体燕（硕）	优 1 良 2	良 3			
	李亚妮（硕）	良 2 中 1	中 2、中＋1			
	张瑞（硕）	优 1 良 2	良＋1、良 1			
	张金锋（硕）（MPA）	中 3	中＋			
	申本杰（硕）（MPA）	良 2 中 1	良			
查阅资料					郑彦良、李养龙、杨念梅	

二、对人文学院公共管理学科研究生培养的基本看法

1. 学科建设

现在人文学院有 3 个博士点、8 个硕士点。在公共管理一级学科下,设有教育经济与管理、行政管理两个二级学科,在教育部组织的 2013 年全国高校学科评估中排名第 12 位(较上次排名提高一位),在业界已有较高的地位。教育经济与管理学科,有一个北京市的哲学社会科学研究基地,经过多年的积累,在同行中和教育部较有影响;在工程教育方面在国内有较大影响。行政管理学科的三个方向有权威专家和学科带队人,他们在社会上有较高地位。一是廉政建设方向;二是应急管理方向;三

是环境治理政策方向。教育经济与管理、行政管理两个学科,经过长期努力特别是近十年来的快速发展,有了很大进步;在我校文科中,是发展较快的、在学界和社会上较有影响的学科。

有的教师认为,目前学院学科门类仍太多,哪个专业也都不是太强,相互之间还会争资源、争条件,影响了学科的健康发展,应当整合资源、少而精。

有的教师认为,学科建设中的新方向、新专业,应该经过认真论证、仔细推敲,这样才能减少盲目性。

2. 师资队伍

人文学院现有教职工 85 人(不含兼职),这两个学科点的情况见表 2。

表 2 学科专业师资情况表

专 业	总人数/占比	教授/占比	副教授/占比	其他/占比	博士/占比
行管	23 人/27%	6 人/26%	12 人/52%	5 人/22%	14 人/61%
高教	14 人/17%	6 人/43%	5 人/38%	3 人/21%	13 人/93%

近年来,人文学院的师资力量有很大进步。这两个专业的师资有了较好的专业化,学历和出国比例均有一定优势,学缘结构较为合理。

在公共决策与管理、应急决策及管理、廉政研究、教育经济与管理、工程教育等领域,已基本形成了具备学术优势、并在国内拥有一定影响力的学术研究团队。

人文学院通过每年举办近百场高水平的学术交流活动(如"治理与可持续发展系列论坛""高等教育发展论坛"等),选派教师出国交流,与国际相关机构进行合作课题研究等来提高师资水平,取得了一定成效。

但从总体上讲,这两个专业的学术梯队、课程教学团队、科研团队均略显单薄,还需凝练、聚集。目前,在学科梯队和课程教学上都有单打独斗的现象,这不利于学科的可持续发展,也不利于承接大课题和形成强有力的课程教学团队。

在师资队伍的凝聚力上还应进一步加强工作,以达到最有效地发挥每个人的积极性。

3. 课程教学水平

通过对两个学科 7 门课、9 位教师 71 学时的听课,我们感到,人文学院多数任课教师有敬业精神,在教学过程中教学态度认真、备课充分,讲课内容中有较多信息量并反映出前沿性、实践性。有一些年轻教师通过大量调研,教学内容密切联系实践,案例教学生动有趣,形成很好的理论联系实际的课程教学环节,深受学生欢迎。

MPA 学生对培养体系、课程体系、任课教师的教学态度、教学方法等均比较满意。

人文学院的教学管理工作比较规范。

人文学院的学生普遍缺乏阅读经典名著的习惯,这对学生奠定扎实的理论基础,建立创新理念和新思想不利。

有的博士生课程，上课方式是以每个学生感兴趣方向的前沿论文为中心进行课堂讨论，没有教学大纲，教师很少授课。这种教学方式，作为该专业的传统授课方式，是否合适？由于师生反馈不一，值得讨论。

有的硕士生课，由学生分组准备上课宣讲的课堂讨论方式。学生参与课堂教学，当然是好事；但学生反映，这种教学方式使学生只重视并掌握本人及同组所准备的内容，对此部分内容印象深刻，相当部分学生对其他章节没兴趣或不听课，这也许不利于学生对课程体系的全面了解。这也是当前学生参与课堂教学教改实践中的一个难点。

少数教师讲课有口音，影响教学效果，学生有反映；第一次讲课的年轻教师，在教学法方面（教学内容的选取、重点、难点的分配、语速、语音、语调等）有待提高，今后应注重老教师的传帮带和教师之间的教学交流。

相当一部分课程的考核方式过于单一。

所听的几门课程，几乎都缺乏教学梯队。

4. 研究生培养质量

通过对硕、博研究生的课堂听课，毕业论文的开题、中检、答辩的旁听，研究生座谈，以及抽查相关论文的事后评价和个别访谈听取教师意见等环节督导的过程中，我们感到，作为理工科大学背景的人文学院，研究生培养工作做得比较规范。总的看，在生源质量总体欠佳的情况下，其培养研究生的整体质量与清华大学、北京大学比较，差距不是太大。

人文学院的答辩工作流程基本符合要求，准备工作做得比较充分。学生均能借助PPT完成答辩。答辩委员会组成合理，委员们能认真听取学生报告，有针对性地提出问题，师生之间有良好的学术气氛，使每一次答辩过程成为一次学生再学习的机会。尤其是博士生论文答辩委员会委员们均有很高的学术造诣，又能严格要求学生，并逐字逐句修改答辩决议。

两学科点的博、硕士论文的选题，大多是相关领域理论意义和现实意义比较强的前沿问题和热点问题，都与导师的学科研究方向高度一致；论文中有一定的创新性；也注重跨学科研究，论文的工作量大都比较适中。

为确保博士生的论文质量，学院近年采取了预答辩的中间审查环节，效果很好，应继续坚持下去。

但也有多篇论文（主要指博士论文），反映出论文缺乏创新性，作者虽然对归纳现有文献与梳理总结做得比较好，但大都缺乏从中提炼问题与理念的能力，创新思维与能力尚显不足。

所看的论文中，格式规范性问题及文字规范性问题偏多，尤其在英文摘要写作上错误过多。

与较强的培养能力相比，人文学院研究生生源质量总体欠佳，来自一流高校的生源偏少，二、三流高校生源占比偏大，这与北航的地位及学院师资培养能力不相匹

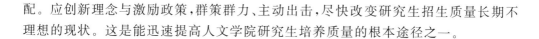

配。应创新理念与激励政策,群策群力、主动出击,尽快改变研究生招生质量长期不理想的现状。这是能迅速提高人文学院研究生培养质量的根本途径之一。

三、意见和建议

(1) 在北航理、工、文、管综合发展的基础上,人文学院近年来有了较快发展,有了可喜的进步。但目前人文学院学科点还比较分散,如何集中优势资源凝聚强大的团队,使专业学科发展更有利于发挥学院的潜能,是一个比较突出的问题。建议学院能开展学院发展的教师大讨论,让全院教师能更好地解放思想、畅所欲言、集思广益,充分调动每个教师的积极性,齐心协力建设好人文学院。

(2) 在学科建设方面,建议学院在学科专业点上下功夫,专业设置上既要满足社会需求,又要充分调动学院力量,使学科队伍建设能做大、做强,争取国家重大课题;对于新专业、新方向的建设,应经过认真论证,充分调查研究,将人才培养与学科发展、市场需求结合起来,减少盲目性。

(3) 在师资队伍建设方面,按学科要求有意识地加强教学团队建设至关重要。针对人文学院有较多年轻教师,他们积极努力向上,有很强的责任心、对教学肯投入等积极因素,但他们的教学经验和教学水平亟待提高。建议定期开展教学研讨和教学观摩活动,与教学优秀团队、教学效果好的教师分享经验,充分交流,取长补短,进一步提高教师队伍的教学质量。

(4) 在教学方法上,高教所博士课程,有的几乎是全讨论式的传统上课方式,建议探讨是否还有改进余地。多门硕士生课程采用的是将学生按教材章节划分为小组,由学生来主讲每章节的内容,教师进行点拨的课程教育方式,使学生只对自己准备的内容有更多的了解,这样对学生全面掌握课程内容不太有利,应做进一步改进。

在教学排课上,如果能整合全院的力量,做到排课时间、地点与全校排课要求一致会更好。因为这样不仅符合课程的规范性和严肃性,也是过程管理的重要环节,同时还有利于其他院系学生选课。作为文科专业,学院应动员教师在培养学生阅读专业名著的良好习惯上多想办法,多下功夫。

(5) 在研究生培养方面,博、硕士生的论文中还需提炼创新点,提高学生创新思维能力,加强与校外兼职博士导师的沟通,明确博士论文要求与课题研究题目之差异。

委培博士生是影响人文学院培养质量的重要问题。由于委培博士生论文的理论性不易达到要求,可能会导致教育部抽查我校博士论文时出现质量问题。现在人文学院为改善此问题,采取预答辩、劝退等办法,加强过程质量管理,我们认为这似乎是可取的有效措施之一。

注重加强研究生培养的国际化,应是人文学院近期的工作重点之一。在优质课程引进、学者互访、互派培养和联合培养等方面,应有较快进展。

提高生源质量是确保研究生培养质量的一项基础性工作,要尽快改变研究生招生质量长期不理想的现状,在主动出击的基础上,创新办法,多做努力,逐年提高一流生源比例。

博、硕士论文答辩,为确保进一步规范与严谨,建议学院尽快完成一张一目了然、操作简便的规范程序操作说明,这对答辩委员会主席和秘书协调配合,规范有序地运行答辩程序,很有好处。

文科督导组用了一年多的时间,力图通过对人文学院研究生培养的各主要环节点(包括课堂教学,论文的开题、期中检查、答辩,以及过程管理、事后评价等)的随机调查,通过定性和定量分析,以及一定量的师生座谈交流感悟,对人文学院研究生(含博、硕士生)培养质量进行了一个基本评价。但由于督导组调研的内容、范围、接触面的限制,以及督导组成员的水平和能力有限,上述看法有片面性和不准确之处在所难免,敬请批评指正。

在校研究生督导组文科组对人文学院进行调研的一年多时间里,我们得到了人文学院领导的关心、重视和妥善安排,也得到了学院教学管理人员、任课教师和访谈老师、学生们的大力支持及配合,在此一并表示感谢。

大学生要养成读经典名著的良好习惯

郑彦良

2015 年 9 月 11 日

进入互联网时代,学生们已到了离开手机、离开互联网一天都活不下去的地步,相应地,他们很快适应了依靠互联网进入"碎片化""快餐式"的学习生活,学生们捧经典、读名著的习惯淡漠了。这对学生健康成长是一个非常不好的现象。

北宋大文豪欧阳修说过,"立身以学习为先,学习以读书为本"。一个在学校不再爱书、不爱读书和不会读书的人,是不太可能成为高素质、创新型人才的。

法学院注重学生在教师引领下阅读、精读专业名著,是建院十多年来一直坚持的一个好传统。

在做人做事做学问方面,激励和引导学生多读经典,是培养视野开阔、高素质创新人才的最基础的途径。这里所说的读经典,我们认为应主要包括三类内容:

一是做人做事、励志成才方面的经典名著。借此提高自身修养并用以指导自己的为人处事,同时在修炼中为毕业后的人生之路奠定基础(这方面的经典名著很多,既有马克思主义的经典名著,也有中国历史、传统文化的历代名著和国外的励志名著,如怀进鹏校长赠送给学生的《优秀大学生成长手册》,推荐的《把信送给加西亚》,还有拿破仑·希尔和 N·V·皮尔的系列丛书,如《积极心态的力量》《战胜自己——激励人生的每一分钟》《挑战自我——走出人生的 12 大误区》,还有西方"成功学之父"英国塞缪尔。斯迈尔斯的人生随笔《品格的力量》《人生的职责》《金钱与人生》,等等)。

二是专业学问方面的经典名著和前沿论文。信息海量的互联网提供了查阅专业资料的极大便利,但仅靠上网这种易形成快餐式、碎片化的学习方式是成不了材的。一定要认认真真、扎扎实实地读懂若干本所学专业的学科经典名著和若干篇学科交叉前沿的经典学术论文,这是成为专业人才的基础。

三是开阔视野方面的文化经典。包括中外历史、哲学、艺术与文化、形势与政策、领导力、经济与管理理论等方面的经典名著。这是大学生成长为宽视野、高水平、创新型人才必备的综合素质。

克服浮躁,抵制诱惑,捧起经典,多读好书,文理兼修,以博取胜。这是适应社会发展新常态需求、成为高素质创新型人才所必需的。换句话说,培养"两领"人才,没有起码这三类名著的熏陶浸润,是不太可能的。

在人的一生中,高等教育尤其是本科教育的阶段,是奠定人生全面素质最基础、最关键的一个阶段。年轻的朋友们,捧起经典,多读点儿好书吧!

北航校报注:这部分内容,摘自《第四届校研究生教学督导组文科组任期工作总结》的建议部分,略有删改;郑彦良:研究员,校教指委委员,校研究生教学督导组副组长,原人文学院院长。

——原载于北航校报 2015 年 9 月 11 日第三版

百年海棠红

——纪念沈元老校长诞辰 100 周年

郑彦良

2016 年 4 月

在你窗前，
西府海棠，
满树花蕾，
叶摇枝扬，
在柏彦庄的土地上，
尽吐芬芳。

海棠树下，
你运筹帷幄，写就空天华章；
会议室里，
你谋篇布局，名师迭出北航。
海棠树旁，
你铺纸挥墨，爱我中华、慎思明辨的隶书大字跃然纸上。
多少夜晚，
你轻推木窗，用深邃的目光越过树顶去把满天星斗仰望。

曾慧眼识珠，
撩拨青年去晃动哥德巴赫猜想；
要百年树人，
春花秋果映衬满校园唯美书香。
半个世纪的修枝剪杈，
春来秋往，
沐雨披风，
枝干遍沧桑。

悄然挺立逾世纪，

其貌不扬，

却枝繁叶茂，

百年红海棠。

注：紧贴在沈元老校长曾经生活和工作过多年的北航东小院北房外，生长着一棵有一二百年树龄的西府海棠。如今，东小院早已不复存在，但那棵西府海棠依然枝繁叶茂，见证着北航的发展历程。

——原载于 2016 年 5 月 11 日北航校报第四版，也是应约为纪念沈元老校长诞辰 100 周年所写的歌词（歌曲《百年海棠》）

致敬，北航"80 后"！

郑彦良

2018 年 9 月

在 2018 年教师节到来之际，我们向北航在岗的 3900 多名教职工致以节日祝贺，向离退休的 3100 多名教职工致以节日祝贺，特别向年届八旬的北航老同志们致以崇高的敬意！

据统计，截止到今年 5 月，在北航离退休的 3177 人的队伍里，60～69 岁有 904 人，70～79 岁有 705 人；80 岁以上的老同志有 1360 多人，其中 90 岁以上的有 105 位，100 岁以上的有两位。80～89 岁的老同志占了离退休总人数的 40％以上，是离退休队伍里人数最多的。由于当年的他们先后参加了多个型号的产学研过程，爱国热情高、社会责任感强、综合素质好，实践能力突出，敢想敢干敢创新，因此北航连续几年都多留校了一些年轻教师，形成了北航历史上年龄段最大的一个群体。而他们，则俏皮地自称是北航的"80 后"！

北航"80 后"，是见证北航发展、经历最丰富的一代人。他们大都是北航 60 多年发展建设的亲历者、参与者，至今无比珍惜学校建设的成就和精神，他们对北航的爱是最真挚、最深沉的；他们都经历过 20 世纪五六十年代的政治运动、政治斗争，下过乡、去过干校，吃过不少苦、受过不少委屈，但他们都挺过来了。吃苦，锻炼了他们的筋骨，奠定了他们长寿的基因；委屈，锤炼了他们的意志，使他们更明白人生的真谛。他们大都参加过当年北航 8 个型号的研制工作，空天报国、敢为人先的北航精神，是首先从他们身上体现出来的。在今天我们纪念三型号上天 60 周年的日子里，我们对长寿的北航"80 后"这一代人，致以最崇高的敬礼！

北航"80 后"，是感受国家巨变、幸福感最强的一代人。他们全都出生在旧社会，迎接过新中国的诞生，是北航五六十年代学科建设、学校发展的生力军，是北航改革开放四十年发展建设的主力军。无论是新中国成立前的苦难经历，还是新中国成立后的生活变化，尤其是改革开放四十年来祖国经济建设和社会发展翻天覆地的巨变，他们都是亲历者、见证者，是幸福感体验最深的一代人。他们清楚地明白是中国共产党领导人民才有了这一切，更清晰地知道要幸福就必须奋斗。幸福感满满的他们，多年来在老年大学课堂里学习文学、书法、绘画、摄影来提高自己的文化修养，成立了老年大学研究机构，专题研究老年生活质量问题，建立了老年艺术团，经常展示幸福晚年，组织了体育社团活跃大家的退休生活，还经常自己组织起来周游世界，开阔视野，感受祖国的安宁与安全。各个社团只要出去参加个表演比赛，随便捧个大奖回来是常态。每年他们还参加各种文艺汇演,和大学生们同台演出,展现出幸福生活的状态。这批年轻的"80后",使北航一步跨入幸福的老年社会和长寿社区。他们身上所体现的充满自信的幸福感,与年龄不相符的青春活力,热爱祖国航空航天事业的毕生追求,撩拨着校园里每一个年轻人的心弦。

北航"80后",是立足人才培养、最讲奉献的一代人。他们关注老有所养、老有所乐,但更注重老有所为、老有所教,奉献余热。他们爱校如家、爱校胜家,经常做出令人感动的选择;他们注重人才培养,在捐资助学、提携年轻人成长方面不遗余力。刚刚卸任的航空学院教学督导组老教授群体,大都由"80后"组成,他们20年如一日,以人才培养质量为准绳,默默奉献在课堂教学一线,为国内高校排名第一的学科人才培养质量提供保障,深受广大师生的敬佩与好评。北航老教授报告团,也全由"80后"组成,每年他们走新疆、赴宁夏,去学校、进社区,为大中小学生做航空科普、讲航空航天,每年几十场的报告讲座,深深地影响了听讲的学生。在校院两级本科教学督导组和研究生教学督导组里,至今还有几十位"80后"活跃其中,甚至还有几位仍然担任组长。他们用自己的行动传承着北航精神的精髓。校凡舟奖教金的8位评审专家也都是"80后",他们引导1500万元的捐款全部用在本科教学方面,年年认真而公平地评审,告诉我们什么叫毕生忠诚党的教育事业,激励着一批批年轻的教学精英们更加专注地投入本科教学工作。

北航"80后",是倾心立德树人、魅力十足的一代人。北航"80后"中,有一批立德树人、为人楷模的共产党员优秀代表。今年11月即将进入"90后"的高镇同院士是北航首届"共产党员十杰"之首;陈懋章院士、钱士湘教授、陈光教授等先后被评为"感动北航"人物;钟群鹏院士、陈懋章院士、钱士湘教授、陈光教授等均被评为校"共产党员十杰"。精力旺盛、思路清晰、记忆力超强的钟群鹏院士,从毕业留校开始在北航一干就是60年,直到过了80岁才卸任校学术委员会主任一职;从参与"东方红一号"研制一直干到成为神舟号飞船总设计师的戚发轫院士,卸任北航宇航学院院长后,在85岁高龄仍坚持年年为学生作航天讲座,弘扬航天精神;今年已83岁的王浚院士近几年一直仍在为学校的学科发展到处奔波;今年刚刚去世的81岁的周盛教授,曾是北航出席中共十三大的代表。如果不是因病早逝的话,北航楷模杨为民也应该是一位"80后",他是党的十四大、十五大代表,他的事迹曾被北京人民艺术剧院排成话剧《杨为民》连演上百场,引起巨大反响。当年我曾有感而发写了一篇《从教授杨为民到话剧〈杨为民〉》的文章,发表在《支部生活》杂志上。"80后"的老党员受党教育几十年,对党感情深厚,党性原则和理想信念坚定,多年来在党建特邀组织员工作和学生党建工作中发挥了不可或缺的作用。在离退休党支部和本科、研究生党支部结对子党建活动中,很多"80后"讲型号上天、传北航精神,助力学生牢固树立党性原则和理想信念。他们注重公益、奉献爱心,很多人一直是积极的社会志愿者;他们看淡生死,活得明明白白,即使晚年生活有诸多不便,也不愿给其他人带来麻烦。在各党支部,同志之间互敬互爱、体恤互助,谁有个灾啦病的,大家一起关心帮助,年纪小的照顾年纪大的，身体好的照顾身体差的，那种浓烈的同志情、兄弟姐妹情常令外人羡慕嫉妒。空天大视野，大院大格局，北航校园 60 多年的滋养浸润，成就了他们这一代人高品位的综合素质。这些可爱老人们的人格魅力和做人做事做学问的独特风格，深深地影响了一代代北航年轻人。应该说，北航"80 后"至今仍然是北航发展建设中不可缺少的宝贵财富。

刚刚过了百年寿诞、在年逾百岁之际还被评为校"共产党员十杰"之一的文传源老先生，是这些"80 后"们学习效仿的榜样；而北航"80 后"，则是北航人学习和工作追随的目标。

在我们迎来第 34 个教师节之际，在我们庆祝改革开放 40 周年和北航三型号上天 60 周年的日子里，在我们努力薪火相传、弘扬北航精神的今天，我们向北航"80 后"这一特殊群体，奉上我们的特别敬意！

致敬，北航"80 后"！

——刊载于北航校报 2018 年 9 月 21 日第四版和《北航老年工作》2018 年第五期

百年修得同船渡，砥砺同行七十年

郑彦良

2019 年 9 月

我们这一代同龄人，和新中国一起诞生、共同成长，同呼吸、共命运，砥砺同行七十年，是新中国站起来、富起来走向强起来的亲历者，与新中国有着与众不同的别样感情。

这七十年里，我们与共和国共同经历了农耕时代、工业化时代、信息化时代三个时代翻天覆地的发展巨变。在农耕时代，我们大都经历过下乡插队、兵团屯垦的多年锻炼。我曾面朝黄土背朝天种过地、手持鞭铲放过牛马羊。艰苦的四年农村插队生活让我们懂得了什么是中国的最基本国情，更锤炼了我们后来人生的坚强意志。在几十年的工业化时代，我们看到了国家工业化过程中的起起伏伏、曲曲折折，在西方的封锁打压下，我们国家是如何艰苦奋斗、砥砺前行，时至今日，建成了世界领先的，齐全、完整的先进工业体系。在这个过程中，我们这些普通农家子弟上了大学，是党和国家改变了我们世代为农的命运，走上了从事高等教育培养国家栋梁之材的道路。在我们共同跨入信息化时代的 21 世纪，无论是国家建设还是北航发展，这十几年令人眼花缭乱的快速发展，让人振奋，催人奋进。拿北航来说，建校以来前五十年为国家培养了近 8 万高科技人才，而进入新世纪的最近十五年，就为国家培养了12 万多人才！且从 2004 年起，以年均一项的进度连续获得 14 项国家科技奖励一等奖，创造了新中国科技创新的"北航模式"，引起社会高度关注。北航的高质量快速发展，是新中国七十年高等教育发展的一个缩影，更是共和国七十年经济建设和社会发展的有力证明！

我自 1975 年从北航五系导弹弹体设计专业毕业留校，到 2009 年在人文社会科学学院/公共管理学院退休，有着整整 35 年的高等教育工作经历，有幸参与过学校德智体三方面的人才培养工作，曾做过多年的学生辅导员、系团总支书记，担任过系教务科长、系党总支副书记，担任过校体育部主任、校党委宣传部部长、人文社会科学学院院长和书记等职。我们这一代北航人，恪尽职守，精心育人，至今人生的三分之二时间都奉献在了这里。在北航学习、工作、生活了近 50 年，和老师们一起为共和国培养了成千上万的高层次人才，这些学生中如今已有省部长、中央委员，但更多的是奋战在航空航天领域和各条战线的骨干中坚。看着他们不断传来的成为共和国栋梁的成长消息，作为一个高等教育工作者，我心里是满满的幸福感。航空报国英模罗阳，就是他们中的突出代表。在他 2012 年 11 月 25 日猝然离世后，我曾经用四个夜晚写了《一个北航普通学生的璀璨人生》的长篇通讯，介绍罗阳在北航的成长经历。目前，我们和我们的老师们手把手教出来的 1977 级、1978 级毕业生，也已进入退休年龄。我们共同参与和见证了改革开放四十年新中国及北航的发展历程，几十年来我还有幸通过雕塑、照片、文章、书籍、TD 线、邮品甚至歌词等景观文化符号，忠实记录了北航发展的若干文化片段，成为学校改革开放四十年发展历程的一个忠实记录者。到如今，我们已退休十年了。

退休十年来，我们始终没有停下立德树人的脚步。我一直在学校本科教学督导组、研究生督导组里调研听课、撰写人才培养质量调研报告，始终参与着青年教师培训和党建特邀组织员的工作，近几年又参与组织北航"三老"（老教授、老科技工作者、老教育工作者）协会的工作。经常给学生们讲讲北航精神、理想信念、中国发展，为人才培养贡献着余热。十年来，每年听几十节课、讲几十次讲座，组织一些有意思的活动，再出国去旅游两趟，已是我退休生活的常态。忙并快乐着，是我退休生活的主旋律。

退休十年来，我们几十次迈开双腿去旅游，走遍了祖国的山山水水，进过西藏、去过新疆，亲眼看到了各民族各地方的发展与巨变，从内心为祖国翻天覆地的巨大成就而自豪。我们更迈开双腿，走出国门，去游历世界，我们的足迹已遍及五大洲几十个国家。我们去过四次欧洲，那里曾是诞生过《共产党宣言》的地方；到过澳大利亚、新西兰，见识过人烟稀少的新大陆的发展；到迪拜南非走一趟，感受了非洲发展的前景与艰难；在南美四国行中，体验了当年"拉美陷阱"的深远影响；还专访了邻国印度，比较了中印两国发展的异同点。在国际旅途上，在国家间发展的反复比较中，我们清晰地看到，中国共产党人是怎样改变了中国，又怎样深刻影响了世界！更加深刻地体会到，生活在社会主义中国是多么安全与幸福！这更加坚定了我们走中国特色社会主义道路的信心。中国建设发展的七十年，特别是改革开放的四十年，让中国从一个基础落后、一穷二白的农业国家，以比西方国家更快的发展速度，令人信服地迅速成长为现代工业体系最齐全、最完整的国度，已经成功越过了"拉美陷阱"之坎儿，正在不可阻挡地大步迈向社会主义现代化强国发展之路。

百年修得同船渡，共同成长七十年。

现如今都在讲梦想，我也有个未了的心愿：国家发展得这么快、这么好，我们也要好好活着，一方面为人才培养、立德树人继续发挥余热，同时作为新中国同龄人，争取参与和见证新中国八十年、九十年的国庆，力争见证实现现代化强国目标的百年大庆（北航 80 岁以上离退休人员已达 1382 人，90 岁以上已达 117 人，100 岁以上也有 2 人）！我相信，我这个心愿一定能够实现！

（备注：郑彦良——北航"三老"协会常务副会长，北京市教育系统"五老"报告团首批成员，北航研究生教育督导评估组副组长。）

—— 原载于北航校报 2019 年 9 月 21 日第 1049 期

附　录

探索　实践　创新

——记北京航空航天大学党委宣传(统战)部
部长郑彦良

郑彦良同志勤于思考,勇于开拓,努力建构新时代思想政治工作的有效模式,扎实工作,取得了引人瞩目的成绩。

郑彦良同志 1995 年担任北航党委宣传部部长,1999 年起兼任党委统战部部长。他常说:"探索、实践、创新是党务工作的永恒主题。"他以自己全部的精力探索新世纪高校党务工作的新思路。

在工作中,他始终坚持共产主义信念,坚持学习马列主义、毛泽东思想和邓小平理论,坚持解放思想、实事求是的思想路线,努力提高理论修养,在工作实践中特别注重深入研究新情况、总结新经验、抓住新问题,迎接新挑战。他认为,新时期的宣传思想工作必须有一条明晰的适应本校特色的基本思路,概括起来,即"坚持一个根本,围绕一个中心,建立一个格局,典型引路,抓住载体,突出重点,巩固阵地"。近年来,北航宣传部围绕着主管校领导和郑彦良同志提出的这个思路开展了卓有成效的工作,努力为学校的改革、发展和稳定提供良好的舆论环境,取得了较大的进展。近三年来,北航的对外文字宣传报道平均每年有 400 多篇,电视专题和新闻报道每年都达到 50 余部、条以上,这几年是北航新闻宣传工作成效最好的时期之一。

郑彦良同志执着于党的教育宣传事业,努力实现学校"大国防、主战场、大市场"的战略目标。他结合北航的实际,创造性地开展工作。在北航有线电视系统建立完善过程中,他发挥了很好的作用。郑彦良同志特别强调宣传思想工作的组织纪律观念和与党的路线、方针、政策以及学校的中心工作保持高度的一致,才能使宣传工作做到为教育事业锦上添花,帮忙不添乱,有力地推动学校宣传思想工作的开展。

　　面对飞速发展的形势和高等学校所承担的科教兴国的历史重任,宣传思想工作的使命显得更加重要。郑彦良同志认为,在新的历史时期,宣传思想工作必须走改革创新之路,才能顺应时代发展的大潮。他十分注重研究上级下发的新闻宣传工作信息的新闻要点,在提高新闻质量和改进工作方法上下功夫,创造性地在宣传工作中引入形象工程,在宣传工作中加上相当一部分创意、策划、公关、"包装",甚至经营等内容,调动了方方面面的积极性,增强了工作实力和宣传的效果。

　　他每年都充分利用各种有利时机,重点策划和推出一批有分量的对外报道选题。由于策划充分、准确、迅速,多次受到各大新闻媒体领导的赞扬和好评。如"神舟号"飞船试飞成功后,在校领导和郑彦良同志的策划下,北航于飞船落地的当天上午就组织召开了师生座谈会,当晚,还邀请北航校友、飞船的总设计师戚发轫、副总师袁家军等回校为师生做精彩的报告,就此在校园里掀起了一股振兴我国航空航天的热潮。中央电视台、中国教育电视台、中央人民广播电台、新华社,《人民日报》《北京日报》《北京晚报》《北京青年报》等几十家新闻媒体均迅速以显著位置和篇幅给予了重点报道,有的媒体还做了连续跟踪报道,如一些报道的标题《神舟凯旋,北航沸腾》《神舟号三总师回京首件事——到北航去!》等,在社会上引起了强烈反响。

　　1999年,北航进行内部管理体制改革,党委宣传部和统战部合署办公,郑彦良同志兼任统战部部长。在统战工作实践中,他善于把握和运用党的统战政策,与民主党派、党外知识分子代表人士广交朋友,经常向民主党派成员通报学校的发展情况、做形势报告,受到大家的欢迎和好评。

　　有人说,现在搞党务工作真是又苦又累又难又穷,对此,郑彦良同志却坦然无怨。他认为,要想在党务工作中有所作为,就必须要树立信心,振作精神,勤于思考,多出点子,多办实事,立足服务与创新,强调吃苦精神和奉献精神。只有这样,才能干出成绩、取得实效,才能赢得各方面的理解和支持,才能凝聚广大师生员工一起托举建设北航、发展高等教育事业的不断闪耀的亮点与光环。

　　——原载于中共北京市委组织部编《走在时代前列——北京市基层党组织优秀共产党员优秀党务工作者事迹汇编》第550~552页,北京出版社2001年11月出版

一个追求创新的党务工作者

——记北京航空航天大学党委宣传部部长郑彦良

蔡桂兰　劲松
2002 年 6 月

郑彦良同志 1995 年担任北京航空航天大学党委宣传部部长，1999 年兼任党委统战部部长，2000 年 10 月至今又兼任人文学院常务副院长。他积极探索新时期高校党务工作的新思路、新途径和新方法，在这个难度越来越大的舞台上努力开拓，扎实工作，取得了引人注目的成绩。

郑彦良同志勤于思考，勇于开拓。他常说："探索、实践、创新是党务工作的永恒主题。"他以自己全部的精力探索世纪之交高校党务工作的新思路，努力建构新时期思想政治工作的有效模式。

一

在探索新形势下高校宣传工作的历程中，郑彦良同志特别注重深入研究新情况、总结新经验、抓住新问题，迎接新挑战，使学校宣传工作不断上新台阶。

郑彦良同志认为，新时期的宣传工作必须有一条明晰的适应本校特色的基本思路，即"坚持一个根本，围绕一个中心，建立一个格局，典型引路，抓住载体，突出重点，巩固阵地"。坚持一个根本，即始终坚持以学习宣传邓小平理论为根本任务；围绕一个中心，即紧紧围绕学校的中心工作，围绕育人这一中心任务做好宣传工作；建立一个格局，即围绕中心建立"大宣传"的工作格局，把宣传工作的务虚与务实、有形和无形有机地结合起来；典型引路，即突出地、经常性地宣传先进典型，以榜样的力量教育人、鼓舞人；抓住载体，即抓住时机，利用报刊、电视、广播、宣传栏、讲座等多种载体进行全方位的立体宣传；突出重点，就是采取一系列措施突做好青年教师的宣传工作，增强凝聚力和向心力；巩固阵地，即进一步加强和完善宣传阵地的建设与管理。

近年来，北京航空航天大学党委宣传部围绕着这个思路开展了卓有成效的工作，为学校的改革、发展和稳定创造了良好的舆论环境。据不完全统计，在郑彦良同志的策划、组织下，学校近三年的对外宣传报道的文章平均每年有 400 余篇，电视专题片和新闻报道每年都达到 50 余部(条)以上,这样的对外宣传力度在全国高校中是少见的。

在政治理论和形势政策教育方面,郑彦良同志积极探索和总结出了具有本校特色的、深受广大师生欢迎的模式,如针对师生员工中的热点问题,除请上级领导和校内外专家作报告外,他自己还先后几十次走上讲台,以扎实的基础理论和丰富、翔实、生动、鲜活的资料为广大师生和离退休教工作形势报告,直接听众达上万人次。他还先后数次应邀到校外许多单位作形势教育报告,受到广泛赞誉。郑彦良同志以他的理论修养和学识水平多次为学校争了光,如 1998 年他荣获了北京市优秀报告一等奖,捧回了北京市理论形势报告的最高荣誉奖——"灵山杯";在理论研究和实践方面,他还获得了北京市高校党建和思想政治工作优秀成果奖、中国航空工业政治工作优秀成果(实践类)一等奖等多项奖励。

二

多年来,郑彦良同志执着于党的教育宣传事业,在思想上树立起政治意识、大局意识、责任意识、创新意识、服务意识和安全意识,把宣传工作千方百计地渗透到学校中心工作和各项业务工作中,把实现学校"大国防、主战场、大市场"的战略目标作为自己最大的责任。

学校党委宣传部下辖校报、电视台、广播站等多个机构,随着学校的改革与发展,这些部门在教学、科研、建设等各项工作中起着更为重要的作用。郑彦良同志是学校党委宣传部党支部书记,在工作中,他尤其注重发挥党支部的战斗堡垒作用和党员的先锋模范作用。他以身作则,率领宣传部的党员、干部和群众,创造性地开展工作。如学校有线电视系统从无到有逐渐发展起来,其间他除了精心地统筹规划和组织方案实施外,还亲临现场指挥设备安装、调试,满足了全校三千多户教职工及时了解校内外新闻的要求。学校电视台成为北京高校中人员少、效率高、反响好的校园宣传媒体。

在强烈的事业心和责任感的驱动下,郑彦良同志辛勤工作、努力奉献,大力弘扬认真学习、民主讨论、积极探索,求真务实的作风,有力地推动了学校的宣传工作。作为校党委中心学习组秘书,他在组织安排党员干部和群众理论学习方面,深入、持久地突出了邓小平理论、江总书记关于"三个代表"的重要思想的学习,以及党员干部党性党风教育的学习,为在全校开展转变教育思想和教育观念大讨论打下了扎实的思想基础,较好地发挥了校、系中心组的学习主导作用。

郑彦良同志认为,在新的历史时期,宣传工作必须走改革创新之路才能适应时代发展的需要。

在工作中,郑彦良同志十分注重研究新闻宣传要点,在提高新闻质量和改进工作方法上下功夫,靠着一支训练有素的专职队伍和广大教职工、学生通讯员队伍,创造性地引入形象工程,加上自己的创意、策划、公关、"包装"、经营等,调动了方方面面的积极性,增强了宣传的效果。如,1998 年校庆前夕,由他主持策划设计的"北京一号""北京二号"两个纪念碑方案,经过 100 天的紧张施工,如期在校园落成,为三型号上天 40 周年系列纪念活动添了彩。他本人还亲自撰写了多篇纪念文章,并在《中国教育报》《北京青年报》《中国航空报》等多家报纸刊出,在社会上反响强烈。

郑彦良同志十分重视加强同新闻界的联系,把虚功做实,讲求实效,进行"有影、有声、有图、有文"的全方位、多层面的立体宣传。每年宣传部都要推出几个典型,如1996 年宣传优秀共产党员杨为民教授的先进事迹;1997 年宣传胡继忠教授和他的"蜜蜂"飞机;1998 年宣传更年轻的学科带头人,等等。

三

郑彦良同志认为,新时期的新闻宣传工作必须和学校的工作融合在一起才会有生命力,他和同事经常到各基层单位去策划、采访,不少单位的领导也愿意到宣传部来聊聊,互相沟通情况,出出主意。他每年都要利用各种时机,策划和推出一批有分量的对外宣传报道,由于策划充分、准确、迅速,多次受到各大新闻媒体领导的赞扬和好评。

像"神舟号"飞船试飞成功后,在校领导和郑彦良同志的策划下,学校于飞船落地的当天上午就组织召开了师生座谈会;晚上,还邀请学校校友、飞船的总设计师戚发轫、副总设计师袁家军等回校为师生作报告,在校园内掀起了振兴祖国航空航天事业的热潮。郑彦良同志和同事及时邀请各大媒体的记者前来采访报道,并积极提供背景材料及稿件,中央电视台、中国教育电视台、中央人民广播电台、新华社、《人民日报》等几十家新闻媒体均迅速在显著位置进行了重点报道,有的媒体还做了连续跟踪报道,如《神舟凯旋,北航沸腾》《神舟号三总设计师回京首件事——到北航去!》等,在社会上引起了强烈反响。

郑彦良同志常说,宣传工作要强调主旋律,既要有雄壮有力的交响乐、大合唱,也要有温馨轻松的轻音乐、小夜曲,报道好了,就会产生积极的意想不到的效果。如他参与组织拍摄的反映学校爱心事迹的新闻故事专题片《牙刷的故事》、三集电视专题片《青春旋律——北航校园文化建设成果巡礼》等在中央电视台、中央教育台播出后,反响很好。有时候,为了做好一次报道,郑彦良同志常常带领大家加班加点,深入基层,掌握尽量多的第一手资料,捕捉有敏锐性和时效性的信息,及时同新闻单位沟通,用最快的速度发稿。如 1999 年 4 月,北京大学和北京航空航天大学共建北京大学工程研究院的庆祝活动下午四点多钟才散会,当天的《北京晚报》就在头版头条刊发了新闻,时任北京大学校长的陈佳洱院士见报后连声称赞北京航空航天大学的宣传工作效率高。

四

1999年，北京航空航天大学进行内部管理体制改革，党委宣传部和统战部合署办公，郑彦良同志兼任统战部部长。在统战工作中，他善于把握和运用党的统战政策，和民主党派、党外知识分子代表、人士广交朋友，经常向民主党派成员通报学校的发展情况，作形势报告，受到大家的欢迎和好评。他积极支持各民主党派的后备队伍建设，亲自组织和支持民主党派开展各项活动。如2000年10月，在他的倡导和努力下，北京地区高校民进支部的联谊活动在北京航空航天大学举行。活动后，大家反映这次活动是近几年搞得最好的一次，还受到了民进中央领导和高校民进成员的称赞。近年来，在郑彦良同志的主持下，学校统战部还向各民主党派中央、北京市推荐后备干部多人，较好地推动了统战工作的开展。

郑彦良同志从2000年10月起兼任北京航空航天大学人文学院常务副院长。他在主持日常工作的同时，积极推动"两课"规划和教改工作，主持制定了《北京航空航天大学关于加强和改进"两课"建设的意见》，进一步推动了马克思主义政治理论课和思想品德课的建设。

"心底无私天地宽"，这句话用在郑彦良同志身上再贴切不过了。对待工作、对待同志他充满了热情；他胸怀宽阔，大公无私，在北京航空航天大学党务工作的平凡岗位上辛勤工作，在他身上体现了新时期高校党务工作者努力拼搏、开拓进取、无私奉献的最宝贵的精神。

——原载于《北京教育——高教版》2002年第5期第43～45页

奋进路上无终点

《张家口日报》记者　李向丽

2004 年 10 月

[人物档案]　郑彦良 1949 年出生,张家口市人。1962—1968 年在张家口市四中读书,1968—1972 年在沽源县插队,1972—1975 年在北京航空航天大学有翼导弹设计专业学习,毕业后留校工作至今。现任该大学教授、公共管理学院院长。

10 月 18 日,在金秋十月的四中校庆大会上,记者见到了郑彦良教授。作为德高望重的北航公共管理学院的一院之长,他竟那么朴实、热情,没有一点让人拘束的感觉,采访就在庆典间隙中轻松而随意地开始了。

学生时代:每天从渴求开始

"四中的 6 年中学生活如昨日一般历历在目,这个阶段为我人生打下了扎实的基础。"郑彦良以其特有的亲切幽默讲述了他的学生时代。

那时的郑彦良最突出的就是两个字:"吃苦"。从小学起一直担任班干部的他,在学校俨然是老师的得力助手,既当学习委员,还要兼顾班内其他事务,总是"大忙人"的他对待学习却毫不含糊,从未因负责"班务"而影响学习,为此他要付出比别人多的努力。为了多看书,他主动申请当学生图书管理员,一有空就钻到图书室,一边为学生服务,一边饱览各类有益的图书。他坚信"开卷有益",如饥似渴地读完一本又拿起另一本。每天的生活他都是在这样对知识的强烈渴求中度过。

不单单是学习好,郑彦良还是体育积极分子,在四中读书时,他是校乒乓球队员、市乒乓球少年队员,在北航上大学时,他也是校乒乓球队员、足球队员等,他还酷爱射击等其他体育项目。学生时代的他,经常到外地参加各种比赛,让他增长了见识,还学会了待人处事,他称之为全面锻炼自身素质,而且是主动、积极地去挑战。这一点郑彦良反复说着,可见自主锻炼对他的成长历程起着怎样的关键作用。

体验从师:甘愿做一片绿叶

"当年老师领我们栽下的小树苗如今已是参天大树,40 多年过去了,忘不了老师循循善诱的教诲,忘不了同学们团结活泼的友爱,忘不了教室里勤奋学习的努力,忘不了操场上跑跳撒欢儿的激情,甚至当年同学间的争吵都已成为藏在心底的美好回忆。"在四中校庆大会上，郑彦良代表300多位校友忘情地表达对过去时光以及家乡的留恋。他念叨着杨荣、孟玉祥等老教师："是他们培养了我们，教我们做人做事的道理，让我明白人活在世上，一定要为社会做贡献，无论干什么事，都要尽力把它干好。"

循着老师的教诲，他在工作中一丝不苟，为人们树立了一个如何做人做事做学问的榜样。留校后，他先后任北航某系团委书记、系党总支副书记、校体育部主任、校党委宣传部部长兼统战部部长，直至公共管理学院常务副院长、院长等职。他的研究方向为高等教育管理和国际政治等，先后发表重要文章数十篇，主编、参编书籍8本，完成省部级科研课题5项，曾获北京市优秀报告一等奖，突出的表现使他获得了北京市优秀党务工作者等称号。

"像我的老师们一样，我的最大荣耀就是学生超过老师，所谓桃李满天下社会才会发展，为人作嫁衣裳是很幸福的感觉。"追忆去世的老师时他哽咽着说不出话来，那种发自内心的谢师之情溢于言表，让人感动。

人生感悟：苦难是最好的老师

郑彦良兄弟5个，从小家庭条件困难，母亲是家庭妇女，全家7口人每月仅靠父亲四五十元的工资勉强度日。每天他都是从北关街跑步上下学，既锻炼身体，为学习提供更充沛的精力又节约开支，他很乐观地想。上高中之前，郑彦良一直都没有袜子穿，他并不羡慕吃穿，也不因家庭困难而自卑，反而很自然地接受了生活对他的磨炼。都说苦难是最好的老师，这位老师教会郑彦良善待生活，让他有一种不向生活低头的坚强意志品质。这种品质让他在人生道路上走得很自信。

无论上学，还是在农村插队，郑彦良都是很吃苦的一个，他说："虽然农村比在家还要艰苦，但有那么多朴实的农民朋友作榜样，我也什么都不怕了。"农村劳动让他更加坚强，他也坚定了先立业后成家的决心，他笑言，有了这种想法，他直到30岁成了大龄青年时才成了家。

谈到人的发展，他特别强调年轻人的成长离不开全面素质的提高，一方面有老师的培养，另一方面更要有主动进取、自强不息的精神，多读书多长见识，从意志品质、学习方法、待人处事等多方面进行锻炼。

——原载于《张家口日报》2004年10月20日

北航逐梦星空第四讲:郑彦良教授 "谈谈北航人和北航精神" 线上直播讲座成功举办

"逐梦星空"系列讲座学生志愿者团队宣传组

2020年2月20日上午10时,由北京航空航天大学举办的"逐梦星空"线上系列讲座第四场在哔哩哔哩直播平台顺利举办。郑彦良教授作为北航改革开放的见证者、参与者、记录者,为同学们带来了主题为"谈谈北航人和北航精神"的精彩讲座。

伴随假期即将结束,"逐梦星空"之旅也达尾声。在疫情防控的特殊节点中,学习北航精神,弘扬北航精神,更具特别意义。讲座中,郑彦良老师首先回顾了北航的建校情况以及多年来北航为国家培养的高质量人才。随后,他为大家讲述了作为北航精神代表的9个案例,并通过这9个亮点突出的案例带领同学们进一步理解北航的几个核心理念:北航校风、北航校训以及北航精神,并激动地指出"忠诚与奉献"是空天报国、敢为人先的北航精神之魂! 直播间内气氛热烈,同学们深受感染。

郑老师首先介绍了舍得分明的沈元老校长和航空报国的陆士嘉教授。沈元院士是由中央人民政府毛泽东主席签发任命的北京航空学院副院长,他先后舍弃家传手艺、祖屋房产和个人学术发展,倾情奉献北航建设。郑老师动情地说道:"他一生最大的贡献是运筹帷幄、谋篇布局,奠定了北航学科发展基础。他把自己的一生奉献给北航的学科发展和人才培养上,这远比他个人的学术成就,要重要得多,伟大得多!"沈元院长舍得分明的精神,在郑老师满怀激情的话语中闪闪发光。而随后他讲述的陆士嘉教授,同样坚持着航空报国的理念,抛弃国外的优渥条件,回国后成为中国流体力学的奠基人之一,更为中国航空航天人才的培养尽心尽力,是做人做事做学问的楷模。

接下来郑老师讲述了毕生不懈追求的高镇同院士、无私奉献的杨为民教授和脚踏实地的王华明院士。郑老师认为高院士正是坚定理想信念的典范,他毕生追求伟大事业,始终践行着"中华学子,生于今日,如不能上报国家,下辅黎庶,岂不虚度一生"的座右铭。郑老师也借此提示大家:大学时期确立正确的理想与信念,对一生都具有重大影响。谈及杨为民教授,郑老师认为他始终以国家需求为先,以奉献为先,淡泊名利,提携后辈,做事尽心尽力,无论为人为学都十分纯粹。郑老师满怀情感地回忆了杨教授在父亲去世当天仍坚持为研究生上课的场景,"家里的事再大也比不上公事大",这句话,是杨教授精神的生动写照。而王华明院士视工作为快乐的精神品质也非常值得我们学习，王院士坚持尽最大努力把每件小事做好，虽经历上千次失败，但是永葆初心不断前行。

郑彦良老师在讲述航空报国英模罗阳的事例时，语调庄重而满怀深情，正如音乐剧《罗阳》的解读，罗阳的纯粹、学习态度以及对祖国航空事业 30 年的坚守，是对北航校训"德才兼备，知行合一"的完美体现。作为当时罗阳所在系的团总支书记，郑老师在讲述时激动地说道："祖国终将选择那些忠诚于祖国的人，祖国终将记住那些奉献于祖国的人！"郑老师见证了"罗阳们"的进步与成长，而他们那一代人成长进步的根源恰恰在于他们始终坚定的理想与信念。郑老师希望同学们能够从中获得启发，始终严格要求自己。

最后，郑老师也介绍了耐得寂寞的苏东林教授、第一场讲座的主讲人陈光老教授以及在疫情期间挺身而出的北航学生代表高睿阳。在讲述苏东林教授的事迹时，郑老师满怀钦佩。他说，苏教授是北航 15 年 15 项国家科技奖励一等奖获得者、北航 8 项国家技术发明一等奖获得者以及北航 24 名院士中的唯一女性。在她眼里，成功的一生就是一辈子只干一件事，并将这件事做得精彩。而陈光老教授坚持活到老、学到老、奉献到老的信念，也不断激励后辈。陈老在相濡以沫的夫人刚刚去世、后事还未操办的情况下，仍毅然接下了这次讲座任务，只为让我们能有所收获，如此精神，令人动容。而学生代表高睿阳作为北航学生社团红十字会执行会长，关键时刻挺身而出，积极投入家乡湖北疫情阻击战，主动向社区党委报到做志愿者。他是敢为人先、无私奉献的北航学生典范！郑老师对此表示无比欣慰，正是在无数挺身而出的北航学子和校友身上，郑老师得以看到北航的未来、国家的未来。

为大家讲述完 9 个案例后，郑老师进一步阐释了北航几个与时俱进的核心理念。从最开始"艰苦朴素、勤奋好学、全面发展、勇于创新"的校风，到"德才兼备、知行合一"的校训，再到"空天报国、敢为人先"的北航精神，这些都是在北航人血液里不断流淌着的品质，都是北航人的成长基因。郑老师反复强调，忠诚和奉献是北航精神之魂。忠诚是一种信念，反映到北航学子身上，就是爱祖国、爱航空、爱航天、爱北航；奉献是一种作为，需要全情投入，做到极致，任何大国重器的炼成都需要倾情奉献团队合作，积淀很多年。

讲座最后，郑老师号召大家放下手机，拿起课本，好好学习！希望北航师生共渡难关，武汉加油，中国加油！

在现场提问环节，郑彦良老师根据同学们的提问，结合自身体验，提出一个人的综合素质应包括专业技能、眼界和视野、思维模式、伦理操守、上进心以及健康素质这六个方面，并且号召同学们学会拒绝现代信息社会中的多种诱惑，除做好专业学习之外，更要积极参加各种课外活动来提高综合能力，多读经典，他强调"查信息可以看手机，但做学问必须多读书"。

不忘初心，方得始终；仰望星空，脚踏实地。北航精神在北航人身上得以闪烁，北航人也在传承北航精神中不断成就辉煌。我们应当牢记郑老师的教诲，坚守北航精神之魂,传承北航精神,做担当时代重任的北航人!

四次讲座小结

至此,最后一场讲座也圆满结束。追溯举办"逐梦星空"线上系列讲座的初心,或许正是因为这里是北航,我们见证过祖国航空航天征程上太多历史性的瞬间,有如此多的故事值得我们去撰写,又值得我们去缅怀;正是因为这里是北航,我们感受到无数前辈先驱们终其一生来诠释"国之不胜家何在?自古有国才有家",有如此多的精神值得我们去传承、去发扬;正是因为这里是北航,我们一代代北航人融汇成深厚而伟大的磅礴力量,有如此多的家国情怀、责任担当需要我们去行动,又有如此多的美好愿景值得我们去企盼。

抗"疫"期间,在一次次讲座中,北航师生跨越祖国浩荡河山,在大江南北齐聚一堂。我们聆听九十高龄的陈光老教授为我们讲述峥嵘岁月中的往事、无人机残骸拼装仿研过程的艰苦卓绝、有关民航飞机故障原因分析并与苏联代表艰苦谈判,至今听来仍动人心魄;我们走进申功璋老教授的回忆中,领悟北航"艰苦朴素、勤奋好学、全面发展、勇于创新"的校风,感受孙虎章副教授和义传源教授的崇高人格和家国情怀;我们通过周自强老教授的讲述了解钱学森的一生,回国之路重重坎坷,铁骨铮铮忠心可鉴;最后,我们又在郑彦良教授的分享中了解北航人、体悟北航精神。特别是,我们秉承"停课不停学"的宗旨,在病毒肆虐的非常时期,瞻仰北航前辈,学习北航精神,更具有深刻意义。

在最后一次讲座中,北航学子赋诗一首《咏北航》。其中言道:"今日天公真抖擞,遍地奇花竞离皇"。其字字铿锵,句句深情,以此致敬北航前辈,歌颂北航精神。

此次在线讲座直播活动,北航离退休工作处、关工委、"三老"协会组织一批大学生志愿者;组建了一支特别能吃苦、特别能奉献的学生团队,精心指导,各有分工,密切配合;学生志愿者组成了外联组、宣传组、活动组和技术组,在一次次讲座中,各项筹备工作也臻于完善。同学们经常通宵达旦地策划、准备、撰稿写作,进行技术调试。虽然累,但体会了在抗击疫情中,能以这种方式服务学生、服务社会的幸福感。经历过一场场彩排,撰写过一篇篇稿子,他们用实际行动践行对北航精神的传承,深化对北航精神的理解,更用这份从内心深处散发出的光和热去照亮身边更多的人。

最后,感谢陈光、申功璋、周自强以及郑彦良几位老教授对我们线上讲座活动的倾情奉献和大力支持!我们的"逐梦星空"之旅虽然结束,但北航的精神却如火炬般永远指引着我们每一代北航人!越是在面对困难的时候,我们越是要继承和发扬北航精神,用理想和信念指引方向,用勤奋和努力铸就辉煌。相信春暖花开时,我们一定能战胜疫情,携手相聚在校园里,继续为"爱祖国、爱航空、爱航天、爱北航"而努力学习、不懈奋斗!

——原载于《北航老年工作》2020 年第一期第 42～45 页

退而不休　乐于奉献

——记优秀共产党员郑彦良

2020 年 12 月

郑彦良，一位新中国同龄人，1975 年毕业于北京航空学院五系导弹弹体设计专业，曾任学生辅导员、五系团总支书记、教务科长、五系党总支副书记，后来先后担任过近七年的校体育部主任，七年半的校党委宣传部部长（其中三年兼任统战部部长），八年的人文社会科学学院（公共管理学院）常务副院长、院长、院党总支书记，于 2009 年退休。

由于他工科出身，从事过教务与学生工作、管过体育、搞过宣传，还当过文科学院院长，这种主持过学校德智体三方面工作的独特经历，使他谈吐与见解常常与众不同。他退休后，学校多个部门都纷纷请他出山帮忙。这一干就是 11 年，至今，他还在继续为学校的人才培养和立德树人而努力工作着。

立德树人做贡献

自 20 世纪末至今，郑彦良老师一直任校党建特邀组织员，参与指导经管学院、人文学院基层本科和研究生党建工作。2011 年被评为北京市教育系统优秀特邀党建组织员。2019 年 5 月，他被聘为北京市教育系统"五老"报告团首批成员。

为了宣传正能量，立德树人，郑彦良充分发挥自己的写作与演讲专长，做了大量的工作。自 1997 年作《当前国际形势与我国对外政策》报告获得北京市"灵山杯"优秀报告一等奖后，至今 23 年再没间断过，共作各类报告、讲座、党课 500 余场次，直接听众超过 10 万人。其中仅 2019 年全年讲党课、作报告、作讲座就达 37 场次，直接听众 4100 多人。他的报告大都以宣传正能量为主题，如"从景观文化看北航精神""十九大语境下的国家安全背景分析""北航人的理想信念""罗阳：一个北航普通学生的璀璨人生""不忘初心——从党旗诞生的苦难与辉煌讲起"等，讲座均获在场听课师生、党员和入党积极分子的广泛好评。近几年，他还应邀为校博士生思政课作"我的人生感悟"专题讲座，为文科硕士生思政课作"从北航景观文化讲起"的专题讲座，深受好评；也曾应校招生办要求，连续几年为学校优秀考生夏令营作"从景观看北航——北航历史文化的若干片段"专题讲座。他还到荆门航空 605 研究院、北航青岛研究院、山西中阳县、北京建筑大学等单位,为这些单位的党员干部解读十八大、十九大报告,宣讲北航精神。特别是他对北航历史与北航精神的概括与凝练,让人印象深刻。

2012 年 11 月 25 日,航空报国英模罗阳突发心脏病逝世,作为熟悉学生罗阳的老师,郑彦良在多次接受媒体记者采访的基础上,连续奋战四昼夜撰写了《一个北航普通学生的璀璨人生——悼念我们的学生罗阳》的长篇通讯,整版刊登在 2012 年 12 月 11 日的《中国组织人事报》和北航校报上,引起了广泛关注和好评,这篇文章至今仍能从新华网、人民网、求是网、光明网上看到。后来学校排演音乐剧《罗阳》,他还两次应邀为剧组创作团队介绍罗阳在校期间的点点滴滴;2020 年 2 月 4 日,在新冠肺炎疫情关键期,他还婉拒了有关部门的好意劝阻,让新华社客户端的记者直接到家里采访,介绍罗阳当年在大年三十晚上还坚持上晚自习的事迹。2020 年 3 月 25 日新华社客户端播发了《习近平讲述的故事:航空报国的赤子心》短视频,弘扬罗阳的航空报国精神,其中就有采访郑彦良老师的视频镜头。

2016 年 4 月 28 日是沈元老校长诞辰 100 周年,学校举行了一系列的纪念活动。郑彦良应校团委邀请,创作了《百年海棠红——纪念沈元老校长诞辰 100 周年》的歌词,在短短 周的时间内,他两易其稿,一气呵成。其歌词作为诗稿先发表在 2016 年 5 月 11 日的北航校报上,后来经词作家修改、曲作家配曲,定名为《百年海棠》,在 2016 年 6 月本科生毕业典礼上首次唱响,受到普遍好评。此后每年的 4 月 28 日,北航人都能听到这首由郑彦良作词的《百年海棠》。

郑彦良还特别关心北航青年教师的成长。从 2007 年起,由他提出、策划设计和组织的北航青年教师教学业务基础培训和提高培训,在教务处教师发展中心的具体操作下,至今已分别举办了 13 届和 12 届。最初的培训手册,也是他参照加拿大教师培训、法国公务员培训和国内 MBA 培训的经验,由北航自主设计的。十几年来,他一直担任北航青年教师教学业务培训顾问。这 13 年中,千余人获青年教师教学业务基础培训结业证书;600 余人获提高班培训结业证书。2010 年 6 月他的论文《青年教师培养专题调研报告》在"北京航空航天大学研究生教育创新论坛"被作为大会发言稿并收录在《北京航空航天大学研究生教育创新论坛论文集》中;他参与的"青年教师教学能力系统化培养的十年探索与实践"项目,于 2018 年 5 月获北航教学成果一等奖。

教学督导下功夫

退休后,郑彦良作为校教学指导委员会委员,继续每年参加学校年度工作会和暑期工作会。近十多年来,他担任第三、四、五届校研究生教学督导评估组副组长,通过深入听课和调查研究,主笔完成多个学院教学质量评价报告和专题调查报告。他常为马克思主义学院青年教师讲北航历史与精神,并就听课情况与青年教师认真交流,反馈听课评价意见。郑彦良的严厉和真诚,深得青年教师信赖与好评。如网红教师高宁教授,郑彦良连续听了他十年课,给他比较大的帮助。高宁认为,"有这样的督导专家在,我在课堂上特别踏实"。

多年来,他和研究生教学督导专家一起,先后去南京大学、清华大学、北京大学开展调研交流。通过调研研究,他整理写出《大学生要养成阅读经典名著的良好习惯》的文章,发表在 2015 年 9 月 11 日的北航校报上,提示大学生们要多读书、读经典。2016 年应学校要求,他参与了北航青岛研究院研究生教学质量现场调研并受考察组委托,执笔完成了《北航青岛研究院研究生人才培养质量考察报告》。这个报告对北航异地培养研究生质量的把控,发挥了指导性作用。

近四年来,他还参与策划、组织了"教学研究性示范研究生课程"项目。该项目,督导组专家按照大家研讨的研究性教学评价标准,跟踪研究生精品课程,从 40 多门课程中经过三轮研讨,筛选出五门示范性课程。这五门示范性课程的研究性教学经验文章从 2019 年 3 月开始陆续在北航校报上整版推出。这在全国高校率先总结出了一流研究生课程的教学经验,在校内外引起较大反响。对这五篇研究性教学经验文章,郑彦良都参与了从一二级标题到内容的字斟句酌的多次文字修改。

近十多年来,他还先后担任第二届校本科教学督导组副组长和第三届校本科教学督导组文科组组长,通过听课和信息反馈,帮助青年教师改进教学,完成多个关于学生学风和教学质量的调研报告;2016 年还应邀为北航学院年轻教务员、辅导员等做听课的专题培训讲座;2011 年 5 月初,他随同北航本科督导专家考察团一行十人,到华东的浙大、上交大、复旦、同济、东南和南大六所高校进行了本科教学的深入调研,回来后受考察调研组委托,他执笔完成了《华东六高校本科教学考察调研报告》。该报告共 1.3 万字,用翔实数据和事实进行比较分析,提出了发挥北航优势和特色的相关建议。该《考察报告》对推进北航本科教学改革与发展,发挥了非常突出的作用。

退休后,他还曾出任过几届校西飞奖教金评审专家组组长,十几年来一直参与校优秀主讲教师的评审;参与过学校教师职称专家评审和宝钢奖教金、教学成果奖、研究生精品课的立项/中检/验收、研究生教育与发展研究专项基金、研究生卓越教学奖、青年教师课堂教学比赛等多项评审工作。

"三老"协会抓创新

郑彦良 2016 年进入北航"三老"协会工作,任常务理事,2017 年担任副会长;2018 年 6 月经过换届选举担任校"三老"协会常务副会长至今。2018 年 4 月,当选为学校离退休教职工党委委员。

两年来,郑彦良团结"三老"协会常务理事和全体理事,本着帮忙添彩不添乱的原则,丰富和活跃北航老同志们的离退休生活;加强制度建设,从工作策划入手,突出理念创新、途径创新、方法创新,在服务人才培养和服务老同志两方面都取得了很好的成效。

2018年初,他提出并策划了育才老园丁的评选表彰意见,拿出了具体的评选办法,得到了离退休教职工党委和学校关工委的高度认同。由离退休教职工党委、学校"关工委"和"三老"协会三家协同配合,最终在2019年11月,在纪念北航"关工委"成立25周年大会上,隆重表彰了71位75岁以上、在北航人才培养立德树人方面做出突出贡献的老同志,弘扬了正气。

2018年北航隆重纪念三个型号上天60周年,郑彦良作为《空天报国志——纪念北航三个型号上天60周年》一书的主编之一,组织66位80~100岁的当年参与三个型号研制的老同志,写当年自己经历的事儿,并实事求是地多次组织研讨论证,为历史史实把关。这本书将图文并茂地给北航留下一笔精神财富和史料。

2019年是中华人民共和国成立70周年,郑彦良通过大数据了解到北航有70多位新中国同龄人。通过策划、协商,并与学校宣传部联系,在国庆前组织开展"同龄人同话七十年"活动,并设计制作了4米×3米的标志旗。9月3日上午先召开"同龄人同话七十年"座谈会,再组织同龄人赶赴主楼前参加中央电视台主办的"我与祖国同框"活动。在主楼前台阶上,同龄人聚拢在"七十周年大庆"标志旗周围,拍下了"同龄人笑脸照"。他还临时组织老少同台,请老同志和刚报到的新生同台拍照。这个成功的活动,在中央电视台三次播出。教师节当晚,《新闻联播》做了突出报道。同时,新华社、中国教育电视台、《北京日报》等主流媒体都做了报道,产生了非常好的效果。

为老同志服务,必须办实事,必须把实事办好。北航"三老"协会充分利用北京老科协科研经费的支持,2019年初由郑彦良和徐扬禾两人牵头,分别申报了"京城大院老年人生活现状与养老需求调研——以北航为例"和"人工智能、机器人与养老服务"两项省部级科研课题项目,并组织强有力的课题班子开展工作。目前两个项目进展顺利,已完成课题总量的60%左右。

北航老教授报告团,立足于人才培养,立德树人,是一个非常有责任心的团队。报告团2010年6月成立,已工作十年,18位成员平均年龄80.6岁。十年来,他们平均每年作讲座、报告50余场次,现场听众共有二三十万人。在换届之际,郑彦良和北航"三老"协会办公室主任段桂芬联系西城邮局,设计制作了精美大气的《北航老教授报告团工作十年》纪念邮折,报告团每个人的彩照也印制在邮品中,将在换届大会上颁赠给这18位报告团老同志,这个纪念邮折,与以往的奖杯、证书等奖品不同,很有北航特色,看过的人都很喜欢。

由于北航"三老"协会的突出业绩,在2020年1月7日召开的中国老教授协会新春联谊会上,北航被指定为唯一高校代表在会上发言。郑彦良老师简要汇报了北航"三老"协会近年工作的新思路、新举措和抓实效的概况,受到各理事单位的普遍好评。

2019年11月,郑彦良被评为北航关心下一代"先进工作者"。

2020年2月,新冠肺炎疫情来袭。在北航志愿者的启发下,郑彦良和学生志愿者一拍即合,决定利用在线开学前的十天空窗期,组织老教授报告团成员举办在线系列讲座,为在抗疫特殊时期的同学们鼓鼓劲、打打气。在北航学生志愿者、离退休教职工党委和老教授报告团的共同努力下,2月10—20日短短十天时间,"逐梦星空"系列讲座共四讲,取得圆满成功和出乎意料的传播效果。由于时机抓得巧、策划创意新、实效比较好,"学习强国"平台、中央人民广播电台、北京电视台、《北京日报》等主流媒体作了及时报道。郑彦良是这次系列讲座的主要组织者,他策划分工讲座主题,协商确定主讲人,反复在主讲人、志愿者和北航离退休教职工党委郭永秀副书记之间沟通协调,同时他自己还做了最后一讲《谈谈北航人和北航精神》的讲座,使系列讲座圆满收官,在校内外产生了很好的影响。5月初,他接受了志愿者团队的邀请,担任"逐梦星空"项目跨学科学生团队申报北航"冯如杯"课外科技比赛的项目指导教师,配合学生志愿者团队,角逐"冯如杯";还接受了校体育部邀请,准备和录制了MOOC课程,为2020级新生解读北航的体育文化。

退休之后这十来年,郑彦良承担着七八个头绪繁多的工作项目,几乎处于满负荷的工作状态;他还忙里偷闲,几十次迈开双腿去旅游,走遍祖国的山山水水,进过西藏、去过新疆,亲眼见证了祖国翻天覆地的巨大变化;他和北航老同志们去游历世界,足迹已遍及五大洲几十个国家。通过旅游,在国家与国家间发展的反复比较中,他们更清晰地看到,中国共产党人是怎样改变了中国,又深刻影响了世界。更加深刻地体会到,生活在社会主义中国是多么安全与幸福。他把这些旅途见闻和感悟都融入他的一次次讲座、报告中,向年轻人传递着他对中国的道路自信、文化自信。

这么多年,忙并快乐着,这就是郑彦良老师的退休生活。

——原载于"北航老年工作丛书——老故事系列"之《晚霞映红》第240~246页,北京航空航天大学出版社2020年12月出版

一颗有担当的铺路石

——北京航空航天大学人文社会科学学院
郑彦良教授采访记

2020 年 10 月 17 日

甘做铺路石

从 1972 年到今天,郑彦良教授已经在北航度过了 48 年。在当辅导员期间,郑彦良老师带出的两个小班长袁家军和金壮龙,现在是北航本科毕业的两位十九届中央委员。他还参与培养了很多工作在重要岗位的杰出人才。提到这一点时,郑老师云淡风轻地说:"所以有的人说,这是你做出了多大贡献,我说没有,第一是他们的努力,第二是他们赶上了这个好时代,第三我只是众多培养者之一",这就是郑彦良教授,将大半生心血倾注于人才培养之上,将培育精英作为自己毕生的使命。

"共产党员是一块砖,哪里需要哪里搬。"在改革开放以来那激情燃烧的岁月,郑老师先后从事学校德智体诸方面的工作几十年。担任校体育部主任期间,他发表多篇体育教改论文,组织调研、论证和修建北航体能锻炼走廊,为后来北航的体育课成为全国第一门国家级精品课奠定了不可或缺的基础;担任党委宣传部部长期间,参与主编了第一套系统介绍北航历史的《走进北航》丛书;早在 1998 年,他的一场形势报告被评为北京市"灵山杯"优秀报告一等奖;任职人文社会科学学院负责人期间,为学校公共管理学科的精准定位与快速发展、行政管理一流本科的快速形成以及学校大文科的布局发展做了大量基础性的工作。他说:"我和别人最不一样的地方就是,我不是在学术上做出了多大成就,但我在德育智育体育这三个方面都有六七年以上的工作经历,也都给北航留下了痕迹;正由于这些经历,我看教育问题、人才培养问题,可能会有与别人不一样的视野和看法。"

"所以学生问,您怎么评价自己?我说我就是在学校人才培养和学校发展道路上的一块铺路石,我要承担起我这块铺路石的担当和责任,也就是这样。我和别人不同的是,我不光是一个参与者、见证者,我还是一个北航改革开放历史的记录者。"他为宣传杨为民写过多篇文章和评论,为"航空报国英模"罗阳写过长篇通讯,为沈元先生写歌作词,主持修建"北京一号""北京二号"首飞 40 周年纪念碑,还设计了北航系列邮票首日封,拍摄过一大批照片,为学校和国家留下了宝贵的文化财富。"我与很多院士有很深厚的交情,在他们身上,我清楚地看到北航人是怎么成长的,是怎么奉献的,是怎么对国家对党忠诚的,所以我们就怎么把他们的精神继承过来,再传承下去。"

注重人才全面发展,特别关爱学生,是每一个接触过郑老师的师生的切身体会和亲身感受。他是一位良师,也是一位益友,郑老师说:"我身边有很多忘年交朋友,他们每年都会来和我约谈交流。和孩子们的这种交流特别有意思,我也能从他们身上了解现在年轻人的脉搏,看到时代进步的希望。"

乐于育才 奉献到老

郑老师认为,奉献是一种快乐、一种收获。他退休十一年来,依旧发光发热,以言传身教的方式引领后辈塑造正确的精神信念,把立德树人落到实处,至今他还年年为研究生思政课做北航精神的专题讲座。郑老师的一个突出特点是对新事物的学习兴趣。一如他从小至今的好奇心一样,学习劲头依然十足。周围同事和朋友也都知道,郑老师善于学习、会抓时机,视野宽、点子多。

他还担任校本科和研究生教学督导专家、校青年教师培训顾问、党建特邀组织员等,从各个方面入手,做了大量人才培养、立德树人的工作。"忙并快乐着,是我的常态",他退休11年,几乎和没退休一样地天天操劳工作。他每年还坚持作多个专题几十场次的报告党课讲座,他的讲座,往往由于视野开阔、信息量大、视角独特,深受学生广泛好评和欢迎。

郑老师曾经在农村当知青务农四年,对"三农"问题有很深的了解和感情,对于新时代全面小康建设、精准扶贫工作十分关注,尤其是对贫困地区干部群众的思想解放和精神脱贫,尽其所能给予支持。他为在北航举办的北航定点扶贫县中阳县八期乡镇干部培训班和两期工信部扶贫县中小学骨干教师培训班都主讲了第一讲,用自己的专业能力助力贫困地区精准脱贫工作。

2019年4月,北航离退休党委组织党委中的老委员赴北航定点扶贫县山西中阳县考察慰问,送去北航老同志的关心之情。临行前,他主动提出了送报告下乡、为全县干部作一次《十九大语境下的国家安全背景分析》报告的请求。中阳县委组织部部长在中阳县礼堂亲自主持了这次报告会,并高度评价了郑老师扶贫先扶智的理念和做法,240多名县乡干部到场听报告。

全心关注人才培养、倾心倾力立德树人,是教师的责任与担当。在抗疫关键期的今年2月,郑老师与学生志愿者和离退休党委三方一拍即合,组织北航老教授报告团的成员,立即在b站上开设了"逐梦星空"在线直播讲座四场,带动在线讲座逐步形成高潮,也为之后的线上教学顺利开展开了好头。媒体记者到郑老师家中,现场拍摄了他在线讲座的视频,并在电视台《北京新闻》做了报道,中央人民广播电台记者也对郑老师做了电话采访报道。

郑老师说："北航精神的灵魂可以概括为 4 个字,忠诚、奉献。忠诚是一种信仰,奉献是一种作为。所以既胸怀祖国、仰望星空,又脚踏实地、无私奉献,是北航人的传承。空天报国、敢为人先的北航精神,是一代代北航人骨子里流淌的基因,抹不掉的。"

希望和梦想

教育是一项终生的事业。郑彦良老师将大半生投入人才培养和学校发展,以博学之才、仁爱之心,甘于奉献,成就了一代又一代北航学子的空天报国之志。当问及他对新一代北航人有什么话要说时,郑老师想了想说:"我在给 2020 年新生入学教育做的北航体育慕课里说了一段话——同学们,希望就在你们前面不远的地方,而梦想就在你们前面不远的将来。你要到达不远的前面和不远的将来,就得通过你既仰望星空又脚踏实地的努力。所以孩子们,努力吧。包括我们也是,希望在前面,梦想在前面,我们见证了新中国第一个百年奋斗目标,我还想活到新中国成立一百周年我正好一百岁时,力争看到下一个百年奋斗目标的实现。"

春风化雨,润物无声。郑彦良老师将一生都倾注在教育事业上,将北航精神传递给一代又一代的青年。今天的北航人将继续带着空天报国、敢为人先的家国情怀,为祖国的建设添砖加瓦!

(备注:本次采访郑彦良所录微视频,被教育部关工委评为 2020 年"全国高校最佳微视频"之一;采访由 3 位学生记者完成,他们是——采访人:北航人文社会科学学院 2017 级木科生周映玥;执笔人:北航人文社会科学学院 2017 级本科生佟艺玮和 2018 级本科生陈子月[见图 174]。)

两篇旅游日记

郑彦良

一、2018 年南美四国游第 5 天

5 月 1 日,乌斯怀亚,晴,2～8 度。

昨晚的最大意外收获就是清晰拍摄到南十字星伴月的夜空照片,这是本次旅游活动的意外惊喜。

今早 8 点,天刚放亮,朝霞满天。我不等 9 点发车时间,冲出酒店,疾步赶到不远处的乌斯怀亚码头拍朝霞,8 点 15 应该是拍摄朝霞的最佳时间,我 8 点 20 分到的,火红的朝霞慢慢开始褪色,但天上海面水天一色,依然火红。连码头边停靠的大小客货轮也被火红朝霞所包围,别有一番味道。一轮圆月仍然挂在半空,小城周围的雪山也染上了一层羞答答的淡红色,天地之间呈现一片暖色调。随着时间的推移,朝霞颜色也渐渐变淡,十分钟左右由橙红色渐变为橘黄色、偏白色,老天爷的朝霞秀逐步拉上了帷幕。

上午 9 点出发,赶往火地岛公园。我们登岛时值深秋,满山的山毛榉树叶变黄变红,掉落在地面的小彩叶把地面和林间小路铺成了橘红色地毯,与周围的雪山、大西洋海面、满山的金黄高草、一米高的血红色草植、挂满长绒菌的大树,构成了绝美的山水彩画。五彩斑斓的颜色,织就了火地岛公园的深秋主调。

我们观看了一片景观特别的洼地。洼地上的大树全部枯死了,一条条土水坝蜿蜒曲折,分割着更加曲折的河水。这些景色全是河狸多年啃咬树根的效果,土水坝全由泛滥成灾的河狸构筑。河谷里的金黄色草棵与枯死的树干,编织出一幅悲壮的画面,与岸边百年沧桑的山毛榉大树及皑皑雪山构成了一幅幅油画,移步换景,美不胜收。虽然地面上结着冰,栈道上全是雪霜,气温也仅有 2 度上下,也依然挡不住我们咔咔咔按动快门的响声,在导游的多次催促下,我们才登车离开。

乌斯怀亚被誉为地球最南端的"世界尽头之城",是因为从北美洲阿拉斯加起的泛美公路的终点在乌斯怀亚火地岛国家公园内,全长 17848 公里。在著名的地球上最南端的公路——泛美三号公路起点处,旅游团拍了大合影,大家纷纷与各种地标拍照留念。

在火地岛上,我们还走了一公里长满是白霜的景区栈道,与洛卡河流入大西洋的水面亲密接触。看各种水鸟水中觅食,拣起小窝头般的小鲍鱼硬壳欣赏,与远山

近水、山石树木拍各色照片。

从栈道下来,导游带我们走了一条来回三公里的林间小路,在雪山脚下的五彩林间穿行。人入了画,画有了人。山毛榉树的枯叶铺满小路和地面,一条清澈见底来自洛卡湖的溪流在林间穿行,急匆匆去汇入大西洋。路边各种姿容、璘峋怪异的山石与因湿度大长满菌绒的山毛榉树干,与片片灵秀的橙红色叶枝,是步行小路的主色调。脚下的小路,很有弹性,部分路段冻结,部分路段泥泞,幸亏有盘根错节的树根与低矮密草,才使得我们走起来毫不费力。林间的空气新鲜而湿润,是个让人呼吸起来格外舒适的天然大氧吧。

最后,我们来到水面广阔的洛卡湖,这是地球最南端的淡水湖,与智利共享。阿根廷这面长 7 公里、宽 2 公里,占湖面的 40%,另 60% 归智利所有。宽阔湖面两边是雪山和森林,岸边也有一排高大的山毛榉树,透过枝杈去拍湖面与雪山,常能拍出很漂亮的风景片来。

由于赶下午 3 点多飞布宜诺斯艾利斯的航班,我们又马不停蹄赶回乌斯怀亚市区,细心的卢导又请司机师傅把大巴开到乌斯怀亚市标志牌附近,满足我们临离开前再换个角度拍摄市区、水面与雪山的心愿。

事后,我们才得知,由于 G20 财长会即将在乌斯怀亚召开,我们离开后第二天,乌斯怀亚机场开始封闭。近期,游人将不可能再到乌斯怀亚、火地岛游览。我们成了近期进出乌斯怀亚、火地岛的最后一批幸运者。

在乌斯怀亚所住海边酒店急匆匆吃完西班牙风味的海鲜面条后,我们赶到人木框架构的海边机场,搭机飞回布宜诺斯艾利斯市,下机后直奔探戈秀剧场,用完烤肉晚餐直接看演出,然后再回酒店住宿,第二天一早将飞往伊瓜苏。

补记:

昨晚 7 点多在小雨中抵达布宜诺斯艾利斯市,大巴接上我们直奔市区古董街的一处探戈舞表演场地。场地由老谷仓改建而成,深红色的红砖是洛卡湖畔烧制的,因含铁等因素比一般的砖重 20%,立柱横梁都是红木的,看来改建也是下了一番功夫和心思。场地本身就是一个探戈舞发展的博物馆,历史上著名的探戈舞演员都有照片和遗物展示,他(她)们的表演照、舞鞋和演出金光盘,贴满墙面或在玻璃柜中展览,甚至我们在吃饭的小剧场里,在诸多探戈皇后、明星旁边,还看到了拉美民族革命英雄切·格瓦拉的木刻照片。旅行社安排我们小剧场吃烤肉(鳕鱼、牛肉、鸡肉)喝红酒,晚 10 点就地观看表演。小剧场能坐七八十人,点着蜡烛,看着周围装饰与展示,仿佛穿越到了 20 世纪初期的探戈舞发展黄金期。

晚十点整,蜡烛灯熄灭,只有每桌上的小蜡烛台摇曳着微弱的火光,探戈秀表演开始了。

令人印象深刻的是,几组不同风格、流派的探戈秀,都展示了力量、速度、腾空、旋转的力和美。那样小的小舞台上,伴奏的六个人占了一半地方,剩下的狭小空间竟然能容纳最多四对舞伴的闪转、腾空甚至翻滚动作的表演。探戈秀和伴奏的水平高超淳熟,特别让人感慨的是,探戈舞也在发展中,在过去探戈舞充满极端郁闷、绝望、颓废的舞蹈语汇中,糅合进了很多欢快、愉悦、兴奋地新的舞蹈语汇与表情,给人以全新的积极向上的对探戈的认识,特别是一些体现演员功力的高难度动作,让人眼前一亮并对探戈舞有一种全新的体验与认知。可惜,演出现场不准拍照,没能留下探戈舞的精彩剧照。

演出中,著名歌曲《你不要为我哭泣》以及反复朗诵贝隆夫人的演讲词,激起全场阿根廷人极为热情的欢呼与掌声,这给我们这些"老外"留下很深的阿根廷人"爱国"印象。

二、2019 年俄罗斯堪察加半岛游第七天

8月4日,星期天,彼德巴甫洛夫斯克市,阴,大雾,10～15度。

今天要去登穆特洛夫斯基火山,要徒步爬山5～6小时。这是一座古老的活火山,历史上最少喷发了16次。这座巨大火山海拔2323米,由四个连成一体的火山锥构成。据介绍,这座火山,是堪察加半岛最大、最魅力四射,也最受世界登山客喜爱的活火山。

餐厅的五个联排大玻璃窗,正对着壮美的鄂霍茨克海峡的全景图。俯视着窗外的景色,还真有点儿舍不得离开。早餐那么多的蟹肉炒鸡蛋和鲜鱼籽,让我们品味了堪察加半岛渔产的真正富足。今天,我们就要离开连续住了6天的酒店,与天天相处的不到一岁大的乌玛(一只特别粘人的大狗)说再见了,这很令人伤感。我们把简单的小行李带在身边,把大行李堆在一处,由导游安排车转走暂存。今晚在冰川宿营地睡帐篷,两天登山后就住在另外的酒店了。和乌玛艰难说再见,还能再见吗?

上午9点,我们四人一组,分乘改装的六辆高轮越野车,经过州政府、列宁广场和港口,向着远郊驶去。大雾迅速散去,艳阳高照,多座火山上的云雾还未来得及散去,形成短暂的山间云彩和云带,配上火山上的冰雪,形成瞬息万变、瞬间即逝的绝美山景。离开市区向南,两旁或是连绵不断的白桦林带,或是百花争艳的广袤无垠的草原,没有任何人为干预的痕迹。只有不同的各式标牌,在双幅柏油路上向后方掠过。今天是星期天,不少人开着车在流向大海的河流桥梁边垂钓。再往南开,车越来越少了。

10:30,车队下了公路,经过轮胎适度放气后,车队依靠无线电话筒保持联络,继续沿沙石路向南驶去。

10:45,路边一石砌墙边,从雪山上流泄下来一条小溪,水质清澈,名曰银溪。司机说,可以直接饮用,这是制作伏特加酒的水源。各车也拿出大大小小的塑料水桶,装满了野营餐饮需要的水;我们则在水源处捧水而饮,还拍照留念。

11:30,车队停在一座桥上,偏西南方向是一座巨大的火山,叫维柳金斯基火山,高2400多米。山间的云腰带和山顶处飘忽的白云,给火山披上了神秘色彩。山顶若

隐若现,从不以完整面貌示人,这更勾起人们"一睹庐山真面目"的好奇心。我们继续绕行维柳金斯基火山,向更远的山上开去。

12点整,经过在没有路的坑坑洼洼火山灰石间的剧烈摇晃,到达山顶的一个观景点。观景点面积很大,上面的人和越野车很多,中途也确实需要这么一个调整身心的地方。关键是,这里是一览众山小的观景大平台,还立有当地原土著居民的图腾柱和休息木座椅。极目四周,美景如画。四周的群山绿中透白(大小不一的冰川),高大的维柳金斯基雪山仍以羞怯得若隐若现的面庞示人。我们在这儿,以群山为背景拍了大合影。山顶上,到处是拍景色的独特视角。热情开朗的俄罗斯女士达吉亚娜主动邀我与她合影。

13:00,进入高原冰川区。火山岩乱石滩上全是正在融化的冰雪,后面几辆车陷在了冰雪里动弹不得,车队中底盘最高的红色越野车轰鸣着冲过去救援,把一辆辆陷在雪水里的车拽了出来。这辆车的司机是一个硬朗的俄罗斯小伙儿,大大的背心上印着普京的手画像,一路上已经喝了两听啤酒,性格豪爽得很。

14:00,车队艰难来到一片空旷的河滩地,要拍车队和游客的大合影。背景是高地上运送游客的直升机和一个游客宿营地,地陪小刘放飞了自己的无人机,我则跑到了对面的山坡上,拍出了类似大片儿的狂野大合影。六辆越野车一字排开,所有的人都站在越野车旁,挥舞着双手,呐喊了起来!多么狂野的出行,多么狂野的画面!

14:50,在吱吱嘎嘎压过一大片冰川之后,车队终于抵达了今晚的宿营地。经过一点儿时间的休整,在司机们把小帐篷搭起来后,我们把过夜的简单行李放进帐篷,就准备登山了。站在帐篷前,抬眼望去,宿营地周边的一片片厚雪坡旁,开满了紫色、红色、黄色的一丛丛鲜艳的花朵,和连绵起伏的远山近雪、蓝天白云一起,构成了火山冰川区的绝美画卷,真是人间仙境啊!

17点出发,由五辆越野车,把大家从宿营地运到了登山出发/救援基地。17:20,开始向穆特火山进发。预计走不同距离的四拨人,都有司机向导率领陪同,每个人都挂着登山杖,毕竟攀登火山时安全是第一位的。大部队走了大约一大半的路程,考虑到体力和安全,就提前返回了。

19点多,我们主动要求继续前行的几个人,又经过两个多小时的艰苦跋涉,翻过三道山梁,走过四道冰川,最后艰难走过一个没有路的70度大陡坡,终于登顶成功,比导游们说的3小时快了很多。旅行团只有3人登顶,加上俄罗斯救援向导和当地地陪导游小刘,一共5个人,也是今天登顶的最后一个旅游团队。最后3个人,我是其中一个,是3个70岁年龄段游客的唯一代表。

在火山顶,我们下到沸腾着的喷着水和热气、救援向导一再警告有500度高温的沸泉旁,走到多个硫黄喷口,拍照留念。再往下走,站在火山中心地带。一个突出的感觉,是仿佛来到了外太空某个星球。到处是嗞嗞冒气的热泉和鲜黄色硫黄喷口,空气中全是硫黄气味,十分呛人。火山中心大片喷气硫黄口的山下,是一条冒着热气、落差很大的大河,七扭八拐、蹦蹦跳跳地流向山外,河两边是色彩鲜艳、五颜六色的山崖和喷口。四周的火山喷口外缘,怪石嶙峋,与平时看到的名山大川感觉完全不同,给人一种很怪很奇特的感觉。我们坐在沸泉旁边的山石上,面对长河,托腮沉思,留下了一个个难忘的镜头。地陪导游小刘,在火山上放飞了自己的无人机,从空中拍下了火山中心的全貌。

19:40,实在忍受不了呛人的气味,也是在俄罗斯向导的再三劝导下,我们仨人拍了一张登顶纪念照,然后开始下山。火山周围,安静极了,除了嘶嘶的喷汽声外,大地一片寂静。目及所至,已无人迹,好像整个世界上,只有我们几个人,在流长的冰川雪地和陡峭的山崖上,留下了一个个长长的身影。太阳已没有了白天的曝晒热度,懒洋洋地挂在西边的山上,这时候七色阳光中的黄光最盛,身后东边的穆特火山、冰川,呈现出一片美极了的金黄色。我们拖着长长的留在金黄色山地、冰川上的身影,不时地转身拍摄这迷人静谧、平时难得一见的狂野山川。这些片子里,应该能有几张令人满意的摄影作品,因为每一张都能令人心动,是罕见的堪察加活火山景色。

在当地晚21时许,在夕阳即将落山之前,我们经过艰难跋涉,返回了登山基地,又乘坐高轮越野车顺利返回了宿营地,受到正在用晚餐的游友们的热烈欢迎。

从17点多出发到21点返回,攀爬穆特火山来回二十多公里,在峭壁上挪动、在冰川的雪水里行走,竟然只用不到4个小时,比地陪导游讲的需要走5～6小时,用时少了很多。多亏了儿子临行前给我买的专业登山靴,没有登山靴的给力,我不可能登顶;俄罗斯向导提供的碳纤维专业登山杖也非常给力。但火山群地区由于没有网络,所拍的照片都发不了,所走的3万多步不知到了有网之地,网络后台如何处理,会是一个什么结果。

第一次攀登活火山、雪山,累得够呛,但非常高兴,毕竟登顶成功了。一路上的艰难险阻、所见所闻,恐怕得琢磨一阵子,享用到终生!

晚上喝酒与篝火晚会,聊天。睡在野外宿营地睡袋里的感觉,很特别。帐篷是双层的,保温隔湿,靠出入口还有一层纱门,应该是防蚊蝇的。帐篷里铺上两个睡袋,几乎就没有什么地儿了,脱下的衣物都塞在睡袋与帐篷的边儿上,登山靴则放在出入口的两层防雨布之间。90％多的湿度,登山靴要都放在外面,早晨起来就没法穿了。这里是北纬50来度,早晨5点天亮,晚上9点半才天黑。躺在睡袋里,很暖和。四周帐篷里的说话声清晰可闻,渐渐地变成了此起彼伏的呼噜声,跑了一天的人们都累了,先后进入了梦乡。可俄罗斯司机们正处于饮酒狂欢的佳境,吵闹声惹怒了两三点钟还睡不着的女士。一声怒吼和附和的抗议声,使雪山上的宿营地彻底地安静了下来。凌晨2点多钟,我拿着自带的小手电,起来出去小解,天上的星星并不太多,有的大概是被云层遮盖了吧,但在黢黑黢黑的夜空中,不多的星星挂在天上,仍显得很亮很亮。(补注:俄罗斯向导们天亮后告知我们,离我们宿营地500米外的另一个宿营地,由于帐篷餐厅里食物没有收拾干净,一对棕熊母子寻味儿找来,掀翻了餐厅的帐篷。俄罗斯向导开枪吓跑了棕熊母子,但那个团队的游友们真给吓坏了,全都在越野车里愣是坐了一夜。比较起来,我们太幸运了。)

后　记

——我在北航五十年

　　我属牛,与新中国同龄,老家是河北省衡水市枣强县,1949 年 5 月 8 日在张家口市出生并长大。家里亲兄弟五个,没有姐妹;据我爸讲,我们这一辈儿是老郑家的彦字辈儿,曾是前清秀才的爷爷给我们事先取了章良博文芳兄弟姐妹五个人的名字,结果一个字也没浪费,正好哥五个,一人一个。

　　我在张家口市四中读到高一时,就到坝上沽源县白土窑公社(现为白土窑乡)后山大队去插队当知青了。1968 年 6 月至 1972 年 4 月,我在农村一待就是四年。我在那些年的难忘日子里种过小麦、莜麦、胡麻、土豆、胡萝卜,在每劳力人均百十亩地、小麦亩产百十来斤、无霜期每年最多只有 85 天、靠广种薄收过日子的坝上,每年都有割小麦一天都割不到头、感觉腰要累断的辛劳;跟在翻耕着沙板儿地的拖拉机后面,年年为五十米、上百米宽的三北防护林带,植树造林,插枝补栽;在零下 38 度的风雪天,曾为生产队看过 20 夜的打麦场;有过赶着马车独自一人到公社交公粮装卸车和当过牛倌、羊倌、马倌的难忘经历;也曾春天抓百灵,夏天采蘑菇,秋天打兔子,冬天熏狐狸,在半农半牧的广袤坝上草原寻找"穷欢乐"的乐趣。在坝上草原的马背上生活了四年,记不清有过多少次难以忘怀的马上生死故事;吃遍了全公社整 100 个生产队几百家的"派饭",记不清朴实的农民兄弟给了我多少无私养育和精神支撑。四年里,我曾作为沽源县的知青代表,参加过张家口地区学毛著积极分子代表大会、知识青年代表大会,也曾代表张家口知青参加过河北省的同类大会,所谓的"事迹"也多次上过《张家口日报》《河北日报》;有过和著名知青代表邢燕子(回乡知青典型)、侯隽(下乡知青典型)、董加耕(石家庄知青代表,原国家主席董必武之子)等在"子弟兵的母亲"戎冠秀老妈妈的陪伴下,共同起草《致全省知识青年的一封公开信》的难忘的两昼夜经历;曾经的五天张家口日报社通讯员培训和后来两天的河北日报社通讯员培训,说不清为我后来担任北航宣传部部长提供了多少"专业"的基础训练;我远在坝上插队劳作,而在张家口市北关街苦苦支撑着全家生活的妈妈,不知平添了多少思念牵挂的白发。

　　1971 年春节刚过,白土窑公社机关党支部讨论我的入党问题,我的两个入党介绍人周文库(公社党委副书记、革委会副主任)和公社党委秘书杨德民刚刚介绍完我的情况,就被从乡下赶回来刚进门的王德书记打断了,"党的九大取消了入党预备期,这不利于考察;他还年轻,再看一年吧"。

1972年3月，正是我刚刚加入党组织的月份。一个身穿旧军装的中年人到张家口我家里的突访，一下子改变了我的人生（非常遗憾，我至今也不知道他是谁）。经过基础知识考试和严格的审查比较，从几十人中选拔出来两个沽源县党员知青，我排第二，另一人比我文化基础好（我是老高一，他是老高二），还是党支书。我俩一个北航名额，一个河北工学院（天津）名额。一政审，他的家庭背景稍微复杂一点儿，好像是其爷爷当过伪保长，而我家庭历史就简单得多。在当时还很注重家庭历史清白的政审条件下，我这个"老二"阴差阳错地被北航录取了，他去了河北工学院，而远在沽源农村依然脸朝碱土背朝天辛苦劳作的我，对此却毫不知情。直到临走前三天，公社革委会主任、党委书记王德很严肃地把我叫到他的办公室，从不流泪的他，眼含热泪默默地从他上衣口袋里颤抖着掏出已装了十天的录取通知书，递到我的手里……省直机关驻公社毛泽东思想宣传队，当时还为我举办了至今难忘的欢送会。如今，在当年我们知青大院的东侧，一片几百亩的老杨树林已被划入国有林场；每逢夏秋旅游季节，这片由我们知青亲手栽种的杨树林，就成为人们避暑休闲的好去处。这片已年过50岁、开始呈现老态的浓密杨树林，无言地向游人们述说着那激情燃烧岁月的知青往事。

1972年5月4日，来自全国各地的1972级工农兵学员，开始了在北航的学习生活。入学通知书上，我的专业是五系"有翼导弹设计"，属保密专业，代号"504"（爱好收藏点儿东西的我，至今仍保存着我的入学通知书；有意思的是，发入学通知书的落款和公章不是北京航空学院，而是张家口地区革命委员会政治部，见图001）。北航学习初期，曾因初中时在少体校受过乒乓球专业训练，我还在校乒乓球队混过一段时间，大概有半年吧；脚法不怎么样、但因速度不错，还在校足球队待过一段儿，也打过几次校际比赛。后来因被选为五系1972级大班长、系团总支副书记，根据系领导意见，只好把球队的事都辞了，集中精力抓学习和工作。当年入学的同班同学，学习基础参差不齐，从初一到高三的都有。因此在开学补习基础课的几个月时间里，我以平均两天一本的速度突击看了100多本小说，直到现在仍能想起在办理借阅手续时校图书馆管理员目瞪口呆的样子。真是恶补啊，有点儿饿虎扑食的感觉，看得昏天黑地，那叫一个过瘾！

1975年的批邓反击右倾翻案风，因为基础课程已学完，对我们这届学生影响不大。影响大的是在上学期间"文革"还没有结束，政治运动太多，政治学习太多，参加劳动也多（每年有多次）。大二时还曾因外伤丹毒感染，与死神擦肩而过，紧接着丹毒再复发，两次住在校医院40多天，那是我的另类大学学习生活经历。在校期间，换过一次宿舍，但一直住在学生宿舍15号楼的4层。

近四年的大学生活，真可以说至今历历在目：系领导的亲切关怀，老师们的循循善诱，同学们的学习故事，宿舍里的嬉笑斗骂，虽然已过去50年，有时还影忽觉得是昨天才发生的事儿；到如今，同班同学已有5位先后离开人世，岁月真是不饶人啊！

1975年12月，结束了我的大学生活（毕业证上写着我学习的专业是"导弹弹体设计"),毕业留校在五系做专职团总支书记,同时兼任学生政治辅导员。先后当过1975、1976、1980、1982级学生辅导员,时间短的只有半年,长的也就带一年多,就交给别人带了。五系当时是大系,我作为团总支书记,接触最多的是学生干部、文体骨干和各种兴趣小组的成员,当然有点儿特长或是有点儿问题的学生,接触也多。那时候,和学生才叫打成一片啊:住在学生宿舍,吃在学生食堂,在一个又一个兴趣小组活动,一起学习讨论,一起踢球锻炼,一起聚餐喝酒,一起神聊胡侃。身为团总支书记,我也经常召集各小班团支书、班长们开会。如今已担当重任的袁家军(1980级0571班)、金壮龙(1982级2541班),当时都是小班长,我也有幸作为辅导员带过他们。当然不只他们俩,而是如今活跃在或曾经活跃在国防科技界、党政军界的一大批年富力强的领军、领导人才。作为专职学生工作干部,看到和五系老师们一起培养的学生们在事业上取得的一个个成就、为国家做出的一个个贡献,想想就感觉到没有比这更让人高兴的事儿了,获得感、幸福感油然而生!

1976年,在新中国的历史上和我的经历中,都是令人难忘的记忆。同一年新中国的三位伟人先后逝世,让国人体会到了撕心裂肺的痛楚:年初,1月8日上午9时57分,敬爱的周恩来总理与世长辞;年中,7月6日,开国元勋朱德委员长逝世;初秋,9月9日零时10分,党和新中国缔造者毛泽东主席逝世。祸不单行,7月28日凌晨3点多,唐山发生8级大地震,我多次去打过乒乓球比赛、非常熟悉的唐山城瞬间消失,这场使24万多人罹难的灾难,又一次点燃了人们关心生命、关心他人、关心国家命运的热情。北航甚至组建了赴唐山支持抢险救灾的民兵连,有120多人。当时学校任命我当连长,方复之任指导员,我们奋战两天紧急采购的帐篷、塑料布等救援物资装满了12辆卡车。为不给唐山救灾添麻烦,我们自备自用的简易方便面、饮用水就装了一大车。后来,虽然上级下发通知使我们未能成行,但北航人急国家所急、救唐山之难的大爱之情,从两天有条不紊的紧急准备中已充分展现出来。10月是收获的季节,十年的苦难遭遇,为一举粉碎"四人帮"奠定了民心的基础。那个月,人们那个高兴劲儿,别提了。连平时吃不起或还不会吃螃蟹的人们,都吃起了三公一母的螃蟹来。

1978年,已是校团委常委的我,还被北京团市委评为北京市优秀团干部;同年10月,我还作为北航青年代表之一,出席了中国共青团第十次全国代表大会(代表编号3708,见图003)。也是在1978年,不太开窍的我,居然结婚了。那个年代,百废待兴,包括婚姻。当时已近30岁的我,是经人介绍与我现在的老伴儿相见相识的,她父亲是一位20世纪30年代参加革命的老红军。历史就这样造就了一个平民百姓穷孩子和一个老干部后代的婚姻。这场婚姻历经40多年至今依然延续着、幸福着,有过相濡以沫的相互倚靠,也有为家庭琐事的你争我吵;结婚第二年有了儿子之后,更多的是天伦之乐的欢情与亲情。

我在五系工作,从1975年底到1989年,一干就是14年,除系团总支书记和四届时间都不太长的学生辅导员外,还当过一年多的系教务科长,干过近5年分管学生工作的党总支副书记。期间印象比较深的有这么几件事：

一是1980级前大班的教学改革试点。作为北航试行弹性学分制的唯一先行试点，我受学校和五系委托，专门负责该大班学生的教学改革具体组织和运行工作。这一试就是四年；期间我参加过学生数学小组、航模小组的多次活动，至今印象深刻。在五系05前大班试点工作的第四个年头，1984年5月《北京日报》曾在头版头条位置发表长篇通讯《学生们释去的是负担 增长的是才干》，全面介绍了北航五系前大班的教学改革试点经验，当时我还接受过记者的采访。1985年9月，北航这一教学改革方案在全校全面铺开。运行四年后的1989年，由曹传钧校长、陈孝戴教务长牵头的这一教学改革方案与探索项目获得国家教委首届优秀教学成果奖，北航被高等教育界公认为改革开放后首开教改先河的开拓者之一。我有幸参与了这一过程。

二是担任五系教务科长（分管研究生教学管理）期间，和高镇同院士一起策划组织了他的博士生傅惠民的博士论文提前答辩。这是因论文的全面创新性而提前答辩，我担任论文答辩委员会秘书。在高院士的鼓励下，由我起草答辩委员会决议，答辩委员会讨论时竟然一字未改，手稿原件至今仍能在校图书馆查到。傅惠民也由此开创了疲劳统计学的一个新的学科分支。记得当年，我还给高镇同院士出主意，破例邀请了十个主流媒体记者参加了论文答辩会，使傅惠民博士论文的创新故事，在全国闻名遐迩。

三是结识了当时担任五系综合技术室主任的杨为民老师，并很快成为无话不谈的好朋友、忘年交。有几年的午饭，都是我俩打电话约饭，到南操场南边的小吃一条街，边吃边聊；我和杨老师相交近30年，直至他病逝。当时，担任五系团总支书记的我，经常请他和陆士嘉、何庆芝等教授给学生作讲座，主要讲如何做人做事做学问。

四是1982年2月至1984年1月，我报名参加了北京市教委在北京建工学院举办、由著名伦理学家罗国杰教授担任班主任的北京市高校德育师资进修班的系统学习，收获很大。两年四个学期，每周两个半天，系统学习了马克思主义伦理学、心理学、社会学、教育管理学等课程。在萨特、尼采和弗洛伊德充斥校园、影响年轻学生的20世纪80年代初期，对所学的这些知识"现学现卖"，还真发挥了挽救生命、救赎心灵的特殊作用。我至今仍保存着当年的系列听课证和部分课程的听课笔记与考卷。由于是少体校运动员出身，又好锻炼，当时北航到北京建工学院来回的路程，我经常是骑车、步行或跑步，身体状况极佳，甚至当年还拿过校教工运动会青年组100米冠军（并列，预赛11秒3、决赛11秒5）呢！直到退休前，近60岁时还连续两年拿过校教工运动会老年组60米抱球跑冠军，这让一些刚过50岁、没比过我还不服气的朋友至今对我愤愤不平。（因后来我不再参加比名次、争输赢的项目，不陪他们玩儿了，他们这辈子就再也没机会赢我了，气人不？）

1981年和后来的几年，我在航空科普专家史超礼教授的鼓励、指导下，先是在学生中开讲美国"阿波罗登月"专题讲座，后来又和校党办张祖善副主任分工，每人承担一半院系的中国航空发展史系列讲座。当时,我请1979级9531班有绘画功底的汪丽萍同学帮我画了不少很逼真的大幅航天飞机和飞机结构炭笔画,还做了几十张不同飞机的幻灯片,这在当时都是非常时髦、很吸引人的讲座教具。在20世纪80年代初,张祖善老师和我,在几年时间里持续为在校生们作航空航天知识讲座,非常受欢迎。到2005年,我把那些多年不用的飞机幻灯片都送给了对中国航空航天史颇有研究的李成智教授,算是为它们找到了最好的归宿吧。

1987年《从对广东几所大学的考察探讨学生思想政治教育方法的改革》一文的写作背景,有点儿偶然。那年3月,刚刚担任校党委副书记、副校长的方复之同志安排刘祚屏(时任校学生处处长)、项金红(时任校团委书记)两人,要到改革开放前沿的广东省高校考察学生教育管理工作。知道这个消息后,我急忙申请要求同去,并提出我的费用可以由五系出。我们三人用了近20天时间,先后对深圳大学、华南理工大学、中山大学和江门五邑大学等高校进行了比较深入的考察(见图008)。考察回来半个月后,方校长把我们仨招到一起,听取了我们不同角度的考察汇报,最后要求他俩写一篇调查报告,要求我独自完成一篇论文,都要争取发表。我写的这篇确实下了功夫。全文思路较新,论述有新意,但就是又臭又长,约有八千多字。当时的校党委书记胡孝宣同志曾两次分别打印300份和100份,带着它参加了全国和北京市高校德育年会。后来一些杂志陆续寄来论文录用通知,弄得我一开始还真有点儿莫名其妙,有的杂志干脆直接把稿费给我寄来了。《教育管理研究》(现国家教育行政学院学报前身)杂志非常尊重作者,由于没找着我本人,就全文照登了,给的稿费也最多(见图114)。那一年我可真发财了,一篇文章多处刊登的稿费竟有1000多元(相当于我大半年的工资)!按现在的规矩,这种现象绝对属于“一稿多投”,是要给处分的;可在当时“一稿多投”,非作者个人所为,只说明论文选题不错,挺有新意,文章写得还成,年会上被人关注了,不少与会的杂志编辑就都拿去刊登了。那时候,论文奇缺,尤其是有点儿新意的文章更缺。《中国教育报》的记者看到杂志上这篇文章也找到我,说教育报没有那么大的版面,你得给压到2000字以内。这才有了当年《中国教育报》上刊登的《改进高校学生思想教育的几点看法》这篇文章。

1987年7月,我和八系党总支副书记李清同志参加了在北京大学举办的“西方社会思潮评介”暑期教师进修班,对当时的学潮有了更深刻的认识。1985—1989年我担任4年多五系党总支副书记,主要负责学生工作。如今还珍藏着在1988年11月我用一周时间写就的2万多字用于当时教学评估的《五系学生思想教育与管理工作(1985—1988)》报告和1988年11月10日登载有我写的文章《对改进高校学生思想教育工作的几点看法》的《中国教育报》,甚至还保存有1987年7月盖有北京大学教学行政处公章的暑期听课证(见图012)等。

1987年暑期,受校办副主任丁一心同志委托,我随同曹传钧院长、胡孝宣书记一行人赴湖南大庸航校,参加了航空工业部院校领导干部会(见图014),我还要参与一部分会务服务工作。那次北航参会的还有教务处处长李纪安、学生处处长刘祚屏及

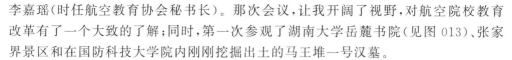

李嘉瑶(时任航空教育协会秘书长)。那次会议,让我开阔了视野,对航空院校教育改革有了一个大致的了解;同时,第一次参观了湖南大学岳麓书院(见图013)、张家界景区和在国防科技大学院内刚刚挖掘出土的马王堆一号汉墓。

1988年5月1日,学校隆重举办了易名大会,即北京航空学院易名为北京航空航天大学的命名大会。一直支持北航发展的全国政协副主席钱昌照和几任航空部长等领导到会祝贺。北航教职工集邮协会举办了集邮展,并请著名邮票设计家刘硕仁先生设计了易名纪念封。纪念封正面,主图为代表航空的战斗机、北航蜜蜂飞艇飞机和代表航天的人造卫星的图像及投影;在左上部分是科技蓝色"北京航空学院易名北京航空航天大学"的中英文印刷体字,设计简洁明快,贴邮票处盖有"北京航空学院易名北京航空航天大学邮展-1988.5.1"字样的纪念邮戳。纪念封背面,题为"《北京航空学院易名北京航空航天大学》纪念封",简介文字是"北京航空航天大学原名北京航空学院,始建于1952年。是集中了原清华大学等八所院校航空系的专家、教授创办的国内第一所航空科技大学,是国家最早的16所重点大学之一,是首批有权授予硕士、博士学位的单位之一。35年来,已建成为一所含有研究生院、管理学院、继续教育学院和13个系8个研究所、34个专业、3个博士后流动站的理工文管一的综合性大学。在这期间,为国家培养了26000多名本科生和研究生,他们中的大部分同志已在我国的航空、航天事业和国民经济各部门中发挥着重要的骨干作用"。左下角是"纪念封设计:刘硕仁",右下角落款是"北京航空航天大学(教工)集邮协会"。当时,到会的有七八位当过北航党政一把手的校领导,看到有的老领导已步履蹒跚、老态龙钟,我心里一动——要抓紧时间请一把手们在易名封上签名。这一签,到如今已坚持34年(见图151)。签名的北航一把手中,至今有8位已经过世。

1989年4月,学校下文通知,撤销体育教研室,成立校体育部,我被任命为体育部副主任、代理主任。由于高校学潮原因,直到送走1985级五系毕业生的次日即7月11日,方复之副书记兼副校长才领着我到体育部上任,就这样我成了体育部建立后的第一任主任。当年7月13日我就带着北航男、女排球队,到兰州大学去参加全国高校"兴华杯"排球赛,开始了我在体育部担任一把手的近7年的工作历程。

我用了大概两年多时间的努力,才初步缓解了体育部内部由于"文革"派系斗争形成的主要矛盾;我和体育老师们一起,排除干扰、集中精力,以学校弹性学分制教学改革方案为基础,以教师民主讨论、加强体育教学制度建设为主线,形成了一系列很有特色的北航体育教学管理文件并坚决推行。让制度管人管事,使我校体育教学工作很快走上正轨(由于改革得罪人,我曾经被人威胁过,甚至被人用一暖瓶热水浇砸在头上,都坚持过来了)。1991年北航体育部被评为北京市高校先进体育部(见图020);1992年经高校同行评估验收,北航被评为全国体育教学先进高校,我也在1992年9月作为北航体育部代表,在湖北武汉参加了与第四届全国大学生运动会同时举办的全国高校体育课程评估优秀学校表彰大会,并在大会上宣读了《北航体育教改的七年实践》论文(见图022)。会后,国家教委主管文体卫工作的邹时炎副主任特意留下我和清华大学、北京大学的体育部主任,详细询问体育教改细节并合影留念(见图023)。

北航的体育教学改革,起步于20世纪80年代初,由王龙生教授牵头,基于1982年(北航30周年校庆)对大量返校毕业生问卷调查的统计分析。其注重终身体育兴趣培养/因材施教/加权腾飞/课上课下有机结合的改革举措,在1985年就已成为北航实施全面弹性学分制教学改革的一个重要组成部分,成效非常显著,也深受学生好评。但由于当时高校教学改革的滞后性和传统体育思潮的干扰影响,北航很有新意的体育教改方案一直未得到高校同行的认可。20世纪90年代初,我曾写过一篇《北航体育教改的七年实践》的论文,参加北京市高校优秀体育论文征集评选。这篇论文短小精悍,按规定要求不到两千字。该论文淡化了容易引起争议的"腾飞"提法,突出了终身体育思想和分项目课程教学,结果在所征集的论文中名列第一,其他大学的论文都排在北航之后,这可是过去从来没有过的事儿。当年由于出现了这种"意外",评委会居然取消了一等奖,我们的论文只拿了个二等奖(仍排第一)。也基于这个二等奖,我们申报的北航体育教学改革的探索项目,后来只获得了北京市优秀教学成果二等奖,失去了冲击国家级教学成果奖的机会。

是金子总会发光的,只是时机未到。1992年初邓小平同志的"南方讲话",吹响了进一步解放思想的号角,新的春天来到了。摆脱思想的禁锢,高等教育迅速进入改革新阶段。全国高校体育同行重新审视北航的体育教改探索,并经国家教委体育卫生司领导的首肯和推荐,开始"火"了起来。仅1992年一年,北航体育部就接待了国家教委有关领导和全国近200所高校的参观访问,《中国教育报》一年两次发表文章介绍北航的体育教改经验。从不受认可、不受待见到高校同行盈门的学习参观,一年时间多大的变化呀!那 年,接待学习参观的任务那叫一个多啊!我们只好紧急申请接待经费,拉来校机关的同志,陪同我们一起接待。在维持正常教学、继续推进教改的同时,还要完成好如此多的接待,体育部的老师们真是累呀,——但再累,也值!

谁说体育和政治没有关系?太有关系啦!如果没有邓小平同志的"南方讲话",进一步解放了人们的思想,哪有北航体育教改的出头之日?若干年后(2003年教育部启动国家级精品课评审),北航的体育课能被评为全国高校第一批精品课(全国首批唯一的体育精品课,也是北航第一批两门国家级精品课之一),应该说20世纪八九十年代北航先进的体育教改思路和举措,还是发挥了前期基础性、关键性作用的。这是后话。

北航的体育教改,有着很多很多的故事。我明白,当干部首先得干实事。1989年我上任伊始,我们班子干的第一件事就是组织清理南操场北边当年挖地道时堆积在这儿、遍长杂草有一米多高的渣土。清走上百卡车渣土后,增辟上课场地,安装大批单双杠等器材,为师生上课和平时锻炼提供了方便,也为后来的场地改造升级创造了基础条件。这件实事,当时留下了校内同声赞扬的口碑。

1990年,风波刚过,学生思想波动,如何尽快转变学风校风? 北航又走在了全国高校的前面。自1990年9月起,北航在全校本科一、二年级学生中开展以早睡、早起、做早操、吃早饭、早自习为主要内容的"五早"活动,并坚持多年,取得了显著成效,在首都和全国高校产生了积极的影响。特别是1991年3月14日,时任国家教委主任李铁映视察北航时,表示"我赞成五早""要坚持下去"以后,媒体报道、高校参观,纷纷仿效,对当时高校转变学风校风起到了很好的作用。在方复之副书记兼副校长的直接领导下,我参与了"五早"的策划、讨论、组织和实施等工作。应方复之副校长的要求,我执笔起草了《开展"五早"活动 促进学风建设》的文章,供各媒体发稿时参考,并成为当年国家教委体卫司一期简报的内容。这篇文章后来未予公开发表,原稿至今仍在我手中。

1990年10月17日,沈士团校长在《人民日报(海外版)》发表署名文章,在全国高校率先提出了为吸引海外留学人员归国服务,北航对他们可以实行"来去自由"的方针,得到了海外学子的拥护和欢迎。他甘为伯乐,亲自约谈、关心海外归国青年教师,以情感人,鼓励他们争取每年去国外工作一段时间,以接触世界先进科技。后来北航获国家科技奖励一等奖中的好几位项目牵头人,都是沈校长当年恳谈后留在北航工作的。沈校长这篇文章,开海外归国风气之先,当时给我留下了深刻印象;后来的情况也证明,沈校长的这一举措对北航的学科发展建设乃至对全国高等教育的发展,影响深远。

1991年3月,国家教委体卫司曲宗湖副司长到北航考察体育教学改革工作,对北航推行终身体育的教育思想和体育课内外加权改革举措大加赞赏,给予了充分肯定,甚至说这可能是中国高校体育教育改革的努力方向。他在教改研讨时还提出:北航能不能组建一套综合性的体育锻炼设施,让农村来的孩子得到全身的综合训练? 解决好他们的身体协调性问题。在他的建议下,我们和王龙生教授牵头策划,经过一年多的调研考察、方案论证、校教代会认可,最终施工建成的"学生体能锻炼走廊"(简称TD线),在1993年4月北航春季田径运动会上正式启用。国家教委体卫司曲宗湖副司长应邀到场,在时任北京市高教局李煌果副局长和方复之副校长的陪同下,见证了由他提议建设的北航学生体能锻炼走廊的诞生(见图026、027,当年北航校报刊登了曲宗湖副司长建议的情况)。这是北航体育教改的一个标志性项目,一个亮点,也是全国高校第一条体能锻炼走廊,得到了国家教委有关部门和高校同行的充分认可(TD线建成前,我和体育老师们曾经多次到涉及体育、军事、民族、武术等有体育设施的高校,进行现场调研、拍照、测量)。在当时的北航,要花几万元钱,占操场中间那么大一块地方,又要推翻传统体育观念去建一个过去谁都没见过的体育设施,谈何容易?! 讨论方案时的争议、非议和建设时的酸甜苦辣,局外人怎么会体会得到? 那种滋味也只有我们这些当事人心里最清楚。

北航的排球项目是学校的传统体育项目,在20世纪五六十年代校男排就是全国甲级队。排球在北航,有着非常深厚的群众基础。有的北航教师、学生当年就是国家队主力队员（男女排都有），像排球的四号位平拉开战术，就是由在国家男排队担任副攻手的北航学生刘向翊发明并首先在比赛中使用后，才逐步推广到全国和世界去的（史称"刘式平拉开"）。国家男女排都曾到北航来打过友谊赛、表演赛，受到师生热烈欢迎（见图024）。曾有一年，袁伟民、廖晖（时任国务院侨办副主任，廖承志之子）等人都参加了北航两位去世老教师（体育部花桂卿副教授是20世纪50年代国家女排成立时首任两队长之一，4系刘向翊副研究员是60年代国家男排副攻手，都曾是主力队员）的遗体告别仪式，是我按校领导意见通过国家体委"大球司"司长杨伯镛联系通报的，《中国体育报》在头版也发了消息，因为他（她）们都是国家排球队的元老啊！校女排在90年代初也冲入全国甲级联赛，我作为领队曾带校女排在沈阳市的辽宁省体育馆打过全国女排甲级联赛。

1992—1995年，由于北航体育工作的被认可，我被北京市高校体委任命为高校群体委员会主任，北航牵头每两周发布一期《北京高校群体工作简报》，由王龙生老师任主编，陆陆续续出了59期。我还挺认真地写过两篇论述高校群体工作的论文去发表，有一篇还获了奖；当时，我们体育部班子还制定激励政策，鼓励青年教师在校内外培训、进修、读研，用政策激励教师发表体育论文，走好北航的发展之路。

1992年上半年，在北航春季运动会上，我们请来了因女排五连冠而名声大震的时任国家体委副主任袁伟民前来助阵，引起媒体关注。当时，我提议并陪同他到场地中为百米决赛鸣枪（当时袁伟民说这是他人生中第一次为比赛鸣枪，见图021）。

1992年秋的北航校庆40周年万人大会，是在南操场举行的。大会后半段的表演项目阶段，是由我主持的（见图030）。上千名师生先后表演了广播体操、太极拳、武术、军体拳等团体项目。沈士团校长、方复之副校长事先给我的规定，是严格控制在40分钟正负30秒时间内完成表演项目；我们是提前20秒钟，完成了40分钟的表演项目。场上掌声雷动，表演非常成功。我当时内心十分感慨：参加表演的北航师生真棒！谁会知道这一千多人严丝合缝的合作、几个项目的精彩表演，我们竟只合练了一次？！一张张当时拍的照片，常常会引起我现场感极强的美好回忆——这一晃，又是多少年啊！

1994年5月，在香山植物园举办了世界中学生越野赛。在国家教委、国家体委和北京市有关部门的领导下，我受命担任该赛事的竞赛部副主任，负责竞赛线路勘测设计和赛事组织工作（见图029）。在近一个月的时间里，我吃住在曹雪芹故居东边的北京市公安局培训中心，每天奔跑在植物园的树林草地间，做着准备工作。那段日子，整天在林木草地间工作，满眼绿色，让我心旷神怡，非常难忘。在越野赛成功结束后的答谢宴会上，听着各国朋友的声声赞扬，看着相拥合影的张张笑脸，我别提多高兴了（至今我仍珍藏着该项赛事的金银铜奖牌和各国朋友赠我的小礼品，丰富了我的收藏）。

1995年10月，我由体育部主任直接转任校宣传教育处处长（校党委宣传部部长）。体育部主任转任宣传部部长这事儿，在全国理工科高校，还真没有过，想一想这项任职,就像是个笑话。也难怪有的校领导当时就明确反对对我的这一任命,让一个管舞枪弄棒的人去舞文弄墨,不合常理嘛!这话很有道理,连杨为民见了我,都惊讶地跟我开玩笑说:"什么?宣传部?这可真不是什么好干的活儿!你老弟可真敢接呀?"我苦笑着,回答杨为民:"一个书记、两个副书记两天跟你谈四次话,说是常委决定、你得服从!我还能有啥办法?"

我这个人有个毛病,是优点也可能是缺点,就是对工作的认真劲儿,干啥都要尽全力干出彩儿来!虽然不愿意,但是还得来。那时的人都这样,党员干部一块砖,哪里需要往哪儿搬呗!

宣传部,这一干就是 7 年半。

我的第一场形势报告是《当前国际形势与我国对外政策》,时间是 1997 年香港回归前的 6 月中旬,主会场在学术交流厅,信号连通到各学生宿舍,也是北航第一次有6000 名听众的现场直播报告。这既是我精心准备、实打实的一场报告,也是电视线路连通后对现场直播香港回归电视线路的一次测试。由于是我的第一次形势报告,我给自己事先规定了三个"10",即"看至少 10 个报告录像带、听 10 个报告录音带、查阅不少于 10 万字的资料",来认认真真备课。这次报告很成功,第二年该报告的录像带经北京市几十位专家评审,获评北京市第八届"灵山杯"优秀报告一等奖,喜捧灵山杯。灵山是北京地区最高的山,灵山杯是代表最高水平的奖杯。参评的 240 多场报告的录像带,获一等奖的只有 15 人(一等奖获奖名单刊登在 1998 年 6 月 8 日的《北京日报》上,见图 046、047),包括厉以宁、杨启先、魏杰、刘伟等经济学家,杨春贵、周锡荣、王瑞璞等理论家,还包括吴建民、周南、杨洁篪(时任外交部部长助理)等外交家,小人物只有我和北京 22 中的特级教师孙维刚。我和孙老师开玩笑说,哎哟喂,真是脚底下一不留神,咱就晃晃悠悠掉进名人堆里了。当时在北京市委第三会议室召开的颁奖会上,我和部分获奖的"大人物"们见了面,聊了天,他们也拿我开起了玩笑,我连忙说,"我是站在巨人的肩膀上,碰巧擎着灵山杯的"。市委宣传部领导还让我在会上发了言。我也是获北京市优秀报告一等奖的第一个北航人(一年后沈士团校长为特困生做的励志报告,也获得了北京市优秀报告一等奖;几十年过去,北航也只有沈校长和我两人捧得灵山杯)。此后,我的形势报告就开讲起来了,每学期在十几个院系轮着讲,还挺受欢迎。后来的讲座、报告,校内讲了校外讲,北京城讲了外地讲,还讲进了北京市委教育工委机关。进入 21 世纪后,我还应邀到中组部组干学院的各类干部培训班讲过《国家安全背景分析》专题讲座。讲座、报告,至今我已讲了二十九年,已作报告或讲座 600 场次左右,现场听众粗算下来,大概也有十几万人吧。实际上当年第一场报告成功的背后,是源于一位校领导的讲话激励,至今我从内心里非常感谢这位领导。当初如果没有他的话语激励了我,我的报告绝对到不了如今受欢迎的程度,甚至也许就根本没有什么郑彦良的讲座报告。这是心里话。

1996 年、1999 年和杨为民同志逝世的 2002 年,中宣部和北京市委组织了向杨为民同志学习的三次集中宣传活动,我都参与了(见图 081~085,088~092)。1996 年在劳动人民文化宫组织了北京市八位先进人物的事迹展,其中就有100平方米的杨为民事迹展台,有过范围很广的宣传;北京市委于1996年9月9日教师节前夕,在首都剧场召开了杨为民事迹报告会,杨为民也到场露面发言,北京电视台当晚播放了报告会实况;后来杨为民不幸去世的第二天,我就主动完成了《北京航空航天大学委员会关于开展向优秀共产党员杨为民同志学习的决定》(简称《决定》)草稿,转天即经校党委常委会讨论原则通过。这么快能写完这个决定稿,可以说是心血凝就、一气呵成,毕竟是近30年的耳濡目染啊(至今我保留着《决定》草稿原件)!我也有写杨为民的文字基础。1999年七一前夕,中宣部下发向杨为民等三位优秀共产党员学习的通知,我曾奉时任北京市委常委、宣传部长龙新民的指令,写了一篇关于向杨为民学习学他什么的文章,题目是"人生奋进无终点　心底无私天地宽",发表在1999年第8期的《前线》杂志上,这部分内容后来成了北航向杨为民学习《决定》的主旋律。杨为民病逝后,北京人民艺术剧院演职人员专门到北航采风体验生活,排演了话剧《杨为民》,著名演员吴刚主演杨为民,这个话剧连演了110多场。这三次宣传杨为民活动的7年期间,北航与上级领导机关的沟通协调、杨为民如何应对媒体记者,以及主要宣传过程,都在我写的《杨为民的人格魅力——一个宣传组织者的内部报告》和《从教授杨为民到话剧〈杨为民〉》、《良师·挚友·情谊》等文章中,讲清了基本脉络。

1998年6月至2000年4月,根据党的十五大报告提出的"要切实把教育摆在优先发展的战略地位"和"加快高等教育体制改革步伐"的任务,校党政领导组织了历时一年半的"转变教育思想和教育观念"全校大讨论,其讨论时间之长、讨论议题之多、讨论问题之深,在北航历史上是空前的。1998年年初,校党委把转变教育思想和教育观念全校大讨论列为当年的重点工作;当年5月,校党委常委会明确大讨论"要解放思想,实事求是,重点围绕学校的定位和学生的培养模式进行讨论,提高认识,转变观念,统一思想",并明确提出这次大讨论要有两个成果,一是我校的顶层设计,二是2000版培养计划。在一年半时间里,学校组织了多场报告会,印发了三类讨论提纲,组织了十多场专题研讨会……这次大讨论一年半的进程中,经历了高等教育开启连续多年扩招的阀门/《高等教育法》的正式颁布/党中央、国务院召开做出"全面推进素质教育"决定的第三次全国教育工作会议,等等。毋庸置疑,这场时长一年半的大讨论,对于北航的建设发展意义重大。作为具体组织这次大讨论的宣传部、教务处和高教所,还将讨论中的有关资料汇编成册,印发了一本《北京航空航天大学转变教育思想和教育观念大讨论文集(1998.6—2000.4)》。这本文集,我任主编,副主编有蔡劲松、张彦通(教务处处长)、雷庆(高教所所长),责任编辑是宣传部的王琪全、黄敏、李海青。应该说,这本文集给北航的一场教改大讨论留下了一些很有价值的办学思路史料(见图050)。

1998年是北航三型号上天40周年。我先后在《中国航空报》发表《谁是中国探空火箭头胎子》(1998年5月15日),在《中国教育报》5月25日发表《北航首发中华第一箭》,6月19日在《北京青年报》发表《上海滩竖起纪念碑　北航人持箭论长短——

谁是中国第一箭》,在《航空知识》1999年第1期发表《创新之举(1958—1998)——北航隆重纪念北京三型号飞行器上天40周年》,等等。坦率地说,当年媒体上对"中华第一箭"的热炒争议,甚至至今连绵不断,我是始作俑者。

实际上1998年我的最大工程,是纪念"北京一号"和"北京二号"上天40周年纪念碑的设计与施工。1958年北航八个型号上马,三个型号("北京一号"、"北京一号"和"北京五号")成功上天。这40周年纪念,起码应立三个碑。尤其不应放弃为中国第一架无人机立碑,因为在这三个型号中,它的技术含量较高、国家投入也最大。但作为宣传部部长,我只是一个执行者。因为当时学校领导认为时间太紧、场地有限,不可能立三个,而且无人机又很难在立碑中实体展现出来。虽然我曾经拿出用无人机在地面的手动操纵三连杆来表现该碑的设计方案,但领导们最终还是放弃了。面对前来质询的"北京五号"总设计师文传源老先生,我只能是一次次地道歉。学校最后决定在教学区主楼前两侧绿地中矗立"北京一号"和"北京二号"两座纪念碑。此项工程由徐枞巍常务副校长和蒋新宁总务长主管,指定由我任项目建设总指挥。我请来和我关系不错、技术工艺经验丰富、美术画图更在行的陈肇和老师与我搭档,具体操作这件事。我负责总体设计理念和思路,上下协调,组织施工;陈肇和老师负责绘制工艺图纸,组织协调机械加工。在不到100天的时间里,我们发扬1958年北航师生大干100天的精神,硬是在校庆前夕立起了这两座纪念碑(见图042~044)。在设计理念上,我们广开言路(搞过全校公开征集设计方案),费了很多心思,也下了很多功夫。两座纪念碑,充分体现了北航的航空航天行业特色,展现了北航精神。一号碑体,采用红色大理石大1字基座加全仿真飞机,表达继承北航优良传统之意。二号碑体,则采用不锈钢的全抽象设计,烘托继往开来改革创新之志;两碑底座一圆一方,寓意与天圆地方的中华传统文化意念紧紧相扣。1998年10月24日,学校在主楼前广场隆重举行两座纪念碑的揭幕剪彩仪式,主持揭幕仪式的徐枞巍常务副校长还让我代表设计和施工人员发言,介绍了两座碑的设计理念和施工过程(见图045,我至今保留着发言手稿)。武光老校长、"北京一号"正副驾驶员潘国定、王来泉和数百名当年参与两个型号研制、白发苍苍的老校友们参加了揭幕仪式,并纷纷在两座纪念碑前合影留念(武光老校长当时在"北京一号"纪念碑前留影,就是不到"北京二号"纪念碑前拍照,留下趣闻)。看着彩旗飘飘的两个纪念碑小广场,望着那影影绰绰欢笑合影的人群,我不禁又感慨起来:这100天,机械厂和后勤部门的师傅们,有多少人加班加点、吃苦受累啊!

1998年10月,兼任学校党建研究会秘书长的我,还作为北航党建思政创新项目的主要完成者之一(负责文字材料准备),被中国航空工业总公司授予思想政治工作实践成果一等奖(见图051)。

1999年11月20日,"神舟一号"无人飞船在酒泉航天发射场成功发射。沈士团校长和我立即联系在酒泉发射基地现场的飞船总设计师戚发轫、副总设计师袁家军,请他们乘机回京后直接到母校来,向北航师生介绍飞船发射的详细过程。戚发韧是北航 1952 级第一届学生，袁家军是北航 1980 级学生。两人抵达首都机场后，躲过了等待多时的众多记者，直接来到北航如心会议中心，向北航师生介绍了飞船研制和发射过程中那激动人心的场面以及艰难曲折的研制经历。一批熟悉的主流媒体记者朋友应约前来，在北航发出了一批很有分量的报道，甚至还有如《神舟凯旋，北航沸腾》《神舟号三总师回京首件事——到北航去！》等一些报道，在社会上引起了强烈反响。就此，也拉开了我国航天事业发展开始公开报道的序幕。

2000 年 4 月初，由于四环路改扩建，我对即将拆除、当时用作校印刷厂厂部办公地的湧寿寺遗址进行了抢救性考古考证。我一连四天在现场考证，并由此写出了一篇被老同志们誉为"就这一篇还有点儿文化"的文章《追忆柏彦庄湧寿寺》，登载在当年 4 月 15 日的北航校报上（见图 065～068），后来还两次被《北航校友通讯》以《追忆柏彦庄湧寿寺——北航校园寻古探幽》为题收载（总第七期和总第九期）。在随后的小庙拆除过程中，我在现场与蔡劲松副部长，和后勤师傅们亲手拆下了虽是立于 1940 年却有着"蓟门烟树地区地标意义"（北京市考古专家语）、镶嵌在厂长办公桌背后墙上的壁碑，和蔡劲松一起捡回了一个品相完好的梁柁柱结合部的红松木"三通"，收敛了两箱原装瓦片和滴水瓦当，其中还有两块是明万历年间的绿釉团龙瓦当，都用板车拉回。几经辗转，后来把这些北航"文物"都交存校档案馆，成为档案馆接收的一批实物档案。这些北航"文物"，都将会在北航的博物馆中，先后和观众见面。

也是这个时间段，经过一段时间策划与组织，《北京日报》《北京晚报》驻高校记者站在北航挂牌成立，北航宣传部副部长兼校报总编辑王应德同志担任记者站站长。通过这一平台，北航与北京高校和国内主流媒体联系更紧密了。

2000 年 9 月，我在担任校党委宣传部部长兼任统战部部长的情况下，又"被迫"兼任人文社会科学学院常务副院长并主持学院工作。三摊儿都不太好干的工作，居然让我一人都兼着，一直干了三年！期间，遇上岗位工资改革，我曾开玩笑地对校党委书记楼士礼说，三摊儿事儿，我不要三份工资，给我一份半总是应该的吧？楼书记指着我对人事处处长张德生说，你可别听他忽悠！你就按脑袋数给我算工分，有一个算一个！类似的玩笑，当年还真不少。也可能是一种平衡的安慰吧，在到人文社会科学学院上任前，2000 年 10 月份，学校让我参加北京高校宣传部部长代表团，赴美国高校考察访问了半个月。在此次考察中，在旧金山州立大学、斯坦福大学和加州大学伯克利分校等高校（见图 069、070），我特别关注了美国大学的文科建设，从学科设置、师资配备、课程安排、教学管理，都详细做了调研，还旁听了理论课和实验课，现场学习、咨询。这次考察访问真是及时雨，开阔了视野，对我回来后干好人文社会科学学院的工作大有帮助。这是我第一次出国（境）访问，作为摄影爱好者，也有幸拍摄了包括世贸大厦（俗称双子座）在内的 1000 多张照片，真挺过瘾的。尤为难得的是，留下了整整一年后因"9·11"袭击倒塌的双子座"遗照"。2001 年"9·11"事件发生后，我立即整理出我在世贸大厦内上下拍摄、世贸大厦外远眺近瞧的几十张照片,在北航商业街的四个橱窗集中展出,曾引起轰动,不少媒体记者闻讯也结伴来看这个"双子座"图片展。甚至还有《人民日报》的摄影老记,来找我商量购买照片的事儿。一张曾一直摆放在我办公室的摄影照片,就是现存世上唯一将"9·11"倒塌的一号、二号、七号楼拍摄在同一画面的一张经典摄影作品《曼哈顿——2000》,这张照片曾两次参加摄影展,并在《科技日报》等媒体上发表过。当然,拍这么多照片是有代价的,那时用的还是胶片相机,我走时带了 10 个胶卷,自以为不少了,没想到三四天就用完了。我在美国超市 10 美元一包 3 卷,买了 5 次。甚至为了拍好夜景,我冲进好不容易找到的一家商店,一咬牙花 11 美元多买了一个 400 定的胶卷。所以,我对人们口传的"要让一个小子变穷变疯,就想法让他去玩儿摄影"的说法,深有体会。

人文社会科学学院的发展建设,学校领导是给予了很多支持的,尤其是沈士团校长的支持,特别值得感谢。沈校长的支持,不是体现在学科建设经费的拨付上(因为捉襟见肘的学校经费,沈校长还分不出钱来支持文科发展),而是给予财务政策支持。这是由于当时要钱未果,我转为要求学校给予财务政策支持,即把每年人文社会科学学院上交的各种经费到年底按比例返还人文社会科学学院,算是学校支持学院学科建设的经费。当时,上交的那点儿钱,谁也看不上眼;我还请沈校长、费斌军副校长、孟祥泰副校长都在我的申请报告上签了字,成为人文社会科学学院那几年的财务护身符。短短几年内,人文社会科学学院依靠学校政策支持,通过 MPA 办班和举办大专班收费,筹集了数百万元的公共管理学科发展建设经费。后来,这个财务支持政策,随着我的到点儿离职,学校立马收回去了,弄得后任院长非常郁闷。

2000 年初,我还承担了北京市教育科研基金资助的"北京高校德育 20 年研究"课题(1978—1998)北航部分的子课题,在赵平副书记的指导下,我带着一个人文社会科学学院本科生(张婕)的毕业设计,调研整理完成了五六万字的撰写任务。2000年 11 月《北京高校德育二十年——改革开放二十年北京高校德育工作回顾与经验总结》《北京高校德育二十年——改革开放二十年北京高校德育工作大事记》分上下两册由北京邮电大学出版社出版,其中就包括北航 1978—1998 年的 20 年德育回顾总结和 20 年大事记,很有史料价值(见图 115)。

对 2001 年,我印象比较深的有三件事:

一是为庆祝中国共产党成立 80 周年,在党委领导下,以北航党建和思想政治工作研究会的名义,我和蔡劲松副部长主编了一本有一定水平和影响的《探索与实践——北航党建和思想政治工作论文集》,内有 69 篇文章,41 万多字,是全校几十位校领导和部门负责人及思政课教师的心血之作。很多年后,在一些高校图书馆和文化网站还能找到这本书(见图 116)。

二是由于人微言轻,在老教学区为迎接世界大运会而整体装修时,我曾经力图保护北航文化物品方面努力的"败走麦城",至今想起来让人心痛(2000 年涌寿寺明清时期两通石碑和教学区大修时的五块名人题字匾的遗失,包括时任国防部部长张爱萍题写的"勇于创新"匾、沈元题写的"乐育良才"匾、书法家米南阳题写的"航空摇篮"匾,等等)。

三是我毛遂自荐,"刚闻到点儿味儿",就跑到北京市要来了一个紧急课题。当时人文社会科学学院科研课题少,尤其是多学科联合研究的课题更少。我记得很清楚,我2001年五一节前去要的课题,一过五一,我就带着8位教师(每门学科一人,包括史学、法学、哲学、传统文化、社会学、宗教学、心理学等)赶到京南大兴工作现场,深入蹲点考察、体验生活、采集案例,一蹲就是15天。刚接课题时,老师们对研究对象和研究内容都不甚了解,懵懵懂懂就开始了研究。五一期间我们抓紧研读有关材料,五一之后坚持吃住在现场,从各个学科的不同角度获取了大量第一手资料。在时间紧、任务重、要求高的情况下,硬是在短短两个月的时间内,七易其稿,编写出了近20万字的《实用教材》。这本教材在当年的专项工作中发挥了关键作用,课题组也被评为北京市的先进集体。当时在教材里没有任何作者署名,只有我坚持要求留下的北京航空航天大学课题组这个集体署名。参加这个课题研究的北航老师有(按参写章节大致顺序)胡懋仁、曹庆萍、彭付芝、马喜亭、田真、李成智、黄建华;我是课题具体负责人,最后与一位市有关方面负责人负责终审与定稿工作。当时课题的单位负责人,是时任校党委常务副书记的郭大成同志。

也是在2001年(中国共产党建党80周年),由于宣传工作的突出表现,北航被评为北京市思想政治工作先进单位,我先后被评为北京市优秀思想政治工作者(2000年)和北京市优秀党务工作者(2001年)。介绍我所谓"事迹"的文章也登载在《北京教育》党建专版上,收录在北京出版社2001年11月出版的《走在时代前列——北京市先进基层党组织、优秀共产党员、优秀党务工作者事迹汇编》中,我还作为唯一代表,在北京市教育系统对外宣传工作会议上介绍了北航宣传工作的经验和做法。当时主持会议的北京市教委袁贵仁主任在总结发言中特别强调要学习北航的宣传思路、举措和特色。后来按照袁主任的批示要求,我把现场即兴发言内容整理成一篇文章,登载在《北京教育工作》上。

从1996年开始,我受聘参加了北京高校文明校园评估验收专家组工作。在四五年间,评估专访了京城大大小小的多数高校,对北京各高校的基本情况有了大致的了解,视野更开阔了。2000年我还执笔代表该专家组的宣传组写了一篇文章《北京高校宣传阵地建设检查评估工作的启示与思考》,发表在2000年第7、8期合刊的《北京高等教育》杂志上,算是北京高校文明校园评估验收工作的收官之作。

2001年,法律系和法学研究所从人文社会科学学院剥离出去,组建了北航法学院,这是北航学科布局的一件大事。在法学院成立最初的几年,我履行诺言,做了一些扶上马、送一程的工作。

2002年是北航建校50周年。已经较有宣传经验的我,担任校庆宣传组组长,为校庆出力。尤其让我感到欣慰的是给北航留下了一些较有文化的痕迹。比如,我和蔡劲松、王琪全两位副部长在杜玉波书记的紧急授命下,一个小时之内吵出了"三段论"的李鹏讲话初稿(我口述、蔡手写、王敲字,边写边"吵");设计刊出了高水平的《人民日报》整版校庆宣传通稿(蔡劲松主笔);与北京航空航天大学出版社一起,以王琪全为主设计,出版了代表北航 50 年发展历程、高校罕见、文化韵味十足、50 页一套的北航精品《藏书票》(见图 072、121);主编了一套四本、有 100 多万字的"走进北航"系列丛书;和中国集邮总公司合作,由王琪全和我设计并国内外发行 5 万套北航个性化邮票、首日封、纪念邮册、纪念邮戳等系列邮品;设计发行了图文并茂、上万册的校庆纪念册;和新华社合作,设计发行了全面反映北航 50 年发展历程的纪念光盘,等等。最忙的时候,午晚餐时间我们都没离开过办公室,吃的全是预定的盒饭,王琪全甚至连续 7 天就睡在办公室沙发上……"走进北航"丛书分别是《基石——北航创业者荟萃》《赤诚——北航治学楷模群雕》《擎天——北航科技创新奇葩》《栋梁——北航杰出校友撷英》。这几个书名,是在快出版时,我和两个副手蔡劲松、王琪全在办公室两个小时绞尽脑汁"吵"出来的(见图 118)。我对主标题的"基石""赤诚""擎天""栋梁"和副标题的"荟萃""群雕""奇葩""撷英"的提法,尤其满意。我们还先后在校园各处立起了多个纪念雕塑(钱学森、杨为民等)和景观雕塑(如智慧源泉、岁月星空等),使校园文化有了内涵更丰富的标志物;我还通过长时间思考,独自完成了北航校庆 50 周年的新闻通稿。

校庆五十周年的首日封,是我校与中国集邮总公司合作的产物(见图 147、148)。我曾和北大赵为民等高校宣传部部长,到中国集邮总公司协调策划设计中国高校前 100 所大学的系列首日封(非常遗憾,由于人事变动,最后只做了三十几个)。当时我和王琪全一起,按照我们设定的"红色北航、绿色北航、金色北航"的理念,设计了邮票副票的主图和五个纪念邮戳。我更关心的是,首日封背面对北航简介的文字说明。与 1988 年易名封的文字说明比较,学校建设已有很大进展。现将说明文字摘录于此,以作比较。"中国著名高等院校——北京航空航天大学 新中国第一所航空航天大学——北京航空学院(简称北航),创建于 1952 年 10 月 25 日。1959 年,北航成为全国第一批 16 所重点高校之一。1988 年更名为北京航空航天大学,是'七五'至'九五'期间国家重点建设的十余所高校之一。新世纪初,北航正式列入国家面向二十一世纪教育振兴行动计划。北航现有 17 个学院,6 个系,有正副教授 1400 余名,两院院士 10 人,博士生导师 290 名,具有博士学位的教师占教师总数的 32.6%。50 年来,学校已为国家培养了近 8 万名高层次人才,科研成果创造了 30 多项中国第一,为我国的国防建设、经济建设和社会发展做出了重大贡献。北航长期形成的'艰苦朴素、勤奋好学、全面发展、勇于创新'的校风,激励着一代代师生,向'国内一流,世界知名'的高水平大学目标迈进。"这个首日封,每所高校的总发行量 5 万个,其中我校购回 4 万个原价(2.5 元)发售给了校友,给集邮市场只留了不到 1 万个。因此,北航这个首日封,在邮市上量少价高,现在比其他高校首日封,价格要高出不少。

人文社会科学学院加挂公共管理学院第二块牌子,严格讲,应该是 2002 年 5 月 20 日(详见当年校党委常委会纪要,见图 093、094),今年是公共管理学院建院二十周年。这是当年经过近两年的反复研讨、论证，在全院达成基本共识后，我在校党委常委会汇报后通过的。20年来，经过四五任学院班子和老师们的接续努力，北航的公共管理一级学科进入了全国A类学科，实在是不容易！

2002年校庆50周年活动一结束，学校就启动了新一轮管理制度改革。按照新规定，三年就要一轮岗，而我干宣传部部长已经7年半，该离开了。我卸下宣传部的工作，到人文社会科学学院（公共管理学院）做专职院长。

我要特别感谢当年和我一起奋斗过的学院班子成员们，尤其是多年和我搭班子的李成智教授。我任常务副院长、院长4年，他任党总支书记；后来我转任党总支书记三年，担任副院长主持工作的仍然是李成智教授。最开始搭班子的两年，接受上届学院班子的经验教训，我俩就在一间12平方米的房间里一块儿办公，目的是政出一门，一个声音。后来我俩分开办公，仍然保持了团结一致向前看、向前干的传统风格，这或许也是公共管理学院成立后那几年发展比较快的一个原因吧。期间有两年，我还兼着宣传部部长和统战部长，我们定期开会研究做出的决定，有很多都是成智和副院长雷庆、马建臣、胡象明、研究生指导主任曹庆萍及党政办主任翁毅等，他们操作运行的。那段时间，学院的老师们在工作中空前团结，这才在公共管理学院的建院初期，打下了快速发展的基础。我们还通过引进学科带头人、高层次人才和激励在岗教师读博进修两条腿走路的办法，迅速扭转了师资队伍跟不上发展需求的状况。后来，全国MPA教指委等单位曾给我寄来过两次"委员候选人"表格，我都谢绝了，并说明了我不是从事本专业教师出身等"充分理由"，建议由学院其他同志担任。这一谅一让，或许就让出了学院的更好发展空间。我在成智等很多同志的帮助下，那几年深入学习公共管理理论，还成为研究生导师，做了几个研究课题，带出了七八位学术研究生和30多个MPA专业硕士研究生（见图098），逐步成了大半个内行；我还在思政课老师们的协助下直接走上讲台，成为"毛泽东思想概论"课程的负责人和主讲老师（见图107）。这些课堂教学历练，对我现在退休后作好讲座大有裨益。记得那几年，曾和老师们一起去青龙峡观景，住九华山庄玩儿水，暑期去北戴河放松。一张张开始发黄的照片，留下了很让人留恋回味的记忆；我还于2005年和社科系老师们一起到井冈山学习考察一周，开启红色寻根之旅。后来，《人民日报》在相关报道中专门提到我和北航老师们的这趟红色寻根之旅，说是拉开了高校思政课教师寻根溯源的序幕；第二年我们又在哈尔滨空气动力研究院于涛院长（五系1976级6561班学生）的亲自陪同下，驱车上千公里，寻访当年东北抗日联军在大小兴安岭地区艰苦卓绝抗日的踪迹，进一步了解日寇731细菌部队的累累罪行，用现场采撷的鲜活史料来丰富和充实思政课教学内容。

2003年1月，我曾随中国高校公共管理学院院长代表团，访问了欧洲7国的大学、政府机构，与欧洲不少知名教授、学者沟通交流，我全程做了认真的学习记录，记满了一个笔记本。同行的代表团团长、中国高校公共管理类学科教指委主任、中山大学党委副书记王乐夫教授，曾经比较详细地翻看过我的笔记，特别是对我访问期

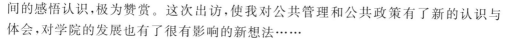

间的感悟认识,极为赞赏。这次出访,使我对公共管理和公共政策有了新的认识与体会,对学院的发展也有了很有影响的新想法……

2003年,印象最深的是"非典"疫情。疫情期间的急难险重、磕磕绊绊、人世冷暖,令人难忘。5月17日,最危险的日子刚刚过去,我的手机突然响了起来。原来是《人民日报》海外版教科文卫版的一位熟识的版面编辑,他让我赶写一篇评论,给他已被撤稿开天窗的版面(弘扬民族精神·系列谈)救急。我连夜写了一篇类似散文的议论文,第二天发给了他。文章内容他一字未改,题目改成《民族精神在危难中迸发》,两天后即2003年5月20日刊发于《人民日报》海外版上。这篇文章文字简练,有点儿议论文的味道,至今仍在不少网站上被作为议论民族精神的高考范文之一(这是一位语文老师告诉我的)。

2006年上半年,时任北航常务副校长的怀进鹏,针对学校现状,敏锐地提出了要重视课程教学团队的育人作用问题。学校决定当年教师节要表彰一批教书育人的优秀团队和优秀教师,后来下发了《关于公布首届北京航空航天大学"优秀教师"奖、"优秀教学育人团队"奖评选结果的通知》文件(北航人字〔2006〕46号)。当年9月8日学校召开教师节庆祝大会,对首届十位"优秀教师"奖获得者、七个"优秀教学育人团队"奖团队予以表彰。我作为思政课课程团队负责人上台领奖(见图108、109)。除获奖证书、奖杯外,那年给我印象特别深的是,奖励个人的五千元和团队的三万元,破天荒地第一次直接领现金,不再走财务报销手续。会后,我直接列表,把三万元钱平均发给了课程团队九位老师。对这件事,我至今印象极为深刻。非常遗憾的是,当年这个特别有导向性意义的表彰,首届即是最后一届,没再办过第二届。

2006年北航为迎接教育部的教学评估精心准备了一年,陈孝戴、李纪安和我分别担任北航教学自评专家组机类、电类与文理综合组组长,对北航各院系进行了三轮很深入、扎实的检查评估(这一年我记满了厚厚一本几百页的笔记本);到年底北航迎来同济大学校长万钢(在抵达北航后又传来万钢调任科技部部长的任命)为组长的教育部本科教学质量验收评估组(见图128)。在对北航教学质量给予很高评价的同时,在分组会和大组反馈会上,几位专家都向北航提出了两个很现实、很尖锐的问题,"北航的生源质量堪称一流(各省市考生已是千分之一),你们是通过哪些举措确保他们毕业时仍然处于一流?""北航的师资来源堪称一流(指三分之一来自世界一流、三分之一来自国内一流、三分之一来自北航自己培养),你们采取了哪些措施,确保他们今后还能可持续一流?"虽然教学评估我校获得了高分和高评价,但专家组两次提出这两个关键性问题,我都在现场,对我刺激很大,也确实很值得我们深思,这说明我校还有很大的差距。

在2007年上半年,干了几年教学督导自评工作的我,先后向时任主管本科教学的郑志明副校长和教务处处长陈强两次谈到这两个需要整改的问题,并提出了具体的建议。两人碰头后找了我,"你的意见和建议很好,教学督导的事儿已经抓起来了;听说你也快到点儿了,能不能把师资培训的事儿挑起来?"就这样,我配合教务处,挑起了策划、设计、组织青年教师系统培训的任务。经过一段时间的准备,2007年11月12日,北航首届青年教师教学业务基础培训班举行开学典礼,主管教学校领导、教务处、研究生院、人事处、校工会等单位领导到会;开学典礼由教务处处长陈强主持,郑志明副校长致辞,人事处处长李军锋和校工会常务副主席秦蓉也讲了话;我作为培训顾问,对培训班首届学员介绍了培训背景、培训方案、培训手册、培训考核和培训要求;随后郑志明副校长作了题为"北航办学理念、人才培养概况"的专题报告,拉开了首届培训的序幕(见图129)。由我为主设计的培训手册,共64页,是我在参考了法国公务员培训、加拿大教师培训和中国MBA培训手册的基础上,按照培训进度/内容/时间设计的,很有北航特色。首届培训共有99位青年教师参加,最后有90人拿到了培训结业证;首届学员中,看名单有当时法学院的谭华霖、理学院的王文文等老师,王文文还代表优秀学员在结业典礼上发了言;从我留存的当时培训材料看,张维维、李心灿、王建中、李尚志、雷庆、程鹏、田蒔、丁水汀、陈强、熊庆旭、毛峡、郑彦良等教授都为首届青年教师培训作了专题报告;首届培训的顾问是机械学院党委书记满庆丰、高等教育研究所张海英教授和我。

2008年下半年,又开始了第一届青年教师教学业务提高班的培训,这是以教学交流为主的培训,所有的教师都要上讲台做教学展示,并由专家点评、学员互评、座谈交流等。无论是基础班培训还是提高班培训,还都要求去听6节左右优秀主讲教师和精品课教师的课,每次听课都要写出听课三个"两点"的感悟(该课两点以上的优点、指出两点以上的不足、印象最深的两点听课感悟);为开阔教学视野,要求听课时跨大学科的课要占一半。从第二届开始,无论基础培班训还是提高班培训,我们规定安排报告专家必须是教学名师,校外名师讲座比例必须要占50%以上。从此,青年教师的教学基础培训和提高培训,走上了科学化、系统化、规范化的培训之路,逐步成为北航对青年教师走上讲台、职称评审的必要条件之一。2010年6月,在校研究生教育创新论坛上,我作了题为"青年教师培养专题调研报告"的发言,该报告后来也被收录到《北京航空航天大学研究生教育创新论坛论文集》中;2018年《青年教师教学能力系统化培养的十年探索与实践》项目,获评北航教学成果一等奖,我居然还在五位获奖成员之中(见图134)。直到2019年,在当了13年的培训班首席培训顾问后,我把青年教师培训工作移交了出去。这13年中,春季抓基础班培训,秋季抓提高班培训,成为我退休生活中忙并快乐着的一个重要组成部分。

2007年58岁时,我从学院领导岗位上退了下来。党委组织部聘我为"校党建特邀组织员",参与学院本科生和研究生的党建工作,为各级各类党校和入党积极分子作讲座、上党课。2011年我和杨念梅老师一起被评为"北京市教育系统优秀党建组织员"(见图154)。至今,我仍乐此不疲地参与着这些工作。

2008年12月26日,社科系从人文学院剥离出去,正式成立了思想政治理论学院,这是北航文科发展史上的一个里程碑,也是提高全校学生全面素质特别是政治素质的学科基本建设。从那以后,从面试引进人才,到包括筹建首都高校党建研究基地(北京市哲学社会科学研究基地之一),一直到现在的马克思主义学院,我都力所能及地提供了帮助(见图158);还多年为本科生、研究生课程主讲专题讲座,多次给青年教师介绍北航文化与北航精神,年年听课督导、反馈意见(见图136、137),真心实意地帮助青年教师尽快成长。与很多教师特别是年轻教师,都成了关系很好的忘年之交。

我主持了十来年的北航西飞、成飞奖教金的评审;参与了十来届由郑琪选教授主持的优秀主讲教师评审和教学成果奖评审;参与了多年研究生精品课程的申报、中期检查、结题评审和"研究生课程卓越教学奖"评审工作,等等;我和张晓林教授一起,受聘为北京市高校精品课评审专家,参与了2008年前后两年北京市高校精品课的评审工作;我受聘为国家自然科学基金博士后基金项目评审专家,参加过3年的网上评审工作。2018—2020年,我参与策划了第一批北航五门研究性教学示范课的研究生课程系列新闻报道工作;2021年6月,在校研究生院编辑、北京航空航天大学出版社出版的《研究生课程:研究性教学的探索与实践》一书成书过程中,我配合研究生督导组常务副组长申功璋教授,做了工作量非常大的文字工作,这也是中国高校第一本有关研究生课程研究性教学探索方面的专著(见图126)。直到2022年7月,我配合研究生院和申功璋教授,与北京航空航天大学出版社一起,完成了《第五届校研究生教学督导评估组文集》的修改、校对、出版工作,为今后研究生督导工作留下了可供参考的史料。

2012年11月25日,五系1978级8551班同学、中航工业沈阳飞机工业(集团)有限公司董事长罗阳,不幸因公殉职,牺牲在工作岗位上,年仅51岁。刚刚在党的十八大上当选为总书记的习近平同志立刻做出重要批示,号召全党全国人民向罗阳同志学习。我当年和罗阳接触较多,因此一时间频繁接受媒体采访。后来,我干脆自己动手,用三四个晚上完成了约7000字的《一个北航普通学生的璀璨人生——悼念我们的学生罗阳》的长篇通讯,在2012年12月11日这一天,同时发表在《中国组织人事报》和北航校报上(见图155),并在北航的讲台上,讲起罗阳在北航的成长故事。

2013年3月25日,我在北航官网上展出了我的《北航印象》网上摄影展。这是从于20世纪80年代开始在20多年间拍的北航方方面面镜头的成千上万张照片中选出的110张,分为"春到学院路""炎炎之夏日""天凉好个秋""大约在冬季"这四个版块,放在网上展出。照片中的很多画面现已不复存在,像印刷厂小庙、职工俱乐部等,给回顾过往的老同志们,留下了点儿念想。至今在北航官网宣传部名下,点开《光影北航》到第17页,仍能够看到我这个网上摄影展,这尤其受到海外校友朋友的喜爱。

2016年4月28日,是老校长沈元院士100周年诞辰纪念日。3月初,时任校团委副书记支媛媛打电话来,说学校要为纪念沈元老校长100周年诞辰举办系列活动,其中要创作一首歌曲,问我能不能写一下歌词。这可有些为难我了,我这辈子还从来没有写过歌词,但经不住她软磨硬泡,我竟然答应了下来。第一稿被词作家枪毙是很自然的事儿,因为我写得太实了,把上导弹、搞电算、建风洞都写进了歌词;第二稿听从了他们的建议,避实就虚一些,还给我推荐《好大一棵树》供我参考。我想起沈元老校长住过的东小院那棵西府海棠树,灵光一闪,对,干脆就围绕这棵百年海棠来写。一周的时间里,我天天看着谢础老师写的《一代航空教育宗师》和李福林老师写的《航空工程教育的史诗》两篇回忆和记录沈元老校长事迹的文章,回忆着在东小院和沈元老校长的几次见面,思路渐渐清晰了起来。《百年海棠红》的歌词,先被宣传部要去,登在了北航校报上;然后稍作修改谱上曲,歌曲《百年海棠——纪念沈元老校长诞辰 100 周年》,在当年 6 月初的 2016 届本科生毕业典礼上,第一次唱响。这首歌唱响的当天,我正站在新疆喀纳斯湖景区高台——观鱼亭上,俯瞰喀纳斯湖美景呢。歌曲《百年海棠》唱响后,这棵见证北航发展历程的百年海棠树旁的“悦读生活”书房,就顺势改名为“海棠咖啡”了。

2018 年 4 月,经过换届选举,我担任了刚刚改选的北航“三老”协会常务副会长。在离退休党委的有力支持下,几年来,通过与同事们的通力合作和沟通协商,先后策划、组织了“育才老园丁评选表彰”“《空天报国志——纪念北航三个型号上天 60 周年》编辑出版”(见图 124、125)、“同龄人笑脸照”(见图 165～167)等一系列活动,都收到比较好的效果。

北航老教授报告团,立足于人才培养,立德树人,是一个非常有责任心的团队。报告团于 2010 年 6 月成立,到 2020 年已工作十年,18 位成员平均年龄已 80.6 岁。十年来,他们平均每年作讲座、报告 50 余场次,现场听众共有二三十万人。在换届之际,我和“三老”协会办公室主任段桂芬老师直接到西城区邮局联系,设计制作了精美大气的《北航老教授报告团工作十年》纪念邮册,报告团每个人的彩照也印制在邮品中,在 2020 年 12 月 8 日举行的报告团换届大会上颁赠给了这 18 位报告团老同志。这个纪念邮折,与以往的奖杯、证书等奖品不同,很有北航特色和文化品位,看过的人都很喜欢(见图 149、150)。

2020 年 2 月,新冠肺炎疫情来袭,且来势迅猛。记得是 2 月 4 日,我谢绝了有关部门的好意劝阻,并做通小区物业和门卫的工作,毅然请新华社记者来到家里,拍摄了我介绍“航空报国英模”罗阳当年大年三十还去上自习学习的讲述视频,在 3 月 5 日新华社客户端播出的“习近平讲述的故事”之一“航空报国的赤子心”专题报道中播出(见图 156)。

2020 年 2 月 6 日,在北航志愿者的启发下,我和离退休党委郭永秀副书记及学生志愿者一拍即合,决定利用在线教学开学前的十天空窗期,组织老教授报告团成员举办在线系列讲座,为在抗疫特殊时期的同学们鼓鼓劲、打打气,提前适应一下在线教学。在身处全国各地北航学生志愿者、离退休教职工党委和老教授报告团的共同努力下,2 月 10—20 日短短十天时间,“逐梦星空”系列讲座共四讲,由陈光、申功璋、周自强和我分别主讲,取得圆满成功和出乎意料的传播效果。由于时机抓得巧、策划创意新、实效比较好,学习强国平台、中央人民广播电台、北京电视台、《北京日报》等主流媒体都做了及时报道(见图171),特别让我感动的是北京市委教育工委网站,每讲都做讲前预告和讲后报道,让我们有点儿受宠若惊。2月22日,中央人民广播电台老年之声《乐享时光》播出了记者对我的半小时电话连线专访节目,使"逐梦星空"系列讲座的影响,更广泛地传播开来。5月中旬,我还接受了校体育部邀请,抓紧备课并录制了学校体育文化专题MOOC课程,在同年9月份2020级新生的入学教育活动中,视频解读了北航的体育文化(见图172、173)。

2020年6月,被疫情快憋坏了的我,和一帮游友抓住北京疫情空窗期,跑到甘肃青海一些很少有人去的景点旅游。一路上,玩儿得开心,尤其是榆林石窟、莫高窟、天梯山石窟、马蹄寺石窟、荒漠"火星景区"、七彩丹霞地貌、青海原子弹221厂遗址、青海湖、茶卡盐湖、翡翠湖、东台吉乃尔湖(据报道,现在这个如梦如幻的奶蓝色湖泊已突然消失)、雅丹魔鬼城、乌素特水上雅丹、卓尔山、塔尔寺等景区,令人心旷神怡、目不暇接。在少有人烟的冷湖小镇,我竟因高原反应血压突增、脉搏加快,虽然经过同行的故宫博物院退休医生和我一起紧急处理,稳定了病况,但眼睛开始出现问题。在回京的前后,双眼视力先后快速下降,分别由1.2和1.0掉到了0.1和0.15。通过试错疗法,最终被确诊为视神经炎这一常见多发的世界眼科疑难杂症。经过北医三院眼科和同仁医院眼底科医生的大半年诊治,眼睛竟奇迹般好了起来,到2021年初已恢复到双眼视力0.6和0.5,眼科医生们全都认为这是个医疗奇迹。

2021年是中国共产党诞辰100周年,中国共产党处于百年历史交汇期。在建党百年选择讲座专题上,我独辟蹊径,聚焦党旗、党徽的演进历史,整理、挑选这些年自己拍摄的上百件反映党旗、党徽的珍贵历史文物照片,精心制作了《不忘初心:党旗诞生的苦难与辉煌——纪念中国共产党诞辰100周年》课件。这个专题讲座,全年共讲了15场次,其中一次是5月份在教育部教师网络培训中心,面向全国高校在线的500多名青年教师作的视频讲座,一些高校还把我这个讲座视频用作"每周一课"的党史学习内容。很多专家对这个讲座的视角给予较高评价,包括中共中央党校老教授协会会长陈果吉教授也说,这个选题真棒,很有特色,还有这么多珍贵画面,讲座肯定会给人留下深刻印象的。

同年5月24日,事先经过一通电话联系,我们组织北航老教授报告团成员和"三老"协会理事共49人,驱车赴天津,开展了一次"百年党史的现场学习活动"。"长征五号"系列火箭总设计师、校友李东专程从北京赶来,全程陪同北航老同志在长征火箭厂参观,并重点作了讲解,给大家以很大鼓舞;我也利用中午时间,顺便为火箭厂中层以上干部作了《不忘初心:党旗诞生的苦难与辉煌》的专题讲座(见图175、176)。

2021年5月11日,中国老教授协会第九次代表大会,在北京会议中心召开。我作为北航老教授协会常务副会长,当选为中国老教授协会常务理事(常务理事共39位,北航有两位,北航老教授协会会长郑志明院士当选为副会长并主持了闭幕会)。

2021年底,北航教学指导委员会、校本科教学督导组和研究生教学督导评估组先后换届,我的十几年教学督导工作落下帷幕。我把我整理过的第二届本科督导组当时由于种种原因没有来得及印刷的《督导文集》电子版(共十几万字,160多页),发在本科督导组微信群里,供以后的督导组参考使用。

2022年1月初,我去北医三院进行一年后的眼睛复查,双眼视力竟然恢复到了1.0和0.8,又是一个眼科奇迹,也是一个好兆头。

2022年5月30日,是全国第七个"科技工作者日"。为迎接全国"科技工作者日"的到来,北京市老科技工作者总会在5月27日通过腾讯会议组织主题活动,由我作《讲科学家故事 学科学家精神——从我所熟悉的航空航天人讲起》的专题讲座。讲座很成功(见图177)。其实从北京市老科总5月16日布置任务到27日完成讲座,我只有11天的讲座准备时间。我急忙请刘沛清等熟识的教授帮忙提供资料,甚至直接微信联系找"胖五"的总设计师李东要图文材料。关键时刻,大家是真帮忙啊!各位都是有求必应,刘沛清教授把他"陆士嘉事迹"讲座课件发给了我,而李东总师当晚也把救急的图文都发了过来,等等,这才有了效果不错的讲座。此前两三天,北京市科协、北京市老科总、中国老教授协会等微信群和北航很多微信群都发了预告,给我的讲座捧场,真应该好好谢谢大家!

2022年,也是我入党50年。七一前夕,6月28日学校党委在如心会议中心大报告厅,召开纪念中国共产党成立101周年暨党建经验交流会。会上的一个环节就是由校党委赵长禄书记向老同志代表颁发和佩戴"光荣在党50年"纪念章,我有幸成为五个入党50年的老同志代表之一,参加了这一简短而隆重的仪式(见图179、180)。

2009年退休至今的这13年,我先后承担过七八个专题的工作项目,几乎处于满负荷工作状态。目前,工作项目已有所减少,但工作量依然较多。我还忙里偷闲,几十次迈开双腿去旅游,走遍祖国的山山水水,进过西藏、去过新疆,亲眼见证了祖国翻天覆地的变化;我还和北航老同志及朋友们十几次去游历世界,足迹已遍及五大洲的几十个国家(光欧洲就跑了四趟),留下了十几万张景色风情照片和十几万字的国外旅游日记(见图157、159、161、164)。通过旅游,在国家与国家间发展的反复比较中,我们更清晰地看到,中国共产党人是怎样改变了中国,又深刻影响了世界,更加深刻地体会到,生活在社会主义中国是多么的安全与幸福。

金秋十月,北航将迎来70岁生日;10月16日,中国共产党将召开二十大,科学谋划未来五年乃至更长时期党和国家事业发展的目标任务与大政方针。北航为国而生,与国同行。2022年是我光荣在党50年,也是我在北航50年。我和新中国同生同长同行同乐,73年的人生始终与新中国同步,走过了令人难以忘怀的岁月。退休后这么多年,我每天坚持两秒一步、健走万步,健康了体魄,也始终没有停下为学校人才培养、立德树人发挥余热的脚步。

新中国成立至今,从张家口到北京,我生于斯长于斯,成就了我的人生;2022年初春,北京又联手张家口举办了一场盛况非凡的冰雪奥运。京津冀一体化发展战略又从一个侧面清晰地展现了一幅国家新时代发展的美丽图景。

在70年的北航发展史上,我只是一颗普通的铺路石、一颗有点儿责任和担当的铺路石。1972—2022年这50年间,在学习、生活和工作进程中,我曾经用文字、照片、雕塑、邮品甚至歌词等,"记录"了北航发展建设中的点点滴滴。这些历史文化片段,留下印记,令人回味。50年与北航的相伴,50年对北航的记录,可以说伴随了我一生的工作历程。北航和我,我和北航,这是一生的缘分!

忙并快乐着,就是我的退休生活;这种生活,还将持续下去。

郑彦良

2022年9月